ग़ालिब छुटी शराब

(संस्मरणात्मक आख्यान)

ग़ालिब छुटी शराब

रवीन्द्र कालिया

वाणी प्रकाशन

प्रकाशन के उत्कृष्टतम 60 वर्ष

vaniprakashan.com

पेपरबैक पहला संस्करण : 2000
पेपरबैक दूसरा संस्करण : 2001
पेपरबैक तीसरा संस्करण : 2002
पेपरबैक चौथा संस्करण : 2004
पेपरबैक पाँचवाँ संस्करण : 2006
पेपरबैक छठा संस्करण : 2007
पेपरबैक सातवाँ संस्करण : 2009
पेपरबैक आठवाँ संस्करण : 2010
पेपरबैक नवाँ संस्करण : 2012
पेपरबैक दसवाँ संस्करण : 2013
पेपरबैक ग्यारहवाँ संस्करण : 2014
पेपरबैक बारहवाँ संस्करण : 2016
पेपरबैक तेरहवाँ संस्करण : 2019
पेपरबैक चौदहवाँ संस्करण : 2023

वाणी प्रकाशन

4695, 21-ए, दरियागंज, नयी दिल्ली-110 002

फ़ोन : +91 11 23273167, 23275710

शाखाएँ

अशोक राजपथ, पटना-800 004, बिहार

कॉफ़ी हाउस कैम्पस, महात्मा गांधी मार्ग, इलाहाबाद-211 001, उत्तर प्रदेश

महात्मा गांधी अन्तरराष्ट्रीय हिन्दी विश्वविद्यालय, वर्धा-442 001, महाराष्ट्र

36/ए, शेक्सपियर सरणी, रानी बिरला गर्ल्स कॉलेज के पास, कोलकाता-700 017, प. बंगाल

sales@vaniprakashan.in
vaniprakashan@gmail.com

Ghalib Chhuti Sharab
by Ravindra Kalia

ISBN : 978-93-87330-08-5
Fiction

मूल्य : ₹ 399

आर. टेक ऑफ़सेट प्रिंटर्स, दिल्ली-110 032 में मुद्रित

वाणी प्रकाशन का लोगो मक़बूल फ़िदा हुसेन की कूची से

ग़ालिब छुटी शराब, पर अब भी कभी-कभी
पीता हूँ रोज़े-अब्रो-शबे-माहताब में।

एक

13 अप्रैल, 1997। बैसाखी का पर्व। पिछले चालीस बरसों से बैसाखी मनाता आ रहा था। वैसे तो हर शब बैसाखी की शब होती थी, मगर तेरह अप्रैल को कुछ ज़्यादा ही हो जाती थी। दोपहर को बियर अथवा जिन और शाम को मित्रों के बीच का दौर। मस्ती में कभी-कभार भांगड़ा भी हो जाता और अन्त में किसी पंजाबी ढाबे में भोजन, ड्राइवरों के बीच। जेब ने इजाज़त दी तो किसी पाँच सितारा होटल में सरसों का साग और मकई की रोटी। इस रोज़ दोस्तों के यहाँ भी दावतें कम न हुई होंगी और ममता ने भी व्यंजन पुस्तिका पढ़कर छोले-भटूरे कम न बनाये होंगे।

मगर आज की शाम, 1997 की बैसाखी की शाम कुछ अलग थी। सूरज ढलते ही सागरो मीना मेरे सामने हाज़िर थे। आज दोस्तों का हुजूम भी नहीं था—सब निमन्त्रण टाल गया और ख़ुद भी किसी को आमन्त्रित नहीं किया। पिछले साल इलाहाबाद से दस-पन्द्रह किलोमीटर दूर इलाहाबाद-रीवाँ मार्ग पर बाबा के ढाबे में महफिल सजी थी और रात दो बजे घर लौटे थे। आज माहौल में अजीब तरह की दहशत और मनहूसियत थी। जाम बनाने की बजाय मैं मुँह में थर्मामीटर लगाता हूँ। धड़कते दिल से तापमान देखता हूँ—वही 99.3। यह भी भला कोई बुखार हुआ! एक शर्मनाक बुखार। न कम होता है, न बढ़ता है। बदन में अजीब तरह की टूटन है। यह शरीर का स्थायी भाव हो गया है—चौबीसों घंटे यही आलम रहता है। भूख कब की मर चुकी है, मगर पीने को जी मचलता है। पीने से तनहाई दूर होती है, मनहूसियत से पिंड छूटता है, रग़ों में जैसे नया ख़ून दौड़ने लगता है। शरीर की टूटन ग़ायब हो जाती है और नस-नस में स्फूर्ति आ जाती है। एक लम्बे अरसे से मैंने ज़िन्दगी का हर दिन शाम के इन्तज़ार में गुज़ारा है, भोजन के इन्तज़ार में नहीं। अपनी सुविधा के लिए मैंने एक मुहावरा भी गढ़ लिया था—शराबी दो तरह के होते हैं : एक खाते-पीते और दूसरे पीते-पीते। मैं खाता-पीता नहीं, पीता-पीता शख़्स था। मगर ज़िन्दगी की हक़ीक़त को जुमलों की गोद में नहीं सुलाया जा सकता। वास्तविकता जुमलों

से कहीं अधिक वजनदार होती है। मेरे जुमले भारी होते जा रहे थे और वज़न हलका। छह फिट का शरीर छप्पन किलो में सिमटकर रह गया था। इसकी जानकारी भी आज सुबह ही मिली थी। दिन में डॉक्टर ने पूछा था—पहले कितना वजन था? मैं दिमाग़ पर ज़ोर डाल कर सोचता हूँ, कुछ याद नहीं आता। यकायक मुझे एहसास होता है, मैंने दसियों बरस से अपना वजन नहीं लिया, कभी ज़रूरत ही महसूस न हुई थी। डॉक्टर की जिज्ञासा से यह बात मेरी समझ में आ रही थी कि छह फुटे बदन के लिए छप्पन किलो काफी शर्मनाक वजन है। जब कभी कोई दोस्त मेरे दुबले होते जा रहे बदन की ओर इशारा करता तो मैं टके-सा जवाब जड़ देता—बुढ़ापा आ रहा है।

मैं एक लम्बे अरसे से बीमार नहीं पड़ा था। यह कहना भी ग़लत न होगा कि मैं बीमार पड़ना भूल चुका था। याद नहीं पड़ रहा था कि कभी सिर दर्द की दवा भी ली हो। मेरे तमाम रोगों का निदान दारू थी, दवा नहीं। कभी खाट नहीं पकड़ी थी, वक़्त ज़रूरत दोस्तों की तीमारदारी अवश्य की थी। मगर इधर जाने कैसे दिन आ गये थे, जो मुझे देखता मेरे स्वास्थ्य पर टिप्पणी अवश्य कर देता। दोस्त-अहबाब यह भी बता रहे थे कि मेरे हाथ काँपने लगे हैं। होम्योपैथी की किताब पढ़कर मैं जैलसीमियम खाने लगा। अपने डॉक्टर मित्रों के हस्तक्षेप से मैं आजिज़ आ रहा था। डॉ. नरेन्द्र खोपरजी और डॉ. अभिलाषा चतुर्वेदी जब भी मिलते, क्लीनिक पर आने को कहते। मैं हँसकर उनकी बात टाल जाता। वे लोग मेरा अल्ट्रासाउंड करना चाहते थे और इस बात से बहुत चिन्तित हो जाते थे कि मैं भोजन में रुचि नहीं लेता। मैं महीनों डॉक्टर मित्रों के मशविरों को नज़रअन्दाज़ करता रहा। उन लोगों ने नया-नया 'डॉप्लर' अल्ट्रासाउंड ख़रीदा था—मेरी भ्रष्ट बुद्धि में यह विचार आता कि ये लोग अपने पचीस-तीस लाख के 'डॉप्लर' का रोब ग़ालिब करना चाहते हैं। बाहर के तमाम डॉक्टर मेरे हमप्याला और हमनिवाला थे। मगर कितने बुरे दिन आ गये थे कि जो भी डॉक्टर मिलता, अपने क्लीनिक में आमन्त्रित करता। जो पैथालॉजिस्ट था, वह लैब में बुला रहा था और जो नर्सिंगहोम का मालिक था, वह चैकअॅप के लिए बुला रहा था। डॉक्टरों से मेरी तकरार एक अर्से तक चलती रही। लुका-छिपी के इस खेल में मैंने महारत हासिल कर ली थी। डॉक्टर मित्र आते तो मैं उन्हें अपनी माँ के मुआइने में लगा देता। माँ का रक्तचाप लिया जाता, तो वह निहाल हो जातीं कि बेटा उनका कितना ख़याल कर रहा है। बग़ैर मेरी माँ की ख़ैरियत जाने कोई डॉक्टर मित्र मेरे कमरे की सीढ़ियाँ नहीं चढ़ सकता था। क्या मजाल कि मेरा कोई भी मित्र उनका हालचाल लिये बग़ैर सीढ़ियाँ चढ़ जाये, वह ज़िलाधिकारी हो या पुलिस अधीक्षक अथवा आयुक्त। माँ दिन भर हिन्दी में गीता और रामायण पढ़तीं मगर हिन्दी बोल न पातीं। वह टूटी-फूटी पंजाबी मिश्रित हिन्दी में ही संवाद स्थापित कर लेतीं। धीरे-धीरे मेरे

हमप्याला हमनिवाला दोस्तों का दायरा इतना वसीह हो गया था कि उसमें वकील भी थे और जज भी। प्रशासनिक अधिकारी थे तो उद्यमी भी, प्रोफेसर थे तो छात्र भी। ये सब दिन ढले के बाद के दोस्त थे। कहा जा सकता है कि पीने-पिलाने वाले दोस्तों का एक अच्छा-ख़ासा कुनबा बन गया था। शाम को किसी न किसी मित्र का ड्राइवर वाहन लेकर हाज़िर रहता अथवा हमारे ही घर के बाहर वाहनों का ताँता लग जाता। सब दोस्तों से घरेलू रिश्ते क़ायम हो चुके थे। सुभाष कुमार इलाहाबाद के आयुक्त थे जो इस कुनबे को गिरोह के नाम से पुकारा करते थे। आज भी फ़ोन करेंगे तो पूछेंगे गिरोह का क्या हालचाल है!

आज बैसाखी का दिन था और बैसाखी की महफिल उसूलन हमारे यहाँ ही जमनी चाहिए थी। मगर सुबह-सुबह ममता, मन्नू और विपिन त्यागी (जगत भानजा) घेरघार कर मुझे डॉ. निगम के यहाँ ले जाने में सफल हो गये थे। दिन भर टेस्ट होते रहे थे। ख़ून की जाँच हुई, अल्ट्रासाउंड हुआ, एक्स-रे हुआ, गर्ज यह कि जितने भी टेस्ट सम्भव हो सकते थे, सब करा लिये गये। रिपोर्ट वही थी, जिसका ख़तरा था—यानी लिवर (यकृत) बढ़ गया था। दिमाग़ी तौर पर मैं इस ख़बर के लिए तैयार था, कोई ख़ास सदमा नहीं लगा।

"आप कब से पी रहे हैं?" डॉक्टर ने तमाम काग़ज़ात देखने के बाद पूछा।

"यही कोई चालीस बरस से।" मैंने डॉक्टर को बताया, "पिछले बीस बरस से तो लगभग नियमित रूप से।"

"रोज़ कितने पेग लेते हैं?"

मैंने कभी इस पर ग़ौर नहीं किया था। इतना ज़रूर याद है कि एक बोतल शुरू में चार-पाँच दिन में ख़ाली होती थी, बाद में दो-तीन दिन में और इधर दो-एक दिन में। कम पीने में यक़ीन नहीं था। कोशिश यही थी कि भविष्य में और भी अच्छी ब्रांड नसीब हो। शराब के मामले में मैं किसी का मोहताज नहीं रहना चाहता था, न कभी रहा। इसके लिए मैं कितना भी श्रम कर सकता था। भविष्य में रोटी नहीं, अच्छी शराब की चिन्ता थी।

"आप जीना चाहते हैं तो अपनी आदतें बदलनी होंगी।" डॉक्टर ने दो-टूक शब्दों में आगाह किया, "ज़िन्दगी या मौत में से आपको एक का चुनाव करना होगा।"

डॉक्टर की बात सुनकर मुझे हँसी आ गयी। मूर्ख से मूर्ख आदमी भी ज़िन्दगी या मौत में से ज़िन्दगी का चुनाव करेगा।

"आप हँस रहे हैं, जबकि मौत आपके सिर पर मँडरा रही है।" डॉक्टर को मेरी मुस्कराहट बहुत नागवार गुज़री।

"सॉरी डॉक्टर! मैं अपनी बेबसी पर हँस रहा था। मैंने कभी सोचा भी नहीं था कि यह दिन भी देखना पड़ेगा।"

"आप यकायक पीना नहीं छोड़ पाएँगे। इतने बरसों बाद कोई भी नहीं छोड़ सकता। शाम को एकाध, हद से हद दो पेग ले सकते हैं।" डॉक्टर साहब ने बताया कि मैं 'विदड्रॉअल सिम्पटम्स' (मदिरापान न करने से उत्पन्न होने वाले लक्षण) झेल न पाऊँगा।

इस वक़्त मेरे सामने नयी बोतल रखी थी और कानों में डॉक्टर निगम के शब्द कौंध रहे थे। मुझे जलियाँवाला बाग़ की ख़ूनी बैसाखी याद आ रही थी। लग रहा था कि रास्ते बन्द हैं सब, कूचा-ए-क़ातिल के सिवा। चालीस बरस पहले मैंने अपना वतन छोड़ दिया था और एक यही बैसाखी का दिन होता था जो वतन की याद ताज़ा कर जाता था।

बचपन में ननिहाल में देखी बैसाखी की 'छिंज' याद आ जाती। चारों तरफ़ उत्सव का माहौल, भांगड़ा और नगाड़े। मस्ती के इस आलम में कभी-कभार ख़ूनी फ़साद हो जाते, रंजिश में ख़ून तक हो जाते। हम सब लोग हवेली की छत से सारा दृश्य देखते। नीचे उतरने की मनाही थी। अकसर मामा लोग आँखें तरेरते हुए छत पर आते और माँ और मौसी तथा मामियों को भी मुँडेर से हट जाने के लिए कहते। बैसाखी पर जैसे पूरे पंजाब का ख़ून खौल उठता था। जालन्धर, हिसार, दिल्ली, मुम्बई और इलाहाबाद में मैंने बचपन की ऐसी ही अनेक यादों को सहेज कर रखा हुआ था। आज थर्मामीटर मुझे चिढ़ा रहा था। गिलास, बोतल और बर्फ़ की बकट मेरे सामने जैसे मुर्दा पड़ी थीं।

मैंने सिगरेट सुलगाया और एक झटके से बोतल की सील तोड़ दी।

"आख़िर कितना पिओगे रवीन्द्र कालिया?" सहसा मेरे भीतर से आवाज़ उठी।

"बस यही एक या दो पेग।" मैंने मन ही मन डॉक्टर की बात दोहरायी।

"तुम अपने को धोखा दे रहे हो।" मैं अपने आपसे बातचीत करने लगा, "शराब के मामले में तुम निहायत लालची इंसान हो। दूसरे से तीसरे पेग तक पहुँचने में तुम्हें देर न लगेगी। धीरे-धीरे वही सिलसिला फिर शुरू हो जायेगा।"

मैंने गिलास में बर्फ़ के दो टुकड़े डाल दिये, जबकि बर्फ़ मदिरा ढालने के बाद डाला करता था। बर्फ़ के टुकड़े देर तक गिलास में पिघलते रहे। बोतल छूने की हिम्मत नहीं जुटा पा रहा था। भीतर एक वैराग्य भाव उठ रहा था। वैराग्य, निस्सारता और दहशत का मिला-जुला भाव। कुछ वैसा आभास भी हो रहा था जो भरपेट खाने के बाद भोजन को देखकर होता है। एक तृप्ति का भी एहसास हुआ। क्षण भर के लिए लगा कि अब तक जम कर पी चुका हूँ, पंजाबी में जिसे छक कर पीना कहते हैं। आज तक कभी तिशना-लब न रहा था। आख़िर यह प्यास कब बुझेगी? जी भर चुका है, फ़क़त एक लालच शेष है।

मेरे लिए यह निर्णय की घड़ी थी। नीचे मेरी बूढ़ी माँ थीं—पचासी वर्षीया। जब

से पिता का देहान्त हुआ था, वह मेरे पास थीं। बड़े भाई कैनेडा में थे और बहन इंग्लैंड में। पिता जीवित थे तो वह उनके साथ दो बार कैनेडा हो आयी थीं। एक बार तो दोनों ने माइग्रेशन ही कर लिया था, मन नहीं लगा तो लौट आये। दो-एक बरस पहले भाभी-भाई तीसरी बार कैनेडा ले जाना चाहते थे, मगर वय को देखते हुए वीज़ा न मिला।

मेरे नाना की ज्योतिष में गहरी दिलचस्पी थी। माँ के जन्म लेते ही उनकी कुंडली देखकर उन्होंने भविष्यवाणी कर दी थी कि बिटिया लम्बी उम्र पायेगी और किसी तीर्थ स्थान पर ब्रह्मलीन होगी। हालात जब मुझे प्रयाग ले आये और माँ साथ में रहने लगीं तो अकसर नाना की बात याद कर मन को धुकधुकी होती। पिछले ग्यारह बरसों से माँ मेरे साथ थीं। बहुत स्वाभिमानी थीं और नाज़ुकमिजाज़। आत्मनिर्भर। ज़रा-सी बात से रूठ जातीं, बच्चों की तरह। मुझसे ज़्यादा उनका संवाद ममता से था। मगर सास-बहू का रिश्ता ही ऐसा है कि सबकुछ सामान्य होते हुए भी असामान्य हो जाता है। मैं दोनों के बीच सन्तुलन बनाये रखता। माँ को कोई बात खल जाती तो तुरन्त सामान बाँधने लगतीं, यह तय करके कि अब शेष जीवन हरिद्वार में बिताएँगी। चलने-फिरने से मज़बूर हो गयीं तो मेहरी से कहतीं—मेरे लिए कोई कमरा तलाश दो, अलग रहूँगी, यहाँ कोई मेरी नहीं सुनता। अचानक मुझे लगा कि अगर मैं न रहा तो इस उम्र में माँ की बहुत फ़जीहत हो जायेगी। वह जब तक जीं अपने अन्दाज़ से जीं; अन्तिम दिन भी स्नान किया और दान पुण्य करती रहीं, यहाँ तक कि डॉक्टर का अन्तिम बिल भी वह चुका गयीं, यह भी बता गयीं कि उनके अन्तिम संस्कार के लिए पैसा कहाँ रखा है। मुझे स्वस्थ होने की दुआएँ दे गयीं और ख़ुद चल बसीं।

गिलास में बर्फ़ के टुकड़े पिघलकर पानी हो गये थे। मुझे अचानक माँ पर बहुत प्यार उमड़ा। मैं गिलास और बोतल का जैसे तिरस्कार करते हुए सीढ़ियाँ उतर गया। माँ लेटी थीं। वह एम.एस. सुब्बलक्ष्मी के स्वर में विष्णुसहस्रनाम का पाठ सुनते-सुनते सो जातीं। कमरे में बहुत धीमे स्वर में विष्णुसहस्रनाम का पाठ गूँज रहा था और माँ आँखें बन्द किये बिस्तर पर लेटी थीं। मैंने उनकी गोद में बच्चों की तरह सिर रख दिया। वह मेरे माथे पर हाथ फेरने लगीं, फिर डरते-डरते बोलीं, ''किसी भी चीज़ की अति बुरी होती है।'' मैं माँ की बात समझ रहा था कि किस चीज़ की अति बुरी होती है। न उन्होंने बताया न मैंने पूछा। मद्यपान तो दूर, मैंने माँ के सामने कभी सिगरेट तक नहीं पी थी। किसी ने सच ही कहा है कि माँ से पेट नहीं छिपाया जा सकता। मैं माँ की बात का मर्म समझ रहा था, मगर समझकर भी शान्त था। आज तक मैंने किसी को भी अपने जीवन में हस्तक्षेप करने की छूट नहीं दी थी, मगर माँ आज यह छूट ले रही थीं और मैं शान्त था। आज मेरा दिमाग़ सही काम कर रहा

था, वरना मैं अब तक भड़क गया होता। मुझे लग रहा था, माँ ठीक ही तो कह रही हैं। कितने वर्षों से मैं अपने को छलता आ रहा हूँ। माँ की गोद में लेटे-लेटे मैं अपने से सवाल-जवाब करने लगा—'और कितना पिओगे रवीन्द्र कालिया? यह रोज़ की मयगुसारी एक तमाशा बनकर रह गयी है, इसका कोई अन्त नहीं है। अब तक तुम इसे पी रहे थे, अब यह तुम्हें पी रही है।'

माँ एकदम ख़ामोश थीं। वह अत्यन्त स्नेह से मेरे माथे को, मेरे गर्म माथे को सहला रही थीं। मुझे लग रहा था जैसे ज़िन्दगी मौत को सहला रही है। लग रहा था, यह माँ की गोद नहीं है, मैं ज़िन्दगी की गोद में लेटा हूँ। कितना अच्छा है, इस समय माँ बोल नहीं रहीं। उन्हें जो कुछ कहना है, उनका हाथ कह रहा है। उनके स्पर्श में अपूर्व वात्सल्य तो था ही, शिक़वा भी था, शिक़ायत भी; क्षमा भी, विवशता और करुणा भी। एक मूक प्रार्थना। यही सब भाषा में अनूदित हो जाता तो मुझे अपार कष्ट होता। अश्लील हो जाता। शायद मेरे लिए असहनीय भी। माँ की गोद में लेटे-लेटे मैं कैसेट की तरह रिवाइंड होता चला गया, जैसे नवजात शिशु में तब्दील हो गया। माँ जैसे मुझे जीवन में पहली बार महसूस कर रही थीं और मैं भी बन्द मुट्ठियाँ कसे बन्द आँखों से जैसे अभी-अभी कोख से बाहर आ कर जीवन की पहली साँस ले रहा था। मैं बहुत देर तक माँ के आगोश में पड़ा रहा। लगा जैसे संकट की घड़ी टल गयी है। अब मैं पूरी तरह सुरक्षित हूँ। माँ शायद नींद की गोली खा चुकी थीं। उनके मीठे-मीठे खर्राटे सुनाई देने लगे। मैं उठा, पंखा तेज़ किया और किसी तरह हाँफते हुए सीढ़ियाँ चढ़ गया।

ममता मेरे अल्ट्रासाउंड, ख़ून की जाँच की रिपोर्टों और डॉक्टर के पर्चों में उलझी हुई थी। मैंने उसे कहा कि वह यह गिलास, यह बोतल, नमकीन और बर्फ़ उठवा ले। अलमारी में आठ-दस बोतलें और पड़ी थीं। इच्छा हुई अभी उठूँ और बाल्कनी में खड़ा होकर एक-एक कर सब बोतलें फोड़ दूँ। एक-दो का ज़िक्र क्या सारी की सारी फोड़ दूँ, ऐ ग़मे दिल क्या करूँ? मेरे ज़ेहन में एक ख़ामोश तूफान उठ रहा था, लग रहा था जैसे शख़्सीयत में यकायक कोई बदलाव आ रहा है। मैं बिस्तर पर लेट गया। शरीर एकदम निढाल हो रहा था। वह निर्णय का क्षण था, यह कहना भी ग़लत न होगा कि वह निर्णय की बैसाखी थी।

किसी शायर ने सही फरमाया था कि छुटती नहीं यह काफ़िर मुँह की लगी हुई। मैं रात भर करवटें बदलता रहा। पीने की ललक तो नहीं थी, शरीर में अल्कोहल की कमी ज़रूर खल रही थी। बार-बार डॉक्टर की सलाह दस्तक दे रही थी कि यकायक न छोड़ूँ, क़तरा-क़तरा कम करूँ। मैं अपनी सीमाओं को पहचानता था। शराब के मामले में मैं महालालची रहा हूँ। एक से दो, दो से ढाई और ढाई से तीन

पर उतरते मुझे देर न लगेगी। मैं अपने कुतर्कों की ताक़त से अवगत था। तर्कों-कुतर्कों के बीच कब नींद लग गयी, पता ही नहीं चला। शायद यह 'ट्रायका' का कमाल था। सुबह नींद खुली तो अपने को एकदम तरोताज़ा पाया। लगा, जैसे अब एकदम स्वस्थ हूँ। तुरन्त थर्मामीटर जीभ के नीचे दाब लिया। बुखार देखा—वही निन्यानबे दशमलव तीन। पानी में चार चम्मच ग्लूकोज़ घोलकर पी गया। जब तक ग्लूकोज़ का असर रहता है, यकृत को आराम मिलता है।

बाद के दिन ज़्यादा तक़लीफ़देह थे। अपना ही शरीर दुश्मनों की तरह पेश आने लगा। कभी लगता कि छाती एकदम जकड़ गयी है, साँस लेने पर फेफड़े का रेशा-रेशा दर्द करता, महसूस होता साँस नहीं ले रहा, कोई जर्जर बाँसुरी बजा रहा हूँ। निमोनिया का रोगी जितना कष्ट पाता होगा, उतना मैं पा रहा था। कष्ट से मुक्ति पाने के लिए मैं दर्शन का सहारा लेता—रवीन्द्र कालिया यह सब माया है, सुख याद रहता है न दुःख। लोग उमस भरी काल कोठरी में जीवन काट आते हैं और भूल जाते हैं। अस्पतालों में लोग मर्मान्तक पीड़ा पाते हैं, अगर स्वस्थ हो जाते हैं तो सब भूल जाते हैं। चालीस बरस नशा किया, कल तक का सरूर याद नहीं। क्या फायदा ऐसे क्षणभंगुर सुख का! मुझे अश्क जी का तकियाकलाम याद आता है—दुनिया फ़ानी है। दुनिया फ़ानी है तो मयनोशी भी फ़ानी है।

एक दिन बहुत तक़लीफ़ में था कि डॉक्टर अभिलाषा चतुर्वेदी और डॉ. नरेन्द्र खोपरजी आये। मैंने अपनी दर्द भरी कहानी बयान की। अभिलाषा जी ने कहा, "यह सब सामान्य है। ये विदड्राअल सिम्पटम्स हैं, आपको कुछ न होगा, जी कड़ा करके एक बार झेल जाइए। मैं आपको एक कतरा भी पीने की सलाह न दूँगी। मेरी मानिए, अपने इरादे पर क़ायम रहिए।" डॉ. खोपरजी घर से अपना कोटा लेकर चले थे, और महक रहे थे। मेरे नथुनों में मदिरा की चिरपरिचित गन्ध समा रही थी। मुझे गन्ध बहुत परायी लगी, जैसे सड़े हुए गुड़ की गन्ध हो। मुझे उस महक से वितृष्णा होने लगी। डॉक्टर लोग विदा हुए तो मैंने ग़ालिब उग्र मँगवाया और पढ़ने लगा। पढ़ने में श्रम पड़ने लगा तो बेग़म अख़्तर की आवाज़ में ग़ालिब सुनने लगा। ग़ालिब का दीवान, पांडेय बेचन शर्मा 'उग्र' की टीका और बेग़म अख़्तर की आवाज़। शाम जैसे उत्सवधर्मी हो गयी। मैं अपने फेफड़े को भूल गया, दर्द को भूल गया। लेकिन यह वक़्ती राहत थी, शरीर ने विद्रोह करना जारी रखा। एक रोज़ में मेरी दुनिया बदल गयी थी। एक दिन पहले तक मैं दफ़्तर जा रहा था। डॉक्टर को दिखाने और परीक्षणों के बाद मैं जैसे अचानक बीमार पड़ गया। डॉक्टरों ने जी भर कर हिदायतें दी थीं। हिदायतों के अलावा उनके पास कोई प्रभावी उपचार नहीं था—ले-देकर वही ग्लूकोज़। दिन भर में दो-ढाई सौ ग्राम ग्लूकोज़ मुझे पिला दिया जाता। कुछ रोज़ पहले तक जिस रोग को मैं मामूली हरारत का दर्ज़ा दे रहा था,

उसे लेकर सब चिन्तित रहने लगे। मालूम नहीं यह शारीरिक प्रक्रिया थी अथवा मनोवैज्ञानिक कि मैं सचमुच अशक्त, बीमार, निरीह और कमज़ोर होता चला गया। करवट तक बदलने में थकान आ जाती। डॉक्टरों ने हिदायत दी थी कि बाथरूम तक भी जाऊँ तो उठने से पहले एक गिलास ग्लूकोज़ पी लूँ, लौट कर पुनः ग्लूकोज़ का सेवन करूँ। डॉक्टरों ने यह भी खोज निकाला था कि मेरा रक्तचाप बढ़ा हुआ है। मैं सोचा करता था कि मेरा रक्तचाप मन्द है, शायद बीसियों वर्ष पहले कभी नपवाया था। दवा के नाम पर केवल ग्लूकोज़, ट्रायका (ट्रेंक्यूलाइज़र) और लिव 52 (आयुर्वेदिक)।

एक दिन शैम्पू करते समय लगा कि साँस उखड़ रही है। बालों पर शैम्पू का गाढ़ा झाग बनते ही साँस उखड़ने लगी। बाथरूम में मैं अकेला था, हाथ-पाँव फूल गये। हाथों में बाल धोने की कुव्वत न रही। किसी तरह खुली हवा में बाल्कनी तक पहुँचा और वहाँ रखी कुर्सी पर निढाल हो गया। देर तक बैठा रहा। किसी को आवाज़ देने की न इच्छा थी, न ताक़त। साँस लेने पर महसूस हो रहा था, फेफड़ों में जैसे ज़ख़्म हो गये हैं।

शरीर के साथ अनहोनी घटनाओं का यह सिलसिला जारी रहा। डॉक्टरों का मत था कि यह सब मनोवैज्ञानिक है। एक दिन मैं दाँत साफ़ कर रहा था कि क्या देखता हूँ कि मुँह का स्वाद कसैला-सा हो रहा है। पानी से कुल्ला किया तो देखा मुँह से जैसे ख़ून जा रहा हो। अचानक मसूढ़ों से रक्त बहने लगा। मुझे यह शिक़ायत कभी नहीं रही थी। मैंने सोचा, मुँह का कैंसर हो गया है। घबराहट में जल्दी-जल्दी कुल्ला करता रहा, दो-चार कुल्लों के बाद सब सामान्य हो गया। अब आप ही बतायें, यह भी क्या मनोविज्ञान का खेल था? अगर यह खेल था तो एक और दिलचस्प खेल शुरू हो गया। सोते-सोते अचानक अपने आप टाँग ऊपर उठती और एक झटके के साथ नीचे गिरती। तुरन्त नींद खुल जाती। दोनों टाँगों ने जैसे तय कर लिया था कि मुझे सोने नहीं देंगी। रात भर टाँगों की उठा-पटक चलती रहती और मेरा उन पर नियन्त्रण नहीं रह गया। डॉक्टरों से अपनी तक़लीफ़ बतलाता तो वे 'मनोविज्ञान' कहकर टाल जाते अथवा इन्हें फ़क़त 'विद्ड्रॉअल सिम्पटम्स' कहकर रफा-दफा कर देते। एक दिन पत्रकार मित्र प्रताप सोमवंशी ने फ़ोन पर पूछा कि क्या मैं जाड़े में च्यवनप्राश का सेवन करता हूँ? 'हाँ तो!' मैंने बताया कि जाड़े में सुबह दो-एक चम्मच च्यवनप्राश दूध के साथ ज़रूर ले लेता था कि भूख न लगे, न सही, इसी बहाने कुछ पौष्टिक आहार हो जाता था। देखते-देखते मुझे भोजन से इतनी अरुचि हो गयी थी कि एक कौर तक तोड़ने की इच्छा न होती। किसी तरह पानी से दो-एक चपाती निगल लेता था। अन्न से जैसे एलर्जी हो गयी थी। बाद में माँ ने दलिया खाने

का सुझाव दिया। मेरे लिए दूध में दलिया पकाया जाता और सुबह नाश्ते के तौर पर मैं वही खाता। आज भी खाता हूँ।

प्रताप ने बताया कि नेपाल से एक बुज़ुर्ग वैद्यजी आये हुए थे, उन्होंने बताया कि ज़्यादातर लोगों को इस उम्र में यकृत बढ़ने से पक्षाघात हो जाया करता है, च्यवनप्राश का सेवन करने वाले इस प्रकोप से बच जाते हैं। मैंने राहत की साँस ली, वरना जिस क़द्र मेरी टाँगों को झटके लग रहे थे, उससे यही आशंका होती थी कि अब अन्तिम झटका लगने ही वाला है।

जब से माँ मेरे साथ थीं, होम्योपैथी का अध्ययन करने लगा था। अच्छी-ख़ासी लायब्रेरी हो गयी थी। माँ का वृद्ध शरीर था, कभी भी कोई तक़लीफ़ उभर आती। कभी कन्धे में दर्द, कभी पेट में अफारा। घुटनों के दर्द से तो वह अकसर परेशान रहतीं। कभी कब्ज़ और कभी दस्त। रात-बिरात डॉक्टरों से सम्पर्क करने में कठिनाई होती। मैंने ख़ुद इलाज करने की ठान ली और बाज़ार से होम्योपैथी की ढेरों पुस्तकें ख़रीद लाया। मेडिकल की पारिभाषिक शब्दावली समझने के लिए कई कोश ख़रीद लाया था। होम्योपैथी के अध्ययन में मेरा मन भी रमने लगा। केस हिस्ट्री का अध्ययन करते हुए उपन्यास पढ़ने जैसा आनन्द मिलता। कुछ ही दिनों में मैं माँ का आपातकालीन इलाज स्वयं ही करने लगा। शहर के विख्यात होम्योपैथिक डॉक्टरों से दोस्ती हो गयी। उनका भी परामर्श ले लेता। कुछ ही दिनों में माँ का मेरी दवाओं में विश्वास जमने लगा। होम्योपैथी पढ़ने का अप्रत्यक्ष लाभ मुझे भी मिला। बीमार पड़ने से पूर्व ही मैं स्नायविक दुर्बलता पर एक कोर्स कर चुका था। शायद यही कारण था कि टाँग के झटकों से मुझे ज़्यादा घबराहट नहीं हो रही थी। मैं ख़ामोशी से अपना समानान्तर इलाज करता रहा। बीच-बीच में डॉक्टर शांगलू से परामर्श ले लेता। यकृत के इलाज के लिए दो औषधियाँ मैंने ढूँढ़ निकाली थीं। आयुर्वेदिक पुनर्नवा के बारे में मुझे डॉक्टर हरदेव बाहरी ने बताया था और होम्योपैथिक कैलिडोनियम के बारे में मुझे पहले से जानकारी थी। इन दवाओं से आश्चर्यजनक रूप से लाभ होने लगा। अब मैं अपनी तक़लीफ़ के प्रत्येक लक्षण को होम्योपैथी के ग्रन्थों में खोजता। होम्योपैथी में लक्षणों से ही रोग को टटोला जाता है। कई बार किसी औषध के बारे में पढ़ते हुए लगता जैसे उपन्यास पढ़ रहा हूँ। होम्योपैथी में झूठ बोलना भी एक लक्षण है, शक़ करना भी। पढ़ते-पढ़ते अचानक मन में चरित्र उभरने लगते। मैंने तय कर रखा था कि स्वस्थ होने पर शुद्ध होम्योपैथिक कहानी लिखूँगा—शीर्षक अभी से सोच रखा है। जितना पुराना साथ शराब का था, उससे कम साथ अपनी पीढ़ी के कथाकारों का नहीं था। अपने साथियों की मैं रग़-रग़ पहचानने का दम्भ भर सकता हूँ। शायद यही कारण है कि मैंने दूधनाथ सिंह, ज्ञानरंजन और काशी के लिए

उपयुक्त होम्योपैथिक औषधियाँ खोज रखी हैं। कई बार तो किसी महिला मित्र से बात करते-करते अचानक यह विचार कौंधता है कि इसे पल्सटिला-200 की ज़रूरत है।

अपनी बीमारी के दौरान डॉक्टरों का मनोविज्ञान समझने में ख़ूब मदद मिली। शहर के अधिसंख्य डॉक्टर मुझसे फीस नहीं लेते थे। घर आकर देख भी जाते थे। उनके क्लीनिक में जाता तो 'आउट ऑव टर्न' तुरन्त बुलवा लेते। पत्रकार लेखक होने के फ़ायदे थे, जिनका मैंने भरपूर लाभ उठाया। कुछ डॉक्टर ऐसे भी थे, जो फीस नहीं लेते थे मगर हज़ारों रुपये के टेस्ट लिख देते थे। डॉक्टर विशेष से ही अल्ट्रासाउंड कराने पर ज़ोर देते। मुझे लगता है, वे फीस ले लेते तो सस्ता पड़ता। कमीशन ही उनकी फीस थी।

इसी क्रम में और भी कई दिलचस्प अनुभव हुए। एक दिन डॉक्टर निगम के यहाँ वजन लिया तो साठ किलो था, रास्ते में रक्तचाप नपवाने के लिए दूसरे डॉक्टर के यहाँ रुका तो उसकी मशीन ने 58 किलो वजन बताया। सचाई जानने के लिए कॉलोनी के एक नर्सिंग होम में वजन लिया तो 56 किलो रह गया। तीन डॉक्टरों की मशीनें अलग-अलग वजन बता रही थीं। यही हाल रक्तचाप का था। हर डॉक्टर अलग रक्तचाप बताता। करोड़ों रुपयों की लागत से बने नर्सिंग होम्स में भी वजन और रक्तचाप के मानक उपकरण नहीं थे। इनके अभाव में कितना सही उपचार हो सकता है, इसका सहज ही अनुमान लगाया जा सकता है। आख़िर मैंने तंग आकर रक्तचाप और वजन लेने के सर्वोत्तम उपलब्ध उपकरण ख़रीद लिये। एक ही मशीन पर भरोसा करना ज़्यादा मुनासिब लगा। एक मशीन ग़लत हो सकती है मगर धोखा नहीं दे सकती। वजन बढ़ रहा है या कम हो रहा है, मशीन इतनी प्रामाणिक जानकारी तो दे ही सकती है।

खाट पर लेटे-लेटे मैं कुछ ही दिनों में अपने दफ्तर का भी संचालन करने लगा। हिम्मत होती तो जी भर कर समाचार-पत्र, पत्रिकाएँ, साहित्य पढ़ता, टेलीविज़न देखता और सोता। सुबह-शाम मिजाज़पुर्सी करने वालों का ताँता लगा रहता। दिल्ली से ममता का एक प्रकाशक आया तो मुझे बातचीत करते देख बहुत हैरान हुआ। उसने बताया कि दिल्ली में तो सुना था कि आप अचेत पड़े हैं और कुछ ही दिनों के मेहमान हैं। शहर में भी ऐसी ही कुछ अफ़वाहें थीं। मुझे मालूम है कि जिसको आप जितना चाहते हैं, उसके बारे में उतनी ही आशंकाएँ उठती हैं। कई बार आदमी अपने को अनुशासन में बाँधने के लिए स्थितियों की भयावह परिणति की कल्पना कर लेता है। मगर मैं अभी मरना नहीं चाहता था। स्वस्थ होकर मरना चाहता था। मुझे लगता था कि इस बीच चल बसा तो लोग यही सोचेंगे कि एक लेखक नहीं, एक शराबी चल बसा। अभी हाल में इन्दौर में श्रीलाल शुक्ल ने भी ऐसी ही आशंका प्रकट की थी। वह

बहुत सादगी से बोले, "देखो रवीन्द्र, मैं चौहत्तर वर्ष का हो गया हूँ। अब अगर मर भी गया तो लोग यह नहीं कहेंगे कि एक शराबी मर गया—मरने के लिए यह एक प्रतिष्ठाजनक उम्र है, क्यों?"

चिड़चिड़ेपन से मुझे हमेशा सख़्त नफरत है। जिन लोगों के चेहरे में चिड़चिड़ापन देखता हूँ, उनसे हमेशा दूर ही भागता हूँ। बीमारी के दौरान मैं यह भी महसूस कर रहा था कि मैं भी किचकिची होता जा रहा हूँ। छोटी-सी बात पर किचाइन करने लगता। मेरे पास एक सुविधाजनक जवाब था। अपनी तमाम ख़ामियों को मैं 'विद्ड्रॉअल सिम्पटम्स' के खाते में डाल कर निश्न्चित हो जाता। एक दिन वाराणसी से काशीनाथ सिंह मुझे देखने आया। बहुत अच्छा लगा कि शहर के बाहर भी कोई ख़ैरख्वाह है।

"अब जीवन में कभी दारू मत छूना।" काशी ने भोलेपन से हिदायत दी। काशी हम चारों में सबसे अधिक सरल व्यक्ति है, मगर मैं उसकी इस बात पर अचानक ऐंठ गया।

"देखो काशी, मैंने पीना छोड़ा है, इसका निर्णय ख़ुद लिया है। किसी के कहने से न पीना छोड़ा है, न शुरू करूँगा।"

काशी स्तब्ध। उसे लगा होगा, मेरा दिमाग़ भी चल निकला है। सद्भावना में कही गयी बात भी मेरी हलक़ के नीचे नहीं उतर रही थी। जाने दिमाग़ में क्या फितूर सवार हो गया कि मैं देर तक काशी से इसी बात पर जिरह करता रहा। काशी लौट गया। मुझे बहुत ग्लानि हुई। आपका कोई भी हितैषी आपको यही राय देता। यह दूसरी बात है कि बहुत से मित्र मुझे बहलाने के लिए यह भी कह देते थे कि जिगर बहुत जल्दी ठीक होता है, आश्चर्यजनक रूप से 'रिकूप' करता है, महीने-दो महीने में पीने लायक़ हो जाओगे।

मगर मैं तय कर चुका था कि अब और नहीं पिऊँगा। इस ज़िन्दगी में छककर पी ली है। अपने हिस्से की तो पी ही, अपने पिता के हिस्से की भी पी डाली। यही नहीं, बच्चों के भविष्य की चिन्ता में उनके हिस्से की भी पी गया। दरअसल, मेरे ऊपर कुछ ज़्यादा ही ज़िम्मेदारियाँ थीं।

मैंने अत्यन्त ईमानदारी से इन ज़िम्मेदारियों का निर्वाह किया था। भूले-भटके कहीं से फोकट की आमदनी हो जाती, मेरा मतलब है रॉयल्टी आ जाती या पारिश्रमिक तो मैं केवल दारू ख़रीदने की सोचता। यहाँ दारू शब्द का इस्तेमाल इसलिए कर रहा हूँ कि यह एक बहुआयामी शब्द है, इसके अन्तर्गत सबकुछ आ जाता है जैसे ह्विस्की, रम, जिन, वाइन, बियर आदि। इस पक्ष की तरफ़ मैंने कभी ध्यान नहीं दिया कि मेरे पास जूते हैं या नहीं, बच्चों के कपड़े छोटे हो रहे हैं या उन्हें किसी खिलौने की ज़रूरत हो सकती है। यह विभाग ममता के ज़िम्मे था। वह अपने विभाग का सही संचालन

कर रही थी। मैं पहली फ़ुर्सत में दारू का स्टाक ख़रीद कर कुछ दिनों के लिए निश्चिन्त हो जाता। घर में दारू का अभाव मैं बर्दाश्त नहीं कर सकता था। मुझे सोना आकर्षित करता था, न चाँदी। फ़िल्म में मेरा मन न लगता था, नाटक तो मुझे और भी बेहूदा लगता था। संगीत में मन ज़रूर रम जाता था। देखा जाये तो मद्यपान ही मेरे जीवन की एकमात्र सचाई थी। मद्यपान एक सामाजिक कर्म है, समाज से कट कर मद्यपान नहीं किया जा सकता। जो लोग ऐसा करते हैं, वह आत्मरति करते हैं। वे पद्य की रचना तो कर सकते हैं, गद्य की नहीं। मद्यपान से मुझे अनेक शिक्षाएँ मिली थीं। सबसे बड़ी शिक्षा तो यही कि सादा जीवन उच्च विचार। यानी सादी पोशाक और साद:लौह जीवन। बहुत से लोगों को भ्रम हो जाता था कि मैं साद:लौह नहीं साद:पुरकार (देखने में भोले हो, पर हो बड़े चचंल) हूँ। कुर्ता-पायजामा मेरा प्रिय परिधान रहा है। गाँधी जयन्ती पर जब खादी भवन में खादी पर तीस-पैंतीस प्रतिशत छूट मिलती तो ममता साल भर के कुर्ते-पायजामे सिलवा देती। उसे कपड़े ख़रीदने का जुनून रहता है। अपने लिए साड़ियाँ ख़रीदती तो मेरे लिए भी बड़े चाव से शर्ट वग़ैरह ख़रीद लाती। मेरी, डिब्बा खोलकर शर्ट देखने की इच्छा न होती। वह चाव से दिखाती, मैं अफसुर्दगी से देखता और पहला मौक़ा मिलते ही अलमारी में ठूँस देता। आज भी दर्जनों कमीज़ें और अफ़ग़ान सूट मेरी अलमारी की शोभा बढ़ा रहे हैं। मुझे ख़ुशी होती जब बच्चे मेरा कोई कपड़ा इस्तेमाल कर लेते। अन्नू काम करने लगा तो वह भी माँ के नक़्शेक़दम पर मेरे लिए कपड़े ख़रीदने लगा। वे कपड़े उसके ही काम आये होंगे या आएँगे या मेरी वार्डरोब में पड़े रहेंगे।

विद्ड्रॉअल सिम्पटम्स के वापस लौटने से तबीयत में सुधार आने लगा। सबसे अच्छा यह लगा कि मुझे दारू की गन्ध से ही वितृष्णा होने लगी। शराबी से बात करने पर उलझन होने लगी। शराब किसी धूर्त प्रेमिका की तरह मन से पूरी तरह उतर गयी। शराब देखकर लार टपकना बन्द हो गया। मैं आज़ाद पंछी की तरह अपने को मुक्त महसूस करने लगा। शारीरिक और मानसिक नहीं, आर्थिक स्थिति में भी सुधार दिखाई देने लगा। एक ज़माना था, शराब के चक्कर में जीवन बीमा तक के चेक 'बाउंस' हो जाते थे। कोई बीस साल पहले मैंने खेल ही खेल में गंगा तट पर आवास विकास परिषद् से क़िस्तों पर एक भवन लिया था। उन दिनों मुझे गंगा स्नान का चस्का लग गया था। मैं और ममता सुबह-सुबह रानीमंडी से रसूलाबाद घाट पर स्नान करने आया करते थे। रानीमंडी से रसूलाबाद घाट नौ-दस किलोमीटर दूर था, सुबह-सुबह मुँहअँधेरे स्कूटर पर आना बहुत अच्छा लगता। घाट के पास ही मेंहदौरी कॉलोनी थी। उन दिनों फूलपुर में इफ्को के एशिया के सबसे बड़े खाद कारख़ाने का निर्माण चल रहा था। विदेशों से आये

विशेषज्ञ मेंहदौरी कॉलोनी में ही ठहराये गये थे। दो-एक वर्ष में ये विशेषज्ञ लौट गये तो सरकार ने इन भवनों का आबंटन प्रारम्भ कर दिया। शहर की चहलपहल और हलचल से दूर एकान्त स्थान पर जा बसने का जोख़िम बहुत कम लोगों ने उठाया। मैंने एक हसीन सपना देखा कि गंगा तट पर बैठकर अनवरत लेखन करूँगा। मन ही मन मैंने सम्पूर्ण जीवन साहित्य के नाम दर्ज़ कर दिया और नागार्जुन की पंक्तियाँ जेहन में कौंधने लगीं :

चन्दू, मैंने सपना देखा, फैल गया है सुजश तुम्हारा,
चन्दू, मैंने सपना देखा, तुम्हें जानता भारत सारा।

मैंने मन्त्री के नाम एक पत्र प्रेषित किया कि हमारे ऋषि-मुनि सदियों से पावन नदियों के तट पर बैठ कर साधना-आराधना करते रहे हैं, मैं भी इसी परम्परा में गंगा तट पर साहित्य सेवा करना चाहता हूँ। मेरा यह संकल्प तभी पूरा होगा यदि मेंहदौरी कॉलोनी का एक भवन किस्तों पर मेरे नाम आबंटित कर दिया जाये। उन दिनों समाज में लेखकों के प्रति आज जैसा उदासीनता का भाव न था। मेरे आश्चर्य की सीमा न रही जब शीघ्र ही भवन के आबंटन का पत्र मुझे प्राप्त हो गया। केवल पाँच हज़ार रुपये का भुगतान करने पर भवन का कब्ज़ा भी मिल गया। शुरू में मैंने साल-छह महीने तक निष्ठापूर्वक क़िस्तों का भुगतान किया, उसके बाद नियमित रूप से क़िस्तें भरने का उत्साह भंग हो गया। ज्ञान दूर कुछ क्रिया भिन्न थी। बक़ाया राशि और सूद बढ़ने लगा। लिखना-पढ़ना तो दरकिनार, सप्ताहान्त पर मदिरापान करने के लिए एक रंगभवन आकार लेने लगा। मौज़-मस्ती का एक नया अड्डा मिल गया। हम लोग शनिवार को आते और सोमवार सुबह गंगा स्नान करते हुए रानीमंडी लौट जाते। ब्याज और दंड ब्याज की राशि पचास हज़ार के आसपास हो गयी। यह भवन हाथ से निकल जाता अगर मेरे हमप्याला वकील दोस्त उमेशनारायण शर्मा, जो बाद में वर्षों तक इलाहाबाद उच्च न्यायालय में भारत सरकार के वरिष्ठ स्थायी अधिवक्ता रहे, मुझे क़ानूनी मदद न पहुँचाते। मयपरस्ती ने ज़िन्दगी में बहुत गुल खिलाये। अपने इस इकलौते शौक़ के कारण बहुत तक़लीफ़ें झेलीं, बहुत-सी यन्त्रणाओं से गुज़रना पड़ा, बक़ायेदारी के चक्कर में कुर्की के आदेशों को निरस्त करवाना पड़ा। मगर ज़िन्दगी की गाड़ी सरकती रही, एक पैसेंजर गाड़ी की तरह रफ्तः रफ्तः हर स्टेशन पर रुकते हुए। कई बार तो एहसास होता कि मैं बग़ैर टिकट के इस गाड़ी में यात्रा कर रहा हूँ।

बीमारी के दौरान मुझे आत्म-अन्वेषण के लिए काफी समय मिला। यादों की राख टटोलने के अलावा कोई दूसरा काम भी न था। अपनी ख़ामियों और कमीनगियों पर ध्यान गया। मुझे लगा, मैं काफी स्वार्थी क़िस्म का इंसान हूँ। ममता ने मुझे घर

की ज़िम्मेदारियों से मुक्त कर रखा था। यह मेरी चिन्ता का विषय नहीं था कि घर में राशन है या नहीं, बच्चों की फीस वक़्त पर जा रही है या नहीं, मुझे अगर कोई चिन्ता रहती थी तो केवल अपने दारू के स्टॉक की, प्रेस कर्मियों के वेतन की, कर्ज़ की क़िस्तों के भुगतान की, बिजली, टेलीफ़ोन और स्याही के बिल की। मेरे अपने निजी अखराजात इतने ज़्यादा बढ़ गये थे कि मैं घर-गृहस्थी के बारे में सोच भी न सकता था।

चालीस-पचास रुपये रोज़ तो मेरा सिगरेट का खर्च था, दारू का खर्च इससे कहीं ज़्यादा। ज़ाहिर है, हर वक़्त तंगदस्ती में रहता। मद्यपान के अलावा मैं हर चीज़ में कटौती कर सकता था। मेरी सारी ऊर्जा इन्हीं चीज़ों की व्यवस्था करने में शेष हो जाती। सुबह से शाम तक मैं बैल की तरह प्रेस के कोल्हू में जुता रहता, फिर भी पूरा न पड़ता तो बेईमानी पर उतर आता। यह सोच कर आज भी ग्लानि में आकंठ डूब जाता हूँ कि माँ अपनी दवा के लिए पैसा देतीं तो मैं निस्संकोच ले लेता। वक़्त ज़रूरत उनके हिसाब-किताब में गड़बड़ी भी कर लेता। कहना ग़लत न होगा, बड़ी तेज़ी से मेरा नैतिक पतन हो रहा था। अपनी बूढ़ी माँ के झुर्रियों भरे चेहरे के बीच अपनी बीमारी की रेखाएँ देखता तो करवट बदल लेता। जबसे बीमार पड़ा था, रात को उनके पास सोता था। सुबह उठता तो वह कहतीं, कितने कमज़ोर हो गये हो, रात भर में एक भी बार करवट नहीं बदलते। जिस करवट सोते हो, रात भर उसी करवट पड़े रहते हो। मुझे नहीं मालूम अब स्वस्थ होने के बाद रात में करवट बदलता हूँ या नहीं। अब माँ भी नहीं हैं, बताने के लिए। वैसे मुझे लगता है कि करवटें बदलने की भी एक उम्र होती है। एक उम्र ऐसी भी आती है कि किसी करवट आराम नहीं मिलता। बीमारी के दौरान मेरी माँ की पूरी चेतना मुझ पर केन्द्रित थी, वह अपनी तक़लीफ़ों को भूल गयी थीं। आज भी यह बार-बार एहसास होता है कि यह उनका आशीर्वाद था कि मैं मौत के मुँह से लौट आया। देखते-देखते मेरी दुनिया बदल गयी। मेरा सूरज बदल गया, चाँद और सितारे बदल गये। दिनचर्या बदल गयी। मैं एक ऐसा पंछी था जो सूरज ढलते ही चहकने लगता था, धीरे-धीरे वह चहचहाहट बन्द हो गयी। मेरी फ़ितरत बदल गयी, दोस्त बदल गये, प्रेमिकाएँ बदल गयीं। मेरे डिनर के दोस्त लंच या नाश्ते के दोस्त बन गये। हरामुद्दहर क़िस्म के दोस्तों से मेरी ज़्यादा पटती थी, अब राजा बेटे क़िस्म के दोस्तों के संग ज़्यादा समय बीतने लगा। शरीफ़, ईमानदार और वफ़ादार क़िस्म के दोस्तों के बीच जाने क्यों मेरा दम घुटता है! हमप्याला दोस्तों के बीच जो बेतक़ल्लुफ़ी और घनिष्ठता विकसित हो जाती है, वह हमनिवाला दोस्तों के बीच सम्भव ही नहीं। एक औपचारिकता, एक बेगानापन, एक फ़ासला बना रहता है। सच तो यह है आज भी मेरा मन शराबियों के बीच ज़्यादा लगता है।

छह महीने में मैं इस लायक़ हो गया कि शहर से बाहर भी निकलने लगा। सबसे पहले लखनऊ जाना हुआ। कथाक्रम 1997 में। देश भर से साथी रचनाकार आये हुए थे, सबसे मुलाक़ात हो गयी। मैं एक बदला हुआ रवीन्द्र कालिया था। सागरों मय तो मेरे हाथ में था, मगर मयगुसार की हैसियत से नहीं साक़ी की हैसियत से। गोष्ठियों के बाद मैंने साथी कथाकारों की पेशेवर तरीक़े से ख़िदमत की। किसी का गिलास ख़ाली न रहने दिया। सबके प्याले पर मेरी निगरानी थी। यह मेरे लिए एक नया अनुभव था। गेस्ट हाउस का कमरा लेखकों से ठसाठस भरा था। हर कोई मेरा मोहताज था। वह श्रीलाल शुक्ल हों या राजेन्द्र यादव, दूधनाथ सिंह हों या कामतानाथ। विभूतिनारायण राय, सृंजय, संजय खाती, वीरेन्द्र यादव, अखिलेश आदि नयी पीढ़ी के तमाम कथाकार भी वहाँ मौजूद थे।

दो

नशे में कोई तो ऐसी विशेषता अथवा शक्ति होगी कि लोग इसके मोहपाश में गिरफ्तार होकर इसके लिए अपना सबकुछ न्योछावर करते देखे गये हैं—घर-परिवार, सुख-चैन, वर्तमान और भविष्य। यहाँ तक कि अपने स्वास्थ्य और प्राणों की भी बाज़ी लगा देते हैं। दोनों जहान हार जाते हैं इसका दीवाना होकर। जोगी बन जाते हैं। कोई क्यों हो जाता है यकायक नशे का दीवाना? नशे का ग़ुलाम? कठपुतली बनकर रह जाता है नशे की? हर शराबी कभी न कभी इन प्रश्नों से दो-चार होता है। क्यों हो जाता है, वह पराधीन, विवश और सम्मोहित? बगर्जे सरूर या बगर्जे ग़म? कला कला की तर्ज़ पर नशा नशे के लिए, या इसके पीछे कोई आन्तरिक, मनोवैज्ञानिक और भौतिक विवशता है? यह जानना ज़रूरी है कि आदमी यथार्थ से कन्नी काटने के लिए पीता है या यथार्थ से मुठभेड़ करने के लिए। पलायन के लिए या आत्मविश्वास जगाने के लिए। वास्तव में अलग-अलग लोग अलग-अलग कारणों से पीते हैं, जबकि समान कारणों से मदिरापान के ग़ुलाम हो जाते हैं। ऐसा फँसते हैं इसकी चंगुल में कि फिर जीते जी निकल नहीं पाते इस अन्धे कुएँ से। कुछ लोग इसलिए पीते हैं कि उनके पास पीने के अलावा कोई दूसरा काम ही नहीं होता। यह पीने का एक सामन्ती तर्क है। कुछ लोग ऊब से मुक्ति पाने के लिए पीते हैं। बहुत से लोग सोहबत में पीने लगते हैं। कोई बन्धन से मुक्त होने के लिए पीता है तो कोई बन्धन के आकर्षण में। बहुत से लोग शुद्धतावादी जीवन-शैली की प्रतिक्रिया में नशे के आगोश में चले जाते हैं। ग़रीबी भी मदिरापान के लिए उकसाती है और सम्पन्नता भी। सुख प्रेरित करता है तो दुख भी पुकारता है। आदमी उल्लास में पीता है, विलास में पीता है, शोक में पीता है, सन्ताप में पीता है, परिताप में पीता है। मदिरापान 'स्टेटस सिम्बल' भी है और तोहमत भी। व्यवसाय के लिए अभिशाप भी और वरदान भी। कभी-कभी मदिरापान के दौरान बड़े-बड़े कॉन्ट्रेक्ट हो जाते हैं, वारे-न्यारे हो जाते हैं, मगर इसी मदिरा से लोगों को कुर्क होते देखा है, दिवालिया होते देखा है, बर्बाद होते देखा है। आसमान छूते देखा है तो धूल चाटते भी देखा है। जो सही मायने में रिन्द हो जाता

है, उसे फिर इस दुनियावी पेचोख़म की चिन्ता नहीं रहती। सच तो यह है कि पीने वाले को पीने का बहाना चाहिए और जिसे पीने का चस्का लग जाता है, उसे पीने का बहाना मिल ही जाता है।

दरअसल शराब के बहाने मैं अपना ही अन्वेषण-विश्लेषण कर रहा हूँ। अपने बारे में सोचता हूँ तो लगता है कि मेरी ज़िन्दगी में पीने का मंच बहुत पहले तैयार हो गया था यानी द स्टेज वाज़ सेट। पुआल को आग भर दिखाने की कसर थी। घर का वातावरण अत्यन्त शुद्धतावादी था। समय-समय पर सनातन धर्म, आर्य समाज और जैन धर्म का प्रभाव रहा। घर में किसी ने शराब तो क्या सिगरेट तक न फूँकी थी। भाई की वैचारिक यात्रा वामपन्थ से शुरू हुई थी और कैनेडा जाकर उसकी परिणति अध्यात्म में हुई। वह आज तक मांस, मछली और मदिरा से छत्तीस का रिश्ता क़ायम किये हुए हैं, तापमान चाहे शून्य से कितना भी नीचे चला जाये! मेरे नाना और मामा लोग कर्मकांडी ब्राह्मण थे, ननिहाल में प्याज़ तक से परहेज किया जाता था। मुझे क्या हो गया कि मसें भीगते ही मैं सिगरेट फूँकने लगा और बियर से दोस्ती कर ली। यह शुद्धतावादी वातावरण के प्रति शुद्ध विद्रोह था या वक़्त या उम्र का तकाज़ा? माहौल में कोई न कोई ज़हर अवश्य घुल गया था कि सपने देखने वाली आँखें अन्धी हो गयी थीं। योग्यता पर सिफ़ारिश हावी हो चुकी थी। लाइसेंस परमिट की बन्दर-बाँट ने समाज में असमानता और विषमता की दीवारें खड़ी कर दी थीं। कल के स्वाधीनता सेनानी त्याग और बलिदान की कीमत वसूलने में व्यस्त हो गये थे। कल के आज़ादी के दीवाने सत्ता के दीवाने हो रहे थे। आज़ादी ने जो सपने बुने थे, वे आँखों के सामने चकनाचूर हो रहे थे। वह भ्रष्टाचार का प्रसवकाल था। समाज में इतनी विषमता, इतना बेगानापन, इतनी अजनबियत और स्वार्थ-लोलुपता पहले तो न थी! सत्ता, पूँजी, स्वार्थपरता और लोलुपता की मैराथन रेस शुरू हो चुकी थी। पुराने मूल्य तेज़ी से ध्वस्त हो रहे थे और नयी मूल्यधर्मिता आकार नहीं ले पा रही थी।

पचपन-छप्पन के आसपास कुछ ऐसे ही माहौल में मेरा परिचय मोहन राकेश से हुआ। उन दिनों उपेन्द्रनाथ अश्क के छोटे भाई नरेन्द्र शर्मा कम्युनिस्ट पार्टी की जालन्धर शाखा के सचिव थे। मेरे बड़े भाई पार्टी के कार्ड होल्डर हो गये तो नरेन्द्र शर्मा का हमारे यहाँ आना-जाना शुरू हो गया। मेरे पिता भाई की राजनीतिक सक्रियता से परेशान रहते थे। वह कम्युनिस्ट आन्दोलन के दमन का दौर था। नरेन्द्र शर्मा के जाने के बाद अकसर घर में कलह होती। नरेन्द्र शर्मा पर प्रशासन की कड़ी नज़र थी और खुफिया तन्त्र ने भाई को भी चिह्नित कर लिया था। खुफिया विभाग में तैनात पिता के एक पूर्व छात्र ने इसकी सूचना दी तो वह आग-बबूला हो गये। मेरी नरेन्द्र शर्मा में इसलिए दिलचस्पी थी कि वह अश्क जी के भाई थे। अश्क जी के कथा

साहित्य में जालन्धर की गलियाँ गूँजती थीं, उनके कथा साहित्य की दुनिया मुझे अत्यन्त आत्मीय और परिचित लगती थी। एक दिन नरेन्द्र ने बताया कि अश्क जी कश्मीर से लौटते हुए कुछ रोज़ जालन्धर में मोहन राकेश के यहाँ रुकेंगे। मोहन राकेश से मेरा एक ग़ायबाना-सा परिचय था। उन्हीं दिनों उनकी 'मवाली' शीर्षक कहानी पढ़ी थी। जालन्धर में भारत सरकार का एक सूचना केन्द्र था, जिसके वाचनालय में देश भर की पत्रिकाएँ उपलब्ध रहती थीं। शमशेरसिंह नरूला उन दिनों वहाँ सूचना अधिकारी थे। जालन्धर में सूचना केन्द्र ही एकमात्र ऐसा स्थान था, जहाँ हिन्दी की कुछ साहित्यिक पत्रिकाएँ पढ़ने को मिल जाया करती थीं। सिविल लाइंस में जब कॉफी हाउस में मित्र लोग न मिलते तो मैं सूचना केन्द्र में जा बैठता। 'कल्पना' और 'कहानी' जैसी पत्रिकाएँ सबसे पहले मैंने वहीं पढ़ी थीं। 'कल्पना' के ही किसी अंक में मैंने इलाहाबाद से प्रकाशित होने वाली कथा पत्रिका 'कहानी' के बृहद् विशेषांक की समीक्षा पढ़ी और मैं उस अंक को प्राप्त करने में जुट गया। किसी तरह मैंने छुट्टियों के बाद कलकत्ता से लौटने वाले अपने एक सहपाठी अमृतलाल 'अमृत' के माध्यम से वह अंक प्राप्त कर लिया। 'मवाली' मैंने उसी अंक में पढ़ी थी और उसी पत्रिका से जानकारी मिली थी कि मोहन राकेश जालन्धर में रहते हैं। यह जानकर मैं काफी चमत्कृत हुआ था कि जालन्धर में भी ऐसा कोई रचनाकार रहता है, जिसकी कहानी इलाहाबाद की पत्रिका में प्रकाशित होती है।

जिस दिन अश्क जी जालन्धर पहुँचे, मैं भी उनकी अगवानी के लिए स्टेशन पर मौजूद था। स्टेशन पर नरेन्द्र भी दिख गये, जो एक ख़ूबसूरत से नाटे आदमी के साथ स्टॉल पर चाय पी रहे थे। नरेन्द्र ने मोहन राकेश से मेरा परिचय करवाया।

"आपकी कहानी मवाली मुझे बहुत अच्छी लगी।" मैंने छूटते ही कहा। राकेश जी ने अपने मोटे चश्मे के भीतर से बहुत गहरी निगाह से मेरी तरफ़ देखा और बोले, "मवाली तुम्हें कहाँ से पढ़ने को मिल गयी?"

मैंने बताया।

"क्या करते हो?" उन्होंने पूछा।

"पढ़ता है।" नरेन्द्र ने बताया।

"कौन-सी क्लास में पढ़ते हो?"

"इंटर में।"

"किस कॉलिज में?"

"डी.ए.वी. कॉलिज में।"

"डी.ए.वी. में?" राकेश ने उत्सुकता से पूछा, "मुझे कभी देखा है वहाँ?"

नया-नया सत्र शुरू हुआ था। मैंने अनभिज्ञता ज़ाहिर की। अगले रोज़ मैं अश्क

जी से मिलने राकेश के यहाँ मॉडल टाउन गया। अश्क जी का इंटरव्यू लेने का चाव था, मगर कोई प्रश्न सूझ ही न रहा था। अश्क जी ने समस्या हल कर दी। प्रश्न भी लिखा दिये और उत्तर भी, बल्कि ख़ुद ही लिख दिये। बाद में वह इंटरव्यू 'साप्ताहिक हिन्दुस्तान' में छप भी गया। स्टेशन पर हुआ राकेश जी से वह परिचय धीरे-धीरे प्रगाढ़ होता चला गया। उन्हें जालन्धर जैसे शहर में नयी उम्र का पाठक मिल गया था। मैं उनके यहाँ आने-जाने लगा। उनके पास हिन्दी की तमाम पत्रिकाएँ आती थीं, उनका पुस्तकालय भी बहुत समृद्ध था। मैं उन दिनों ख़ूब कहानियाँ पढ़ता। उस दौर की कहानियाँ मैंने राकेश जी के यहाँ ही पढ़ीं। राकेश अपने समकालीन कथाकारों के बारे में कुछ बताते तो मैं बहुत दिलचस्पी से सुनता। मैंने इंटर की परीक्षा पास की तो एक दिन राकेश जी ताँगे में बैठकर हमारे घर चले आये। मैं उस समय गली में पतंग उड़ा रहा था। मुझे देखकर वह मुस्कराये। उन्होंने सुझाव दिया, बी.ए. में मुझे 'ऑनर्स' के साथ हिन्दी लेना चाहिए। मैंने बताया कि हमारे घर में हिन्दी का कोई माहौल नहीं है। भाई ने राजनीतिशास्त्र में एम.ए. किया था और छोटी बहन भी यही सोच रही है। राकेश जी ने कहा कि वही पढ़ना चाहिए जिसमें रुचि हो।

बहरहाल, घर के विरोध के बावजूद मैंने हिन्दी में दाख़िला ले लिया। ऑनर्स में मेरे अलावा कोई छात्र नहीं था। दो-एक ने मेरी देखा-देखी 'ऑनर्स' ले ली, मगर राकेश ने उन्हें डाँट-डपटकर भगा दिया। वास्तव में ऑनर्स पढ़ाने में राकेश जी को सुविधा थी। ऑनर्स के चार लेक्चर सात के बराबर माने जाते थे। देखते-देखते ऑनर्स में मैं उनका इकलौता छात्र रह गया।

राकेश उन दिनों परेशान थे। पत्नी से। कॉलिज से। शहर से। अध्यक्ष से। बाद में उनके निकट आने पर मैंने पाया कि वे एक बेचैन रूह के परिन्दे हैं। हमारी क्लासें बियर शॉप में लगने लगीं। एक-आध गिलास से शुरू करके कुछ ही दिनों में मैं पूरी की पूरी बोतल पीने लगा। बाद में तो ऐसा भी हुआ कि वे क्लास में मेरी प्रतीक्षा करते रहते और मैं बियर शॉप में। शाम को कॉफी हाउस में भेंट होती तो मैं उनसे कहता, "आप आज क्लास में नहीं आये?"

पूरे सत्र में वे ऑनर्स की क्लास दो-चार दिन ही ले पाये होंगे। उन्हें मेरी पढ़ाई की चिन्ता होती तो रिक्शे में, बियर शॉप में, किसी रेस्तराँ में, तुलसीदास या प्रेमचन्द पर एक संक्षिप्त-सा भाषण दे देते। कृष्ण काव्य के सौन्दर्यबोध पर वे रिसर्च कर रहे थे, मगर सूर पर उन्होंने कभी लेक्चर नहीं दिया। तिमाही-छमाही यों ही बीत गयी। वे क्या तो पेपर सेट करते और क्या मैं उत्तर लिखता! काग़ज़ों पर ही परीक्षाएँ हो गयीं। राकेश के आश्चर्य का ठिकाना न रहा, जब मैंने प्रथम श्रेणी में ऑनर्स किया।

उन दिनों राकेश जो भी लिखना चाहते या लिखते, मुझे उसके बारे में बताते, मगर मैं चीज़ों को उतनी गहराई से न समझता था, समझने की कोशिश ज़रूर करता था। यहाँ तक कि 'आषाढ का एक दिन' सबसे पहले उन्होंने मुझे और नरेन्द्र शर्मा को ही सुनाया था। बल्कि प्रसारण के समय हरिकृष्ण प्रेमी ने, जो उन दिनों आकाशवाणी जालन्धर में हिन्दी प्रोड्यूसर थे, नाटक पढ़ना शुरू किया तो राकेश ने कहा, 'अच्छा तो प्रेमी जी आप नाटक पढ़कर ही प्रसारित करेंगे?' प्रेमी जी ने अत्यन्त सरलता से कहा, 'भाई मैं तो यह देख रहा था, तुम कितना अच्छा टाइप कर लेते हो!' बाद में वह नाटक जालन्धर केन्द्र द्वारा प्रसारित हुआ और मोहन राकेश ने स्वयं उसमें कालिदास का अभिनय किया था।

इसी बीच मैं उर्दू कहानियों का हिन्दी अनुवाद करने लगा। 'माया', 'कहानी' आदि पत्रिकाओं में मेरे अनुवाद छपने लगे और पारिश्रमिक भी मिलने लगा। उन दिनों उर्दू अफ़सानानिगारों में सत्यपाल आनन्द की कहानियों की बहुत धूम थी। वह उन दिनों लुधियाना में 'लाहौर बुक शॉप' में काम करते थे, कुमार विकल भी वहीं छोटी-मोटी नौकरी करता था। उन दिनों पंजाब के उर्दू-हिन्दी के तमाम दैनिक समाचार-पत्र जालन्धर से ही प्रकाशित होते थे। पंजाब में आकाशवाणी का केन्द्र भी जालन्धर में ही था। विभाजन के बाद लाहौर के स्थान पर जालन्धर पूर्वी पंजाब की सांस्कृतिक राजधानी के रूप में विकसित हो रहा था। अख़बारों के कारण उर्दू, हिन्दी, पंजाबी के तमाम नामी-गिरामी रचनाकार जालन्धर आते रहते थे। इन समाचार-पत्रों से सम्बद्ध पत्रकारों और आकाशवाणी के माध्यम से मेरा परिचय उस दौर के तमाम लेखकों से हो गया। सत्यपाल आनन्द चाहते थे कि मैं उनकी कहानियों का हिन्दी में अनुवाद करूँ। इसी क्रम में उन्होंने भी मेरी प्रारम्भिक कहानियों का उर्दू में अनुवाद किया और वे 'शमा' और 'बीसवीं सदी' आदि उर्दू की लोकप्रिय पत्रिकाओं में छपने लगीं। मैं भी सत्यपाल आनन्द की कहानियों को हिन्दी में अनूदित किया जो हिन्दी की कुछ पत्रिकाओं में छपीं। इस प्रकार हिन्दी से पूर्व मैं अपनी कहानियाँ उर्दू में छपवाने में सफल हो गया। उस समय के उर्दू के तमाम अफ़सानानिगारों और शायरों से आनन्द के माध्यम से मेरी मित्रता भी हो गयी। उर्दू में शायरी और शराब का अटूट रिश्ता रहा है। दो-चार अफ़सानानिगार और शायर इकट्ठा हो जाते तो मयनोशी का दौर शुरू हो जाता। तब तक मैं बियर के आगे नहीं बढ़ा था। इन लेखकों में सिर्फ़ सत्यपाल आनन्द ही मोहन राकेश के नाम और महत्त्व से परिचित था। उसने मोहन राकेश से मिलने की ख़्वाहिश ज़ाहिर की। पहली मुलाक़ात बियर शॉप में ही हुई। (मोहन राकेश ने अपनी डायरी में भी सत्यपाल आनन्द की इस मुलाक़ात का ज़िक्र किया है।)

सत्यपाल आनन्द की शादी तय हुई तो उसने मोहन राकेश और मुझे शादी पर आमन्त्रित किया। मोहन राकेश और मैं साथ-साथ बस में शादी में शिरक़त करने

लुधियाना गये। वहाँ बहुत से अदीबों से मुलाक़ात हुई। कुछ नाम तो मुझे आज तक याद हैं—नरेश कुमार 'शाद', हीरानन्द 'सोज', शाक़िर पुरुषार्थी, प्रेम बारबटनी, कृष्ण अदीब, कुमार विकल आदि। राकेश उन दिनों चूँकि एक डिग्री कॉलिज में प्राध्यापक थे, उनका मिज़ाज अलग था। वह उर्दू के अदीबों के इस शायराना, फ़क़ीराना और शराबपरस्त माहौल से नितान्त अपरिचित थे। उन लोगों के बीच वह बहुत अटपटा महसूस कर रहे थे। मैं राकेश का छात्र था, इसलिए मुझे भी बहुत उलझन हो रही थी। राकेश कमरे के बीचोबीच मुख्य अतिथि के लिए रखी एक बूढ़ी कुर्सी पर बैठे थे, उनकी बगल में मैं एक छोटे से लँगड़े स्टूल पर बैठ अपने को सन्तुलित कर रहा था। शायर लोग खटिया और खिड़कियों पर बैठे थे। तभी कमरे में कुमार विकल नमूदार हुआ। उसके दोनों हाथों में नारंगी रंग की दो बोतलें थीं। वह बोतलों को बारी-बारी से चूम रहा था। बोतलें देखते ही शायरों के चेहरे निहाल हो गये। कुमार बगल के कमरे से एक मोढ़ा उठा लाया और उस पर बैठकर अपनी भारी आवाज़ में नरेश कुमार 'शाद' की किसी ग़ज़ल की पैरोडी तरन्नुम में सुनाने लगा। पैरोडी बहुत अश्लील थी। मोहन राकेश तभी वाकआउट कर गये। उनके साथ-साथ मैं भी खड़ा हो गया। कुमार और दूसरे शायरों पर इसका कोई असर न हुआ।

दालान में हमें सत्यपाल आनन्द मिला। वह आटा गूँधने वाली थाली में अलग-अलग आकार-प्रकार के काँच और विभिन्न धातुओं के गिलास सजा कर कमरे की तरफ़ बढ़ रहा था। राकेश जी ने अत्यन्त विनम्रतापूर्वक आनन्द से विदा ली। आनन्द उनके पधारने मात्र से उपकृत हो गया था और समझ रहा था राकेश की उपस्थिति में हुड़दंग सम्भव नहीं। राकेश शायद कोई फ़िल्म देखने का बहाना कर गये थे। अगर मैं ग़लत नहीं हूँ तो उन दिनों 'मदर इंडिया' चल रही थी। मेरा ख़याल था मोहन राकेश तौबा-तौबा करते हुए अगली बस से जालन्धर लौट गये होंगे। हम लोग उन्हें नीचे तक छोड़ आये थे। राकेश जी ने मुझे साथ चलने के लिए नहीं कहा और कूद कर रिक्शा में बैठ गये। माहौल मेरे लिए भी अजनबी था, मगर मैं उससे बहिर्गमन नहीं कर पाया।

आनन्द के कमरे में लौटते ही पीने-पिलाने का दौर शुरू हो गया। अलग-अलग आकार-प्रकार के गिलास एक साथ टकराये—चीयर्स! मेरे लाख मना करने के बावजूद चाय के एक प्याले में मेरा जाम भी तैयार कर दिया गया। मैंने तब तक बियर तो पी थी मगर शराब कभी न चखी थी। शराब तो दूर, कमरे में फैले सिगरेट-बीड़ी के धुएँ से मेरा दम घुट रहा था। लग रहा था किसी गैस चैंबर में बैठा हूँ। सामने एक पीढ़े पर उबले अंडे, टमाटर और प्याज़ का सलाद रखा था। मुझे लग रहा था मैं शायरों के नहीं, उठाईगीरों के गिरोह के बीच आ फँसा हूँ। इच्छा तो यही हो रही थी

कि किसी तरह पिंड छुड़ाकर यहाँ से भाग निकलूँ या खिड़की से कूद जाऊँ, मगर आनन्द और कुमार की मुरव्वत में बैठा रहा। दोनों ने वायदा कर रखा था कि वह मेरी उर्दू से अनूदित कहानियों की किताब 'लाहौर बुक डिपो' से छपवा देंगे। बाद में उन्होंने शौक़त थानवी की कहानियों के अनुवाद की पुस्तक न सिर्फ़ छपवा दी, मुझे ढाई सौ रुपये भी दिलवा दिये। मैंने पीने में आनाकानी की तो तमाम शायर मेरा ही नहीं हिन्दी का भी मज़ाक उड़ाने लगे। तमाम शायरों ने अपनी अश्लील से अश्लील ग़ज़लों का पाठ शुरू कर दिया। कुछ शे'र तो मुझे आज तक याद हैं, मगर आज भी लिखने नहीं, सुनाने लायक़ ही हैं। मैंने जब देखा कि तमाम लोगों के गिलास ख़ाली हो रहे हैं तो मैंने आँख बचाकर अपना कप चुपके से स्टूल के नीचे खाट की तरफ़ उँड़ेल दिया। जाम फिर तैयार हुए। इस बार मेरा लिहाज़ कर कम मात्रा में शराब परोसी गयी। मैंने वह जाम भी धरती माता की नज़र कर दिया। तौबा-तौबा के बीच वह शाम किसी तरह अंजाम पर पहुँची। अंजाम और भी ग़ैर-शायराना था। कोई कै कर रहा था, कोई बेसुध पड़ा था, कोई पागलों की तरह प्रलाप कर रहा था। आनन्द और कुमार शायरों के उपचार में व्यस्त थे। किसी को आम का अचार चटाया जा रहा था, किसी के मुँह पर ठंडे पानी के छींटे मारे जा रहे थे, किसी के जूते उतारे जा रहे थे।

मौक़ा मिलते ही मैं वहाँ से खिसक लिया। वहाँ से सीधा बस अड्डे पर पहुँचा और बस में सवार हो गया। मालूम नहीं बारात कितने बजे उठी और कैसे उठी! वह अपने ढंग की यादगार बारात रही होगी, लुधियाना में बस चलने से ज़रा पहले एक सवारी बस में दाख़िल हुई। मैंने देखा, वह सवारी कोई और नहीं मोहन राकेश ही थे। शायद वह पहली और अन्तिम बार लुधियाना गये थे। मुझे देखकर उन्होंने एक ठहाका बुलन्द किया और महफ़िल के बारे में जानकारी हासिल करने में दिलचस्पी दिखायी। मैंने नमक- मिर्च लगाकर वहाँ के माहौल का कॉमिक नक़्शा पेश किया। राकेश सुनते-सुनते लोटपोट हो गये। वे शायद शायरों और फकीरों के डेरे पर पहली बार गये थे।

जब तक मैं एम.ए. (हिन्दी) में प्रवेश लेता, राकेश जी ने नौकरी छोड़कर, पत्नी छोड़कर, जालन्धर छोड़कर दिल्ली जा बसने का मन बना लिया था और एक शाम उन्होंने अम्मा को गाड़ी में बैठाया और ख़ुद सामान के साथ ट्रक में बैठकर दिल्ली के लिए रवाना हो गये। उन दिनों तमाम ट्रांसपोर्ट कम्पनियाँ हमारे घर के पास पटेल चौक में हुआ करती थीं। जब तक ट्रक रवाना नहीं हुआ, मैं राकेश जी के साथ रहा। उनके जालन्धर छोड़ने से मैं काफी अकेला और निरुपाय अनुभव कर रहा था। उनकी नगर में उपस्थिति मेरे लिए एक वातायन के समान थी।

राकेश चले गये, मगर मेरा बियर शॉप जाना जारी रहा। हरिकृष्ण प्रेमी से

अकसर बियर शॉप में मुलाक़ात हो जाती थी। उन्होंने अपने से आधी उम्र की रेडियो कलाकार से शादी कर ली थी। हिन्दी प्रोड्यूसर बटुक जी मुझे छात्र जीवन से ही आकाशवाणी बुलाते थे, उन दिनों पन्द्रह या पच्चीस रुपये मिलते थे एक कार्यक्रम के। बियर की बोतल मात्र ढाई रुपये में आती थी। उन दिनों बियर की छोटी बोतल भी उपलब्ध थी, मात्र सवा रुपये में। जेब में पैसे होते तो मैं किसी साथी के साथ दिन में एकाध बोतल पी आता।

एम.ए. (हिन्दी) क्लास में हम दो-तीन लड़के थे और दो दर्जन लड़कियाँ। चढ़ती उम्र थी और ऊपर से पंजाबी लड़कियों का सौन्दर्य और आकर्षण! जीना हराम हो गया। ऐसे माहौल में प्यार तो होना ही था। मैं एक साथ कई लड़कियों के इकतरफ़ा प्रेम में गिरफ़्तार हो गया। बियर की खपत बढ़ गयी। मेरी कुसंगति का असर क्लास के दूसरे छात्रों पर भी पड़ा। केवल एक लड़का हम लोगों की कुसंगति का शिकार होने से बच गया। उसका नाम कृष्णलाल शर्मा था और वह राष्ट्रीय स्वयं सेवक संघ का पूर्णकालिक स्वयं सेवक था। (हो सकता है ये स्वर्गीय कृष्णलाल शर्मा ही रहे हों जो सांसद और भाजपा के राष्ट्रीय उपाध्यक्ष थे।) कृष्णलाल शर्मा हम लोगों से ही नहीं, लड़कियों के प्रति भी निस्संग रहता। बहरहाल, लड़कियाँ बर्दाश्त न होतीं तो हम बियर शॉप की तरफ़ भागते, जेब में पैसे न होते तो 'हिन्दी भवन' का सहारा लिया जाता। 'हिन्दी भवन' से पैसा तो नहीं, पुस्तकें अवश्य उधार मिल जाती थीं। उन दिनों यशपाल साहित्य अत्यन्त किफ़ायती दाम पर मिलता था, दो रुपये में एक कथा संकलन मिल जाता था। दो-दो, तीन-तीन रुपये की पुस्तकें ख़रीदकर ही मैंने 'हिन्दी भवन' की विश्वसनीयता अर्जित की थी। एम.एम. तक पहुँचते-पहुँचते मैं महँगी-से-महँगी पुस्तक उधार लेने की स्थिति में पहुँच गया था। वक़्त ज़रूरत मैं 'हिन्दी भवन' से उधार किताब ख़रीदता और बगल में 'संस्कृति भवन' में आधे दाम पर बेच देता। 'संस्कृति भवन' के पंडित जी की एक बहुत बुरी आदत थी। ख़रीदने से पहले वह पुस्तक पर दस्तख़त करवा लेते थे। कुछ ही महीनों में मेरी हस्ताक्षरयुक्त पुस्तकें कक्षा की अधिसंख्य छात्राओं की 'प्राउड पज़ेशन' बन गयीं।

लड़कियाँ मुझे किसी-न-किसी बहाने मेरे हस्ताक्षरों की झलक दिखा देतीं और खिलखिलाकर हँस देतीं। उन दिनों प्रत्येक कक्षा का एक प्रतिनिधि चुना जाता था और तमाम कक्षाओं के प्रतिनिधि कॉलिज के अध्यक्ष का चुनाव करते थे। डी.ए.वी. कॉलिज, जालन्धर पंजाब का सबसे बड़ा महाविद्यालय था। दूसरे विषयों के छात्र अध्यक्ष चुने जाते थे, हिन्दी के छात्र में चुनाव लड़ने का नैतिक साहस ही नहीं हुआ था। एक दिन बियर शॉप में कक्षा के अन्य दो छात्रों ने कक्षा के प्रतिनिधि के रूप में मेरा नाम प्रस्तावित कर दिया। मैं भी तैयार हो गया, मगर कक्षा के चौथे लड़के ने मेरे विरुद्ध

पर्चा भर दिया। चुनाव हुआ। मेरे ख़िलाफ़ खड़े छात्र को केवल दो मत मिले। इसका सीधा-सादा एक ही अर्थ निकला कि कक्षा की तमाम छात्राओं ने सामूहिक रूप से मेरे पक्ष में मतदान किया था। इससे मेरी ग़लतफ़हमियाँ और बढ़ गयीं। मैं प्रेम की महामारी का शिकार हो गया। 'हिन्दी भवन' का कर्ज़ और बियर की खपत बढ़ती चली गयी। मुझे बर्बाद करने में एक उपलब्धि ने और योगदान दिया। मैं कॉलिज का अध्यक्ष चुन लिया गया। कोई छात्रा बात कर लेती तो मेरा दिन सार्थक हो जाता। यूथ फेस्टिवल में कॉलिज का नेतृत्व करने का इच्छुक छात्र समुदाय मेरे आगे-पीछे नज़र आता। जगजीत सिंह से मेरी मित्रता उन्हीं दिनों हुई थी। छात्र यूनियन का बजट मेरे अधिकार में आ गया। मैं किसी भी छात्र-छात्रा को चंडीगढ़, दिल्ली, पटियाला अथवा अमृतसर भेज सकता था। छात्र नेताओं में जो उद्दंडता आ जाती है, मैं भी उसका शिकार हो गया। एक दिन मिसेज़ कक्कड़ की कक्षा में पहुँचने में मुझे देर हो गयी, उन्होंने कक्षा से बाहर जाने का आदेश दे दिया। मेरे साथ मेरे साथी भी कक्षा से बाहर आ गये और हम लोगों ने बाहर से कक्षा का दरवाज़ा लॉक कर दिया और साइकिलों पर सवार होकर बियर शॉप रवाना हो गये। बाद में बहुत हंगामा हुआ। डॉ. इन्द्रनाथ मदान विभागाध्यक्ष थे, उनसे शिक़ायत हुई, मगर डॉ. मदान ने मामला रफ़ा-दफ़ा करने में ही ख़ैरियत समझी।

वास्तव में डॉ. मदान भी प्रत्यक्ष तो नहीं, परोक्ष रूप से मेरे हमप्याला अध्यापक थे। उनके गिलास से गिलास टकराकर पीने का अवसर तो बहुत बाद में मिला, वह अन्त तक मुझे अपना छात्र ही मानते रहे और उनकी झिझक तब टूटी जब वह अपनी दत्तक पुत्री के साथ इलाहाबाद आये और मुझे उनकी मेज़बानी करने का अवसर मिला। जालन्धर में डॉक्टर मदान मॉडल टाउन में ही रहते थे, मोहन राकेश के घर के पास ही! दोनों एक-दूसरे को सनकी समझते थे। डॉक्टर मदान आजीवन अविवाहित रहे; कहा जा सकता है वह उतने ही सनकी थे, जितना कोई भी चिरकुमार हो सकता है। उनकी एक सनक का तो मैंने भरपूर लाभ उठाया। डॉक्टर मदान किसी छात्र के सामने मद्यपान नहीं करते थे, ड्राइंगरूम से लगा उनका बाथरूम ही उनकी मधुशाला थी। बाथरूम में ही उनका बार सजता था, उसका कोई दूसरा उपयोग नहीं होता था। उनके बाथरूम में एक टूटी-सी ख़ूबसूरत मेज़ थी, जिस पर करीने से जिन, लाइम कार्डियल, बर्फ़ की बकट, स्वच्छ शीतल पानी की बोतल और सिर्फ़ एक गिलास पड़ा रहता था। इन तमाम चीज़ों को वह एक तौलिये से ढाँप देते थे। बात करते-करते वह अचानक उठते और बाथरूम में घुस जाते। वहीं उन्होंने एक आरामकुर्सी भी डाल रखी थी। बाद में वह चंडीगढ़ चले गये तो उनके बाथरूम की खिड़की से शिवालिक की पहाड़ियों का मनोरम

दृश्य दिखायी देता और रात के समय सोलन अथवा शिमला की टिमटिमाती रोशनियाँ दिखाई देतीं। नयी पुस्तकें भी वह इसी बाथरूम में रखते थे। एक छोटा-सा ख़ूबसूरत रैक बाथरूम की दीवार पर जड़ा था। वह कब्ज़ के मरीज़ की तरह देर तक के लिए बाथरूम में घुस जाते और इत्मीनान से अपना पेग ख़त्म करते। उसके बाद वह मुँह में पान का बीड़ा दबाकर बाहर निकलते। एक बार मैं उनके मना करते-करते बाथरूम में घुस गया; गोया बाथरूम के रंगमहल में पहुँच गया। किसी छात्र को उस बाथरूम का इस्तेमाल करने की इजाज़त नहीं थी। मैंने तुरन्त अपना पेग बनाया और एक ही घूँट में समाप्त कर गिलास धोकर उसी प्रकार तौलिये के नीचे रख दिया। शुरू-शुरू में उन्हें मेरी हरक़त बहुत नागवार गुज़री। वह मेरे उठते ही दूसरे बाथरूम की तरफ़ इशारा करते, मगर मैं उनके संकेत को नज़रअन्दाज़ कर जाता। बाद में उन्होंने इस स्थिति से समझौता कर लिया। धीरे-धीरे इतनी समझदारी पैदा हो गयी कि दोनों को कोई असुविधा न होती। जिस पुस्तक का वह बाथरूम में अध्ययन करते मैं भी वही किताब पढ़ता, उनका बुकमार्क जहाँ तक पहुँचा होता, मैं उस पृष्ठ को छूकर ही उठता। आरामकुर्सी का मैंने भरपूर उपयोग किया। बाथरूम से लौटकर मैं उसी पुस्तक पर चर्चा शुरू कर देता। इससे बातचीत में आसानी रहती।

महीनों निर्बाध गति से मेरा कारोबार चलता रहा। एक दिन मैंने अपने पैर पर ख़ुद ही कुल्हाड़ी मार ली। यानी मुझसे एक ग़लती हो गयी। कुमार विकल शराब की तलाश में मारा-मारा फिर रहा था। मूर्खतावश मैंने उसे अपनी गोपनीय 'बार' के बारे में बता दिया। वह मेरे साथ मदान साहब के यहाँ चला आया। उसने अपनी भर्रायी हुई आवाज़ में अपनी दो-एक नयी कविताएँ सुनायीं और मेरी वाहवाही पर बाथरूम में घुस गया। उस दिन से कुमार विकल की डॉक्टर मदान के यहाँ आमदोरफ़्त बढ़ गयी। वह मेरे बग़ैर भी जाने लगा। बाथरूम में घुस जाता तो निकलने का नाम न लेता। डॉक्टर मदान बहुत क़ायदे से पीने वाले व्यक्ति थे और कुमार विकल युगों-युगों से प्यासे कवि की तरह हचककर पीने लगा। आख़िर तंग आकर एक दिन मदान साहब ने हाथ जोड़ दिये, ''पीना हो तो अपनी बोतल साथ लेकर आया करो।''

डॉक्टर मदान के चंडीगढ़ जाने से मेरा बहुत नुकसान हुआ था। नतीज़ा यह निकला कि मेरे ऊपर 'हिन्दी भवन' का कर्ज़ बढ़ने लगा और एक दिन पता चला कि मैं चार-पाँच सौ रुपये का देनदार हो चुका हूँ। मुझसे ज़्यादा 'हिन्दी भवन' के संचालक श्री धर्मचन्द्र नारंग को मेरी नौकरी की चिन्ता सताने लगी। पंजाब भर के हिन्दी अध्यापक 'हिन्दी भवन' आते-जाते रहते थे। वह हर किसी से मेरी नौकरी की सिफ़ारिश करते। सच तो यह है कि जो दौड़-धूप मुझे करनी चाहिए थी, वह नारंग जी करने लगे।

उन्हें शायद आभास हो गया था कि मेरी नौकरी न लगी तो उनका पैसा डूब जाएगा। गवर्नमेंट कॉलिज कपूरथला के विभागाध्यक्ष रोशनलाल सिंहल 'हिन्दी भवन' के लिए छात्रोपयोगी पुस्तकें लिखा करते थे। उन्हीं दिनों उनका एक निबन्ध-संग्रह छपकर आया था। उनका एक सहयोगी 'डेपुटेशन' पर छह महीने के लिए नेपाल जा रहा था और कॉलिज में हिन्दी अध्यापक का एक अस्थायी पद रिक्त हो गया था। धर्मचन्द्र जी को इसकी भनक लगी तो उन्होंने तुरन्त मेरा नाम सुझा दिया। सिंहल साहब को देखते ही नारंग जी को मेरी याद आ जाती। आख़िर वह मुझे नौकरी दिलाने में सफल हो ही गये। औपचारिकताएँ पूरी हुईं और मुझे छह महीने के लिए लेक्चररशिप मिल गयी। यह कर्ज़ का ही चमत्कार था कि अपने 'बैच' में मुझे ही सबसे पहले नौकरी मिली।

कपूरथला जालन्धर से महज़ ग्यारह मील दूर था। वह एक छोटी-सी ख़ूबसूरत रियासत थी। वहाँ का माहौल जालन्धर के वातावरण से एकदम भिन्न था। कॉलिज का विशाल परिसर था। उसका निर्माण वहाँ के राजपरिवार ने करवाया था और बाद में सरकार ने उसका अधिग्रहण कर लिया था। कॉलिज का रख-रखाव उन दिनों भी सरकारी नहीं, सामन्ती था। बड़े-बड़े लॉन थे और ऊँची छतों वाले कमरे। इतने साफ़-सुथरे कॉलिज पंजाब में कम ही होंगे। मालूम नहीं अब उस कॉलिज की क्या दशा है! कई मायनों में कपूरथला जालन्धर से अधिक प्रगतिशील था। जालन्धर में स्नातकोत्तर स्तर पर सह-शिक्षा का प्रावधान था, जबकि कपूरथला में स्नातक स्तर पर ही छात्र-छात्राएँ एक साथ पढ़ते थे। उस छोटे से क़स्बे में एक अधुनातन क्लब था। कभी यह क्लब अँग्रेज़ों का प्रिय क्लब रहा होगा। क्लब के पूरे माहौल पर अँग्रेज़ अपनी छाप छोड़ गये थे। क्लब का अनुशासन बहुत से पश्चिमी रस्मो-रिवाज से चालित था। बैरे बहुत अदब से पेश आते थे और हमेशा चुस्त-दुरुस्त नज़र आते। क्लब में मद्यपान का तो इन्तज़ाम था ही, साथ में बिलियर्ड खेलने की भी सुविधा थी। वहाँ मेरी मित्रता जैन दम्पती से हो गयी। मियाँ-बीवी दोनों उसी कॉलिज में पढ़ाते थे और नियमित रूप से क्लब जाते थे। मुझ जैसे मध्यवर्गीय फक्कड़ के लिए यह सब एक नयी संस्कृति थी। मैं कभी अपनी पोशाक वग़ैरह पर ध्यान नहीं देता था। जूते रोज़ पालिश किये जाते हैं, इसका भी एहसास नहीं था। कॉलिज में पंजाबी तक का लेक्चरर टाई सूट में लैस रहता था। मुझे भी अपनी वेशभूषा पर ध्यान देने के लिए कहा गया। मुझे टाई वग़ैरह में देखकर मेरे जालन्धर के दोस्त मेरा मज़ाक उड़ाते। मैं उन्हें कैसे समझाता कि यह मेरी व्यावसायिक मजबूरी है। कॉलिज से लौट कर मैं सबसे पहले अपने पुराने हुलिये में आ जाता। जूते-मोज़े उतार कर चप्पल पहन लेता। अँग्रेज़ी विभाग के अमरीक सिंह से भी मेरी मित्रता हो गयी थी। इन मित्रों

के अनुरोध पर मैं कभी-कभार कपूरथला में ही रुक जाता। शाम को बड़ी शाइस्तगी से क्लब में बढ़िया क़िस्म की ह्विस्की पी जाती। यहाँ किसी को गिलास ख़ाली करने की जल्दी न होती, जबकि मैं हड़बड़ी में पीने का आदी था। जालन्धर में हम लोग हड़बड़ी में इसलिए पीते थे ताकि कोई परिचित मदिरापान करते न देख ले।

मेरा अब तक चोरी-छिपे पीने का ही अनुभव था, यानी दो-चार घूँट में ही गिलास ख़ाली करने का, मगर यहाँ का दस्तूर एकदम अलहिदा था। यहाँ लोग कतरा-कतरा पीते थे। किसी को किसी का डर नहीं था, जैसे कह रहे हों कि हंगामा है क्यों बरपा, थोड़ी-सी जो पी ली है! डाका तो नहीं डाला, चोरी तो नहीं की है। लोग एक पेग पीने में इतना समय लगा देते कि मुझे बहुत कोफ़्त होती। धीरे-धीरे मैं संस्कारित होने लगा। कहने का मतलब यह कि मैं भी काले साहबों की तरह धीरे-धीरे घूँट भरना सीख गया, बिलियर्ड भी खेलने लगा और यहाँ तो 'रीडर्स डायजेस्ट' के ताज़े अंक पर विचार-विमर्श भी करना पड़ता। मुझे यह ज़िन्दगी बहुत मस्नूई लग रही थी। इन लोगों के लिए रीडर्स डायजेस्ट, टाइम्स, लाइफ, न्यूज़वीक आदि पत्रिकाएँ ही 'सरस्वती' थी, 'विशालभारत' था, 'निकर्ष' था। ये लोग सामन्तों और अँग्रेज़ों के विलासपूर्ण जीवन के क़िस्से चटखारे लेकर सुनाया करते थे। राजकुमारों, राजकुमारियों, अँग्रेज़ अफ़सरों और उनकी प्रेमिकाओं की अदृश्य छाया मेज़ों के आसपास मँडराती रहती। कॉलिज में जब कोई छात्रा बताती कि उसके बड़े भाई या पिता मुझसे क्लब में मिले थे तो मैं इस वाक्य का निहितार्थ समझने की कोशिश करता। जैन दम्पती से भी कई लोगों ने मेरे बारे में जानकारी हासिल की थी। मुझे मालूम था कि मैं इस दुनिया का बाशिन्दा नहीं हूँ, मैं अपनी फकीर मंडली में ज़्यादा मुक्त और आज़ाद महसूस करता था। क्लब में दारू के अलावा मेरा किसी भी क्रिया अथवा बातचीत में मन न लगता। क्लब में देर हो जाती तो कभी-कभी जैन दम्पती के यहाँ रुक जाता। उनकी जीवन-शैली पश्चिम पद्धति से प्रभावित थी। घर लौटते ही जैन साहब नाइट सूट पहन लेते और श्रीमती जैन नाइटी और हाउस कोट। मैं उन्हीं कपड़ों में सो जाता। उनके यहाँ सुबह-सुबह चाय भी रेस्तराँ की तरह परोसी जाती। नाश्ते में वे लोग बटर टोस्ट खाते और मुसम्बी का रस पीते, जबकि मैं नाश्ते में भरवाँ पराँठा खाने वाला इंसान था। टोस्ट वग़ैरह से मेरा पेट ही न भरता। छुरी काँटे से मुझे उलझन होती, हँसी भी आती। जालन्धर लौटकर मैं चैन की साँस लेता।

कॉलिज में मेरा मन लगता था। मेरी कक्षा में सब छात्राएँ उपस्थित रहतीं। मैं ख़ूब चटखारेदार लेक्चर देता। मैं बहुत जल्द सीख गया कि लड़कियाँ किन बातों से ख़ुश होती हैं। मैं कॉलिज के माहौल में पूरी तरह रच-बस गया था कि एक दिन

ख़बर लगी कि 'डेपुटेशन' पर नेपाल गया हिन्दी प्राध्यापक वापस लौट आया है। छह महीने का समय जैसे चुटकियों में बीत गया था। कॉलिज में छोटा-सा विदाई समारोह हुआ और मेरी छुट्टी हो गयी। कुछ लड़कियाँ दुपट्टे से आँसू पोंछ रही थीं, हो सकता है मेरे प्यार में पड़ गयी हों। बाद में कुछ लड़कियों ने जाने कैसे जालन्धर में मेरी बहन से दोस्ती कर ली और घर आने-जाने लगीं, मगर मैं घर में बैठता ही कब था!

मैं अपनी दुनिया में लौट आया था। मेरे दोस्तों को मेरी नौकरी छूटने का बहुत सदमा लगा, क्योंकि यारों के बीच मैं ही एकमात्र कमाऊ दोस्त था। सबको मालूम था, मेरा जलवा भी मेरी नौकरी की तरह अस्थायी है। मैं अपनी बेरोज़गार चौकड़ी के बीच सही-सलामत लौट आया था। मेरी शख़्सीयत का कोई ख़ास क्षरण नहीं हुआ था। कपूरथला से विदाई लेकर मैं घर नहीं गया, सीधा सुदर्शन फ़ाकिर के कमरे की सीढ़ियाँ चढ़ गया और सन्तरे का एक पेग पीकर नौकरी के 'हैंग-ओवर' से मुक्त हो गया।

फ़ाकिर का कमरा एक मुसाफ़िरख़ाने की तरह था। सुदर्शन फ़ाकिर इश्क़ में नाकाम होकर सदा के लिए फ़ीरोजपुर छोड़कर जालन्धर चला आया था और उसने एम.ए. (राजनीति शास्त्र) में दाख़िला ले लिया था। बाद में, बहुत बाद में अपने अन्तिम समय में बेग़म अख़्तर ने फ़ाकिर की ही सबसे अधिक ग़ज़लें गायीं। उसकी एक ग़ज़ल 'हम तो समझे थे बरसात में बरसेगी शराब, आई बरसात तो बरसात ने दिल तोड़ दिया' ग़ज़ल प्रेमियों में बहुत लोकप्रिय हुई। बेग़म जब पाकिस्तान गयीं तो फ़ैज अहमद 'फ़ैज' ने फ़ाकिर की लिखी हुई ठुमरी 'देखा देखी बलम होई जाये' उनसे दसियों बार सुनी थी। मगर मैं तो उस फ़ाकिर की बात कर रहा हूँ, जो इश्क़ में नाकाम होकर जालन्धर चला आया था और शायरी और शराब में आकंठ डूब गया था। जालन्धर आकर वह फ़कीरों की तरह रहने लगा। उसने दाढ़ी बढ़ा ली थी और शायरों का लिबास पहन लिया था। उसका कमरा भी देखने लायक़ था। एक बड़ा हॉलनुमा कमरा था, उसमें फर्नीचर के नाम पर सिर्फ़ दरी बिछी हुई थी। बीच-बीच में कई जगह दरी सिगरेट से जली हुई थी। अलग-अलग आकार की शराब की ख़ाली बोतलें पूरे कमरे में बिखरी पड़ी थीं, पूरा कमरा जैसे ऐशट्रे में तब्दील हो गया था। फ़ाकिर का कोई शागिर्द हफ़्ते में एकाध बार झाड़ू लगा देता था। कमरे के ठीक नीचे एक ढाबा था। कोई भी घंटी बजाकर कुछ भी मँगवा सकता था। देखते-देखते फ़ाकिर का यह दौलतख़ाना पंजाब के उर्दू, हिन्दी और पंजाबी लेखकों का मरकज़ बन गया। अगर कोई कॉफी हाउस में न मिलता तो यहाँ अवश्य मिल जाता। दिन भर चाय के दौर चलते

और मूँगफली का नाश्ता। अव्वल तो फ़ाकिर को एकान्त नहीं मिलता था, मिलता तो 'दीवाने ग़ालिब' में रखे अपनी प्रेमिका के विवाह के निमन्त्रण-पत्र को टकटकी लगाकर घूरता रहता। इस एक पत्र ने उसकी ज़िन्दगी का रुख़ पलट दिया था।

फ़ाकिर का यह चैम्बर पंजाब की साहित्यिक और सांस्कृतिक गतिविधियों का स्नायु केन्द्र था। विभाजन के बाद जालन्धर ही पंजाब की सांस्कृतिक राजधानी के रूप में विकसित हुआ था। आकाशवाणी और दूरदर्शन के केन्द्रों के अलावा पंजाब में हिन्दी के समाचार-पत्र केवल जालन्धर से प्रकाशित होते थे। पंजाब विश्वविद्यालय का हिन्दी विभाग भी जालन्धर में ही था। शास्त्रीय संगीत का वार्षिक कार्यक्रम हरिवल्लभ भी जालन्धर में आज तक आयोजित होता है। आकाशवाणी के कार्यक्रमों के सिलसिले में हिन्दी, पंजाबी अथवा उर्दू का कोई रचनाकार जालन्धर आता तो वह फ़ाकिर के कमरे में चरणामृत प्राप्त करने ज़रूर चला आता। चौबारे के नीचे ही होटल था। चाय, भोजन की अहर्निश व्यवस्था रहती। फ़ाकिर का कमरा रेलवे रोड पर था, रात भर कोई-न-कोई ढाबा अवश्य खुला रहता। फ़ाकिर के होटल का बिल ही काफ़ी हो जाता होगा, मगर उसके चेहरे पर मेहमान को देखकर कभी शिक़न नहीं आयी। मैंने कभी किसी होटल या ढाबे वाले को उसके यहाँ पैसे के लिए हुज़्ज़त करते नहीं देखा था।

राकेश जी चले गये थे, मगर कॉफी हाउस आबाद था। हिन्दी, उर्दू और पंजाबी के कवियों-कथाकारों का अच्छा-ख़ासा जमावड़ा लगा रहता। राष्ट्रीय स्तर पर केवल राकेश जी की पहचान बन पायी थी, बाक़ी लोग अभी रियाज़ कर रहे थे यानी संघर्ष कर रहे थे। उन दिनों साथी लेखकों, कलाकारों में कुमार विकल, सुदर्शन फ़ाकिर, कृष्ण अदीब, सत्यपाल आनन्द, नरेश कुमार 'शाद', प्रेम बारबटनी, रवीन्द्र रवि, जसवन्त सिंह विरदी, मीशा, सुरेश सेठ, जगजीत सिंह (सुप्रसिद्ध ग़ज़ल गायक) हमदम आदि लोग उल्लेखनीय हैं। फ़ाकिर के चौबारे के अलावा हम लोगों का एक और ठिकाना था। वह था कलाकार हमदम का ग़रीबख़ाना। हमदम का हृदय फ़ाकिर की ही तरह विशाल था, मगर उसके साधन सीमित थे। चाय वग़ैरह का प्याऊ उसके यहाँ भी चलता था। हमदम का कमरा भी फ़ाकिर के कमरे का प्रतिरूप था। वह सिविल लाइन्स में एक कमरा लेकर रहता था। वह एक शॉपिंग कॉम्पलेक्स की पहली मंज़िल पर रहता था, कम्पनी बाग़ और कॉफी हाउस के नज़दीक। कॉफी हाउस में कोई न मिलता तो लोग हमदम के कमरे में चले आते। हमदम सूफी आदमी था, यानी दारू नहीं पीता था, सिगरेट नहीं छूता था, मगर गिलास और बर्फ़ उपलब्ध करा देता था। वह पेंटर था। साइन बोर्ड लिखकर गुज़ारा चलाता था। लेखकों, कवियों के सम्पर्क में आया तो पुस्तकों के डस्ट कवर भी बनाने लगा। वह ज़्यादा पढ़ा-लिखा नहीं था, मगर पिकासो

की कला पर विचार व्यक्त कर सकता था। वह इस दुनिया में निपट अकेला था। माँ-बाप नहीं थे, एक बहन थी, बहन की शादी के बाद से उससे भी उसका कोई सम्पर्क न था। दोस्त अहबाब ही उसकी दुनिया थे। वह आधुनिक चित्रकला पर अधिक-से-अधिक जानकारी हासिल करता रहता था। हुसेन का नाम सबसे पहले मैंने उसी से सुना था। बाद में दिल्ली के कई नामी कलाकारों के बीच वह उठने-बैठने लगा था। इन्दरजीत के बाद वह 'शमा' का कलाकार भी नियुक्त हो गया था। जालन्धर में उसका कमरा साहित्य, संस्कृति और कला का दूसरा उपकेन्द्र था। दिन भर जिन गिलासों से नीचे होटल से चाय आती थी, वह शाम तक जाम में तब्दील हो जाते। हमदम हमेशा कर्ज़ में डूबा रहता था। सच तो यह है, वह कर्ज़ में जीने का आदी हो चुका था। वह किसी का पैसा दबाना भी नहीं चाहता था, मगर कोई ढाबे वाला बत्तमीज़ी से तकाज़ा करता तो वह उसे पीट भी देता।

उन दिनों जालन्धर में ऐसा वातावरण था कि हम लोग साहित्य में ही जीते थे। साहित्य पढ़ते, सुनते और ओढ़ते। हमारे लिए मनोरंजन और जीवन का यही एक साधन और उद्देश्य था। शे'र सुनते, कहानी पर बातचीत करते, मार्क्सवाद और अस्तित्ववाद की गुत्थियाँ सुलझाते। कहानियाँ लिखते और नामी पत्रिकाओं में प्रकाशनार्थ भेजते। रचनाएँ सधन्यवाद लौट आतीं, हम सम्पादकों की बुद्धि पर तरस खाते और अपनी रचनाएँ दैनिक पत्रों में छपवाकर आह भर लेते, ज़्यादा-से-ज़्यादा आकाशवाणी पर प्रसारित कर आते।

तीन

सन् साठ के आसपास हम लोगों को शराब का एक सस्ता और टिकाऊ विकल्प मिल गया—यानी नींद की गोलियाँ। इसके दो लाभ थे, एक तो यह नशा बहुत कि़फायती था। चवन्नी की गोली खाकर अच्छा-ख़ासा नशा हो जाता था और दूसरे साँस से शराब की बदबू नहीं आती थी। आप सीना तानकर समाज का मुक़ाबला कर सकते थे। नशे के रूप में नींद की गोलियों के उपयोग की जानकारी युवा शायर सुदर्शन फ़ाकिर के सम्पर्क में आने पर मिली थी। उसके पिता फ़ीरोजपुर में सिविल सर्जन थे और फ़ाकिर को दवाओं वग़ैरह की बहुत जानकारी रहती थी। ज़िन्दगी जब नाक़ाबिले बर्दाश्त लगती, वह चने की तरह दो-एक गोलियाँ फाँक लेता और देखते ही देखते शान्त हो जाता। यह एक सस्ता नशा था, देखते-देखते तमाम कवि-कथाकार इसकी चपेट में आते चले गये। कपिल को यह नशा बहुत भा गया। उसे शराब की गन्ध से नफ़रत थी और यह एक गन्धहीन नशा था। विमल और कपिल की ख़ूब छनती थी, मगर विमल ने अपने को बचाये रखा। मैं भी कैसे बाल-बाल बचा, इसकी रोमांचक कहानी है।

कपिल मल्होत्रा हम लोगों में सबसे होशियार और पढ़ाकू था। बी.ए. तक पहुँचते-पहुँचते उसने बहुत-सा साहित्य पढ़ लिया था। हेमिंग्वे, फॉकनर, मॉम, दोस्ताएवस्की, चेखव, गोर्की, तॉलस्तॉय आदि के मोटे-मोटे उपन्यास वह कॉलिज की पढ़ाई के समानान्तर पढ़ता रहता। वह 'रामाकृष्णा' से ढूँढ़-ढूँढ़ कर पुस्तकें ख़रीदता। 'शेखर : एक जीवनी' सबसे पहले उसी ने पढ़ा था। कुँवर नारायण की तमाम कविताएँ उसे कंठस्थ थीं। वह इलाहाबाद जाकर कमलेश्वर वग़ैरह से मिल आया था। उन दिनों कमलेश्वर ने अपना प्रकाशन शुरू किया था। कपिल ने इलाहाबाद से लौटकर वहाँ के साहित्यिक माहौल की जानकारी दी। उसकी एक कहानी 'वीपिंग हैमिंग्वे' भीष्म साहनी के सम्पादन में 'नयी कहानियाँ' में प्रकाशित हुई थी। वह कहानी कभी साठोत्तरी कहानी के ऐतिहासिक दस्तावेज के रूप में याद की जाएगी। हिन्दी के समकालीन लेखन के प्रति वह अत्यन्त सजग और जागरूक था। नयी कविता से भी उसी ने सबसे

पहले हम लोगों का साक्षात्कार करवाया था। 'नयी कविता' के कुछ अंक भी उसने उपलब्ध कर लिये थे। मुझे नींद की गोलियाँ खाने की लत पड़ जाती, अगर एक भयावह नीमबेहोशी के ख़तरनाक अनुभव से न गुज़रता। वह एक ऐसा ख़ौफ़नाक और तबाहकार तज़रुबा था कि मैंने हमेशा के लिए नींद की गोलियों से तौबा कर ली।

हमारे सहपाठी ईश्वरदयाल गुप्त की लुधियाना में नौकरी लगी तो उसने हम सबको लुधियाना आमन्त्रित किया। पृथ्वीराज कालिया उन दिनों ख़ूब कविताएँ लिखा करता था। उसके पिता रेलवे में उच्चाधिकारी थे। उसने हम लोगों को बग़ैर टिकट लुधियाना ले चलने की ज़िम्मेदारी उठा ली। गाड़ी अभी फिल्लौर तक भी नहीं पहुँची थी कि हम लोग बग़ैर टिकट पकड़े गये। पृथ्वीराज ने अत्यन्त विश्वासपूर्वक अपने पिता का हवाला दिया। पृथ्वीराज के पिता का नाम सुनकर टिकटचेकर चौंका, मगर वह टस-से-मस न हुआ। विभाग में पृथ्वी के पिता की छवि एक ईमानदार अफ़सर की थी, टिकटचेकर ने बताया कि अगर उसने हमें छोड़ दिया और पृथ्वी के पिता को इसकी भनक लग गयी तो वह उसे निलम्बित करा देंगे। हम चार-पाँच लड़के थे, टिकट तो ख़रीदा जा सकता था, मगर जुर्माना भरने लायक़ पैसे न थे। आख़िर पृथ्वीराज ने लुधियाना स्टेशन मास्टर से रुपये उधार लेकर हम लोगों को मुक्त कराया।

ईश्वरदयाल के यहाँ पहुँचकर हम सब लोगों ने 'डारीडन' नाम की एक-एक गोली खा ली। ईश्वरदयाल हम लोगों के भोजन का प्रबन्ध करने में जुट गया। गोली तेज़ थी, खाना लगने से पहले ही हम लोग सो गये। दिन भर सोते रहे, रात भर सोते रहे, अगले रोज़ जब शाम को छह-सात बजे नींद खुली तो देखा, सब दोस्त आँखें मल रहे हैं। जाने कहाँ से एक कुत्ता घुस आया था, वह तमाम खाना चट करके मुग्ध भाव से हम लोगों को ताक रहा था।

वह आख़िरी मौक़ा था, जब मैंने साथियों के साथ नींद की गोली खायी। कपिल को गोली जँच गयी, वह नित्य एक चौथाई गोली खाने लगा। बाद में उसने क़द्रे कम ताक़त की 'सोनरिल' नामक गोली खोज निकाली। शुरू में उसने एक गोली खानी शुरू की। एक से दो, दो से तीन, तीन से चार गोली तक उसकी क्षमता बढ़ गयी। उत्तरोत्तर बढ़ती ही चली गयी। जितनी गोली खाने से एक औसत स्वस्थ आदमी हमेशा के लिए सो सकता था, कपिल अर्द्धचेतनावस्था में कुँवर नारायण की पंक्तियाँ गुनगुनाता रहता :

क्या वही हूँ मैं
अँधेरे में किसी संकेत को पहचानता-सा
चेतना के पूर्व सम्बद्धित किसी उद्देश्य को
भावी किसी सम्भावना से बाँधता-सा

हम लोगों ने हरचन्द कोशिश की थी कि किसी तरह कपिल इस अभिशाप से मुक्त हो जाये, मगर एकदम असफल रहे। उसने मौत की तरफ़ जो क़दम बढ़ाये तो पीछे मुड़कर नहीं देखा।

कपिल मूलतः एक भावप्रवण अन्तर्मुखी व्यक्ति था। अपने बारे में बहुत कम बात करता था, बल्कि करता ही नहीं था। बहुत बाद में पता चला कि उसकी कुंठा और परेशानी बेसबब नहीं थी। कपिल की आर्थिक पृष्ठभूमि हम लोगों से कहीं बेहतर थी। पिता क़ानूनी किताबों का कारोबार करते थे और चाचा का जालन्धर में एक विशाल कारख़ाना था। उसकी माँ हमेशा गुड़िया की तरह सजी रहतीं, हमारी माताओं की तरह घर में भी पेटीकोट-ब्लाउज में नज़र न आतीं। वह ऐसे लकदक रहतीं जैसे अभी-अभी किसी समारोह में भाग लेने जा रही हों। दोनों बहनें भी हमेशा तैयार मिलतीं, जैसे स्कूल जा रही हों। एक ख़ास तरह का अभिजात्य घर के वातावरण पर तारी रहता। मगर इस अभिजात्य के पीछे एक बहुत बड़ी पारिवारिक विडम्बना छिपी हुई थी। हम लोगों को बहुत बाद में भनक लगी कि उसके पिता ने लखनऊ में एक और औरत को रखा हुआ था और वह औरत कोई और नहीं, कपिल के घर की नौकरानी की बिटिया थी। उम्र में वह कपिल की हमउम्र होगी। यह एक ऐसा बिन्दु था, जिस पर न कपिल बात कर सकता था, न मैं। यह दूसरी बात है कि कपिल और मैं वर्षों से सहपाठी थे। स्कूल के बाद भी हम लोगों का समय साथ-साथ बीतता था। गुल्ली-डंडा से लेकर हॉकी और क्रिकेट साथ-साथ खेलते थे। वह कक्षा में हमेशा प्रथम आता था और मैं अन्तिम। वह मेरे बारे में सबकुछ जानता था, मैं उसके बारे में बहुत सीमित जानकारी रखता था। एक बार उसने मुझसे पूछा कि क्या मैंने कभी 'काऊडंग केक' खाया है तो मैंने डींग हाँकते हुए न सिर्फ़ 'हाँ' में सिर हिलाया बल्कि उसके स्वाद की भी लार टपकाने वाली तफ़सील पेश कर दी। उसने जब मुझे ताली पीटते हुए बताया कि अँग्रेज़ी में उपले को 'काऊडंग केक' कहते हैं तो मेरी बहुत फ़जीहत हुई। इस बीच उसका एक संक्षिप्त-सा प्रेम प्रसंग भी चला। शर्मिला था उस लड़की का नाम। वह दिलोजान से उस पर फ़िदा हो गया। कपिल की जो स्थिति थी, उसमें लड़की को अपना कोई भविष्य नज़र नहीं आ रहा था। कपिल पूरी तन्मयता और तीव्रता से उसे चाहने लगा था। प्रेम से उसे राहत न मिली। प्रेम ने उसकी यन्त्रणा और बढ़ा दी, जबकि प्रेम ही उसे यातना, सन्त्रास और विडम्बना के अन्धे कुएँ से निकाल सकता था। प्रेम में बेरुख़ी और बेन्याज़ी उससे बर्दाश्त न होती। वह गोलियाँ खाकर अर्द्धचेतना में तलत महमूद की ग़ज़लें सुनता रहता। इस बीच उसने तलत महमूद को लम्बे-लम्बे पत्र भेजना शुरू किये, जिन्हें पढ़कर तलत महमूद इतना बेज़ार हो गये कि उन्होंने उससे मुआफ़ी माँगते हुए लिखा कि वह भविष्य में उन्हें ख़त न लिखे। उसके पत्र अत्यन्त तीखे, पैने और झकझोर देने वाले रहे

होंगे कि तलत महमूद ने उसके तमाम पत्र चिन्दी-चिन्दी करके एक लिफ़ाफ़े में डालकर उसे लौटा दिये थे। कपिल ने अत्यन्त पीड़ा के साथ यह बात मुझे बतायी थी। मैं दिल्ली से मुम्बई पहुँच गया तो अकसर उसके पत्र मिलते थे। उसका सिर्फ़ एक पत्र बचा रह गया, जो मेरी पुस्तक 'स्मृतियों की जन्मपत्री' में संकलित है। पुस्तक के परिशिष्ट में मैंने मोहन राकेश, देवीशंकर अवस्थी, राजकमल चौधरी, ओमप्रकाश दीपक, सुदर्शन चोपड़ा और कपिल आदि मरहूम दोस्तों के ख़तूत भी शामिल किये थे। 21-5-65 को उसने चंडीगढ़ से लिखा था :

कालिया भाई,

एक और पत्र डाल रहा हूँ—उम्मीद है पहला मिल गया होगा। वैसे कमलेश्वर साहब को भी लिख चुका हूँ लेकिन ख़त में कुछ पुख़्तगी नहीं ला पाया। वैसे भी छोटा-सा था। अभी कुछ दिनों से दिमाग़ को अच्छी 'अनरेस्ट' मिल रही है और यह सोचकर और कुछ हद तक जानकर कि शायद मैं अपना 'थीसिस' न लिख सकूँ। कोई 'रेलेवेंट' किताब तो बरतरफ़, कोई अच्छा ख़याल भी नहीं आ रहा। वैसे छह महीने रह गये हैं। शायद तुम कुछ कहो।

कालिया मेरी मानो, मुम्बई में कुछ समय सुविधा-असुविधा से बिताकर लौट आओ। तुम बहुत दूर हो। तुम्हारे पिछले पत्र को पढ़कर सच मानो मुझे ख़ुशी नहीं हुई। दोस्त, लिखना कि नयी पोस्ट कैसी है? तुमने बहुत जोश व तेज़ी दिखाई—अब कहीं इकट्ठे रहें। मेरा मन उदास रहता है। तुम्हें लिखने को क्या नहीं है?

वैसे याद आया, मेरी शादी एक अफ़वाह है—अलबत्ता तुम करो तो शायद कहीं सार्थकता हो। पत्र लिखा करो।

—कपिल मल्होत्रा

कपिल के इस अवसाद को महज़ उसकी निजी समस्याओं से जोड़कर देखना शायद मुनासिब न होगा। अगर ऐसा होता तो इस कुम्भीपाक में वह अकेला होता। दूसरे लोग भी इस महामारी के शिकार हो रहे थे। वक़्त के समुद्र ने जैसे सारी झाग तट पर एक जगह एकत्रित कर दी थी। फ़ाकिर, हमदम, कपिल और बाद में एक और नाम जुड़ गया—धनराज। वह सत्यपाल आनन्द और कुमार विकल के हवाले से जालन्धर आया था। जालन्धर उन दिनों पंजाब के बुद्धिजीवियों का काबा हुआ करता था। गिंज़बर्ग कलकत्ता आया था, मगर उसकी छाया जालन्धर पर भी पड़ रही थी। जालन्धर में युवा पीढ़ी ने मारिजुआना का सस्ता विकल्प तलाश लिया था—सोनरिल, डारीडन। स्वाधीनता संघर्ष के दौरान पश्चिमी विचारधारा का सर्वथा निषेध था, सिर्फ़ देश को आज़ाद कराने की धुन थी। देश आज़ाद हो गया तो समाज में जैसे शून्यता भर गयी। इस शून्यता को पश्चिम की चिन्तन पद्धति भरने लगी।

धनराज जब पहली बार प्रकट हुआ, उसकी बगल में कामू का 'प्लेग' था। वह लम्बा फ़ौजी ओवरकोट पहने हुए था। मिलते ही उसने अस्तित्व आदि ज़िन्दगी के बुनियादी सवालों पर चर्चा शुरू कर दी। उसे विश्वास था कि जालन्धर में ही उसकी जिज्ञासाओं और चिन्ताओं का समाधान होगा। अपनी बात स्पष्ट करने के लिए वह बीच-बीच में किर्केगार्ड, सार्त्र, कामू, बैकेट, सल्वदार डाली, पिकासो के उदाहरण पेश करता। ग़लत-सलत अँग्रेज़ी में वह अपनी बात समझाने की चेष्टा करता। शाम को धनराज ने सभी को चौंका दिया जब उसने कॉफी हाउस में पूरी चौकड़ी का बिल अदा कर दिया। यही नहीं, साथ में मदिरापान की दावत भी दे डाली। वह स्टेशन रोड पर किसी सस्ते से होटल में ठहरा हुआ था। बातचीत के दौरान पता चला कि वह फ़ौज में हवलदार वग़ैरह के पद पर कार्यरत था, मगर फ़ौज का जीवन उसे रास नहीं आ रहा था। काफी जद्दोजहद के बाद उसे फ़ौज से निज़ात मिली थी। यह भी पता चला कि दुनिया में उसका कोई नहीं है। उसकी बीवी थी, वह उसे छोड़ चुकी थी। चाचा लोगों ने उसकी ज़मीन-जायदाद पर कब्ज़ा कर रखा था और अब उसकी जान के प्यासे थे। ज़र, जोरू और ज़मीन का उसे लालच भी नहीं था। वह ज़िन्दगी के बुनियादी सवालों से ज़्यादा जूझ रहा था, जीवन क्या है, उसका लक्ष्य क्या है जैसे सनातन प्रश्नों से वह घिरा रहता, जिन प्रश्नों को लेकर कभी गौतम बुद्ध परेशान रहे होंगे। उसकी विडम्बना बुद्ध से भी जटिल थी। वह निर्वाण की तलाश में भी नहीं था। वह ज़्यादा पढ़ा-लिखा नहीं था, मगर दिन भर किसी-न-किसी शब्द से माथा-पच्ची करता रहता, शब्दकोश देखता, दोस्तों से पूछता और जब तक क़ायल न हो जाता, उसी के बारे में सोचता रहता। कई बार उस पर तरस भी आता कि एक सीधा-सादा इंसान किस भूल-भुलैया में भटक गया है! वह कभी फ़ाकिर के यहाँ पड़ा रहता और कभी हमदम के यहाँ। उसके पास होल्डाल, एक सूटकेस और कुछ किताबें थीं। इनके अलावा उसके पास कुछ भी नहीं था। न अतीत था, न भविष्य। अपने बारे में वह बहुत कम, न के बराबर बात करता था। अगर करता भी था तो लगता था, झूठ बोल रहा है। बीच-बीच में वह कुछ दिनों के लिए ग़ायब हो जाता, जहाज़ के पंछी की तरह फिर लौट आता। दिन भर वह 'चार मीनार' के सिगरेट फूँकता। दो-एक क़श में ही उसकी सिगरेट गीली हो जाती। उसके पास कितने पैसे थे, कहाँ रखता था या उसकी आय का क्या स्रोत था, किसी को मालूम नहीं था। वह न तो फ़िजूलखर्ची करता, न किसी के आगे हाथ फैलाता। शाम को दारू के नशे में वह अकसर घोषणा कर देता कि इस ज़िन्दगी का कोई मतलब नहीं है और वह फौरन से पेश्तर इस बेहूदा चीज़ से निजात पाना चाहता है। उसने यह बात इतनी बार दोहरायी थी कि कोई उसकी बात गम्भीरता से नहीं लेता था। ये वाक्य उसका तकियाकलाम

बन चुके थे। वह एक ऐसा मुसाफ़िर था, जहाँ रात होती, वहीं ठहर जाता। कई बार वह हमारे यहाँ भी ठहर गया, कपिल के यहाँ भी, या सुरेश सेठ के यहाँ। कहीं ठौर न मिलता तो हमदम या फ़ाकिर का चौबारा तो था ही।

एक बार वह मेरे पास दिल्ली चला आया। उसने बताया कि इस देश में आत्महत्या करने के लिए दिल्ली से बेहतर कोई दूसरी जगह नहीं है। जितनी अजनबियत और परायापन, बेगानापन इस शहर में है, वह अन्यत्र दुर्लभ है। ऐसी अनजान जगह पर प्राण त्यागने का अर्थ ही कुछ और है। मैं उससे मज़ाक में यही कहता रहा कि उसे आत्महत्या करनी ही है तो कोई दूसरी जगह तलाश ले। ऐसी बातें वह मकान मालिक और उसकी पत्नी से भी करता था। मालिक मकान की पत्नी से उसने दोस्ती कर ली थी। उसके लिए बाज़ार से सामान वग़ैरह भी ला देता। वह बेचारी एक सीधी-सादी गृहिणी थी, उसकी बातों से विचलित हो जाती और उसे समझाती कि भगवान ने जीवन दिया है तो उसका आदर करना चाहिए। उसका पति दफ़्तर और बच्चे स्कूल चले जाते तो वह धूप में कुर्सी निकालकर बैठ जाता। वह कपड़े धोती तो धनराज कपड़े फैला देता। दिल्ली से लौटते हुए अपना कुछ सामान उसे भेंट कर गया—एक टार्च, ट्रांजिस्टर और कुछ कपड़े-लत्ते। वह अकसर चिन्ता प्रकट करती कि कहीं धनराज प्राणों की बाज़ी न लगा दे। कुछ ही दिनों बाद मैंने वह घर छोड़ दिया था। एक दिन अचानक वह महिला पागल हो गयी थी। पागलपन में वह धनराज का नाम भी ले रही थी। उन्हीं दिनों मैंने एक कहानी लिखी थी, 'बड़े शहर का आदमी'। पेश है उसका एक छोटा-सा अंश :

> *'तुम अन्यथा न लो, प्रोग्राम तय करके भी कहीं आत्महत्या की जा सकती है, और फिर ये लोग।' पी.के. ने जैसे गाली दी, 'सारे शहर में चींटियों की तरह फैले हुए हैं। मैंने कर्ज़न रोड के पास एक बस के नीचे आने की कोशिश की थी, लोगों ने मुझे पकड़ लिया और पीटा। ख़ून से भरा रूमाल मेरी चारपाई के नीचे पड़ा है। मैंने सोचा था, तुम दफ़्तर जाओगे तो धोऊँगा या जला दूँगा।'*
>
> *'तुम्हें पुलिस स्टेशन नहीं ले गये?'*
>
> *'ले जा रहे थे, लेकिन लोग जल्दी में थे।' पी.के. ने ख़ुश होते हुए कहा, 'कितनी अच्छी बात है लोग जल्दी में रहते हैं!'*
>
> *वह जड़-सा पी.के. की तरफ़ देखता रहा। उसने बात शुरू की तो लगा वह फिजूल-सी बात कर रहा है, मगर जल्दी में वह यही कह पाया, 'देखो अगर तुम्हें आत्महत्या करनी ही है तो मेरे कमरे में न करना, मुझे सुविधा रहेगी अगर तुम इस शहर में न करोगे और जेब में मेरा*

नाम-पता भी न रखोगे।'

'मैं इतना लापरवाह नहीं।' पी.के. ने कहा।

अगर यह कहानी धनराज को केन्द्र में रखकर लिखी गयी थी तो धनराज सचमुच उतना लापरवाह नहीं था, जितना मैं समझता था। मैं जब दिल्ली से मुम्बई जाने की तैयारी कर रहा था, जालन्धर से सुरेश सेठ का पत्र मिला कि धनराज इस दुनिया से चुपचाप कूच कर गया। शाम को दोस्तों के साथ शराब पीने के बाद वह हस्बेमामूल दोस्तों से हमेशा के लिए विदा लेकर कम्पनी बाग़ की एक बेंच पर जा बैठा और नींद की कुछ गोलियाँ फाँक लीं। जाड़े के दिन थे, बेंच पर बैठे-बैठे उसका शरीर अकड़ गया। क़यामत के रोज़ वह दिन में हर दोस्त के घर पर भी गया था, तुम्हारे यहाँ भी। सुरेश सेठ ने यह नयी सूचना दी थी कि कपिल भी धनराज के रास्ते पर चल निकला है। सुबह-सुबह उसकी ज़ुबान पर एक-दो गोली न रख दी जायें तो वह हिल-डुल भी नहीं सकता, उसके मुँह से फेन निकलने लगता है।

इस तरह नींद की गोलियों ने हमारे पहले दोस्त की बलि ले ली थी। यह एक बुरी शुरुआत थी। काल कपिल के मुँह पर काला चोंगा पहना रहा था। बहुत दिन नहीं बीते थे कि कपिल के निधन का भी समाचार मिल गया। दोस्तों में शोक मनाने के लिए विमल, हमदम, सुरेश और मैं रह गये थे। काल को अब अगले शिकार की तलाश थी। उसने शायद तभी शिनाख़्त कर ली थी। अब तक हम लोगों में हमदम ही ऐसा शख़्स था जो नशे से आज़ाद रहता था। वक़्त का ऐसा झोंका आया कि हम सब लोग अलग-अलग हो गये। कपिल और विमल रिसर्च के सिलसिले में चंडीगढ़ चले गये और मुझे डी.ए.वी. कॉलिज हिसार में नौकरी मिल गयी थी। हमदम का मन भी जालन्धर से उचट गया। उसने मुझे पत्र लिखा कि वह जालन्धर में नहीं रह सकता, उसने तय किया है कि अब दिल्ली में ही रहेगा, मैं दिल्ली में उसके आवास आदि की व्यवस्था कर दूँ। जब तक मैं उसे पत्र लिखता कि एकाएक कुछ नहीं किया जा सकता, वह अपना बोरिया-बिस्तर उठाकर हिसार चला आया। मैं एकदम स्तब्ध रह गया। दिल्ली में उसका कोई परिचित भी न था, पैसे भी किराये लायक़ नहीं थे।

मुझे अभी पहला वेतन भी न मिला था। हमदम को यों लौटाया भी न जा सकता था। मेरी भी कोई ऐसी स्थिति न थी कि उसे दिल्ली में नौकरी दिलवा दूँ या उसके आवास की व्यवस्था कर दूँ। मैं उसका दिल भी नहीं तोड़ना चाहता था। हिसार से वह जल्द ही ऊबने लगा। तब तक हरियाणा का गठन नहीं हुआ था और हिसार एक अत्यन्त पिछड़ा हुआ इलाक़ा था।

शहर में रामलीला के अलावा कोई सांस्कृतिक गतिविधि न होती थी। बासी अखबार मिलते थे पढ़ने के लिए, जबकि दिल्ली से हिसार पहुँचने में सिर्फ़ चार घंटे लगते थे। दम तो मेरा भी घुट रहा था, मगर मेरे पास नौकरी थी। मुझे चंडीगढ़

बुला रहा था, मैं इस इन्तज़ार में था कि विश्वविद्यालय से रिसर्च फेलोशिप मिल जाये तो मैं भी कपिल और विमल से जा मिलूँ। मदान साहब ने आश्वासन दे रखा था।

हमदम ने दिल्ली जाने के चाव में अपना सामान भी न खोला था। कुछ ही दिनों में वह हिसार की रेतीली ज़िन्दगी से इतना बेज़ार हो गया कि उसे जालन्धर की याद सताने लगी। जालन्धर लौटना अब उसके लिए मुमकिन नहीं था, वह जान-पहचान के तमाम लोगों से अन्तिम विदा ले आया था। मेरे कॉलिज से लौटते ही वह बच्चों की तरह एक ही सवाल बार-बार पूछता, 'दिल्ली कब चलोगे?'

'दिल्ली मैं अभी चल सकता हूँ मगर दिल्ली जाकर खाओगे क्या, रहोगे कहाँ?' मेरी बात सुनते ही उसका चेहरा उतर जाता। दरअसल वह वर्षों से दिल्ली जा बसने का राग अलाप रहा था, मगर मुझे ऐसी आशा नहीं थी कि वह एक दिन अचानक सारा सामान उठाकर यों दिल्ली जाने के लिए हिसार चला आयेगा। बिना पर्याप्त धन और तैयारी के एक बार दिल्ली जाने का ख़मियाज़ा मैं भुगत चुका था।

एम.ए. की परीक्षा से फ़ारिग होकर मैंने और पृथ्वीराज ने आगरा जाकर ताजमहल देखने की योजना बनायी थी। हम लोग आकाशवाणी के स्टूडियो में बैठकर इस पर चर्चा कर रहे थे कि छुट्टियों में कहीं घूमने जाना चाहिए। विश्वप्रकाश दीक्षित 'बटुक' उन दिनों आकाशवाणी में हिन्दी प्रोड्यूसर थे। वह हम लोगों को बीच-बीच में बुक करते रहते थे—कभी वार्ता, कभी कहानी, कभी परिचर्चा में शामिल कर लेते। मुझ पर वह इतने मेहरबान रहते थे कि एक बार सानुरोध मुझसे एक नाटक भी लिखवाया था। उन्हीं दिनों आकाशवाणी के राष्ट्रीय कार्यक्रम में वसन्त पर एक कार्यक्रम प्रसारित हुआ था और उस कार्यक्रम के लिए पंजाब के वसन्त पर उन्होंने मुझसे लिखवाया था। उसका अच्छा-ख़ासा पारिश्रमिक मिला था।

बटुक जी ने हमारी बात सुनी तो पर्यटन के लिए ख़ूब प्रोत्साहित किया। उन्होंने आगाह किया कि जालन्धर में पड़े रहोगे तो कूपमंडूक बन जाओगे। जालन्धर में ऐसे लोगों की पहले ही बहुतायत है। शहर से बाहर निकलो, घूमो-फिरो, दुनिया देखो, तभी तो लेखक बन पाओगे वर्ना प्रोफेसर सेठी के लौंडे की तरह माई हीराँ दरवाजे को लेकर कहानियाँ और बर्लटन पार्क को लेकर कविताएँ लिखते रहोगे। लेखक के लिए 'एक्सपोज़र' बहुत ज़रूरी है। मोहन राकेश यों ही नहीं भ्रमण करते रहते। तुम लोग दूर नहीं जा सकते तो कम-से-कम दिल्ली तो देख आओ। ताजमहल न देखा हो तो आगरा घूम आओ। आगरा जाओ तो मेरा भी एक काम करते आना। वहाँ एक रिश्तेदार के यहाँ मेरे दो सन्दूक पड़े हैं, तुम नौजवान लोग हो, वापसी में लेते आना।

अब पर्यटन और ताजमहल देखना हमारी दूसरी प्राथमिकता पर आ गया, पहली प्राथमिकता यह हो गयी कि किसी तरह आगरा से बटुक जी के सन्दूक लाकर उनका विश्वास अर्जित किया जाये। उसी दिन हम लोगों को आकाशवाणी से पचीस-पचीस रुपये के चेक मिले थे। हम लोगों ने तय किया कि इस राशि का बटुक जी को पटाने में निवेश कर दिया जाये और अगले रोज़ घरवालों से किसी तरह इजाज़त लेकर हम आगरा के लिए रवाना हो गये। हमारा एक साथी अमृतलाल दिल्ली के स्कूल में अध्यापक हो गया था। उसका पता हमारे पास था। हम लोगों ने तय किया कि दो-एक दिन उसके पास रहेंगे, फिर आगरा निकल जाएँगे।

सुबह दिल्ली स्टेशन पर उतरे तो पता चला अमृतलाल स्टेशन से क़रीब बीस-पचीस किलोमीटर दूर रहता है और वहाँ सीधे कोई बस नहीं जाती। बहुत दौड़-भाग और माथापच्ची करने पर भी बसों का हिसाब-किताब समझ में न आया। आख़िर ऑटो की मदद लेनी पड़ी। ऑटो वाले ने हमें जी भर कर दिल्ली दिखायी और इतने पैसे झटक लिये कि हमारी सारी अर्थव्यवस्था चरमरा गयी। अमृतलाल मिला, मगर वह स्कूल जाने की तैयारी में था। हमें यह भी ख़बर न थी कि इस बीच उसकी शादी हो चुकी है। उसकी बीवी के पाँव भारी थे और वह हम लोगों को देखकर हतप्रभ रह गयी। उसकी सूरत देखकर लग रहा था कि उससे चाय के लिए कहना भी उस पर ज़ुल्म ढाना है। पसीने से उसके माथे की बिंदिया पुँछ गयी थी और एक अपशकुन की तरह लग रही थी। अमृतलाल ने हम लोगों को पानी पिलाया और ख़ुद ही चाय बनाने में जुट गया। पत्नी के लिए भी उसी ने चाय बनायी और पीते हुए उसने दिल्ली की मसरूफ़ ज़िन्दगी को जी भर कर गालियाँ दीं। हमें भी समझते देर न लगी कि हम गलत जगह आ गये हैं। हमें उसकी और उसे हमारी सीमाओं का एहसास हो गया। हम लोगों ने रविवार को फ़ुर्सत से मिलने का वादा कर अमृतलाल 'अमृत' से विदा ली। उसने जल्दी-जल्दी बालों पर कंघी की और हमें स्टेशन की तरफ़ जाने वाली बस की कतार में खड़ा करके ख़ुद भी दूसरी बस के इन्तज़ार में लाइन में लग गया।

स्टेशन पहुँचकर हम लोग आगरा जाने वाली गाड़ी की खोज-ख़बर में लग गये। हम लोगों ने आगरा पहुँचकर इत्मीनान से ताजमहल देखा। ताज के लॉन में देर तक हम लोग लेटे रहे। सैलानियों की उम्दा भीड़ थी। लग रहा था, कई ताजमहल ताजमहल देखने आये हुए हैं। देश-विदेश के सौन्दर्य की नुमाइश लगी हुई थी। हम कभी चलते-फिरते ताजमहल देखते और कभी प्रेम के उस अमर स्मारक को। आगरा में रुकने का कोई ठौर नहीं था। कोई अमृतलाल भी न था वहाँ। बटुक जी ने आगरा का पेठा और नमकीन ख़रीदने के लिए कुछ

पैसे दिये थे और दुकान विशेष से ही ये चीज़ें ख़रीदने की हिदायत दी थी। हम लोगों ने उनकी हिदायत का पालन किया, उनके रिश्तेदार के यहाँ से दो भारी भरकम सन्दूक उठाये और पहली उपलब्ध गाड़ी से दिल्ली के लिए रवाना हो गये। पूरा दिन अफरा-तफरी में निकल गया था, गाड़ी चलते ही जम कर भूख लगी। जेब में किराये लायक़ पैसे बचे थे। आख़िर हम लोगों ने धीरे-धीरे पेठा और नमकीन खाना शुरू किया। दिल्ली पहुँचते-पहुँचते दोनों डिब्बे देने लायक़ नहीं रह गये। तीन चौथाई पेठा उदरस्थ हो चुका था। पेट में चूहे कूद रहे हों और पास में आगरा का पेठा हो तो भूखे रहना बेवक़ूफ़ी ही कहा जा सकता था।

वापस दिल्ली पहुँचे तो हमारे पास सिर्फ़ ख़ाली डिब्बे बचे थे। डिब्बे सुबूत पेश करने के लिए रख लिये ताकि बटुक जी को विश्वास दिलाया जा सके कि हम लोगों ने आगरा से पेठा ख़रीदा ज़रूर था, मगर पापी पेट की मजबूरी के कारण उन तक नहीं पहुँच सका। टिकट ख़रीदने की खिड़की पर गये तो पता चला छह-सात रुपये कम हैं। हम लोग किसी तरह बग़ैर टिकट लौट जाते मगर बटुक जी के भारी सन्दूकों के साथ बेटिकट यात्रा में जोख़िम दिखायी दे रहा था। प्यास से हलक़ सूख रहा था, पृथ्वी ने आठ आने में दो कोकाकोला ख़रीद लिये। उसके पिता रेलवे में थे, बग़ैर टिकट यात्रा करने में उसे कोई एतराज़ न था। उसके चेहरे पर कोई शिक़न नहीं था, मेरी हालत पतली हो रही थी।

दो-एक महीने पहले उर्दू मासिक 'शमा' में मेरी एक कहानी छपी थी। उर्दू में अनुवाद किया था उर्दू के जाने-माने कथाकार सत्यपाल आनन्द ने। मेरी वह कहानी हिन्दी की तमाम पत्रिकाओं से लौट चुकी थी, सत्यपाल आनन्द ने इतना अच्छा अनुवाद किया था कि वह उर्दू में छप गयी। अपनी उस कहानी का कर्ज़ चुकाने के लिए मुझे आनन्द की अनेक उर्दू कहानियों का हिन्दी में अनुवाद करना पड़ा। संयोग से वह इधर-उधर छप भी गयीं। मैंने उसकी इतनी कहानियों का अनुवाद कर डाला कि लाहौर बुक शॉप से, जहाँ आनन्द सम्पादक के रूप में काम करता था, उसका एक कथा संकलन भी छप गया—पेन्टर बावरी। 'शमा' से मूल लेखक के रूप में मेरे पास पचास रुपये का मनीआर्डर आया था, जिसकी रसीद मैंने महीनों सँभाल कर रखी थी। मेरे पास एक कहानी थी, मैंने सोचा अगर 'शमा' में स्वीकृत हो गयी तो कुछ पैसा मिल सकता है।

बहुत सोच-विचार के बाद हम लोग स्टेशन से पैदल ही आसफ़ अली रोड की तरफ़ चल दिये। अजमेरी गेट से आसफ़ अली रोड दूर नहीं था। उन दिनों आसफ़ अली रोड के सामने की पट्टी पर ढाबों की लम्बी कतार थी। हम लोगों ने काग़ज़-क़लम ख़रीदा और ढाबे पर बैठकर कहानी का उर्दू अनुवाद करने में

जुट गये। पृथ्वी धीरे-धीरे कहानी पढ़ रहा था और मैं उर्दू में अनुवाद करता जा रहा था। दो-ढाई घंटे की मशक़्क़त के बाद कहानी पूरी हुई। उस समय तीन बज चुके थे। भूख फिर सताने लगी थी। मन ही मन मैंने तय कर लिया था कि पृथ्वी को बग़ैर टिकट जाना हो तो जाये, मैं टिकट लेकर ही गाड़ी में बैठूँगा।

हमारे ठीक सामने 'शमा' का कार्यालय था। किसी तरह साहस जुटा कर हम कार्यालय में घुसे। यूनुस देहलवी 'शमा' के सम्पादक थे। उनके पास अपने नाम की चिट भिजवायी। माहौल देखकर लग रहा था कि उनसे मुलाक़ात सम्भव न होगी। उनके केबिन के बाहर सोफ़े पर बहुत से मिलने वाले इन्तज़ार में बैठे थे। मगर आश्चर्य, सबसे पहले हमारा ही बुलावा आ गया। दरबान ने अदब से अन्दर जाने के लिए दरवाज़ा खोल दिया। हम लोगों ने दुआ-सलाम की और सामने रखी कुर्सियों पर बैठ गये। मैंने अपना तआरुफ़ दिया कि 'शमा' में कहानी छप चुकी है, वैसे हिन्दी में लिखता हूँ। उन्होंने बताया कि वह हिन्दी में भी 'शमा' निकालने पर ग़ौर कर रहे हैं। मैंने 'शमा' की तारीफ़ की। उन दिनों उर्दू के तमाम चोटी के अफ़सानानिगार उस फ़िल्मी पत्रिका में छपते थे। अब्बास, कृष्णचन्दर, मंटो, बेदी आदि तमाम लोगों का सहयोग 'शमा' को प्राप्त था। सत्यपाल आनन्द से वह बख़ूबी परिचित थे। मैंने उन्हें बताया कि हम लोगों को एम.ए. का इम्तिहान देने के बाद पहली मर्तबा दिल्ली आने का मौक़ा मिला है, सोचा कि आपका न्याज़ भी हासिल कर लें। उनके यह पूछने पर कि कोई नयी तख़लीक़ लाये हैं, मैंने झट से कहानी उनके हवाले कर दी। यह भी बता दिया कि चूँकि अनुवाद ख़ुद ही किया, रस्मुलख़त की ग़लतियाँ हो सकती हैं। वह इतने समझदार सम्पादक और इंसान थे कि ख़ुद ही कहने लगे, आप लोग दिल्ली आये हैं, कुछ पैसों की ज़रूरत होगी और एकाउंटेंट को बुलवाकर बाइज़्ज़त बतौर पेशगी मुआवज़े के सौ रुपये दिलवा दिये। हमने शुक्रिया अदा किया और लगभग कूदते हुए नीचे आ गये। तुरन्त चाँदनी चौक के लिए थ्री ह्वीलर किया। बहुत तेज़ भूख लगी थी, डट कर खाना खाया, बटुक जी के लिए पेठा ख़रीदकर आगरे वाले डिब्बे में भर दिया और वहीं पुरानी दिल्ली से गाड़ी पकड़कर जालन्धर लौट आये। दिल्ली से जालन्धर तक का दो टिकट का किराया बीस रुपये से भी कम था। बटुक जी के सन्दूक नयी दिल्ली स्टेशन के 'क्लॉकरूम' में पड़े थे, वहीं पड़े रह गये।

जालन्धर पहुँचकर हम लोगों ने बटुक जी को चाँदनी चौक वाला पेठा दिया, जिसे चखकर उन्होंने मुँह बिचकाया और बोले कि अब आगरे के पेठे में भी मिलावट होने लगी है। उन्हें यह भी बता दिया कि उनका सामान दिल्ली तक पहुँच गया है और अमानती कक्ष में सुरक्षित रखा है। गाड़ी के समय अमानती

कक्ष बन्द था इसलिए ला नहीं पाये, अब पृथ्वी जल्द ही दिल्ली से उठा लायेगा। बाद में बटुक जी के वे दो सन्दूक बवाले जान बन गये। वह जब भी मिलते, अपने सामान का रोना ले बैठते। हम लोगों ने आकाशवाणी की तरफ़ रुख़ करना ही छोड़ दिया। कार्यक्रम मिलता तो मजबूरी में चले जाते और बटुक जी से ज़लील होकर लौटते। उन्हें विश्वास हो चुका था कि उनका सामान हम लोगों से खो चुका है। हम लोग अभी और कोताही करते कि इस बीच उत्तर रेलवे से एक रजिस्टर्ड पत्र चला आया कि अगर अमुक तारीख़ तक क्लॉकरूम से सामान न उठाया गया तो वह नीलाम कर दिया जायेगा। अब दिल्ली जाकर सामान लाने के अतिरिक्त और कोई चारा न था। हम लोगों ने चन्दा किया, जो पता चला डेमरेज में चला गया और पृथ्वी बिना टिकट दिल्ली के लिए रवाना हो गया और एक दिन दिल्ली से बटुक जी के दोनों सन्दूक लेकर अपने पिता के नाम की दुहाई देता हुआ बिना टिकट विजयी मुद्रा में जालन्धर लौट आया। जेब में दो प्लेटफॉर्म टिकट लिये मैं उसकी अगवानी करने के लिए जालन्धर स्टेशन पर मौजूद था। हम लोगों ने मिलकर वे दोनों भारी भरकम सन्दूक ताँगे पर लादे और बटुक जी की अमानत उन्हें सौंप कर राहत की साँस ली। यह थी मेरी दिल्ली की प्रथम यात्रा।

अब हमदम दूसरी दुर्गम यात्रा के लिए दबाव बना रहा था। सवाल यात्रा का नहीं, उसे दिल्ली में स्थानान्तरित और स्थापित करने का था। मुझे एक बार फिर यूनुस साहब की याद आयी। वह रहमदिल इंसान थे। सोचा, हमदम को उनसे मिलवा दूँ, हो सकता है कोई सूरत निकल आये। शनिवार को मैंने हमदम को साथ लिया और हम लोग दिल्ली की बस में बैठ गये। यूनुस साहब ने हमदम के कुछ रेखांकन पसन्द किये, लगातार काम देने का वादा किया। मैंने हमदम की दास्तान सुनायी तो उन्होंने तुरन्त डेढ़ सौ रुपये दिलवा दिये। उन दिनों दरियागंज से उर्दू की एक और पत्रिका निकलती थी—'बीसवीं सदी'। उसके सम्पादक खुश्तर गिरामी साहब से भी थोड़ा बहुत परिचय था। मैंने उनसे भी हमदम को मिला दिया। उन्हें उन दिनों आर्टिस्ट की सख्त ज़रूरत थी। उन्होंने न केवल उसे काम पर रख लिया, वहीं दरियागंज में दफ़्तर के ऊपर की बरसाती भी रहने के लिए दे दी। बड़े चामत्कारिक ढंग से दिल्ली में हमदम की व्यवस्था हो गयी। मुझे भी दिल्ली में ठहरने के लिए ठौर मिल गया। मैं जब दिल्ली आता हमदम के यहाँ ही ठहरता। उसने बहुत जल्द अपने को दिल्ली के रंग-ढंग में ढाल लिया। 'बीसवीं सदी' के अलावा वह 'शमा' के लिए भी रेखांकन बनाने का काम करने लगा। शाम को फुटबाल का मैच देखता और उसके बाद कॉफ़ी हाउस में जा बैठता। मेरे तमाम लेखक मित्र उसके भी मित्र बन गये थे। उसकी जान-पहचान का दायरा बढ़ने लगा।

चार

भारत–चीन युद्ध चल रहा था जब मुझे डी.ए.वी. कॉलिज, हिसार में लेक्चररशिप मिली थी। कुछ युद्ध के कारण और कुछ बाढ़ के कारण यातायात प्रभावित था। तब तक हरियाणा का गठन नहीं हुआ था और हिसार पंजाब का एक बहुत पिछड़ा हुआ क्षेत्र माना जाता था। धूल उड़ाती टूटी–फूटी सड़कें, बंजर धरती और हड्डी- पसली तोड़ने वाली बस सेवाएँ सबसे पहले आतंकित करतीं। कहने को हिसार में दो डिग्री कॉलिज थे, मगर शहर देखकर लगता था यहाँ कोई हाईस्कूल भी न होगा। मैं कुछ दिनों तक शहर के एकमात्र होटल का एकमात्र मेहमान था। बाद में कॉलिज के पड़ोस में ही आसानी से कमरा मिल गया। रात को जंगली जानवरों के रोने की आवाज़ें आतीं। रात के टिकते ही सियारों का सामूहिक रोदन शुरू हो जाता और भोर तक चलता। उन सियारों के साथ–साथ अगर वहाँ के लोग भी विलाप करते तो मुझे आश्चर्य न होता। रुदालियों की परम्परा कुछ ऐसे ही माहौल में शुरू हुई होगी। विलाप करने के लिए वह आदर्श स्थान था। मुझे ऐसा शायद इसलिए लग रहा था क्योंकि मैं पंजाब के एक अत्यन्त समृद्ध और गुलज़ार इलाक़े से आया था। मुझे लगता अंडमान निकोबार में भी इतना ही सन्नाटा रहता होगा, जो उसे काला पानी के नाम से पुकारा जाता था। हरियाणा का विकास तो तब हुआ जब उसे पंजाब से काट कर एक अलग राज्य का दर्ज़ा मिला। इस प्रदेश को नया जीवन मिल गया। विकास की गति इतनी तेज़ हो गयी कि कुछ ही वर्षों में वह पंजाब के कन्धे से कन्धा मिलाकर चलने लगा।

कथाकार मोहन चोपड़ा डी.ए.वी. कॉलिज में ही अँग्रेज़ी के अध्यापक थे और हिन्दी में कहानियाँ लिखते थे। बाद में मालूम हुआ, मोहन राकेश से उनके अत्यन्त आत्मीय सम्बन्ध थे। कालान्तर में ये सम्बन्ध इतने तिक्त हो गये कि दोनों में संवाद का सूत्र भी टूट गया। पहली पत्नी से तलाक के बाद राकेश जी ने मोहन चोपड़ा की छोटी बहन पुष्पा से शादी कर ली थी। पुष्पा एक अल्हड़ क़िस्म की शोख पंजाबी लड़की थी। वह देखने में अत्यन्त सुन्दर थी मगर उसका लिखने–पढ़ने से कोई ताल्लुक नहीं था। उम्र में भी वह राकेश जी से बहुत छोटी और उसी अनुपात में कमअक़्ल

थी। उन्हें साथ-साथ देखकर कोई भी कह सकता था कि वे दोनों एक-दूसरे के लिए बने ही न थे। शुरू-शुरू में तो राकेश जी को उसकी नादानियाँ भा गयीं, मगर बाद में वे बदज़न रहने लगे। बहुत जल्द मियाँ-बीवी का एक-दूसरे से मोहभंग हो गया।

हिसार में पढ़ने-लिखने का माहौल नहीं था। हिन्दी की कोई भी ज़रूरी पत्रिका वहाँ दिखायी न देती थी। साहित्यिक अथवा लघु पत्रिकाओं की बात तो दूर, वहाँ व्यावसायिक पत्रिकाओं की खपत भी बहुत कम थी। वह ऐसा शहर था जहाँ न कोई पढ़ने-लिखने का शौक़ीन था, न पीने-पिलाने का। यहाँ मेरी दोस्ती अँग्रेज़ी के प्रवक्ता पाल और शारीरिक प्रशिक्षक धर्मवीर से हो गयी। सादा जीवन उच्च विचार उन दोनों के जीवन का आदर्श था। पाल होस्टल का सुपरिंटेंडेंट भी था, हॉस्टल परिसर में ही उसका डी-लक्स कमरा था। वह काफी सुरुचिसम्पन्न व्यक्ति था। उसकी भी न पढ़ने में रुचि थी, न पढ़ाने में। वह अच्छे रहन-सहन तथा भोजन का शौक़ीन था। धर्मवीर अपने गाँव से देशी घी का कनस्तर उठा लाता और छात्रों के भोजन के बाद हम लोगों का अलग से खाना बनता। गर्म-गर्म खाना आता तो घी की छौंक से कमरा महक उठता। हिसार में शराब की नहीं, लस्सी की नदियाँ बहती थीं। चाय भी दोनों में से कोई नहीं पीता था। शाम को हम लोग जी भर कर टेबल टेनिस खेलते। पाल से मेरी इतनी छनने लगी कि मैं अपने कमरे में कभी-कभार ही जाता। खेलने-कूदने से रात को नींद भी अच्छी आती। यहाँ किसी को न शराब की ज़रूरत पड़ती थी, न नींद की गोली की। दिन का वक़्त कॉलिज में और शाम का कॉमनरूम में बीत जाता। मैं एक थके-हारे मज़दूर की तरह ऐसे सोता कि सुबह-सुबह ही नींद खुलती।

इस कॉलिज की यह एक बहुत अच्छी बात थी कि यहाँ भी सहशिक्षा का प्रावधान था। लड़के उजड्ड क़िस्म के थे, जबकि लड़कियाँ सुसंस्कृत और शालीन थीं। पाल हमेशा कोट-पतलून और टाई में लैस रहता और लड़कियों से घिरा रहता। लड़कियाँ जाड़े में उसके लिए स्वेटर बुनतीं, घर से पराँठे बनाकर लातीं, ग़र्ज़ यह कि उसका बाज़ार गर्म था। मुझे पाल के साथ देख लड़कियाँ उससे बिना बात किये लौट जातीं। कुछ लड़कियाँ उसे पत्र भी लिखती थीं, वह मुझे दे देता कि पढ़कर सुनाओ। खाना खाते हुए हम लोग पत्रों का विश्लेषण करते। मगर पाल छिछोरे क़िस्म का आदमी नहीं था, एक सीमा तक ही खेल खेलता। वह एक कुशल नट की तरह लड़कियों को लक्ष्मण रेखा के उस तरफ़ ही रखता। एक बार एक लड़की ने उसे लिखा कि वह उसके बग़ैर ज़िन्दा नहीं रह सकती, पाल का व्यवहार उसके प्रति ऐसा ही रहा तो वह आत्महत्या कर लेगी। पाल ने उसे कमरे में बुलाया और कहा जिस दिन आत्महत्या का इरादा हो, बता देना, वह ज़हर ला देगा। लड़की रोती हुई कमरे से बाहर चली गयी। पाल हर सत्र में कई लड़कियों के दिल तोड़ा करता था। वह

पहले लड़कियों को आकर्षित करता था, फिर उनका दिल तोड़ देता था। कुछ ही दिनों बाद मैं उसे 'सैडिस्ट' कहने लगा। जाने क्यों यही उसका सबसे प्रिय शगल था। मैं उस कॉलिज में ज़्यादा दिन नहीं रहा, मगर उस वक़्फ़े में किसी लड़की ने मुझमें कोई दिलचस्पी ज़ाहिर न की। मैंने पाल से कई बार जानना चाहा कि मुझमें ऐसी कौन-सी ख़ामी है कि लड़कियाँ दूर से दुआ-सलाम करके चली जाती हैं। पाल ने मुझे गुरुमन्त्र दिया कि लड़कियों के सामने स्मार्ट दिखो, लेकिन बातचीत में उन्हें लगना चाहिए कि आप भोंदू हैं, ज़्यादा मीन-मेख नहीं निकालते, इधर की बात उधर नहीं करते। लड़की का चुम्बन ले लेंगे तो इस बात को सात तालों में बन्द रखेंगे। लड़कियाँ व्यंजना और लक्षणा में बात करती हैं और जवाब अभिधा में सुनना चाहती हैं। लड़कियों की जी खोल कर प्रशंसा करनी चाहिए, वे तारीफ़ सुनने को तरस जाती हैं। घर में भी माँ-बाप उपेक्षा करते हैं और बेटों की ग़ैरमुनासिब प्रशंसा किया करते हैं। पाल ने मुझे आगाह किया कि लड़कियाँ कभी तुम्हें तरज़ीह न देंगी क्योंकि तुम अपनी जुमलेबाज़ी से लड़कियों को घायल कर देते हो। पाल के ये तमाम फार्मूले मेरी फ़ितरत से मेल न खाते थे। मुझे लगा, यह क्षेत्र मेरे लिए निषिद्ध है और मैं कोशिश भी करूँगा तो मुँह के बल गिरूँगा। इस झमेले से दूर रहने में ही मुझे अपनी भलाई नज़र आई। मैं प्रत्येक शनिवार को क्लास से सीधा बस अड्डे की तरफ़ रवाना हो जाता और दिल्ली जाने वाली पहली उपलब्ध बस में बैठ जाता। दरियागंज में 'बीसवीं सदी' के कार्यालय के ऊपर हमदम का ग़रीबख़ाना और स्टूडियो था। दो-एक शामें कॉफी हाउस में बिताकर सोमवार की सुबह को पहली बस से मैं हिसार लौट आता। बस अड्डे से भागमभाग क्लासरूम तक पहुँचता। दिल्ली के कॉफी हाउस में ख़ूब गहमा-गहमी रहती।

एक दिन कॉफी हाउस से पता चला कि मोहन राकेश 'सारिका' के सम्पादक होकर मुम्बई जा चुके हैं। हिसार लौटकर मैंने अपनी बहु-अस्वीकृत कहानियों का पुलिन्दा निकाला। ख़ूब मन लगाकर एक कहानी को नये काग़ज़ों पर उतारा और वह राकेश जी के पास भेज दी। राकेश जी ने कहानी मिलते ही जवाब दिया। उन्होंने न केवल कहानी स्वीकृत कर ली, बल्कि यह सूचना भी दी कि वह शीघ्र ही 'सारिका' का नवलेखन अंक प्रकाशित करने जा रहे हैं और यह कहानी उस विशेषांक में प्रकाशित करेंगे। आगामी शनिवार को मैं एक सर्टिफिकेट की तरह राकेश जी का पत्र लेकर दिल्ली पहुँचा। हमदम ने मेरे जनसम्पर्क अधिकारी की तरह प्रत्येक जान-पहचान के लेखक को गर्व से यह सूचना दी। अगले ही महीने 'सारिका' का नवलेखन अंक प्रकाशित हुआ और उसमें वह कहानी 'सिर्फ़ एक दिन' प्रमुखता के साथ प्रकाशित हुई थी। अपना परिचय भी मैंने नये अन्दाज़ में लिखा था—रवीन्द्र कालिया, क़द छह

फुट, अविवाहित और चेनस्मोकर। कहानी से ज़्यादा मेरा परिचय चर्चा में रहा। उसने एक तरह से वैवाहिक विज्ञापन का काम किया। दिल्ली विश्वविद्यालय की एक कश्मीरी लड़की ने पत्र लिखा कि मैं इतनी सिगरेट क्यों पीता हूँ! उसने मिलने की इच्छा भी प्रकट की थी और अपनी पसन्द भी बता दी थी कि उसे लम्बे लोग हमेशा आकर्षित करते हैं। उसके छोटे से पत्र में हिज्ज़े की कई ग़लतियाँ थीं। यह कहानी मैंने अपनी बेरोज़गारी के दिनों में लिखी थी। अनेक संघर्षशील नवयुवकों के पत्र भी प्राप्त हुए और उस कहानी की याद दिलाते हुए लगभग चालीस बरस बाद एक पत्र अभी हाल में 'हंस' में 'ग़ालिब छुटी शराब' का एक अंश पढ़कर मध्य प्रदेश से एक पाठक ने लिखा है।

हिसार मेरी कहानी के प्रति उदासीन बना रहा। वहाँ चिरई के पूत को भी ख़बर न लगी कि हिसार में हिन्दी का एक कहानीकार जन्म ले चुका है। जालन्धर में होता तो अब तक दोस्तों ने कन्धों पर उठा लिया होता, बियर की बोतलें खुल जातीं, कॉफी हाउस में हंगामा हो जाता और एक यह शहर था, जहाँ उसी प्रकार सियार रो रहे थे। मेरी आत्मा बेचैन रहने लगी। अगले सप्ताह दिल्ली के बजाय मैं चंडीगढ़ की बस में बैठ गया। कपिल, विमल, परेश, कुमार के साथ बाईस सैक्टर में जमकर मटरगश्ती की, विश्वविद्यालय परिसर की हरी घास पर लेट कर भविष्य के लेखन पर विचार-विमर्श किया। डॉक्टर मदान से गुज़ारिश की कि वह अपने शिष्य को किसी तरह हिसार के रेगिस्तान से मुक्ति दिलाकर चंडीगढ़ बुला लें। मदान साहब ने रिसर्च के कई विषय सुझाये। बहरहाल सिर्फ़ एक कहानी छपने से दोस्तों के बीच मेरी धाक जम गयी। मैं मजबूरी और बेमन से हिसार लौट आया। वही कॉलिज की उबाऊ दिनचर्या, टेबल टेनिस और देशी घी के भरवाँ पराँठे। मुझे लगा, यह शहर मेरे लिए नहीं।

जालन्धर से बेकारी के दिनों में मैंने अनेक जगह आवेदन कर रखा था, जबकि सही मायने में मैं एक भी दिन बेकार नहीं रहा था। एम.ए. की परीक्षा समाप्त होते ही मैं दैनिक 'हिन्दी मिलाप' के सम्पादकीय विभाग से सम्बद्ध हो गया था—कुल जमा एक सौ बीस रुपये पर। पहली तनख़्वाह में मुझे एक-एक रुपये के एक सौ बीस नोट मिले थे। मेरा काम भी आसान था। उन दिनों फिक्र तौंसवी का उर्दू 'मिलाप' में 'प्याज़ के छिलके' नाम से एक स्तम्भ रोज़ प्रकाशित होता था। 'हिन्दी मिलाप' के लिए मुझे उसका अनुवाद करना होता था, जो मैं एकाध घंटे में निपटा देता। उसके बाद अपने को बेकार यानी बेरोज़गार पाता। दफ़्तर में दिल्ली के तमाम अख़बार आते थे। मैं बहुत विस्तार से उनका अध्ययन करता। 'मिलाप' के लायक़ कोई समाचार लगता तो

उसे टीप देता। मेरा बाक़ी समय अपने लिए उपयुक्त 'रिक्त स्थान' ढूँढ़ने में लगता। दफ़्तर में बैठे-बैठे ही मैं आवेदन पत्र लिखता और डाक के हवाले कर देता। उन दिनों फॉर्म वार्म भरने और आवेदन पत्र के साथ फीस भेजने का प्रचलन नहीं के बराबर था। एम.ए. का परीक्षाफल आने से पहले ही मुझे इंटरव्यू के लिए पत्र मिलने लगे थे। मार्ग व्यय मिलने की व्यवस्था रहती तो मैं इंटरव्यू दे भी आता। इंटरव्यू पत्रों का यह क्रम हिसार में नौकरी मिलने के बाद भी जारी रहा। मेरे पिता जालन्धर से उन पत्रों को हिसार के पते पर अनुप्रेषित कर देते थे।

हिसार में मुझे इंटरव्यू के लिए दो पत्र मिले। दोनों दिल्ली से थे और जालन्धर से मार्ग व्यय का प्रावधान था। एक पत्र आकाशवाणी से था और दूसरा केन्द्रीय हिन्दी निदेशालय से। आकाशवाणी में समाचर वाचक के पद के लिए इंटरव्यू था। इंटरव्यू देने वालों में मैं उम्र में सबसे छोटा था। कई लोग तो अनियमित रूप से पहले ही इस पद पर तैनात थे, अब विनियमन के लिए इंटरव्यू दे रहे थे।

वहीं सत सोनी से मेरी मुलाक़ात हो गयी। सत सोनी दिल्ली जाने से पूर्व जालन्धर में 'हिन्दी मिलाप' में वरिष्ठ उप-सम्पादक थे और फीचर के पन्ने देखते थे। मेरा उनसे बहुत पुराना परिचय था। यह कहना भी ग़लत न होगा कि मुझे बचपन से लेखन के लिए उन्होंने ही प्रेरित और प्रोत्साहित किया था। 'हिन्दी मिलाप' में बच्चों के पृष्ठ 'शिशु संसार' का सम्पादन वही करते थे और स्कूल के दिनों से ही मेरी रचनाएँ उस पृष्ठ पर छपा करती थीं। छात्र जीवन में कच्चा-पक्का जो कुछ लिखता, वह सुधार कर छाप देते। मेरा नाम तब से अख़बार में छपने लगा था जब मुझे शुद्ध रूप से अपना नाम लिखने की तमीज़ भी न थी। पहली रचना मैंने रविन्दर कालीया के नाम से प्रेषित की थी और रचना के साथ मेरा नाम छपा रवीन्द्र कालिया। तब से मैं रवीन्द्र कालिया हूँ। सत सोनी शुरू से ही बहुत प्रखर और महत्त्वाकांक्षी थे। जालन्धर में ज़्यादा गुंजाइश नज़र न आयी तो वह नौकरी छोड़ कर उपयुक्त नौकरी की तलाश में दिल्ली चले आये। माँ थी और वह थे। माँ बेटा एक कमरा लेकर दिल्ली में रहने लगे। मुझे यह सूचना तो थी कि वह दिल्ली में हैं, उनसे यों अकस्मात मुलाक़ात हो जायेगी, यह न सोचा था। समाचार वाचक की नौकरी में मुझे कोई दिलचस्पी न थी, सिर्फ़ मार्ग व्यय के लालच में चला आया था। पढ़ने के लिए जो समाचार मिले, वे बहुत क्लिष्ट हिन्दी में थे। मुझे अपने पंजाबी उच्चारण की सीमाएँ मालूम थीं। इसके बावजूद मैंने इंटरव्यू दिया। स्टूडियो के बीचोबीच एक काँच की दीवार थी और दीवार के दूसरी ओर विशेषज्ञों का पैनल बैठा था। उनमें भगवतीचरण वर्मा भी थे। मैंने उनकी तस्वीर कहीं देख रखी थी और उन्हें देखते ही मैं पहचान गया।

मेरा इंटरव्यू बहुत ख़राब हुआ, इतना ख़राब कि मैंने ख़ुद ही अपने को 'रिजेक्ट' कर दिया। अनेक ऐसे देशों के नाम थे, जिनका उच्चारण करना मेरे बूते के बाहर था।

इंटरव्यू के बाद मैं सत सोनी के साथ उनके घर चला गया। एक मुद्दत के बाद मुलाक़ात हुई थी। उन्होंने हालचाल पूछा, खाना खिलाया और बताया कि शीघ्र ही 'नवभारत टाइम्स' में उनकी नियुक्ति होने जा रही है। बाद में वह एक लम्बे अर्से तक 'सान्ध्य टाइम्स' का सम्पादन करते रहे। उनके तमाम संगी साथी रिटायर हो गये मगर वह अपने पद पर लम्बे समय तक क़ायम रहे। वह अख़बार बेचने के बहुत से लटके-झटके जानते थे। एक बार जालन्धर में पहली अप्रैल को सत सोनी ने 'हिन्दी मिलाप' में एक अनूठी पुरस्कार योजना घोषित की। उन्होंने प्रथम पृष्ठ पर एक तस्वीर प्रकाशित की और लिखा कि यह व्यक्ति शाम को पाँच से आठ के बीच अमुक-अमुक बाज़ारों से गुज़रेगा। जो पाठक इन्हें पहचान लें वह मिलाप के अन्तिम पृष्ठ पर प्रकाशित कूपन भर कर चुपचाप इन्हें सौंप दें, इनसे बात करने की कोशिश न करें। पहचानने वाले पाठक को एक हज़ार का नकद पुरस्कार सप्ताह भर के भीतर भेज दिया जायेगा। पहली अप्रैल को सारा शहर बगल में मिलाप की प्रतियाँ लिये उस शख्स को खोज रहा था। सत सोनी भी भीड़ में नज़र आये, उन्होंने पाठकों को 'अप्रैल फूल' बनाने का भरपूर आनन्द उठाया। कहने की ज़रूरत नहीं, उस रोज़ शहर में 'हिन्दी मिलाप' की प्रतियाँ अन्य तमाम समाचार-पत्रों से कहीं अधिक बिकी थीं। 'सान्ध्य समाचार' में उन्होंने ऐसे-ऐसे शीर्षक प्रकाशित किये कि कंजूस-से-कंजूस आदमी भी अख़बार ख़रीदने को मजबूर हो जाता था। जैसे 'सुमन अपने जीजा के साथ भाग गयी' या 'रंजीत ने अपनी माँ के प्रेमी की हत्या की'। राजधानी के तमाम समाचार-पत्रों ने नेहरू जी के निधन का समाचार प्रकाशित किया और सोनी ने नेहरू जी की अन्त्येष्टि का कार्यक्रम प्रकाशित किया। उनका मत था कि नेहरू जी के निधन का समाचार तो अख़बार छपने से पूर्व ही सब लोग जान चुके थे।

बाद में मैं जब तक दिल्ली में रहा, सत सोनी मेरे स्थानीय अभिभावक की तरह रहे। जब कभी पैसे की ज़रूरत पड़ती, मैं उनसे निस्संकोच माँग लेता। दिल्ली में पहला मकान (कमरा) भी, उन्होंने मॉडल टाउन में अपने पड़ोस में दिलवाया था। उनका दृष्टिकोण हमेशा अग्रगामी रहता था, रूढ़ियों और ढकोसलों से वह हमेशा दूर रहे। मेरे जानने वालों में सबसे पहले सत सोनी ने ही प्रेम विवाह किया था। उनकी पत्नी उर्मिला भी उन्हीं की तरह धाकड़ महिला थीं और क्नॉट प्लेस में स्टेट्समैन चौराहे के निकट एक बहुराष्ट्रीय कम्पनी के दफ़्तर में काम करती थीं। सुबह दोनों मियाँ-बीवी नौ नम्बर की बस से दफ़्तर के लिए साथ-साथ निकलते और शाम को साथ-साथ लौटते। साहित्य में उनका सीधा दख़ल नहीं था, मगर वह नये-से-नये

साहित्य की जानकारी रखते। शादी से पहले मैं और ममता छुट्टी के रोज़ अकसर उनके यहाँ चले जाया करते थे।

सत सोनी के 'मिलाप' छोड़ने पर जो स्थान रिक्त हुआ, उस पर कृष्ण भाटिया की नियुक्ति हुई। भाटिया उन दिनों एम.ए. (हिन्दी) कर रहे थे और कॉलिज के बाद दफ़्तर करते थे। इसे संयोग ही कहा जायेगा कि कुछ वर्षों बाद उनकी नियुक्ति भी नवभारत टाइम्स में हो गयी और वह भी दिल्ली चले आये। सत सोनी के बाद जालन्धर में मैं भाटिया जी के निकट सम्पर्क में रहा। उन्होंने भी मिलाप में मेरी बहुत-सी बाल रचनाएँ प्रकाशित की थीं। वैसे भाटिया सोनी के विलोम थे। सोनी जितने ही तेज़ थे, भाटिया उसी अनुपात में मन्थर। उन्हें मैंने कभी जल्दबाज़ी में नहीं देखा। वह सब काम इत्मीनान से ख़रामा-ख़रामा करने के अभ्यस्त थे। विभाजन के बाद वह पश्चिमी पंजाब से शरणार्थी के रूप में आये थे, अपनी माँ और बहन इन्दिरा के साथ। छात्र जीवन में मैं अकसर उनके यहाँ जाया करता था और मेरे लिए उनका घर अपने घर की तरह था। अम्मा भाटिया के मित्रों की बहुत ख़ातिरदारी करतीं। भाटिया साहब का ख़याल आते ही दो-तीन बातें मुझे हमेशा याद आती हैं।

एक बात जालन्धर की है। एक दिन शाम को मैं भाटिया साहब के घर गया तो माता जी ने बताया कि कृष्ण एक घंटे पहले कटोरी लेकर दही लेने निकला था, अभी तक नहीं लौटा। मैंने भी आधा घंटा तक उनकी प्रतीक्षा की और लौट आया। अगले रोज़ सुबह उनके यहाँ गया तो घर में अड़ोस-पड़ोस और भाटिया के मित्रों की भीड़ लगी थी और अफरा-तफरी मची थी। मालूम हुआ कि भाटिया साहब अभी तक दही लेकर नहीं लौटे। सब लोग परेशान थे। कार्यालय में भी ख़बर कर दी गयी थी। उनके तमाम अड्डों और ठिकानों से भी कोई सूचना न मिल पा रही थी। दोपहर तक तमाम लोग निराश हो गये और घर में जैसे मातम बिछ गया। दोस्तों ने शहर का कोना-कोना छान मारा, मगर कृष्ण भाटिया का कहीं कोई सुराग़ न मिला। ऐसे नाज़ुक मौक़ों पर कुछ लोग अपनी सृजनात्मकता का कुछ ज़्यादा ही परिचय देते हैं। किसी ने कहा, आज दिन में नहर में एक लाश मिली है, किसी ने रेल की पटरी पर किसी के कट मरने की सूचना दी। जितने मुँह उतनी बातें!

शाम को सूरज ढलने के बाद भाटिया साहब हाथ में दही की कटोरी लिये ख़रामा-ख़रामा अपने घर की तरफ़ बढ़ते दिखाई दिये। वह हमेशा की तरह हाथी की चाल से इत्मीनान से चल रहे थे, जैसे अभी-अभी बाज़ार से दही लेकर लौटे हों। अपने घर के सामने भीड़ देखकर उन्होंने किसी से पूछा कि क्या बात है, घर में सब ख़ैरियत तो है? भाटिया साहब के आने की ख़बर सुनकर माँ और बहन रोते हुए बाहर लपकीं। मालूम हुआ भाटिया साहब अपने एक मित्र के साथ इस आश्वासन

में हमीरा चले गये थे कि घंटे भर में लौट आयेंगे। उस मित्र का ट्रांसपोर्ट का कारोबार था और वह ट्रक में गन्ना लदवाकर हमीरा जा रहा था, जहाँ एक चीनी मिल थी, शायद एरिस्ट्रोक्रेट नाम के लोकप्रिय ब्रांड की ह्विस्की बनाने वाली जगजीत इंडस्ट्रीज़ की। हमीरा जालन्धर से पन्द्रह–बीस किलोमीटर के फ़ासले पर था। भाटिया साहब मुरव्वत में अपने मित्र के ट्रक में सवार हो गये और गन्ना चूसते हुए हमीरा पहुँच गये। जब तक ट्रक हमीरा पहुँचता गन्ने के लदे हुए बीसियों ट्रक उनके ट्रक के आगे पीछे लग गये। चींटी की गति से ट्रकों की लम्बी कतार सरकने लगी। आधी रात को जंगल में वापस लौटने का कोई दूसरा साधन भी न मिला। दूसरे दिन दोपहर बाद उनके ट्रक से गन्ना उतरा। उसके बाद जाम से बाहर निकल आने में घंटों लग गये। इस घटना का सबसे दिलचस्प पहलू यह था कि भाटिया साहब कटोरी में दही लाना नहीं भूले थे।

जब तक मैं कपूरथला और हिसार में वनवास काटकर दिल्ली पहुँचा, भाटिया साहब दिल्ली में स्थापित हो चुके थे। सत सोनी और भाटिया दोनों मॉडल टाउन में रहते थे और सोनी साहब ने मेरी व्यवस्था भी मॉडल टाउन में करवा दी थी। सोनी की नज़र हमेशा आगे रहती और भाटिया पीछे मुड़कर देखने के आदी थे। सोनी एकदम सींक सिलाई थे और भाटिया ऊन के गोले की तरह। जो बात सोनी एक वाक्य में कह जाते, भाटिया उसकी तफ़सील में जाते। दोनों बी–ब्लाक में रहते थे। सोनी की शादी हो चुकी थी, भाटिया साहब तब तक शादी के बारे में सोचते भी न थे। भाटिया का घर नया और बड़ा था। इतना ख़ूबसूरत, विशाल और आधुनिक क़िस्म का घर उन्हें एक शर्त पर मिला था। मकान मालिक की एक मौलिक और अनूठी शर्त थी, जो भाटिया साहब ने तुरन्त स्वीकार कर ली थी। वह शर्त कुछ ऐसी थी कि सामान्यत: कोई गृहस्थ उस हिस्से को किराये पर नहीं लेता था। सुबह जब तक मकान मालिक स्नान न कर ले किरायेदार बाथरूम का इस्तेमाल नहीं कर सकता था। मकान मालिक को अकेले नहाने की आदत नहीं थी, वह सपत्नी स्नान करता था। नहाते हुए वे लोग बच्चों की तरह शोर मचाते थे। भाटिया साहब को इस पर कोई आपत्ति न थी, वह इस बारे में सोचते भी न थे। सुबह–सुबह कभी मैं उनके यहाँ चला जाता तो मेरा ध्यान बाथरूम में ही लगा रहता, भाटिया साहब से बात करने में भी मन न लगता। सच तो यह है कि मेरी कल्पनाएँ भी पति–पत्नी के साथ बाथरूम में घुस जातीं। बाथरूम के पिछवाड़े एक छोटा–सा वातायन था। मेरी इच्छा होती कि सीढ़ी लगाकर बायस्कोप की तरह भीतर का जायज़ा लूँ। भाटिया के स्थान पर मैं किरायेदार होता तो मेरा जीवन ही नष्ट हो जाता। अपनी कमीनगी और बदतमीज़ी पर मुझे बहुत शर्म आती, मगर मैं अपनी फ़ितरत से मजबूर था। भाटिया साहब इस विषय पर बात करना भी पसन्द न करते, जबकि मुझे दफ़्तर में भी बाथरूम के दिवास्वप्न आते रहते।

मुझे बाथरूम का स्वप्नदोष भी होने लगा, इसे मेरी बदनसीबी ही कहा जा सकता है। भाटिया साहब इस स्थिति के प्रति पूरी तरह बेन्याज़ थे, सज्जन आदमी की यही पहचान होती है। शायद यही वजह थी कि भाटिया साहब को कोई लत न थी। वह न सिगरेट पीते थे, न शराब। तम्बाकू, गांजा और सुरती तो दूर की बात है, जबकि सोनी साहब का किसी प्रकार के निषेध में विश्वास नहीं था। वह कभी-कभार स्कॉच वग़ैरह का एकाध पेग भी नोश फ़रमा लेते और पेश भी कर देते थे। भाटिया साहब ने काफ़ी देर से शादी की। उनकी बहन इन्दिरा भी माँ की तरह छोटी आयु में विधवा हो गयी थी, उसका पति दफ़्तर जाने के लिए घर से सही-सलामत निकला और एक सड़क दुर्घटना में उसकी मौत हो गयी। परिवार के लिए यह बड़ा हादसा था।

मैं मुम्बई चला गया और मुम्बई से इलाहाबाद, भाटिया साहब से कई वर्षों सम्पर्क नहीं हुआ। सत सोनी से दिन में टाइम्स हाउस में कई बार भेंट हो जाती। 'दिनमान' के बाद नन्दन 'नवभारत टाइम्स' के फीचर सम्पादक हो गये तो मेरा अकसर दफ़्तर जाना होता, मगर भाटिया साहब से भेंट न हो पाती। वह वर्षों रात की ड्यूटी ही करते रहे। एक बार मैं इलाहाबाद से तय करके चला कि इस बार दिल्ली में भाटिया साहब से ज़रूर मिलूँगा। शाम को फ़ोन किया तो वह दफ़्तर में मिल गये। तय हुआ कि रात एक बजे उनकी ड्यूटी ख़त्म होगी, मैं दफ़्तर चला आऊँ और रात को साथ-साथ घर चलेंगे। तब तक उन्होंने भी दिल्ली में घर बनवा लिया था। शादी हो चुकी थी, बच्चे स्कूल जाने लायक़ हो गये थे, माँ उनके साथ ही रहती थीं। मेरी माँ जी से भी मिलने की बहुत इच्छा थी।

रात के बारह के बाद मैं भाटिया साहब के पास बहादुरशाह ज़फर मार्ग पहुँचा। उस समय वह काम समेट रहे थे। वह हमेशा की तरह तपाक से और गर्मजोशी के साथ मिले। कनपटी के बाल सफ़ेद हो गये थे, मगर चेहरे पर वही बालसुलभ सरलता और पारदर्शिता थी। हम लोग दफ़्तर की गाड़ी में उनके घर के लिए रवाना हुए। मैं दसियों बरस के लम्बे अन्तराल के बाद भाटिया साहब से मिला था। उनके बारे में बहुत कुछ जानने की जिज्ञासा और अपने बारे में बताने की उत्सुकता थी। मैंने सोचा, ख़ूब गुज़रेगी जब मिल बैठेंगे दीवाने दो। मुझे ख़बर लगी थी कि भाटिया साहब पत्रकारिता के साथ समाज सेवा के कार्यों में भी रुचि ले रहे हैं और उन्होंने दृष्टिहीनों के आवास और पुनर्वास की दिशा में बहुत काम किया है। मगर गाड़ी में बैठते ही भाटिया साहब ने न पत्रकारिता पर बात शुरू की, न समाज सेवा पर। गाड़ी में बैठते ही मुझसे पूछा, ''कभी वैष्णव देवी गये हो?''

''न, कभी जाने का मौका नहीं मिला।'' मैंने बताया।

''तुम फिर ज़िन्दगी के एक बहुत बड़े अनुभव से वंचित रह गये हो। ऐसी

ग़फ़लत तुमसे कैसे हो गयी? तुम भी क्या कर सकते हो, दरअसल माँ का बुलौआ आता है तभी आदमी उनके दरबार में हाज़िर होता है। वर्ना लाखों लोग चाहकर भी उनका दर्शन नहीं कर सकते।''

''लगता है कुछ ऐसा ही हादसा मेरे साथ हुआ है।'' मैंने कहा।

''मुझे यही ख़तरा था कि तुम कहीं ज़िन्दगी में झख मारते न रह जाओ।''

''मेरी तो ज़िन्दगी ही झख मारते बीत गयी भाटिया साहब। आपकी शरण में आ गया हूँ, अब आप ही इस कुम्भीपाक से बाहर निकालें।''

''कुछ न कुछ किया जायेगा तुम्हारे लिए। एक-न-एक दिन माँ तुम्हें अपने दरबार में अवश्य बुलाएँगी और दर्शन देंगी।''

मैंने शाम को मित्रों के साथ प्रेस क्लब में तबीयत से दारू पी थी, भरपेट भोजन किया था। मैंने भाटिया साहब से कहा, ''मेरे जैसे पापियों को यही सज़ा मिलनी चाहिए थी। माँ सब की रग़-रग़ पहचानती हैं।''

''भई यह तो है। मांस-मछली तो नहीं खाने लगे।''

''भाटिया साहब मेरा बहुत पतन हो चुका है। दारू की लत लग चुकी है। सिगरेट की लत दूर नहीं हुई थी कि यह दूसरी लत लग गयी। आप तो जानते ही हैं, लिखने-पढ़ने का व्यसन तो बचपन से लग गया था। कालिया की नैया अब कैसे पार लगेगी?''

''धैर्य रखो। माँ ने बहुत से भटके हुए लोगों को राह दिखायी है, तुम भी जी छोटा न करो।''

दरअसल भाटिया साहब अभी हाल में सपरिवार वैष्णो देवी का दर्शन करके लौटे थे। उन्होंने अत्यन्त विस्तार से इस अविस्मरणीय यात्रा का वर्णन करना शुरू किया। तफ़सीलवार छोटी-से-छोटी घटना बतायी। ''पहले तो दफ़्तर से छुट्टी लेने में बहुत परेशानी हुई, रात की ड्यूटी कोई करना ही नहीं चाहता था। अब पत्रकारिता में वह पहले-सी मिशन की भावना भी नहीं रही। समाज में एक अन्धी दौड़ शुरू हो चुकी है। हर आदमी दौड़ रहा है और उसे कुछ पता नहीं कि वह कहाँ पहुँचना चाहता है, उसके जीवन का लक्ष्य क्या है? माँ ने जाने उसे इस धरती पर क्यों भेजा है? ख़ैर, यह गहरी बात है, अभी तुम्हारी समझ में नहीं आयेगी। मैंने समाज से सोना नहीं माँगा था, चाँदी नहीं माँगी थी, फ़क़त छुट्टी माँगी थी। उसके मिलने में भी सौ-सौ बाधाएँ आन खड़ी हुईं। इसे माँ का प्रताप ही कहा जाएगा कि आख़िर पन्द्रह दिन की छुट्टी स्वीकृत हो गयी। मुझे छुट्टी मिल गयी तो पत्नी को छुट्टी मिलने में अड़चनें आने लगीं। मगर जब काम होना होता है तो सब अड़चनें अपने आप दूर होने लगती हैं। यही हुआ। क़िस्मत अच्छी थी कि पूरे परिवार को ट्रेन में आरक्षण मिल गया। किसी सिफ़ारिश की ज़रूरत ही न पड़ी। वर्ना पत्रकार आये दिन आरक्षण के लिए

रेलवे बोर्ड में टिप्पस भिड़ाते रहते हैं। मेरे सब काम होते चले गये।''

हम लोग भाटिया साहब के घर पहुँच गये, मगर उनकी ट्रेन अभी दिल्ली से ही न खुली थी। घर में सब लोग तब तक सो चुके थे, मगर उनकी पत्नी जग रही थीं। उन्होंने खाना परोसा और बिस्तर लगाकर चली गयीं। भाटिया साहब ने भोजन करना शुरू किया और ट्रेन में कुछ गति आयी। अब ट्रेन सरपट पठानकोट की तरफ़ दौड़ रही थी। हम लोग अगल-बगल के बिस्तरों पर लेटे। सोचा, सुबह माँजी और बच्चों से भेंट करूँगा। मेरी आँखों पर नशे और नींद का खुमार छाया हुआ था। बिस्तर पर लेटते ही आँख लग गयी। मेरी आँखों के सामने कटरा था। कटरा में आगे-आगे बच्चे दौड़ रहे थे और पीछे-पीछे भाटिया साहब। न बच्चों को थकान महसूस हो रही थी और न इस उम्र में माँ को। मालूम नहीं मैं नीद में ऐसा सोच रहा था या भाटिया साहब के सुनाने का असर था कि मुझे लगा मैं भी उनके साथ-साथ चल रहा हूँ।

''लगता है तुम थक गये हो।'' अचानक भाटिया साहब की आवाज़ कानों में पड़ी। वह मुझे रजाई ओढ़ा रहे थे और कह रहे थे, ''अब सो जाओ। सुबह उठ कर बताऊँगा कैसे हुए माँ के दिव्य दर्शन। मुझे तो शाम को दफ़्तर जाना है, दिन में विस्तार से बात होगी।''

मैं सचमुच सो गया। बहुत अच्छी नींद आयी, जैसे बच्चों को लोरी सुनने के बाद आती है। भाटिया साहब सुबह-सुबह बाज़ार से गर्म-गर्म जलेबी ले आये और देर तक नाश्ते के लिए मेरा इन्तज़ार करते रहे। दस बजे तक मुझे होटल पहुँचना था, कुछ मित्रों को बुला रखा था। नाश्ते के तुरन्त बाद मुझे चल देना पड़ा।

शायद कृष्ण भाटिया से यह मेरी अन्तिम मुलाक़ात थी। इस बार विश्व पुस्तक मेले के अवसर पर दिल्ली गया तो महेश दर्पण ने ख़बर दी कि भाटिया साहब नहीं रहे। यह सुनकर मैं बहुत देर तक गुम-सुम बैठा रहा।

पाँच

हिसार में मुझे इंटरव्यू का दूसरा पत्र केन्द्रीय हिन्दी निदेशालय से मिला। इस पद के लिए मैंने आवेदन तब किया था जब जालन्धर में छटपटा रहा था। मैंने पोस्टकार्ड पर आवेदन पत्र भेजा था। यह आठ-दस पंक्तियों में लिखा गया अत्यन्त ग़ैरपारम्परिक पत्र था। मुझे बहुत आश्चर्य हुआ जब पिता के पत्र के साथ जालन्धर से इंटरव्यू के लिए निमन्त्रण प्राप्त हुआ। पिताजी ने अपने पत्र में नसीहत दी थी कि मैं अकादमिक जगत में ही रहूँ और दिल्ली हरगिज़ न जाऊँ। उन्होंने एक पत्र कॉलिज के प्रिंसिपल प्रो.डी.एन. शर्मा के नाम भी लिखा था कि वह मुझे हिसार में रहने के लिए ही प्रेरित करें और अगर मैं इस्तीफ़ा भी दूँ तो स्वीकार न करें। प्रिंसिपल को लिखे गये पत्र की प्रतिलिपि उन्होंने मेरे पास भी भिजवायी थी। प्रो. शर्मा हिसार में प्रिंसिपल का पद ग्रहण करने से पूर्व डी.ए.वी. कॉलिज जालन्धर में अँग्रेज़ी के विभागाध्यक्ष थे। वह मेरे गुरु भी थे, बी.ए. तक मैं उनका छात्र रहा था। वह दार्शनिक क़िस्म के साद:लौह इंसान थे। कुर्ते-पायजामे में कॉलिज आने वाले वह एकमात्र अध्यापक थे। मेरे पिता जीवन भर डी.ए.वी. संस्थान से ही सम्बद्ध रहे। एक तरह से पठन-पाठन ही हमारा ख़ानदानी पेशा था। पिता जालन्धर में, भाई कैनेडा में और बहन इंग्लैंड में पढ़ाती थी। जाने क्यों मेरे पिता को अन्देशा हो गया था कि मैं लेक्चररशिप छोड़कर दिल्ली रवाना हो जाऊँगा। हिसार में मुझे कोई परेशानी न थी, भोजन और आवास की उत्तम व्यवस्था हो गयी थी। कक्षा में दो एक अत्यन्त सुन्दर लड़कियाँ भी थीं और मैंने पाल के निर्देशन में उन्हें दाना डालना भी शुरू कर दिया था। मगर हिसार का खुश्क और ग़ैर-साहित्यिक अनुशासित जीवन मुझे रास न आ रहा था। दिल्ली में नौकरी पाने की आशा थी न अपेक्षा। मैं इंटरव्यू पत्र पा कर ही प्रसन्न था कि मुफ़्त में एक दिल्ली यात्रा का मौक़ा मिलेगा। हिसार में मुझे लगातार एहसास हो रहा था कि मैं अपनी जड़ों से कटता जा रहा हूँ। जालन्धर के दोस्त और वहाँ का फक्कड़ जीवन याद आता। हिसार में कहानी की बात केवल दीवारों से की जा सकती थी। कॉलिज में कुछ-कुछ गुरुकुल कांगड़ी जैसा वातावरण था, एकदम प्रदूषण रहित,

हवन के धुएँ से सुवासित और गायत्री मन्त्र से सिंचित। सिगरेट तक पीने में संकोच और अपराधबोध होता। धूम्रपान करने वाला मैं इकलौता स्टाफ़ मेम्बर था। लोग जंगल पानी के लिए खेतों में जाते और मैं धूम्रपान करने।

इंटरव्यू देने गया तो पता चला, एक अनार है और दर्जन भर बीमार। इंटरव्यू देने वालों की लम्बी कतार थी। ज़्यादातर बेरोज़गार युवक इंटरव्यू देने आये थे, शायद मैं एकमात्र बारोज़गार यानी नौकरीशुदा था। सब लोग नये-नये कपड़े पहनकर और बाल सँवारकर आये थे। साफ़ पता चल रहा था, किसी विशेष अवसर के लिए तैयार होकर घर से निकले हैं। सबके हाथों में प्रमाणपत्रों का पुलिन्दा था। मेरा इंटरव्यू बहुत दिलचस्प रहा। मुझसे पूछा गया कि मैंने लापरवाह तरीक़े से पोस्टकार्ड पर आवेदन क्यों किया था? मैंने जवाब दिया कि मैंने बेरोज़गारी के दिनों में आवेदन किया था और उन दिनों मैं पोस्टकार्ड का खर्च ही वहन कर सकता था। एक सज्जन साहित्यिक रुचि के थे, उन्होंने 'सारिका' में मेरी कहानी पढ़ रखी थी, उन्होंने कहा कि वह बेरोज़गारी पर मेरी कहानी 'सिर्फ़ एक दिन' पढ़ चुके हैं। इस बात से मैं बहुत प्रभावित हुआ और अपने बारे में मेरी राय कुछ बदली। एक कहानीकार की ऐंठ से मैंने जवाब दिया कि मैं बेरोज़गार नहीं हूँ। इस सवाल का कि नौकरी क्यों छोड़ना चाहते हैं, मेरे पास जवाब था कि मैं नौकरी नहीं, शहर छोड़ना चाहता हूँ। जितनी लापरवाही से मैंने आवेदन किया था, उससे भी ज़्यादा बेफ़िक्री से इंटरव्यू दिया। इंटरव्यू दरियागंज में हुआ था, इंटरव्यू के बाद मैं पैदल ही 'बीसवीं सदी' के कार्यालय की तरफ़ चल दिया, हमदम के पास। दिल्ली में सिर्फ़ साप्ताहिक छुट्टी बिताने के इरादे से आया था। दफ़्तर में मैंने अपना हिसार का पता छोड़ दिया था।

कोई दो महीने के बाद मुझे केन्द्रीय हिन्दी निदेशालय से एक रजिस्टर्ड पत्र प्राप्त हुआ, खोलकर देखा, नियुक्ति पत्र था। उसी डाक से 'सारिका' से कहानी का पारिश्रमिक प्राप्त हुआ था—सौ रुपये का चेक। नियुक्ति पत्र से कहीं ज़्यादा मुझे पारिश्रमिक मिलने की ख़ुशी हुई। मुझे लगा, अब हिसार मेरे लायक़ नहीं रहा। मेरे रहने के लिए सही जगह दिल्ली है। मैं दोनों पत्र लेकर प्रिंसिपल के कमरे में घुस गया। नियुक्ति पत्र दिखाने का साहस न हुआ, मैं प्रिंसिपल को चेक दिखाकर लौट आया। उन दिनों सौ रुपये का काफ़ी महत्त्व था। एक तोला सोना ख़रीदा जा सकता था। प्रिंसिपल साहब भी प्रभावित हुए कि एक प्रतिभाशाली नवयुवक उनके स्टाफ़ में है, जिसे कहानी लिखने का सौ रुपया मिल सकता है। मुझे लगा, नियुक्ति पत्र दिखाया तो वह बिगड़ जाएँगे और मेरे पिता को सूचित कर देंगे। शनिवार को मैं दिल्ली गया और दफ़्तर में जगदीश चतुर्वेदी और कृष्णमोहन श्रीवास्तव (अब दिवंगत) से भेंट की। मेरे साथ-साथ दो और लोगों की नियुक्ति हुई थी। वे थे शेरजंग गर्ग और रमेश गौड़। दोनों पदभार ग्रहण कर चुके थे और ऐसा लग रहा था जैसे युगों-युगों से इस कार्यालय

में काम कर रहे हों। हिसार लौटकर भी मैं इस्तीफ़ा देने का साहस न बटोर सका। आख़िर मैंने तय किया कि बग़ैर इस्तीफ़ा दिये ही हिसार से निकल जाना बेहतर होगा। पहली तारीख़ को मैंने वेतन लिया और बग़ैर किसी को बताये अटैची केस उठाकर दिल्ली जाने वाली पहली बस में सवार हो गया। तब तक जालन्धर से आकर तीन लोग दिल्ली में बस चुके थे—सत सोनी, कृष्ण भाटिया और हमदम; यानी मेरे पास दिल्ली में रहने के लिए तीन ठौर थे। मुझे ख़बर लगी थी कि मोहन राकेश भी 'सारिका' से इस्तीफ़ा देकर जल्द ही दिल्ली लौट रहे हैं।

दिल्ली में पैर जमाने में मुझे बहुत ज़्यादा संघर्ष नहीं करना पड़ा। मुझे लगा, जैसे मैं बिरादरी से बाहर कर दिया गया था और अब मेरा वनवास कट चुका है। मैं जैसे अपने घर लौट आया। दफ़्तर में डॉ. सुरेश अवस्थी, कृष्णमोहन श्रीवास्तव, डॉ. रणवीर रांग्रा, ख़्वाजा बदीउज़्ज़मा, जगदीश चतुर्वेदी, शेरजंग गर्ग, रमेश गौड़, एम.एल. ओबेराय, के. खोसा आदि थे और बाहर मोहन राकेश, सत सोनी, कृष्ण भाटिया और गंगाप्रसाद विमल, हमदम। बहुत तेज़ी से दोस्तों की संख्या में इज़ाफ़ा हो रहा था। कॉफी हाऊस में नित नये रचनाकारों से भेंट होती।

उन दिनों केन्द्रीय हिन्दी निदेशालय द्वारा 'भाषा' त्रैमासिक का प्रकाशन होता था, शायद आज भी होता है। कुछ दिनों बाद मुझे भी 'भाषा' के सम्पादकीय विभाग से सम्बद्ध कर दिया गया। मिसेज़ तारा तिक्कू भाषा की सम्पादक थीं और जगदीश चतुर्वेदी उनके सहायक। एम.एल. ओबेराय कलाकार थे और 'भाषा' की साज-सज्जा देखते थे। बाद में उनके साथ के. खोसा की भी नियुक्ति हो गयी। ओबेराय साहब को स्टुडियो के लिए अलग कमरा मिला हुआ था। एक कमरे में जगदीश और मैं साथ-साथ बैठते थे। मिसेज़ तिक्कू के पास अलग कमरा था। दरियागंज में गोलचा के सामने दफ़्तर था, वहाँ से उठकर दफ़्तर कुछ दिनों के लिए आसफ़ अली रोड चला गया और उसके बाद प्रगति मैदान में। हम लोग धीरे-धीरे क्नॉट प्लेस की तरफ़ सरक रहे थे।

मिसेज़ तारा तिक्कू अद्‌भुत महिला थीं। अद्‌भुत इसलिए कि यह जगदीश चतुर्वेदी का तकियाकलाम था। हम पीठ पीछे उसे 'अद्‌भुत जी' कहते थे। उसके निकट महिला, कविता, ताजमहल, कुतुबमीनार, अकविता सबकुछ अद्‌भुत था। 'तार सप्तक' के बाद 'प्रारम्भ' अद्‌भुत था। मिसेज़ तारा तिक्कू में अफ़सरी बू नहीं थी, वह एक ख़ुशबूदार महिला थीं और उन दिनों 'इंटीमेसी' नाम का आयातित परफ़्यूम इस्तेमाल करती थीं। उनका परफ़्यूम दिल्ली में न मिलता था तो मुम्बई से मँगवाती थीं। वह बहुत नफ़ासतपसन्द महिला थीं। एक बार मैंने आलस में दो-तीन दिन शेव नहीं बनवायी, यों ही लापरवाही से दफ़्तर चला जाता, किसी काम से उनके कमरे में जाना हुआ तो उन्होंने बात करने से मना कर दिया। ड्राइवर को बुलाकर कहा, "इन्हें

किसी नाई के यहाँ ले जाइए।" एक बार मिसेज़ तिक्कू कुछ दिन कार्यालय नहीं आयीं, मालूम हुआ बीमार चल रही हैं। मैं, जगदीश और ओबेराय मिजाज़पुर्सी के लिए उनके बंगले पर गये। वह पीठ पर तकिया लगाकर लेटी हुई थीं। बीमारी की हालत में भी उन्होंने सबका जायज़ा लिया। मैंने हफ़्तों से जूते पालिश नहीं किये थे। सच तो यह है कि मैंने जीवन में कभी जूते पालिश ही नहीं किये और न करवाये। जब पहनने लायक़ नहीं रहे तो फेंक दिये। अचानक उनकी निगाह मेरे जूतों पर चली गयी। उन्होंने तुरन्त वहाँ से जूते पालिश करवाने रवाना कर दिया और मोची का ठिकाना भी बता दिया, "जूते पालिश करवाकर आओ तब इत्मीनान से बैठकर मिजाज़पुर्सी करना।" मुझे लगा था, वह फकीरों को तमीज़ सिखा रही हैं। यह तो मुझे भी मालूम था कि जूते पालिश करवाये जाते हैं, मगर मैंने कभी उसकी ज़रूरत महसूस न की थी। सच तो यह है कि मैं मिसेज़ तिक्कू के सम्पर्क में न आया होता तो अपने मित्रों काशी, दूधनाथ और ज्ञानरंजन की तरह दाढ़ी बढ़ा लेता। वैसे इसका श्रेय ममता को भी जाता है। उसने कभी मूँछें रखने दीं न दाढ़ी। इस लिहाज़ से वह मिसेज़ तिक्कू से भी ज़्यादा सख़्त थी। मैं भी ख़ुशी-ख़ुशी उसकी बात पर राज़ी हो गया कि पत्नी की ऐसी आसान ख़्वाहिशें ज़रूर पूरी की जा सकती हैं।

वर्ष भर में 'भाषा' के दो-तीन अंक ही निकल पाते थे। वास्तव में सरकारी प्रेसों के पास नोट छापने का ही इतना अधिक काम था कि शिक्षा मन्त्रालय का काम उनकी अन्तिम प्राथमिकता पर रहता। 'भाषा' राजकीय प्रेस नासिक से मुद्रित होती थी और मुद्रण के दौरान 'भाषा' से सम्बद्ध हर आदमी अंक छपवाने नासिक जाना चाहता था। ज़्यादातर लोग तृतीय श्रेणी में नासिक जाते थे और सरकार से प्रथम श्रेणी का मार्ग-व्यय वसूल करते थे। 'भाषा' के मुद्रण के सिलसिले में एक बार मैंने भी नासिक यात्रा की थी, उसका ज़िक्र आगे कहीं करूँगा। फिलहाल 'भाषा' के अभी वे अंक प्रकाशित होने थे, जो तब से प्रेस में धूल चाट रहे थे जब हमारा पद विज्ञापित भी न हुआ था। ऐसी वस्तुस्थिति में समझ में नहीं आता था कि हम करें तो क्या करें? कभी-कभार डाक से कोई नयी रचना प्राप्त होती तो हम लोग भूखे शेर की तरह उस पर टूटते, जैसे किसी दुकान में बहुत दिनों के बाद कोई ग्राहक आया हो। हम लोग रचना के भाग्य का फ़ैसला करने में जुट जाते। उस रचना की फाइल चल निकलती और अन्ततः अस्वीकृति के साथ डिस्पैच क्लर्क के पास पहुँच जाती। 'भाषा' में अयाचित रचनाएँ प्रायः नहीं छपती थीं। उसमें तमाम भारतीय भाषाओं को स्थान दिया जाता था। कई रचनाएँ तो हिन्दी के साथ-साथ मूल भाषा में भी प्रकाशित होती थीं। प्रतिष्ठित रचनाकारों

की ही इतनी रचनाएँ प्राप्त हो जातीं कि बहुत-सी अच्छी रचनाओं को भी स्थान न मिल पाता। उन दिनों दिल्ली में संघर्षशील लेखकों की लम्बी जमात थी। उस जमात के लेखक अपने को 'फ्री-लांसर' कहते थे। ये लोग ऐसी पत्रिकाओं के कार्यालयों का चक्कर काटते रहते, जिनसे पारिश्रमिक मिलने की गुंजाइश रहती। जगदीश चतुर्वेदी की कोशिश रहती कि 'फ्री-लांसर' लेखकों की मदद होती रहे। सरकार ने जैसे ज़रूरतमन्द लेखकों की आमदनी का एक स्रोत खोल दिया था। मगर यह एक ऐसा स्रोत था जहाँ अकसर सूखा पड़ा रहता।

दफ़्तर में हम लोगों का समय न कटता। हम लोग काम करना चाहते थे, मगर काम नहीं था। उन्हीं दिनों सरकार ने यह जानने के लिए सरकारी दफ़्तरों का सर्वेक्षण करवाया कि मन्त्रालय में स्टाफ़ ज़्यादा है या उसकी कमी है। निदेशालय के अफ़सरों को जैसे काम मिल गया। प्रत्येक इकाई से स्टाफ़ का लेखा-जोखा माँगा गया। केन्द्रीय हिन्दी निदेशालय से रिपोर्ट भेजी गयी कि स्टाफ़ की कमी से राष्ट्रभाषा की प्रगति का कार्य बाधित हो रहा है। 'भाषा' के लिए भी नये पद सृजित किये गये, जबकि वर्तमान स्टाफ़ ही दफ़्तर में उबाइयाँ लेकर राष्ट्रभाषा के उन्नयन में अपना अमूल्य योगदान दे रहा था। प्रगति मैदान में दफ़्तर गया तो मुझे और जगदीश को अलग कमरा मिल गया। हम लोग अन्दर से सिटकनी लगाकर ग्यारह बजे तक सो जाते। नींद न आती तो साहित्य सेवा करते। दफ़्तर में स्टेशनरी भी इफ़रात में उपलब्ध थी। जगदीश चतुर्वेदी इतनी रफ़्तार से कविताएँ लिखता था कि प्राय: नोट शीट कम पड़ जातीं। वह एक बैठक में दर्ज़नों कविताएँ लिख मारता। अकविता का दौर था, वह जो कुछ भी लिखता उसे कविता की संज्ञा दे देता। वह अकविता का आशुकवि था। उसकी रचनाएँ नर नहीं, मादा पर केन्द्रित रहतीं। समाज में व्याप्त शोषण, अन्याय, असमानता, भ्रष्टाचार उसकी रचना का विषय नहीं थे, वह नारी के 'उन कठिन दिनों' के बारे में ज़्यादा चिन्तित रहता। औरत उसके लिए सिर्फ़ मादा थी। उसने हिन्दी कविता को नितान्त एक नया मुहावरा दिया।

जगदीश बहुत कल्पनाशील था, उसके साथ समय बिताना बहुत आसान था। जेठ की न ख़त्म होने वाली दोपहरी में मैं अत्यन्त मासूमियत से उससे पूछता कि क्या कभी उसने चलती रेलगाड़ी में प्रेम किया है तो वह सिगरेट सुलगाकर एक लम्बा क़श खींचता और शुरू हो जाता—रात की गाड़ी से मैं इन्दौर से ग्वालियर जा रहा था, फर्स्ट क्लास के कूपे में हम दोनों का आरक्षण था। उसे जिन और लाइम कार्डियल का चस्का था। ज्यों ही ट्रेन खुली मैंने उसे बाँहों में भींच लिया। वह ट्रेन से ग्वालियर के लिए चलता और रास्ता भूल जाता। ट्रेन अचानक मुम्बई की तरफ़ दौड़ने लगती। निदेशालय में कुछ इसी शैली में होता रहता था राष्ट्रभाषा

के उन्नयन का कार्य। किसी केबिन में कामुक अधिकारियों का कच्चा-चिट्ठा खोला जाता। गोयल के पास एक दिलचस्प क़िस्सा था कि कैसे एक चपरासी दफ़्तर के बाद डिप्टी डायरेक्टर के कमरे से एक महिला कर्मचारी की शलवार लेकर फरार हो गया था और कैसे शलवार की फाइल खुल गयी वग़ैरह-वग़ैरह। इस पर भी समय न कटता तो हम लोग बाहर धूप में जा बैठते। लंच का समय हो जाता तो मिलकर लंच करते। सहकर्मियों के टिफ़िन से मेरा भी काम चल जाता। मुझे एम.एल. ओबेराय के यहाँ के पराँठे बहुत पसन्द थे और जगदीश के टिफ़िन की सूखी तरकारी, खोसा मेरे लिए घर से हरी मिर्च लाता। लंच से लौटकर बोरियत का दौर शुरू होता। जगदीश कविताएँ लिख-लिख कर थक जाता तो कहानी लिखने लगता। वह ख़ूब सेक्सी कहानियाँ लिखता। भाषा पर उसका ज़बरदस्त अधिकार था। वह कमर से नीचे की कहानियाँ लिखता। उसकी कहानियों से पापी पेट नदारद रहता। वह किसी लम्बी-चौड़ी सामाजिक समस्या से न जूझता था, उसे छः फुट ज़मीन भी दरकार न थी, वह मात्र डेढ़ इंच को लेकर परेशान रहता। उसी डेढ़ इंच के लिए उसके पात्र मर्मान्तक पीड़ा में से गुज़रते, लगता कि वे एक दिन मानसिक सन्तुलन खो बैठेंगे। कहानी लेखन के लिए जगदीश को ज़्यादा समय न मिलता, क्योंकि दोपहर बाद लेखकों का आना-जाना शुरू हो जाता। कुछ लोग तो रोज़ आते थे। वहीं कुर्सी पर बैठे-बैठे वह किसी-न-किसी प्रकाशक को भी पटा लेता। बाद में 'प्रारम्भ' निकालने की योजना बनी तो उसका पूरा समय उसी में जाने लगा। नये-नये कवियों को लगा कि इस पीढ़ी को भी अपना सच्चिदानन्द हीरानन्द मिल गया है। 'प्रारम्भ' प्रकाशित हुआ तो 'धर्मयुग' में पूरे पृष्ठ की समीक्षा छपी। दफ़्तर में दिन भर कवियों का ताँता लगा रहता। जगदीश चतुर्वेदी ने बताया कि पंडित सूर्यनारायण व्यास ने बचपन में उसके लिए भविष्यवाणी कर दी थी कि जातक की ख्याति दिगन्त तक पहुँचेगी। "अभी हाल में मुझे यू.के. से हिन्दी समिति का एक परिपत्र मिला है, जो शीघ्र ही इक्कीसवीं सदी के स्वागत में आप्रवासी भारतीय साहित्य का अनूठा संकलन प्रकाशित करने जा रही है। परिपत्र पढ़कर मुझे लगा कि पंडित सूर्यनारायण व्यास ने पचास साल पहले जान लिया था कि इस संकलन की भूमिका सुविख्यात साहित्यकार जगदीश चतुर्वेदी लिखेंगे।"

दिल्ली में टी-हाउस हमारा दूसरा घर था। जैसे दफ़्तर के बाद घर लौटते हैं, हम टी-हाउस लौटते। पहुँचते ही चरणमसीह ठंडा-ठंडा पानी पिलाता। हम लोगों ने बस का पास घर से दफ़्तर तक नहीं, घर से रीगल तक बनवाया हुआ था, बीच में आठ घंटे के लिए दफ़्तर उतर जाते। घर से हम यही सोचकर निकलते थे जैसे टी-हाउस जा

रहे हैं। रात को अन्तिम बस से हम लोग अपने-अपने घर लौट जाते। लौटते में उर्दू कथाकार बलराज मेनरा का किंग्ज़वे कैम्प तक साथ रहता। बाद में जब मैं दिल्ली से मुम्बई पहुँचा तो भारती जी ने मुझसे टी-हाउस पर एक रेखाचित्र लिखने के लिए कहा। 'धर्मयुग' के सन् 65 के स्वाधीनता विशेषांक में वह प्रकाशित हुआ था। यहाँ उसे उद्धृत करना अप्रासंगिक न होगा।

मेरा एक कलाकार मित्र हमदम टी-हाउस पर एक पेंटिंग करना चाहता था। उसका विचार था कि टी-हाउस के चरित्र का सबसे प्रमुख तत्त्व टी-हाउस का शोर है और शोर को रेखाओं में बाँधना मुश्किल काम है, ख़ासकर उस शोर को, जिसकी ध्वनियाँ अलग-अलग न की जा सकें, जो मछली बाज़ार या सट्टा बाज़ार के शोर से आश्चर्यजनक रूप से साम्य रखते हुए भी उस शोर से भिन्न हो। टी-हाउस के एक पुराने पापी ने सुझाया कि टी-हाउस का सही चरित्र पेश करना हो तो टी-हाउस की छत पर गिद्धों, चीलों, छिपकलियों, कौओं आदि को लटकते हुए दिखाया जा सकता है। एक और अनुभवी व्यक्ति ने सुझाया कि टी-हाउस के शोर को कहानी-बम के विस्फोट के रूप में पकड़ा जा सकता है। मुद्राराक्षस ने कहा कि कौन कहता है टी-हाउस में शोर होता है, टी-हाउस में तो मौत का-सा सन्नाटा रहता है। जगदीश चतुर्वेदी ने उसी समय 'हाइकू' लिख दिया, टी-हाउस एक क़ब्रगाह है..., बलराज मेनरा ने, जो पिछले बारह वर्षों से आँधी, पानी, तूफ़ान और बुखार में भी टी-हाउस जाना नहीं भूलता, पेरिस के कुछ कॉफी हाउसों का हवाला देते हुए सवाल किया, यह शोर बड़ा मानीखेज है। सार्त्र इसी शोर की पैदावार है और किसी ने कामू को काफी हाउस में बोलते नहीं सुना तो कुछ नहीं सुना है। पेरिस में कॉफी हाउस न होते तो...

बलराज मेनरा की बात ग़लत नहीं है। यद्यपि दिल्ली का यह टी-हाउस बेजोड़ है, इसकी तुलना पेरिस के कैफे डि ला सिविलाइज़ेशन, कैफे डि ला पेक्स और न्यू यॉर्क के कैफे ला मेट्रो से अवश्य की जा सकती है। यहाँ आपको सार्त्र और कामू भी मिल सकते हैं, गिंसबर्ग और पीटर आर्लवस्की भी। टी-हाउस का सार्त्र टी-हाउस में नहीं घुसेगा अगर उसे मालूम हो जायेगा कि टी-हाउस का कामू टी-हाउस में बैठा है। टी-हाउस का हेमिंग्वे फिशिंग नहीं करता, बुलफाइट में भी उसकी रुचि नहीं है, वह केवल उन पाठकों-आलोचकों-सम्पादकों का डट कर मुक़ाबला करता है, जो उसकी रचनाओं का सही मूल्यांकन नहीं करते। मगर टी-हाउस का हेमिंग्वे इतना क्रूर नहीं है, आपको उसकी रचना पसन्द आ गयी तो फिर आपको कॉफी (मय सैंडविचेज़) की चिन्ता नहीं, डिनर की

भी चिन्ता नहीं, बियर अथवा जिन की भी चिन्ता नहीं। आपकी ये चिन्ताएँ हेमिंग्वे की चिन्ताएँ हैं। इस बात को टी-हाउस का हर व्यक्ति जानता है। शायद यही कारण है कि बहुत से लोग निस्संकोच ख़ाली जेबों से टी-हाउस चले आते हैं। ख़ाली जेबें, पागल कुत्ते और बासी कविताएँ ले कर।

शाम को पाँच-साढ़े पाँच बजे जब सरकारी दफ़्तरों में छुट्टी होती है, तो ढेरों सरकारी कर्मचारी दिन भर का लेखन पोर्टफोलियो में रखे, टी-हाउस की ओर भागते नज़र आते हैं। बहुत से सरकारी अफ़सर, जिनकी कई कारणों से साहित्य में रुचि है, शाम को दफ़्तर से लौटते हुए बहुत से लेखकों, नीम-लेखकों और प्रशंसकों को अपने साथ टैक्सी में भर लाते हैं। टी-हाउस की रौनक और गहमागहमी की एक वजह यह भी है कि हर व्यक्ति अपने साथ पूरी टीम रखता है। जो व्यक्ति अपनी टीम नहीं बना पाता, वह श्रीकान्त वर्मा की तरह टी-हाउस के बुक-स्टाल पर पत्रिकाएँ पलटकर या सिगरेट ख़रीदकर ही लौट जाता है या ओमप्रकाश दीपक (अब दिवंगत) की तरह टी-हाउस के एक कोने में अपने परिवार के साथ कॉफी पीता नज़र आता है—टी-हाउस में बैठे हुए भी टी-हाउस से अछूता—या वह निर्मल वर्मा की तरह दोपहर में टी-हाउस आयेगा या जैनेन्द्र कुमार की तरह बहुत जल्दी उसे टी-हाउस से वितृष्णा हो जायेगी।

छह बजते-बजते सभी टीमें मैदान में उतरी नज़र आती हैं। कप्तानों के चेहरों पर जलाल आता जायेगा और वे बढ़-बढ़कर कॉफी का आर्डर देते जायेंगे। जब तक कप्तान बिल अदा नहीं कर देंगे, टीमें निष्ठापूर्वक कप्तान के प्रवचन सुनती रहेंगी, वाह-वाह करेंगी, कप्तान की पुरानी रचनाओं का हवाला देंगी और हर बात की हाँ में हाँ मिलाएँगी। कप्तान नया कहानीकार है तो नयी कहानी; युगबोध, युगचेतना, भावबोध और युगसन्त्रास का सशक्त माध्यम है। कप्तान कवि है तो कविता, कप्तान कथाकार है तो कहानी, अभिव्यक्ति का युगानुकूल एकमात्र 'जैनुइन' माध्यम है। कप्तान सम्पादक है तो उसकी पत्रिका हिन्दी ही एकमात्र साहित्यिक पत्रिका है और उसका हर बच्चा राजा-बेटा है, उसके रेडियो की आवाज़ बहुत सुरीली है, उसके घर के पर्दे उसकी सुरुचि का परिचय देते हैं। शायद यही कारण है कि बहुत से फ्री-लांसर परिश्रम करने के बावजूद कप्तान-पद प्राप्त करने में असमर्थ रहते हैं और टी-हाउस में जलजीरा (अब काँजी भी) पीने की लत डाल चुके हैं। वे अपनी टीम भी नहीं जुटा पाते, क्योंकि जलजीरा और काँजी का आकर्षण टीम-भर लोगों को नहीं खींच पाता। आपात्कालीन स्थिति में या मन्दी के दिनों में इक्के-दुक्के विश्वविद्यालय के छात्रों की बात अलग है।

टी-हाउस में वह क्षण अविस्मरणीय होता है, जब बैरा बिल लेकर यमराज की तरह सहसा उपस्थित हो जाता है। जो लोग क्षण के इस तनाव को झेल नहीं

पाते, वे उठकर टायलट की तरफ़ चले जाते हैं या दूसरी टेबुल पर। कुछ लोग बैरे को देखते ही जेबें टटोलना शुरू कर देते हैं और तब तक टटोलते रहते हैं, जब तक कि बिल अदा नहीं हो जाता। कुछ घबराहट में सिगरेट सुलगा लेते हैं या माचिस से खेलने लगते हैं और कुछ बैठे रहते हैं चुपचाप, बैरे की ओर से मुँह फेरे। यह तो हुआ बिल अदा करने से पहले का तनाव। अब उस वक़्त का जायज़ा लीजिए, जब ऑर्डर प्लेस होने वाला हो :

टी-हाउस की मेज़ों पर चारों गिर्द शोर
केवल ख़ाली गिलासों की बेतरतीब लकीर
मेरे आस-पास बैठे दोनों दोस्त
कॉफी का ऑर्डर देते हुए
भयभीत से कॉफी बोर्ड का विज्ञापन
देख रहे हैं।
उन्हें डर है
कि कहीं मैं भी कॉफी पीने की हामी न भर दूँ
उनकी जेबों में हैं चन्द सिक्के,
वैसे वे रोज़ टी-हाउस में बैठते हैं।
सार्त्र, कामू, ह्विस्की के पेग,
पिकासो की पेंटिंग
कहानियों का एब्स्ट्रैक्शन
राजकमल प्रकाशन से मिले अनुवाद
सभी पर ये बात करते हैं
(बैरा दो बार बारह गिलास पानी रख जाता है)

—नरेन्द्र धीर (प्रारम्भ)

यह सच है कि कुछ लोग टी-हाउस में केवल पानी पीने के लिए ही आते हैं। पानी टी-हाउस के बाहर भी मिलता है, मगर दो नये पैसे में, और फिर वहाँ बैठने का भी कोई इन्तज़ाम नहीं है। कुछ लोग टी-हाउस में रचनाएँ सुनाने के लिए ही आते हैं, रचनाएँ पत्र-पत्रिकाओं में भी प्रकाशित होती हैं, परन्तु पत्रिकाओं में इन लोगों का विश्वास नहीं रहा। इनके मुताबिक़ इनकी रचनाएँ 'अत्याधुनिक' होती हैं और सम्पादकों के पल्ले नहीं पड़तीं। एक वक़्त आता है, ये सम्पादकों की चिन्ता छोड़ देते हैं और अपना छोटा-मोटा प्रकाशनगृह खोल लेते हैं या किसी जेबी पत्रिका के प्रकाशन की व्यवस्था कर लेते हैं। कुछ लोग टी-हाउस में केवल ठहाके लगाने आते हैं। ठहाका टी-हाउस में बहुत जल्दी

लगता है, जैसे पेट्रोल को आग या कहानी को 'वाद'। ठहाका किसी बात पर लग सकता है। कोई व्यक्ति चुप बैठा है। ठहाका। कोई व्यक्ति बोल रहा है। ठहाका। किसी व्यक्ति ने बिल अदा किया है। ठहाका। कोई टी-हाउस में घुसा। ठहाका। कई बार ठहाकों की साहित्यिक प्रतियोगिता भी हो जाती है। यदि टी-हाउस में मोहन राकेश (अब दिवंगत) के ठहाके गूँज रहे होंगे, पुराने कहानीकार या अन्य कहानीकार उतने ही ज़ोर से ठहाका लगाएँगे कि कहीं मोहन राकेश के ठहाकों का यह अर्थ न लगा लिया जाये कि नयी कहानी चढ़ती कला में है। ऐसी प्रतियोगिता ज़्यादा देर नहीं चल पाती, क्योंकि टी-हाउस का प्रबन्धक कुछ अमनपसन्द आदमी है। वह कुछ देर तो कोने में खड़ा ठहाके थमने की प्रतीक्षा करता रहेगा, फिर निराश होकर ठीक उसी मेज़ के पीछे खड़ा हो जायेगा और शान्तिपूर्ण वातावरण के लिए अपील करेगा। कई बार उसकी अपील का आश्चर्यजनक रूप से असर होता है और कई बार इसी को लेकर एक नये ठहाके या झगड़े की शुरुआत हो जाती है। इस झगड़े की सम्भावना ज़्यादा रहती है, अगर मेज़ के आसपास डॉक्टर रामकिशोर द्विवेदी या सुरेन्द्र मल्होत्रा बैठे हों। डॉक्टर रामकिशोर द्विवेदी टी-हाउस का फैमिली डॉक्टर है। कमलेश्वर से लेकर बालस्वरूप राही तक, सभी उसके मरीज हैं और डॉक्टर का ख़याल है कि ठहाके अच्छे स्वास्थ्य के लिए बहुत ज़रूरी होते हैं, वह प्रेस्क्रिप्शन के साथ दर्जन-दो दर्जन ठहाके भी लिख देता है। डॉक्टर तो ख़ैर कई बार अपने ख़ास 'मूड' में होता है, मगर सुरेन्द्र को प्रबन्धक की बात पर तब ग़ुस्सा आता है जब वह समोसे, पकौड़े और मसाला दोसा खाने के बावजूद ठहाके लगाने के अपने अधिकार को छिनते हुए पाता है और उसे पता होता है कि टेबुल-भर का बिल उसे ही चुकाना है। कुछ लोगों पर इस झगड़े का यह असर होता है कि वे टी-हाउस में दुबारा न आने का प्रण करके टी-हाउस का परित्याग कर देते हैं। यह दूसरी बात है कि कुछ ही देर के बाद वे दुबारा टी-हाउस में घुसते नज़र आते हैं। ऐसा प्रण यहाँ के हर व्यक्ति ने किया है, किसी ने उपन्यास लिखने के लिए तो किसी ने वक़्त के सदुपयोग के लिए, किसी ने यों ही देखा-देखी। ऐसे बहुत से लोग मिलेंगे, जिनका पाँच बजे दरियागंज में या करोलबाग़ में या मॉडल टाउन में टी-हाउस आने का कोई इरादा नहीं था, मगर छह बजे वे टी-हाउस में कॉफी पीते (?) नज़र आएँगे।

टी-हाउस में लड़कियाँ नहीं आतीं, पत्नियाँ आती हैं, कभी-कभी ही। कोई लड़की आती भी है कभी-कभार, वह भी अपने माँ-बाप के साथ, सहमी-सकुचायी। शायद यही वजह है कि क्नॉट प्लेस के प्रत्येक रेस्तराँ के सामने वेणियाँ और गजरे बेचने वालों की भीड़ टी-हाउस के बाहर नहीं मिलेगी। टी-हाउस के बाहर रेलिंग के साथ-साथ ठंडा जल या ईवनिंग न्यूज़ या पेन बेचने वाले ही मिलेंगे

या फिर जूते पालिश करने वाले, जो अकसर मन्दी की शिक़ायत करते हैं। टी-हाउस के मुख्य प्रवेश-द्वार के बिल्कुल साथ एक पानवाला बैठता है, जो चरणमसी की तरह एक तरह से पूछ-ताछ विभाग का काम करता है और 'उधार मुहब्बत की कैंची है' में जिसका दृढ़ विश्वास होता जा रहा है। वह किसी भी समय बता सकता है कि नागार्जुन टी-हाउस कब आने वाले हैं, राकेश टी-हाउस में बैठे हैं या जा चुके हैं, रमेश गौड़ (दिवंगत) को कहीं से पारिश्रमिक आया या नहीं, सर्वेश्वरदयाल सक्सेना (दिवंगत) कब से कनॉट प्लेस नहीं आये, जगदीश चतुर्वेदी की नयी योजनाएँ क्या हैं, जवाहर चौधरी (दिवंगत), अजित कुमार और डॉ. देवीशंकर अवस्थी (दिवंगत) टी-हाउस कम क्यों आते हैं, प्रयाग शुक्ल 'रानी' से अलग क्यों हो गये या 'दस कहानियाँ' का नया अंक कब आने वाला है? यह सच है कि उन लोगों के बारे में उसकी जानकारी हमेशा अपर्याप्त होती है, जिन लोगों को उसका उधार चुकाना होता है। उदाहरण के लिए, वह कहेगा कि श्री 'क' कई दिनों से क्नॉट प्लेस की तरफ़ नहीं आ रहे हैं जबकि श्री 'क' दूसरे दरवाज़े से रोज़ टी-हाउस आते हैं और दूसरे दरवाज़े से ही रोज़ वापस भी जाते हैं। दरअसल टी-हाउस के तीनों दरवाज़े अलग-अलग अर्थ रखते हैं। तीसरा दरवाज़ा एक साथ किचन, टायलट और 'वेजेटेरियन' में ले जाता है। जब कोई व्यक्ति बहुत देर तक तीसरे दरवाज़े से वापस न आये, तो इसका सीधा-सादा एक ही अर्थ होता है कि वह 'वेजेटेरियन' में बैठा 'स्टफ़्ड पराँठा' खा रहा है। दूसरों के सिगरेट और दूसरों की कॉफी पीकर पराँठा खाने या सुस्ताने के लिए 'वेजेटेरियन' से बेहतर और कोई जगह नहीं हो सकती।

टी-हाउस में कभी-कभी दंगा भी हो जाता है। यह दंगा शराब के नशे में भी हो सकता है और मंटो की किसी कहानी को लेकर भी। दंगे यहाँ आतिशबाज़ी की तरह फूटते हैं और कुछ क्षण बाद आतिशबाज़ी की तरह ही ठंडे भी हो जाते हैं। ज़्यादा नुकसान नहीं होता। किसी मेज़ का कोई शीशा टूट जाता है या किसी दीवार पर कोई गिलास। किसी के मुँह पर तमाचा पड़ता है और कोई तमतमा कर रह जाता है या दाँत पीस कर। इसके बावजूद टी-हाउस एक सुरक्षित जगह है। महानगर का अकेलापन इस हद तक नहीं है कि कोई अकेला पड़ा कराहता रहे। कुछ लोग ऐसे भी हैं जो किसी के भी साथ किसी भी वक़्त सहायतार्थ अस्पताल या थाने जा सकते हैं। एक प्रतिष्ठित लेखक (मोहन राकेश) पर किसी अराजक तत्त्व ने हमला कर दिया था तो टी-हाउस एकदम ख़ाली हो गया था। सभी भाषाओं के लेखकों के झुंड के झुंड प्रधानमन्त्री लालबहादुर शास्त्री के बँगले पर पहुँच गये थे और लेखकों का शिष्टमंडल उनसे मिला था। एक कहानी के एक क्रुद्ध पात्र ने जनपथ के पास एक लेखक (ख़ाकसार) की

पिटाई कर दी और लेखक घायल हो गया था, टी-हाउस के दोस्तों की भीड़ रात देर तक इर्विन अस्पताल में बैठी रही थी और सुरेन्द्र प्रकाश ने कई लीटर पेट्रोल खर्च कर हमलावर कवि को ढूँढ़ निकाला था। मगर यह ज़रूरी नहीं कि क्रुद्ध कवि ही टी-हाउस आते हैं, कभी-कभी टी-हाउस में प्रशंसक भी आते हैं और अपने प्रिय लेखक तथा उसके प्रिय मित्र को हैम्बर्गर या मसाला दोसा खिलाकर या कॉफी पिलाकर लौट जाते हैं। यह दूसरी बात है कि टी-हाउस में मिलने वाला प्रशंसक, प्रशंसक नहीं रहता और दुबारा टी-हाउस भी नहीं आता।

टी-हाउस के बारे में बहुत किंवदन्तियाँ प्रचलित हैं। जैसे, 'फाँसी पाने वाले एक व्यक्ति ने टी-हाउस में कॉफी पीने की अन्तिम इच्छा प्रकट की थी और उसे टी-हाउस लाया गया था।' 'नयी कहानी का जन्म टी-हाउस में हुआ था।' 'हमदम अब तक टी-हाउस में कॉफी के पाँच हज़ार प्याले पी चुका है।' 'अमुक का टी-हाउस में प्रेम हुआ था और अमुक ने अपनी पत्नी को तलाक देने का अन्तिम निर्णय टी-हाउस में किया था।' ये किंवदन्तियाँ 'नये मुसलमानों' को आकर्षित करने के लिए फैलायी जाती हैं।

इस सबके बावजूद राजधानी में टी-हाउस की वजह से जितनी जागरूकता और चेतना है, वह शायद ही अन्यत्र मिले। क्रिकेट मैच हो रहे हों, तो टी-हाउस का हुजूम टी-हाउस के पीछे रेडियो सेट से सटा हुआ आँखों-देखा विवरण सुनता नज़र आएगा। टी-हाउस की दुनिया को हुसेन, रामकुमार और सतीश गुजराल की कला प्रदर्शनियों में भी देखा जा सकता है और लेडी हार्डिंग कॉलेज के सामने के मैदान में हॉकी या फुटबॉल का मैच देखते हुए भी, साहित्य अकादेमी में भी और नेशनल स्कूल ऑव ड्रामा के रंगमंच के आसपास भी। दिल्ली में फ़िल्म फेस्टिवल हो रहा था, तो टी-हाउस के लोगों ने आकस्मिक और अर्जित छुट्टियाँ ले ली थीं। वियतनाम और अल्जीरिया, क्यूबा और कांगो टी-हाउस में चर्चाओं का विषय रहते हैं। राजधानी में सबसे अधिक साहित्यिक पत्रिकाएँ टी-हाउस के स्टाल पर ही बिकती हैं। इसी माहौल की वजह से टी-हाउस के बैरे तक साहित्य में गहरी दिलचस्पी लेने लगे हैं। चरणमसी तो कविताएँ करने लगा है। 'उदास रहता है चरणमसी' उसकी नयी कविता है। टी-हाउस में कोई भी रचना 'अननोटिस्ड' नहीं जाती, वह चाहे किसी चक्रलिखित पत्रिका में क्यों न प्रकाशित हुई हो!

टी-हाउस बाहर से आने वाले रचनाकारों को भी आकर्षित करता है। यशपाल दिल्ली आयें तो टी-हाउस अवश्य आएँगे। अश्क, भगवती बाबू, अज्ञेय, डॉ. भारती, राजेन्द्रसिंह बेदी, कृष्ण चन्दर, डॉ. मदान, रमेश बक्षी, दुष्यन्त कुमार, गिरिजाकुमार माथुर, राजकमल चौधरी, भारतभूषण अग्रवाल, शानी, (सब दिवंगत) कुन्तल मेघ, लक्ष्मीकान्त वर्मा, ओंकारनाथ श्रीवास्तव, कीर्ति चौधरी, कुँवर नारायण, भीष्म साहनी,

नामवर सिंह, दूधनाथ, ज्ञानरंजन, शरद देवड़ा, विष्णु प्रभाकर, राजीव सक्सेना, विमल, परेश, ममता, नेमिचन्द्र जैन, अनामिका, नरेश सक्सेना, गोपाल उपाध्याय, हरिवंश कश्यप, लल्ला, शेरजंग गर्ग आदि बहुत से लेखक घंटों टी-हाउस में बैठे हैं। संसद के अधिवेशन के दिनों में लोहिया को भी टी-हाउस में देखा जा सकता है।

यह थी दिल्ली के साठोत्तरी साहित्यिक परिदृश्य की एक झलक। अब न क्नॉट प्लेस में टी-हाउस रहा है और न वह साहित्यिक माहौल। अनेक रचनाकार भी इस जहान में नहीं रहे।

छह

केन्द्रीय हिन्दी निदेशालय में अनेक साहित्यिक बन्धु थे—सुरेश अवस्थी, कुलभूषण, श्याममोहन श्रीवास्तव (दिवंगत), जगदीश चतुर्वेदी, शेरजंग गर्ग, रमेश गौड़, ख़्वाजा बदीउज़्ज़मा (दिवंगत) आदि-आदि। कुछ ही दिनों में मैंने महसूस किया, आदि-आदि लोग छपने-छपाने वाले साहित्यकारों से बहुत जलते थे। दिल्ली में पूरा दिन दफ़्तर और टी-हाउस में बीतता। उन दिनों टी-हाउस जानदार था।

टी-हाउस का उन्मुक्त वातावरण कई बार दफ़्तरी जीवन में उलझनें पैदा कर देता था। दफ़्तर के अफ़सर लेखक यह मानकर चलते थे कि साहित्य में भी हम उनके मातहत हैं। उन दिनों 'ज्ञानोदय' के किसी अंक में हिन्दी रंगमंच के सम्बन्ध में अश्क का एक लेख छपा था, जिसमें एक अधिकारी के लेख की कड़ी आलोचना की गयी थी। जगदीश चतुर्वेदी, श्याममोहन श्रीवास्तव, शेरजंग गर्ग तथा मैंने उस लेख की प्रशंसा करते हुए अश्क जी को एक संयुक्त बधाई पत्र भेजा। अश्क जी ने हम लोगों के पत्र का ख़ूब प्रचार किया और हर मिलने वाले से उन्होंने हमारे संयुक्त पत्र का इतना ज़िक्र किया कि एक दिन शाम को साढ़े चार बजे के क़रीब अधिकारी के कमरे में हमारा संयुक्त पत्र उपस्थित हो गया। नरेश मेहता 'इति नमस्कारन्ते' करके अधिकारी के कमरे से निकले ही थे कि उनका चपरासी यमदूत की तरह मेरे सिर पर खड़ा हो गया। "साहब का बुलौआ आया था।" अधिकारी महोदय प्रायः कुर्सी पर बैठने का इशारा किया करते थे। उस दिन वे ख़ुद तो रिवाल्विंग चेयर पर और अधिक पसर गये और मुझे खड़े रखा।

"अश्क जैसे बेहूदा आदमी के पास आप हमारी 'कान्फिडेंशल रिपोर्ट' लिखते हैं। मुझे तो दफ़्तर में ही लिखनी है।"

बात समझने में मुझे देर न लगी। जब से कहानियाँ छपने लगी थीं, नौकरी को हम कोई बहुमूल्य वस्तु नहीं समझते थे। एक औसत अफ़सर की तरह अधिकारी महोदय को इसका आभास तक नहीं था। मैंने कहा, "दफ़्तर के बारे में तो किसी ने अश्क जी को कोई बात नहीं लिखी।"

“मैं क्या दफ़्तर में नही हूँ?”

“दफ़्तर में आप लेखक की हैसियत से तो नहीं हैं।”

“मुझे लेखक की हैसियत से ही घर पर फ़ोन मिला है।” अधिकारी ने कहा, “आप रोज़ टी-हाउस क्यों जाते हैं?”

“दफ़्तर के बाद ही जाता हूँ,” मैंने कहा।

“मगर मुझे पसन्द नहीं। आप वहाँ भी मेरे बारे में रिमार्क पास करते होंगे।”

मुझे लगा निहायत बेवक़ूफ़ अफ़सर से पाला पड़ गया है।

“आप मुझे टी-हाउस जाने से नहीं रोक सकते।” मैंने कहा और उनकी बुद्धि पर हैरान होने लगा। उनके तमाम मित्र मेरे भी अग्रज मित्र थे। राकेश, नामवर, नेमिचन्द्र जैन, कमलेश्वर, यादव। वे मेरे प्रति ऐसा रवैया कैसे अपना सकते हैं! मुझे अपनी कॉन्फिडेंशल रिपोर्ट की ज़रा भी चिन्ता न थी। नया ख़ून था, कोई भी जोख़िम उठाने को तैयार था। अधिकारी महोदय दफ़्तरी स्तर पर एक मातहत को जितना भी परेशान कर सकते थे, उन्होंने किया। मैं तो उनकी चंगुल से निकल गया, मगर बेचारा श्याममोहन ठीक उनके यूनिट में होने के कारण ज़्यादा तक़लीफ़ पा गया। मुझे आज लगता है, श्याममोहन की अकाल मृत्यु के लिए कहीं-न-कहीं ऐसे दफ़्तरी राक्षसों का नपा-तुला योगदान ज़रूर है। अफ़सरों की ऐसी ही कुंठाएँ मुझे लेखकीय स्तर पर हमेशा प्रेरित करतीं।

एक-दो बार मुझे अधिकारी महोदय के साथ केन्द्रीय सचिवालय में जाने का अवसर मिला और मैंने पाया कि सचिव (श्री आर.पी.नायक) के सामने अधिकारी महोदय कितने दयनीय, कितने चापलूस, कितने निरीह हो जाते थे! मगर यह वही अधिकारी थे, जो मेरे 'धर्मयुग' में पहुँचने पर मुम्बई आये तो अपने सब कुकर्मों का प्रायश्चित्त-सा करते हुए मेरी किसी कहानी का नाम याद न आने पर मेरी नयी बुश्शर्ट की ही तारीफ़ करने लगे। उन्हें शायद आभास नहीं था कि 'धर्मयुग' के उपसम्पादक की हैसियत भारती जी ने प्रूफरीडर से भी कमज़ोर कर रखी थी। उनको इसका एहसास होता तो शायद मुझे पहचानने की भी कोशिश न करते। उस रोज़ उन्हें सत्यदेव दुबे आदि कुछ रंगकर्मियों से मिलने जाना था तो मुझे भारती जी से छुट्टी दिलवाकर अपने साथ ले गये। बाद में उन्होंने बहुत अच्छा भोजन भी कराया।

मैंने उसी दफ़्तर में रहते हुए अफ़सरों की कुंठित मनोवृत्तियों पर 'दफ़्तर', 'इतवार नहीं', 'थके हुए' आदि कहानियाँ लिखीं और आश्चर्य की बात तो यह है कि वे कहानियाँ न केवल निदेशालय में, बल्कि सचिवालय में भी चाव से पढ़ी गयीं।

उन दिनों 'नयी कहानी' आन्दोलन अपने शबाब पर था। राकेश, कमलेश्वर और यादव हिन्दी कहानी के महानायक थे। मेरा हमदम, मेरा दोस्त का ज़माना था। यह तो बाद में स्पष्ट हुआ, कुछ राकेश की डायरियों से और कुछ वक़्त की करवटों

से कि कोई किसी का हमदम था, न दोस्त। न ही ये लोग नयी कहानी के स्वनामधन्य महानायक थे। बहरहाल उन दिनों उस त्रयी की ही तूती बोलती थी। दिल्ली की तेज़ रफ़्तार ज़िन्दगी, टी-हाउस का चस्का, कहानी में जुनून की हद तक दिलचस्पी, कभी-कभार किसी सम्पन्न लेखक अथवा किसी साहित्यानुरागी रईस की दिल्ली आमद पर मयनोशी का उत्तेजक दौर; बहुत जल्द मैं इस नये माहौल में घुलमिल गया। लिखने का ऐसा जुनून था कि कितना भी थका-हारा कमरे में लौटता, लिखे बग़ैर नींद न आती। कई कहानियाँ तो मैंने दफ़्तर और टी-हाउस से थके-हारे लौटकर लिखीं। 'बड़े शहर का आदमी', 'त्रास', 'अकहानी' आदि ऐसी ही लिखी कहानियाँ हैं। मदिरापान तीज-त्योहार पर ही होता था, इस लत के बग़ैर भी ज़िन्दगी मज़े में कट रही थी। उन दिनों राजकमल चौधरी ने भी अपने स्तर पर धूम मचा रखी थी। वह लगातार गद्य और पद्य की रूढ़ियाँ तोड़ रहा था। लेसिबियनिज़्म पर शायद उसने हिन्दी में प्रथम उपन्यास लिखा था। वह बहुत बेबाक भाषा में लिखता था। दिल्ली आता तो हमारे साथ दफ़्तर और टी-हाउस में काफी समय बिताता। उसकी छवि एक आवारा, शराबी-कबाबी और ग़ैरज़िम्मेदार शख़्स की बन गयी थी, जबकि वह बातचीत में अत्यन्त शालीन और सौम्य लगता था। हिन्दी में गिंज़बर्ग आदि के प्रभाव में वह भूखी पीढ़ी के रचनाकार के रूप में विख्यात था, जबकि मैं उसे प्यासी पीढ़ी का रचनाकार कहा करता था। वह सुबह से ही दारू के जुगाड़ में लग जाता और शाम तक कोई-न-कोई आसामी पटा लेता। इसी सिलसिले में उसकी दोस्ती उर्दू के अदीबों और शायरों से हो गयी थी। उर्दू के शायरों को आसानी से क़द्रदाँ मिल जाते थे। एक दिन शाम को सलाम मछली शहरी का एक ऐसा क़द्रदाँ मिला कि वह टैक्सी भर रचनाकारों को पिलाने अपने होटल में ले गया। मुझे भी उस टैक्सी में राजकमल की सिफ़ारिश से स्थान मिल गया। मगर रास्ते में मैंने रवीन्द्रनाथ टैगोर पर कोई ऐसी टिप्पणी कर दी जो कि राजकमल को बहुत नागवार गुज़री और वह तिलमिला गया। उसने बहस में न पड़ कर सरदार पटेल मार्ग की एक सुनसान सड़क पर टैक्सी रुकवायी और मुझे जंगल में उतार दिया। उस समय मुझे इससे बड़ी सज़ा नहीं दी जा सकती थी। टी-हाउस तक पैदल लौटते हुए मेरी टाँगें अकड़ गयीं। मुझे जानकर बहुत हैरत हुई कि वह रवीन्द्रनाथ टैगोर का अनन्य भक्त था, जबकि लोग उसे परम्परा से कटा हुआ मूल्यविहीन लेखक मानते थे। लोग क्या, मैं ख़ुद भी ऐसा ही सोचता था।

दिल्ली में शराब के ही चक्कर में एक बार मैं कुमार विकल से भी पिटा था। कुमार पर संस्मरण लिखते समय मैंने इस प्रसंग का ज़िक्र किया है। जिन दिनों कुमार का विवाह हुआ, मेरी कहानी 'नौ साल छोटी पत्नी' प्रकाशित हुई थी। किसी दिलजले

ने कुमार के मन में यह भ्रम पैदा कर दिया कि यह कहानी मैंने उसके दाम्पत्य जीवन पर लिखी है, जबकि सच तो यह है, मुझे आज तक मालूम नहीं हुआ कि कुमार की पत्नी उससे कितने साल छोटी थी! कुमार ने आव देखा न ताव, यह सुनते ही हिसाब चुकाने दिल्ली चला आया। दिल्ली में मुझे खोज निकालना बहुत आसान काम था, क्योंकि सब मित्रों को मालूम था कि दफ़्तर से छूटते ही हम लोग—जगदीश चतुर्वेदी, रमेश गौड़, शेरजंग गर्ग—सीधे टी-हाउस जाते थे। हम लोग टी-हाउस में इत्मीनान से कॉफी पी रहे थे कि अचानक कुमार विकल प्रकट हुआ। हम सब लोगों ने उसे विवाह की शुभकामनाएँ दीं। कुछ देर बाद वह मुझे अलग ले गया और बोला, ''मेरी शादी हुई है, तुम्हारी कहानी छपी है, चलो आज जश्न हो जाये। मैंने बहुत अच्छा प्रबन्ध किया है।'' उसके साथ नरेन्द्र धीर थे। मैं तुरन्त राज़ी हो गया। अभी हम लोग टी-हाउस के बाहर मैदान में पहुँचे ही थे कि अचानक उसने मेरे मुँह पर एक जानदार झापड़ रसीद किया। मैंने जीवन में पहली बार पहला और आख़िरी झापड़ खाया था, उसका आनन्द ही न्यारा था, यानी मेरी आँखों के सामने अँधेरा छा गया। एक ही झापड़ में कई काम हो गये। चश्मा टूटकर नीचे गिर गया, होठ कई जगह से कट गया, नाक से ख़ून बहने लगा।

''यह कहानी लिखने का मुआवज़ा है।'' कुमार ने कहा। मैं कुमार की आशंकाओं से बेख़बर था। मेरे कपड़े ख़ून से लथपथ हो गये थे। कुमार अपना काम करके चलता बना। मैं किसी तरह टी-हाउस पहुँचा। बाहर उर्दू के अफसानानिगार सुरेन्द्र प्रकाश मिल गये। सुरेन्द्र प्रकाश को अभी दो-चार बरस पहले साहित्य अकादेमी का पुरस्कार मिला है। उसने मेरी हालत देखी तो मुझे बलराज मेनरा के हवाले कर कुमार की तलाश में निकल गया। वह कुमार से इतना ख़फ़ा था कि अगर कुमार मिल जाता तो ग़जब हो जाता। यह अच्छा ही हुआ कि उसे कुमार नहीं मिला। वह सब सम्भावित ठिकानों पर उसकी तलाश कर आया था। दोस्तों ने अस्पताल में मेरी प्राथमिक चिकित्सा करायी। वहीं अस्पताल में 'टाइम्स ऑफ़ इंडिया' के 'क्राइम रिपोर्टर' से भेंट हो गयी। उसने बहुत आग्रह किया कि मैं पुलिस में प्राथमिकी दर्ज कराऊँ और वह एक चटपटा समाचार जारी करे : 'पात्र द्वारा लेखक की पिटाई, लेखक अस्पताल में'। मैंने मना कर दिया, क्योंकि मैं जानता था, कुमार ने भावावेश में ही यह कार्यवाही क़ी होगी। अगले रोज़ दोस्तों ने बताया, इस घटना के बाद वह रातभर फूट-फूटकर रोता रहा था।

वास्तव में वह आवारगी, मयनोशी, उद्देश्यहीनता, उदासी और नैराश्य का दौर था। इसी सबके बीच एक कहानीकार के तौर पर पहचान बन रही थी। राकेश मुम्बई से दिल्ली आ गये थे। इस बीच दिल्ली में मैंने कभी राकेश को मदिरापान करते नहीं देखा। शायद उन्होंने मयनोशी से तौबा कर ली थी। इस बीच मैंने उन्हें बियर तक

पीते नहीं देखा। कई बार यह भी लगता था कि उन्होंने मुझसे एक दूरी बना ली है। शाम को कई बार उनके यहाँ जाना हुआ, उन्हें चाय की चुस्कियाँ लेते ही पाया। वह उन दिनों डब्ल्यू.ई.ए. करोलबाग़ में रहने लगे थे। ऊपर के फ़्लैट में, जिसे दिल्ली की भाषा में बरसाती कहा जाता है, कमलेश्वर रहते थे। राकेश जी की जीवन-शैली में मैं गुणात्मक परिवर्तन देख रहा था। दूसरी पत्नी से मुक्ति पाकर वह अनीता औलक के साथ रहने लगे थे। उन दिनों वह जमकर लिख रहे थे, शायद अपने उपन्यास 'अँधेरे बन्द कमरे' पर काम कर रहे थे। वह नियमित रूप से लेखन करते और उनसे समय लेकर ही मिला जा सकता था। उनका कॉफी हाउस जाना भी कम हो गया था। वह दिल्ली के मेरी पहचान के अकेले रचनाकार थे जो कभी बस में यात्रा नहीं करते थे, मैंने उन्हें हमेशा टैक्सी या स्कूटर से ही उतरते देखा। उनके घर पर फ़ोन लग गया था। आपके जाने का समय होता तो वह टैक्सी स्टैंड फ़ोन करके टैक्सी मँगवा देते, बग़ैर इस बात पर ध्यान दिये कि आपकी जेब टैक्सी की इजाज़त दे रही है या नहीं। दो-एक बार तो मुझे अजमलख़ाँ रोड पर ही टैक्सी छोड़कर बस की कतार में लग जाना पड़ा। मालूम नहीं वह ऐसा क्यों करते थे! सहज रूप से करते थे या दंड देने के लिए। वैसे, दंड देना उनके स्वभाव में नहीं था। एक बार तो ऐसा अवसर आया कि उनकी उपस्थिति में मुझे अकेले ही पीनी पड़ी। उम्मीद थी कि वह साथ देंगे, मगर उन्होंने मना कर दिया। अब सोचता हूँ तो याद नहीं पड़ता कि मैंने दिल्ली में कभी उनके साथ मदिरापान किया था। वह अध्याय जालन्धर में ही समाप्त हो गया था।

मोहन राकेश की उँगली पकड़कर मैंने साहित्य में पदार्पण किया था। उन्हीं मोहन राकेश से समय के अन्तराल के साथ इतनी दूरियाँ आ जाएँगी, इसकी मैंने कल्पना भी न की थी। राकेश पर लम्बा संस्मरण लिखते समय मैंने सम्बन्धों की काफी पड़ताल की थी, आत्मविश्लेषण भी किया था, उनसे आमने-सामने बातचीत भी की थी। अब मुझे लगता है कुछ बातें ऐसी होती हैं, जिन पर किसी भी संवेदनशील आदमी के लिए बात करना सम्भव ही नहीं होता। आज सोचता हूँ तो लगता है कि यह उनका बड़प्पन था। उस समय मुझे उन बातों की गम्भीरता का एहसास भी न था। मुझे लगता है, उनके स्थान पर अगर मैं होता तो शायद ज़्यादा आहत महसूस करता। मेरा इरादा उन्हें तक़लीफ़ पहुँचाने का नहीं था, शायद यही वजह थी कि कोई अपराधबोध नहीं था। आज भी नहीं है। अफ़सोस यही है कि वह हमारे बीच नहीं हैं वरना उनके आमने-सामने गुबार निकाल सकता था। यहाँ मैं उन चन्द घटनाओं का खुलासा करना चाहता हूँ, जिनके बारे में वह मेरा स्पष्टीकरण भी नहीं माँग सकते थे। सिर्फ़ देखी-अनदेखी कर सकते थे।

उन्हीं दिनों मेरी एक कहानी प्रकाशित हुई थी—'पचास सौ पचपन।' वह कहानी

दिल्ली के संघर्षशील संस्कृतिकर्मियों को केन्द्र में रखकर लिखी गयी थी और उसमें उनके संघर्षमय जीवन का चित्रण था, जो ऊपर से देखने पर 'कॉमिक' लगता था, मगर भीतर कहीं करुणा उपजाता था। कहानी में एक आर्टिस्ट था, एक फ्री-लांसर और एक प्रोफेसर। फ्री-लांसर नेशनल स्कूल ऑव ड्रामा में प्रवेश पाने के लिए प्रयत्नशील है। प्रोफेसर फ्री-लांसर की तैयारी करवाने में जुट जाता है। विश्व के नाट्यान्दोलनों के बारे में जानकारी देता है और उसे 'आषाढ़ का एक दिन' का एक लम्बा संवाद याद करवाता है। चुन लिये जाने पर फ्री-लांसर को दो सौ रुपये प्रतिमाह की छात्रवृत्ति मिल सकती थी। आर्टिस्ट और प्रोफेसर चाहते थे कि उसका चयन हो जाये ताकि कम-से-कम अपने हिस्से का मकान भाड़ा तो दे सके। उसका चयन हो गया तो वह शराब पीकर चला आया। कहानी में वह कालिदास के संवाद की कुछ ऐसी पैरोडी कर देता है :

> *जिस दिन फ्री-लांसर को ड्रामा के स्कूल में दाख़िला मिला, वह शराब के नशे में धुत लौटा। आते ही उसने प्रोफेसर की नयी बेडशीट पर कै कर दी और देवदास के अन्दाज़ में कालिदास का संवाद दोहराने लगा— 'लगता है, तुमने अपनी आँखों से इन कोरे पृष्ठों पर बहुत कुछ लिखा है। ये पृष्ठ अब कोरे कहाँ हैं मल्लिका? इन पर एक महाकाव्य की रचना हो चुकी है। अनन्त सर्गों के एक महाकाव्य की...। कैसा संवाद है प्रोफेसर, है कि नहीं एकदम फ़र्स्ट क्लास! प्रोफेसर, क्या अब समय नहीं आ गया है कि हम तीनों अपनी-अपनी प्रेमिकाओं को लेकर बुद्धाजयन्ती पार्क चलें और टैक्सी में चलें।'*

संवाद यहीं ख़त्म नहीं होता, उसे कहानी में और आगे बढ़ाया गया था :

> *'घबरा क्यों रहे हो दोस्त, तुम्हारी शीट ख़राब हो गयी? तुम नहीं जानते, इस पर महाकाव्य की रचना हो चुकी है...अनन्त सर्गों के महाकाव्य की...बोलो कब चलोगे बुद्धाजयन्ती पार्क?'*

यह कहानी मैंने उन दिनों लिखी थी जब राकेश जी से मेरे मधुरतम सम्बन्ध थे। यक़ीनन मेरी बुद्धि भ्रष्ट हो गयी होगी, जो मैंने 'आषाढ़ का एक दिन' से संवाद उद्धृत कर दिया था। दरअसल मेरे पास नाटक की दूसरी पुस्तकें उस समय उपलब्ध नहीं थीं। 'आषाढ़ का एक दिन' सहज उपलब्ध था, मैंने उसी से संवाद उठा लिया। इसके पीछे कोई सुनिश्चित सोच, दुर्भावना अथवा विद्वेष नहीं था, महज़ मासूमियत और नादानी थी। कहानी में स्थितियाँ ऐसी थीं कि यह संवाद व्यंजनार्थ देने लगा। परोक्ष रूप से भावनात्मक भाषा पर भी कटाक्ष के रूप में उभरने लगा। उस वक़्त मैंने

इस पक्ष पर ध्यान नहीं दिया और कहानी छप गयी। 'आषाढ़ का एक दिन' अपने भाषा संस्कारों के लिए बहुत प्रशंसित हुआ था, मैं ख़ुद मुरीद था उसकी भाषा का, मगर मेरी कहानी में यह भाषा बहुत हास्यास्पद बनकर उभर आयी। पात्र ही कुछ इस रूप में विकसित हो गया था। बहुत बार ऐसा होता है कि पात्र आपके हाथ से निकल जाता है और ख़ुद अपनी मंजिलें तय करने लगता है। मुझे नहीं मालूम, राकेश जी की इस पर क्या प्रतिक्रिया हुई होगी! उन्होंने कभी इसका ज़िक्र भी न किया। उनकी इसी शाइस्तगी का मैं क़ायल था।

ऐसी ही एक अन्य पेचीदा परिस्थिति में मैं अनायास उलझ गया था। बग़ैर पृष्ठभूमि जाने इसे समझना मुश्किल होगा। उन दिनों हमारा कार्यालय दरियागंज में 'गोलचा' के सामने वाली इमारत की पहली मंजिल पर था। आजकल उसके नीचे होम्योपैथिक दवाओं और पत्र-पत्रिकाओं की दुकानें हैं। मॉडल टाउन से दफ़्तर जाने के लिए मैं सुबह नौ नम्बर की बस पकड़ता था। दफ़्तर जाने वाले हर व्यक्ति की बस तय होती थी। बस की कतार में रोज़ जाने-पहचाने चेहरे दिखायी देते थे। चेहरे से हर कोई एक-दूसरे को पहचानता था। बस आज़ादपुर से बन कर आती थी, मॉडल टाउन की सवारियों को आराम से बैठने की जगह मिल जाती थी। अकसर सीट भी निश्चित रहती थी। मैं खिड़की के पास वाली सीट पर बैठना पसन्द करता था। बाहर देखते हुए यात्रा आसानी से कट जाती थी। एक दुनिया बस के भीतर होती थी और एक बाहर। जिस दिन खिड़की वाली सीट न मिलती थी, बस के भीतर की दुनिया से परिचय हो जाता था। नौजवान आदमी सबसे पहले महिला यात्रियों का जायज़ा लेता है। कोई ख़ूबसूरत चेहरा दिख गया तो यात्रा सफल हो जाती थी। किंग्ज़वे कैम्प से एक लड़की रोज़ बस पकड़ती थी। कहाँ जाती थी, नहीं मालूम। मैं दरियागंज उतरता तो उसे मेरी सीट मिल जाती। वह एक ख़ुशनुमा चेहरा था। उसके बालों पर अकसर स्कार्फ़ बँधा रहता, जिससे उसका चेहरा और खिल जाता। वह एक ऐसा चेहरा था, जो आपको याद रह जाये। ऐसी लड़कियों के बारे में यही सोचा जा सकता था कि वह आपके पहलू में बैठ जाये तो कितना अच्छा हो। मुझे प्रायः ऐसा मनहूस सहयात्री नसीब होता था जो दरियागंज से भी आगे जाता था। वह लड़की सट कर हमारी सीट के पास खड़ी हो जाती। वह क्या करती है, कहाँ जाती है, मुझे मालूम नहीं था, मगर इतना मालूम हो चुका था, उसके पास कई स्कार्फ़ हैं। जिस दिन वह दिखायी न पड़ती तो बस यात्रा नीरस हो जाती। दो-एक बार ऐसा भी हुआ कि वह कतार में लगी है मगर उसे बस में जगह न मिली। मुझे बहुत अफ़सोस होता और मैं सोचता कि यह बेवक़ूफ़ लड़की वक़्त पर घर से क्यों नहीं निकलती! एक दिन बस ने ऐसा झटका लिया कि वह लड़की गिरते-गिरते बची। मैं खड़ा हो गया और अपनी सीट उसे पेश कर दी। मुझे दफ़्तर में दिन भर बैठे-बैठे सरकारी

कुर्सी ही तोड़नी थी। दफ़्तर में बहुत से लोगों ने मेज़ के साथ ज़ंजीर से अपनी कुर्सी बाँध रखी थी। दिन भर लेखकों-रचनाकारों का आना-जाना लगा रहता था। हाल में जो कुर्सी ख़ाली होती, हम लोग चपरासी से मँगवा लेते। जब से कुर्सी बाँधने का चलन हुआ हमारे लेखकों को बहुत असुविधा होने लगी। जब कोई लेखक बन्धु आता, जगदीश चतुर्वेदी और मैं रचनाएँ हटाकर मेज़ पर बैठ जाते और मेहमान को कुर्सी यानी सिर-आँखों पर बैठाते। दो से ज़्यादा आगन्तुक हो जाते तो हम लोग कुर्सी के पीछे अपना कोट टाँग कर कैंटीन में जा बैठते। तब तक कोट हम लोगों की उपस्थिति दर्ज़ करवाता रहता।

स्कार्फ़ वाली महिला ने कृतज्ञता से मेरी तरफ़ देखा और मेरी सीट पर बैठ गयी। उसका चेहरा एकदम तनावमुक्त हो गया। मैंने सोचा यह छोटी-सी ख़ुशी तो मैं इस महिला को रोज़ प्रदान कर सकता हूँ। मेरी समस्या का भी निदान हो जायेगा, दिन भर दफ़्तर में बैठे-बैठे टाँगें अकड़ जाती थीं। स्कार्फ़ वाली महिला के उदास और क्लान्त चेहरे को देखकर मैं अकसर अपनी सीट से उठ जाता।

एक दिन सुबह-सुबह स्कार्फ वाली वह महिला मेरे घर पर चली आयी। जाड़े के दिन थे। सुबह-सुबह चाय का भी कोई इन्तज़ाम न था। छुट्टी के रोज़ तो मैं बी-ब्लॉक में ही सत सोनी अथवा कृष्ण भाटिया के यहाँ चाय पी आता, दफ़्तर वाले दिन यह सम्भव नहीं था। प्राय: पहला कप मैं दफ़्तर जाकर ही पीता। मकान मालिक कुछ इस अन्दाज़ से आकाशवाणी के समाचार सुनता कि लगता कोई मुनादी हो रही है। अभी समाचारों का प्रसारण शुरू नहीं हुआ था कि मेरे कमरे पर किसी ने दस्तक दी। मैं रजाई में दुबका हुआ था, दस्तक को अनसुनी कर गया। अकसर मकान मालिक अख़बार में अपराध की कोई घटना पढ़कर इतना उत्तेजित हो जाता था कि मुझे जगा देता। जाने क्यों उसे लगता कि अगली आपराधिक घटना उसी के साथ होने वाली है। मैं उसका इकलौता किरायेदार था, मगर किरायेदारों के बारे में उसकी राय बहुत ख़राब थी। वह अकसर शंका प्रकट करता कि अगर कोई किरायेदार अचानक एक दिन का आकस्मिक अवकाश लेकर मालिक मकान की पत्नी के साथ गुलछर्रे उड़ाता रहे तो मालिक मकान को इसकी कानोकान ख़बर न होगी। उसका दृढ़ विश्वास था कि किसी का कोई भरोसा नहीं रहा है। मैं उसे बीच-बीच में आश्वस्त करता रहता कि मैं एक निहायत शरीफ़ इंसान हूँ और उसके दफ़्तर जाने से पहले ही दफ़्तर चला जाता हूँ और रात को अन्तिम बस से लौटता हूँ।

''आकस्मिक अवकाश तो कोई भी ले सकता है।'' वह कहता, ''ज़माना बहुत ख़राब है।''

''यह तो है।'' पीछा छुड़ाने के लिए मैं उसकी हाँ में हाँ मिलाता।

दरवाज़े पर थोड़ी देर बाद फिर दस्तक हुई। मैं अनिच्छापूर्वक रजाई से

निकला और दरवाज़ा खोला।

सामने स्कार्फ़ वाली युवती खड़ी थी। सहसा मुझे विश्वास न हुआ, लगा कोई सपना देख रहा हूँ। आँखें मलते हुए मैंने दुबारा उसकी तरफ़ देखा। वही थी। पश्मीने के सफ़ेद शॉल में लिपटी हुई, सिर पर स्याह रंग का स्कार्फ़ था।

"मैं अन्दर आ सकती हूँ?" उसने अत्यन्त शालीनता से पूछा।

"आइए-आइए।" मैंने कहा और कमरे की एकमात्र कुर्सी से कपड़े-लत्ते, पत्र-पत्रिकाएँ उठाकर उसके लिए जगह बनायी, "तशरीफ़ रखें।"

वह महिला बैठ गयी। मैं भी खाट पर बैठ गया।

"मुझे रवीन्द्र कालिया से मिलना है।"

"कहिए।"

"आप ही रवीन्द्र जी हैं?"

"जी।" मैंने पूछा, "मैं आपकी क्या ख़िदमत कर सकता हूँ?"

मुझे लगा, सुबह-सुबह अपने यहाँ इस महिला को देखकर जितना आश्चर्य मुझे हो रहा था, उससे ज़्यादा ही उस महिला को हो रहा था। शक़्ल सूरत से वह मुझे पहचान रही थी मगर नाम से नहीं।

"मैं मोहन राकेश की पत्नी हूँ।" उसने कहा।

मैं जैसे आसमान से गिरा। मैंने कल्पना भी न की थी कि वह महिला शादीशुदा होगी। माँग में सिंदूर देखा था न पैर में बिछिया। मुझे हिसार में ही ख़बर लग गयी थी कि मोहन राकेश का अपनी पत्नी से तालमेल नहीं बैठा था और सम्बन्ध-विच्छेद की नौबत आ चुकी थी। दोनों अलग-अलग रह रहे थे। तब तक राकेश जी के जीवन में तीसरी लड़की आ चुकी थी। और वह जल्द-से-जल्द तलाक लेकर इस रिश्ते से मुक्त हो जाना चाहते थे। राकेश उन दिनों मानसिक यन्त्रणा के निकृष्टतम दौर से गुज़र रहे थे। उनसे कभी-कभार टी-हाउस में मुलाक़ात हो जाती थी और उनकी परेशानियों को देखते हुए माँजी से भी मिलने न जा पाता था। वह अपनी सुरक्षा को लेकर भी चिन्तित रहते थे। कुछ ही दिन पहले करोलबाग़ में कुछ अराजक तत्त्वों द्वारा उन पर आक्रमण भी हुआ था, जिसके सम्बन्ध में ओमप्रकाश जी के नेतृत्व में लेखकों का एक प्रतिनिधि मंडल तत्कालीन प्रधानमन्त्री लालबहादुर शास्त्री से भी मिला था। मैं भी उस शिष्टमंडल में शामिल हुआ था। कॉफी हाउस में उस समय जितने लेखक बैठे थे, ओमप्रकाश जी (राजकमल प्रकाशन) सबको टैक्सी में भर कर प्रधानमन्त्री आवास पर ले गये थे। शास्त्री जी ने अपने बँगले के मैदान में टहलते हुए लेखकों की बात सुनी थी और आवश्यक निर्देश दिये थे। वह बार-बार एक ही सवाल पूछ रहे थे कि एक लेखक पर कोई क्यों हमला करेगा? राकेश जी को शक़ था कि उनके साले लोग

यह काम करवा सकते हैं। मोहन चोपड़ा से यह तवक्को नहीं की जा सकती थी, वह राकेश के परम मित्र रहे थे। संयोग से दयानन्द कॉलिज हिसार में वह मेरे सहकर्मी रहे थे। वह अँग्रेज़ी विभाग के शायद अध्यक्ष थे और मैं हिन्दी विभाग में था। यह जानते हुए भी कि मैं मोहन राकेश का छात्र रहा हूँ और हिन्दी कहानी में मेरी गहरी दिलचस्पी है, मोहन चोपड़ा ने कभी दोस्ती का हाथ नहीं बढ़ाया था। सिलसिला दुआ-सलाम से आगे नहीं बढ़ा। मोहन चोपड़ा की विशेषता यह थी कि उनकी कहानियाँ सिर्फ़ 'कहानी' में छपती थीं और उनकी पुस्तकों का प्रकाशन भी एक ही प्रकाशन विशेष से होता था। मैंने कभी उनकी पुस्तक की समीक्षा भी न पढ़ी थी। जितनी बार मैंने उनसे राकेश की बात करनी चाही, उन्होंने दिलचस्पी न दिखायी।

"राकेश मेरे गुरु हैं, दिल्ली में तो वही मेरे लोकल गार्जियन हैं।" मैंने एक ही साँस में उस महिला से कहा, "इससे पूर्व मैं हिसार में था। डी.ए.वी. कॉलिज में मोहन चोपड़ा मेरे कुलीग थे।"

वह सहसा खड़ी हो गयी, "चलती हूँ।"

"नहीं, आप चाय पीकर जाइए।" मैंने केतली उठायी और बग़ैर उसके उत्तर की प्रतीक्षा या अपेक्षा किये कमरे से बाहर निकल गया। ऐसे मौक़ों के लिए मैंने अल्युमिनियम की एक केतली ख़रीद रखी थी ताकि घर आये पाहुन को कम-से-कम बाज़ार से लाकर चाय पिलायी जा सके। उस महिला को अचानक कमरे में देखकर जो रोमांच हुआ था, वह दहशत में बदल गया। राकेश जी ने मुझे अपनी पत्नी के असामान्य व्यवहार के बारे में बहुत-सी बातें बता रखी थीं। यहाँ उन बातों का उल्लेख करना मुनासिब न होगा, मगर इतना बताना ग़ैरज़रूरी न होगा कि बाहर आकर मुझे लगा जैसे मैं किसी आतंकवादी को चकमा देकर भागने में सफल हो गया हूँ। मुझे विश्वास था कि जब तक मैं कमरे में वापस लौटूँगा, मेरा मकान मालिक सूँघते हुए कमरे में पहुँच चुका होगा। बाहर अख़बार वाला बड़ी फुर्ती से घरों में अख़बार वितरित कर रहा था। यह भी एक अच्छा शगुन था। अख़बार आते ही मेरा मकान मालिक बाहर बरामदे में कुर्सी डाल कर अख़बार पढ़ा करता था। उस समय चाय वाला ख़ुद ही चाय पी रहा था और ढाबे के आसपास कुछ अवकाश प्राप्त बुज़ुर्ग सुबह की सैर से लौट कर अख़बार का एक-एक पन्ना लेकर अख़बार पढ़ रहे थे। जब तक चाय तैयार होती मैं कामना करता रहा कि मेरे कमरे में लौटने से पहले ही वह महिला जा चुकी हो। मेरे दिमाग़ में लगातार उस महिला की छवि बदल रही थी। जैसे आजकल कम्प्यूटर से एनीमेशन होता है, आदमी अचानक भालू बन जाता है या शेर। फिर आदमी, आदमी से डायनासोर। राकेश की बातों से जितने बिम्ब बन सकते थे मेरे दिमाग़

में, वे तमाम कौंध गये।

मैं चाय लेकर पहुँचा तो मकान मालिक सचमुच बरामदे में अख़बार पढ़ रहा था, कमरे में वह युवती कुर्सी का हत्था पकड़े अस्त-व्यस्त-सी खड़ी थी। मुझे देखते ही उसने कहा, ''चाय नहीं पिऊँगी। मैं जाऊँगी।'' मैंने भी अनुरोध करना उचित न समझा। उसे गेट तक छोड़ आया। आकर दुबारा रजाई में दुबक गया। आधे घंटे की नींद बाक़ी रह गयी थी। मेरी समझ में नहीं आ रहा था कि वह मेरे कमरे में क्यों आयी थी, अगर उसे मेरा नाम मालूम नहीं था तो उसने मेरे घर का पता कैसे लगाया! लेटे-लेटे मैंने इतना ज़रूर तय कर लिया कि अब उस बस से दफ़्तर नहीं जाया करूँगा। सत सोनी दम्पती पहले स्टाप पर जाकर एक्सप्रेस बस पकड़ा करते थे, मैंने भी भविष्य में उसी बस से दफ़्तर जाने का निश्चय कर लिया।

शाम को राकेश जी से भेंट हुई तो मैंने शुरू से आख़िर तक सारा क़िस्सा बयान किया। राकेश ने थोड़ा सिर झुकाकर चश्मे के भीतर से मर्मभेदी निगाहों से मेरी तरफ़ देखते हुए सारी बात तफ़सील से सुनी। यह उनका ख़ास अन्दाज़ था।

''अव्वल तो वह अब दुबारा नहीं आयेगी।'' राकेश जी ने कहा, ''अगर आये तो गेट से बाहर ही मना कर देना। पिछले दिनों वह ओमप्रकाश (राजकमल प्रकाशन) से भी मिलने गयी थी, उसे उनके चरित्र पर कीचड़ उछालने का मौक़ा मिल गया था।''

मैंने सहमति से सिर हिलाया।

''मेरे बारे में कुछ कह रही थी?''

''उसने किसी के बारे में कुछ भी नहीं कहा। कोई शिक़ायत की न शिक़वा। मुझे देखते ही बोली, मैं अब जाऊँगी।'' मैंने बताया।

बात आयी-गयी हो गयी। उसके बाद वह मुझे दो-एक बार अलग-अलग जगहों पर दिखायी दी। छुट्टी के एक दिन वह चाँदनी चौक में दिखायी दी थी। मैं दोस्तों के साथ एक ढाबे पर छोले-भटूरे का नाश्ता कर रहा था कि वह बगल की मेज़ पर आकर बैठ गयी। हम दोनों की निगाहें मिलीं, मगर दोनों में किसी के भी चेहरे पर पहचान का भाव न आया। उसने पहले पानी पिया, उसके बाद कोक और चली गयी। वह पहले से दुबली लग रही थी और उदास। आँखें ऐसी वीरान जैसे अभी-अभी सारा जहान हार के चाँदनी चौक चली आयी हो। राकेश तब तक सामान्य हो चुके थे और अनीता के साथ रहने लगे थे। एक बार वह क्नॉट प्लेस में दिखायी दी। जाड़े के दिन थे, वह 'वोल्गा' से निकली थी। उसने कोई गर्म कपड़ा नहीं पहन रखा था, सिर से स्कार्फ़ भी ग़ायब था। माँग के दोनों ओर के बाल पक गये थे। छाती पर दोनों बाँहें कसे वह काँपती हुई

पास से निकल गयी।

मुझे बहुत ख़राब लगा। समझ में नहीं आ रहा था कि वह गर्म कपड़े पहन कर घर से क्यों नहीं निकली! मुझे लगा, वह 'मैसोकिस्ट' है, अपने को पीड़ा दे रही है या राकेश से सम्बन्ध-विच्छेद के बाद प्रायश्चित्त कर रही है। कुछ दिनों से दिल्ली में शीत लहर चल रही थी, हर कोई गर्म कपड़ों से लदा-फदा घर से निकलता था। रात को मैं कमरे में पहुँचा तो उसकी ठिठुरन मेरे भीतर कँपकँपी पैदा करती रही। सोने से पहले मैंने एक कहानी लिख डाली—'कोज़ी कार्नर'। वह एक तलाकशुदा पत्नी के अकेलेपन की कहानी थी, देवर के माध्यम से कही गयी :

> *मैंने उसकी तरफ़ देखा, उसने कोई गर्म कपड़ा नहीं पहना था। वायॅल की सफ़ेद साड़ी उसने अपनी देह पर उतनी ही लापरवाही से लपेट रखी थी, जिस लापरवाही से बाल बाँधे थी और उनका जूड़ा बनाया था। वह माँग नहीं निकालती थी, माँग की जगह के दो-तीन बाल पक गये थे। दो साल पहले जनवरी में वह गहरे पीले रंग का इटैलियन स्कार्फ़ पहना करती थी, जिससे आजकल भाई साहब जूते साफ़ किया करते हैं... वह देवर से भाई साहब की गर्लफ्रेंड के बारे में पूछताछ करते हुए अचानक जिज्ञासा प्रकट करती है, ''तुम्हारे भाई साहब कभी मेरी बात करते हैं?''*
>
> *''नहीं'' मैंने (देवर ने) कहा।*
>
> *वह अस्त-व्यस्त हो गयी, मुझे लगा, वह रोने लगेगी। बोली, ''पिछली बार तो तुमने कहा था, वह मेरा नाम सुनकर उदास हो जाते हैं।''*
>
> *''मैंने झूठ कहा था।'' मैंने कहा, ''मुझे अफ़सोस है, मैंने झूठ कहा था। मैंने आपको ख़ुश करने के लिए ऐसा कहा होगा। मैं दूसरों को ख़ुश करने के लिए अकसर झूठ बोला करता हूँ। मैं शर्मिन्दा हूँ।''*
>
> *उसने बहुत जल्द अपने को समेट लिया। किसी भी तनाव में उसके ऊपर के होठ पर पसीना उभरने लगता है। वह स्याही चूस की तरह अपने मैले रूमाल से होठ थपथपाने लगी।*

कहानी में धीरे-धीरे उसका अकेलापन उभरता है :

> *''तुम्हें पता है, मैं रात को चिटखनी लगाकर नहीं सोती। मैं दिल के बीट्स गिनती रहती हूँ। मुझे लगता है एक सौ पचासवीं धड़कन पर मेरा हार्ट फेल हो जायेगा। मैं डरते हुए एक सौ पचासवीं धड़कन का इन्तज़ार करती हूँ और मुझे अपनी माँ की बहुत याद आती है। मुझे लगता है, अगर मेरी*

मौत हो गयी तो किसी को पता भी न चलेगा और मेरा शव कमरे में ही सड़ जायेगा। मेरे कमरे में बहुत चींटियाँ हैं।''

कहानी लिखकर अगले रोज़ मैंने एक जाहिल की तरह राकेश जी को सौंप दी। वह 'नयी कहानियाँ' का कोई अंक सम्पादित करने जा रहे थे और उस अंक में मेरी कहानी भी प्रकाशित करना चाहते थे। ज़ाहिर है कहानी की स्थितियाँ उनके जीवन से बहुत साम्य रखती थीं, मुझे आशंका थी, राकेश कहीं नाराज़ न हो जायें। मगर ऐसा कुछ नहीं हुआ। एक दिन उन्होंने मुस्कराते हुए बताया कि उन्होंने कहानी पढ़ ली है और वह अपने अंक में उसे स्थान देंगे। इसी बीच मैं मुम्बई चला गया और जहाँ तक मुझे याद पड़ रहा है, वह कहानी उस अंक में नहीं छप पायी थी। मेरे पास कहानी की प्रतिलिपि थी, मैंने 'ज्ञानोदय' में भिजवा दी। अगले ही अंक में वह कहानी प्रकाशित हो गयी। दिल्ली गया तो राकेश जी से कहानी की मूल प्रति भी मिल गयी। उन्होंने प्रेस कॉपी तैयार कर रखी थी और कहानी का शीर्षक 'कोज़ी कार्नर' के स्थान पर 'अँधेरे के इक तरफ़' कर दिया था। सचमुच वह अँधेरे के एक तरफ़ की कहानी थी, वह शायद यह कहना चाहते हों कि अँधेरे के दूसरी तरफ़ भी अँधेरा है।

सात

मॉडल टाउन सद्गृहस्थों की बस्ती थी। मेरे जैसी अकेली जान के लिए कई असुविधाएँ थीं। भोजन की कोई व्यवस्था न थी। उर्दू और पंजाबी के मित्र रचनाकारों की सलाह से मैंने हमदम के साथ तय किया कि करोलबाग़ में कमरा ढूँढ़ा जाये। उर्दू के अफ़सानानिगार सुरेन्द्र प्रकाश ने चुटकियों में डब्ल्यू.ई.ए. में ग्राउंड फ्लोर पर एक कमरा दिलवा दिया। पहली तारीख़ को हमदम और मैं नये कमरे में चले गये। अनेक लेखक करोलबाग़ में रहते थे। मोहन राकेश और कमलेश्वर के अलावा रमेश बक्षी, गंगाप्रसाद विमल, भीष्म साहनी, सुरेन्द्र प्रकाश, निर्मल वर्मा आदि अनेक कथाकार आसपास ही रहते थे। करोलबाग़ में भोजन आदि की उत्तम व्यवस्था थी।

उस वर्ष करोलबाग़ की लड़कियों पर बहुत बौर आया था। कुछ ही दिनों में मैं हमदम से कहने लगा 'सुन हीरामन कहौं बुझाई, दिन-दिन मदन सतावै आयी'। गली-मुहल्ले की लड़कियाँ उद्दीपन का काम करती थीं। दिन भर दरवाज़े के सामने रस्सा टापतीं, क्रिकेट खेलतीं और हुड़दंग मचातीं। वे अपने यौवन से बेख़बर थीं। मेरी इच्छा होती, बाहर निकलकर उन्हें समझाऊँ कि बेबी यह रस्सा टापने की उम्र नहीं है, दुपट्टा ओढ़ने की उम्र है। अकसर लड़कियाँ गेंद उठाने हमारे कमरे में चली आतीं। यह एहसास होने में ज़्यादा समय नहीं लगा कि लड़कियाँ उतनी मासूम नहीं हैं, जितना हम समझते थे। वे अपने यौवन के प्रति उतनी बेख़बर भी न थीं, बाक़ायदा बाख़बर थीं। गेंद उठाने के बहाने अपने यौवन की एकाध झलक भी दिखा जातीं। कई बार तो लगता कि ये लड़कियाँ अपना ही नहीं, हमारा भी कौमार्य भंग कर डालेंगी। उन दिनों करोलबाग़ में दिलबाज़ आशिक़ों की बहुत जम कर पिटाई होती थी। आये दिन किसी-न-किसी लेन में कोई-न-कोई आशिक़ लहूलुहान अवस्था में कराहते हुए सड़क पर पड़ा मिलता। हम लोग पहले दर्ज़े के बुज़दिल और मूक आशिक़ थे। लड़कियों की गेंद लौटाते-लौटाते पसीने छूट जाते। कुछ दिनों में स्थिति यह आ गयी कि हम लोगों का जीना मुहाल हो गया। पिटने के इमक़ानात इतने बढ़ गये कि हम लोग कमरे पर ताला ठोंक ज़्यादा-से-ज़्यादा समय घर से बाहर बिताने

लगे। करोलबाग़ में ही पंजाबी कवि हरनाम की पर्स की एक दुकान थी, वहाँ भी लड़कियों का जमघट लगा रहता। हमने आजिज़ आकर सुरेन्द्र प्रकाश को बताया कि लड़कियाँ हमारे संयम की परीक्षा लेने पर आमादा हो चुकी हैं और कहीं ऐसा न हो कि तुम्हारे ये निरपराध मित्र बेमौत मारे जायें।

शाम को सुरेन्द्र अपनी पत्नी के साथ छड़ी घुमाते हुए सामने वाले घर में गया। उसने लड़कियों के माता-पिता के कान में ऐसा मन्त्र फूँका कि महीने भर के भीतर गली में थोड़ी देर के लिए सजावट हुई, शामियाने लगे, शहनाइयाँ बजीं और इसके बाद दीगरे तमाम लड़कियाँ एक-एक कर अपने घर विदा हो गयीं। देखते-देखते गली सुनसान हो गयी, दोपहर को भाँय-भाँय करती। इससे तो कहीं बेहतर था लड़कियाँ परेशान करती रहतीं। उनके बग़ैर हमारी हालत एक जोगी जैसी हो गयी—तजा राज भा जोगी और किंगरी कर गहेउ वियोगी। तीज-त्योहार पर वे लड़कियाँ मैके आतीं तो हमारी तरफ़ पलटकर भी न देखतीं। उनकी यह बेन्याज़ी और बेरुख़ी भी नाक़ाबिले बर्दाश्त होती। मैंने ऐसे ही वंचित और बेसहारा युवकों पर एक कहानी लिखी। दो-एक संवाद ही कहानी का लब्बोलुबाब ज़ाहिर कर देंगे। यह उन दो नौजवानों की कहानी थी, जो छोटी-छोटी सुविधाओं से वंचित थे, जिन्होंने मुद्दत से फल नहीं खाया था, जिनकी ज़िन्दगी बस की लम्बी कतार होकर रह गयी थी, जो छुट्टी के दिन क्नॉट प्लेस की चकाचौंध में तफ़रीह की तलाश में निकल आये थे :

> *पहला कुछ देर चुप चलता रहा। अचानक उसकी बाँह एक औरत की बाँह से छू गयी। वह फुसफुसाया—"औरत की बाँह ठंडी होती है।"*
> *"ठण्डी होती है, बर्फ़ की तरह ठंडी?" दूसरे ने पूछा।*
> *"नहीं, बर्फ़ ज़्यादा ठंडी होती है, बाँह उतनी ठंडी नहीं होती।"*

कुछ इस प्रकार के संवादों से कहानी आगे बढ़ती है। मुझे कहानी का शीर्षक 'अकहानी' उपयुक्त लगा। वह एंटी थियेटर का दौर था। 'वेटिंग फॉर गोदो' जैसे नाटकों की धूम मची थी। दूसरों से अलग हटकर कुछ नया कर दिखाने की धुन थी।

राकेश जी ने कहानी पढ़ी तो तलब कर लिया। उन्हें कहानी पर कोई आपत्ति नहीं थी, मगर शीर्षक से घोर असहमति थी। उन्होंने दफ़्तर में मुझे फ़ोन किया, जो मुझ तक नहीं पहुँचा। शाम को टी-हाउस में मिले तो रात के आठ बजे अत्यन्त ज़रूरी काम से घर मिलने के लिए कहा।

मैं साढ़े सात बजे ही राकेश जी के यहाँ पहुँच गया। उस शाम पहली बार मैंने अनिता जी को देखा था। मैंने महसूस किया अनिता जी के नैकट्य में राकेश जी बहुत प्रसन्न हैं। एक ख़ास तरह का अकड़फूँ विश्वास और दर्प भी मैंने पहली बार महसूस किया। अनिता जी ने मुझे बहुत ही ख़ूबसूरत प्याले में काफी दी और जब तक

मैं प्याले को होठ तक ले जाता, राकेश जी ने लापरवाही से कहा, ''मैं कुछ बातें स्पष्ट कर लेना चाहता हूँ।''

मैंने प्याला तिपाई पर रख दिया और बदहवास-सा राकेश जी की ओर देखने लगा। अपने तईं मैंने कोई ग़लती नहीं की थी और राकेश जी को हमेशा प्रत्यक्ष और परोक्ष रूप से आदर ही दिया था। वास्तव में मैं राकेश जी से इतना जुड़ गया था कि राकेश जी को लेकर प्राय: लोगों से भिड़ जाया करता था। उन दिनों एक नवोदित लेखक मनहर चौहान की एक लेखमाला प्रकाशित हो रही थी, जिसका प्रथम लेख था : 'मैं और मोहन राकेश'। उसका 'मैं और कमलेश्वर' शीर्षक लेख भी आने वाला था। लेख पढ़कर टी-हाउस में मैंने मनहर से कहा कि वह अपनी लेखमाला का शीर्षक दे : 'मैं और मेरा बाप।' उसकी और राकेश की उम्र और उपलब्धियों में इतना अन्तर था कि उस लेख के शीर्षक का कोई औचित्य मेरी समझ में नहीं आ रहा था। राकेश जी को लेकर मैं प्राय: किसी-न-किसी से उलझ जाया करता था। यहाँ तक कि उनकी झूठी प्रशंसा करने का दुर्गुण भी मेरे अन्दर उत्पन्न हो गया था। ऐसी स्थिति में राकेश जी की बात मुझे बहुत नागवार गुज़री।

मैं अपने को इस स्थिति में नहीं पा रहा था कि राकेश जी मुझसे इस तरह का सवाल करें। मुझे लग रहा था, इस तरह के सवाल वे कमलेश्वर से कर सकते थे अथवा राजेन्द्र यादव से।

''तुम अपने को बहुत ज़्यादा स्मार्ट समझ रहे हो?'' राकेश जी ने अपने चश्मे के मोटे शीशे के भीतर से बड़े रहस्यात्मक ढंग से झाँकते हुए कहा।

मैं केवल हतप्रभ हो सकता था। मैं घबराहट में कॉफी पीने लगा। ऐसे में मैं सिगरेट की तलब महसूस करता, जो राकेश जी ने पहले ही थमा दी थी।

''मैंने ऐसा कुछ भी नहीं किया, जो आपकी प्रतिष्ठा के अनुकूल न हो।'' मैंने कहा।

राकेश जी ने अनिता की तरफ़ देखा, जैसे कह रहे हों, देखो कितनी सादगी से भोला बन रहा है!

''मुझे तुमसे यह आशा न थी कि थोड़ी-सी लोकप्रियता मिलते ही हमारे ख़िलाफ़ एक षड्यन्त्र में शामिल हो जाओगे।'' उन्होंने कहा।

राकेश जी की बेरुख़ी भी मुझसे बर्दाश्त नहीं हो रही थी। मेरी आँखें भर आयीं। थोड़ी ही देर में मैं ऐसी स्थिति में आ गया कि ज़रा-सा भी हिलता-डुलता तो आँसू गिरने लगते। पूरी दिल्ली में यही एक ऐसा घर था, जहाँ मैं कभी भी बेरोकटोक आ जा सकता था और माँजी बिना खाना खिलाये नहीं भेजती थीं। अनिता के बारे में सुन ज़रूर रखा था मगर देखा उसी दिन पहली बार था। देखा

क्या था, उसकी उपस्थिति में लगातार डाँट खा रहा था। मुझे हल्का-सा यह आभास भी हुआ कि राकेश जी मुझे डाँट कर कहीं अनिता को भी प्रभावित कर रहे हैं।

''तुमने अपनी नयी कहानी का नाम 'अकहानी' क्यों रखा?''

मैंने जेब से रूमाल निकाला और स्पंज की तरह आँखों पर रख लिया। मैं कल्पना नहीं कर सकता था कि कहानी के शीर्षक को लेकर राकेश इतने उत्तेजित हो जाएँगे। शीर्षक मैंने किसी षड्यन्त्र के तहत नहीं रखा था। औसतन हिन्दी कहानी का गद्य बहुत फीका और संवेदना अत्यन्त भावुकतापूर्ण लगती थी। यह उसी के प्रतिक्रिया स्वरूप था।

मैं इतना ज़रूर मानता था कि यह शीर्षक कई लोगों को चुनौतीपूर्ण लगेगा, मगर मुझे यह नहीं मालूम था कि इससे राकेश जी ही भड़क उठेंगे। उन दिनों अधिसंख्य लेखकों की रचनाओं में आर्यसमाजी मानसिकता का पुट कुछ ज़्यादा ही रहता था, जबकि उनके कर्म में यह नदारद था। शायद यही वजह थी कि हिन्दी कहानी में भाषा, संवेदना और कथ्य के स्तर पर कहीं कोई परिवर्तन लक्षित होता, तो ये लोग आक्रामक हो उठते। निर्मल वर्मा ने उन दिनों युवा वर्ग की मानसिकता पर जो कुछ भी लिखा, नामवर सिंह के अलावा पूरा माहौल उनके विरुद्ध था। बन्द समाज में युवक-युवतियों के लिए जो प्रतिबन्ध है, कहानी में भी लोग आँसूवादी यथास्थिति बनाये रखना चाहते थे। निर्मल वर्मा अपने प्रेमी-प्रेमिकाओं को सड़क पर ले आये थे। रेस्तराँ में ले आये थे। बन्द दरवाज़ों के बाहर यह खुली हवा का झोंका कहानी के लिए नया था।

हथौड़े की तरह राकेश जी के शब्द मेरे दिमाग़ में चल रहे थे, ''तुमने कहानी का नाम 'अकहानी' क्यों रखा?''

''मुझे अच्छा लगा इसलिए रखा,'' मैंने कहा।

मगर राकेश को और भी शिक़ायतें थीं। आज मैं तटस्थ होकर सोचता हूँ तो लगता है कुछ शिक़ायतें जायज़ भी थीं।

जैसे उन्हीं दिनों 'नयी कहानियाँ' में मेरा आत्मकथ्य 'नयी कहानी : सम्भावनाओं की खोज' शीर्षक से छपा था। राकेश और कमलेश्वर दोनों उससे असन्तुष्ट थे। आज मुझे लगता है, मैंने बहुत-सी बातें फ़ैशन में आकर लिखी थीं।

राकेश जी इस बात से भी ख़फ़ा थे कि मैंने 'मार्कण्डेय' द्वारा सम्पादित 'माया' के विशेषांक में कहानी क्यों दी? दरअसल इसके पीछे कोई राजनीति नहीं थी। मार्कण्डेय ने कहानी के लिए पत्र लिखा और मैंने कहानी भिजवा दी। भीतर ही भीतर ख़ुशी भी हो रही थी कि मार्कण्डेय जैसे स्थापित और वरिष्ठ कहानीकार ने कहानी के लिए आग्रहपूर्वक लिखा था। मार्कण्डेय, राकेश और कमलेश्वर के सम्बन्ध कैसे थे, मुझे इसका एहसास भी न था। मैं तो यह मानकर चल रहा था कि ये तमाम लोग नयी

कहानी आन्दोलन के सशक्त रचनाकार हैं।

''मार्कण्डेय जी ने कहानी माँगी थी और मैंने भेज दी। आपने संकेत भी किया होता तो न भेजता।'' मैंने कहा।

मेरे उत्तर से वह सन्तुष्ट नहीं हुए। बहरहाल, उस रोज़ राकेश जी से मेरी भेंट मेरे लिए अत्यन्त कष्टदायी साबित हुई। मैं भारी क़दमों और भरी आँखों से घर लौट आया। मन में यह सोचकर गया था कि रात वहीं पड़ा रहूँगा और सुबह वहीं से दफ़्तर चला जाऊँगा। मुझे याद है उस रोज़ मैं करोलबाग़ से पैदल मॉडल टाउन पहुँचा था। जेब में एक पैसा न था। दूसरे दिन सुबह सत सोनी से पचीस रुपये उधार लेकर दफ़्तर गया।

दफ़्तर में मन नहीं लगा। कुछ देर गुम-सुम बैठा रहा। फाइल छूने तक की इच्छा न थी। दो-एक बार राकेश जी को फ़ोन मिलाया, मगर नहीं मिला। फाइलों से मुझे वैसे भी नफ़रत थी। मैं दफ़्तर से छुट्टी लेकर निकल गया और मन ही मन अँग्रेज़ी में एक वाक्य बनाता रहा, जो राकेश जी से मिलते ही उन पर बम की तरह फेंकने का निश्चय कर चुका था। दिन भर क्नॉट प्लेस के कारीडोरों में निरुद्देश्य घूमता रहा। शाम को टी-हाउस गया तो संयोग से राकेश जी दिख गये।

उस समय वे अकेले नहीं थे। उनकी मेज़ पर कमलेश्वर, यादव, नेमिचन्द्र जैन, सुरेश अवस्थी आदि अनेक लोग बैठे थे। मैं राकेश जी के पीछे चुपचाप खड़ा हो गया और निहायत भर्राई आवाज़ में बोला, ''राकेश जी, यू हैव हर्ट मी फॉर नो फॉल्ट ऑव माइन।'' मैंने किसी तरह वाक्य पूरा कर लिया और दूसरी ओर मुँह कर लिया ताकि दूसरे लोग मेरी मन:स्थिति का अनुमान न लगा सकें। सब लोग परिचित थे और मैं सब के बीच नाटक नहीं करना चाहता था।

राकेश जी ने पलटकर मेरी तरफ़ देखा और तुरन्त खड़े हो गये। मुस्कराते हुए उन्होंने अत्यन्त स्नेह से अपना हाथ मेरी पीठ पर टिका दिया। मैं इस पुचकार के लिए तैयार नहीं था। मैं राकेश जी के स्वभाव से परिचत था। उनके व्यक्तित्व में जहाँ बेपनाह गर्मजोशी थी, दूसरी ओर एक जानलेवा ठंडापन था। उन्होंने जिस गर्मजोशी से मेरे कन्धे पर हाथ रखा, मेरा ग़ुस्सा पारे की तरह तल पर जा लगा।

राकेश जी मित्रों को वहीं छोड़कर मेरे साथ-साथ चलने लगे। थोड़ी दूर पर राजस्थान एम्पोरियम था। एम्पोरियम बन्द हो चुका था। सामने छोटा-सा लॉन था। हम लोग वहीं बैठ गये।

मैं कुछ कहता, इससे पहले ही उनकी आँखें नम हो गयीं। अचानक उन्होंने जेब से रूमाल निकाला और पोंछने लगे। मेरे लिए सब बहुत अप्रत्याशित था। वे ख़ुद रो रहे थे और मुझे चुप करा रहे थे।

''मैं दरअसल तुम लोगों के प्रति जैलेस हो गया था।'' राकेश जी ने छूटते ही

कहा, ''मैंने तुम्हारे साथ ग़लत सुलूक किया।''

मैं एकदम उत्फुल्ल हो गया। फूल की तरह हल्का। मैं नहीं चाहता था, राकेश इस विषय पर और बात करें।

''तुमने खाना खाया?'' राकेश जी ने मेरा उतरा चेहरा देखकर पूछा।

''नहीं।'' मैंने कहा, ''कल से कुछ नहीं खाया। इस वक़्त भी भूख नहीं है।''

''कहाँ खाते हो?''

''करोलबाग़ में। हम सब लोग वहीं खाते हैं। उड़द की फ्राई दाल और तन्दूरी रोटी।''

''सब कौन?''

''प्रयाग, विमल, हमदम और मैं। सबका खाता भी एक है। जिसके पास जितना पैसा होता है, दे देता है। हमदम कभी-कभी महीनों कुछ नहीं दे पाता और कभी सबका भुगतान कर देता है।''

''रोज़ यही खाते हो?''

''रोज़।''

राकेश जी ने स्कूटर रुकवाया। हम लोग करोलबाग़ की तरफ़ चल दिये। जेब में ज़्यादा पैसे न थे। मैंने एक जगह स्कूटर रोका और एक पौवा लेकर जेब में रख लिया। दिल्ली में कभी किसी ने मेरे भोजन की चिन्ता नहीं की थी। सत सोनी और कृष्ण भाटिया के ही परिवार ऐसे थे, जहाँ घर जैसा स्नेह और फुलका मिलता था। मगर मेरी मित्र मंडली में तेज़ी से परिवर्तन आये थे। मॉडल टाउन छोड़ने के बाद तो इन लोगों से बहुत कम सम्पर्क रह गया था। हम चारों ने बहुत कम ही साथ-साथ भोजन किया होगा, जिसको जब भूख लगती या फ़ुर्सत होती, खा आता। देर हो जाती तो नीचे कपूर कैफे से आमलेट और चाय मँगवाकर पेट भर लेते। यहाँ भी संयुक्त खाता था और टैक्सी के मीटर की तरह कर्ज़ बढ़ता रहता। अकसर इतना बक़ाया हो जाता कि हम सब अपनी पूरी आमदनी भी कपूर साहब को सौंप दें तो पूरा न पड़े। एक-दो बार कपूर ने बदतमीज़ी से पैसों का तकाज़ा किया तो हमदम ने उसे पीट भी दिया था। हम लोग कुछ-न-कुछ भुगतान करते रहते, ताकि भुखमरी की नौबत न आये।

एक बार मैं किसी गोष्ठी के सिलसिले में चंडीगढ़ गया हुआ था कि पीछे से मेरे माता-पिता और छोटी बहन मुझसे मिलने दिल्ली चले आये। बहुत दिनों से उन्हें मेरा पत्र न मिला था और वे चिन्तित हो गये थे। हम लोगों के जीने का ढंग देखकर उन्हें बहुत निराशा हुई। माँ और बहन ने मिलकर पूरे कमरे की सफ़ाई की, बिस्तर की चादर बदली, मैले कपड़े धोकर प्रेस करवाये और जब उन्हें यह पता चला कि चाय वाले का बिल सात सौ रुपये से ऊपर है तो बहुत नाराज़ हुए। उन्होंने उसका

भी भुगतान कर दिया और मेरे लौटने से पहले ही वापस चले गये। मैं लौटा तो कमरा पहचान में न आ रहा था। हर चीज़ करीने से रखी हुई थी। कुछ दिनों बाद पिता का एक पत्र मिला। उन्होंने बहुत पीड़ा से वह पत्र लिखा था और मेरे भविष्य को लेकर वह बहुत सशंकित हो गये थे। उन्हें विश्वास हो गया था कि मैं किसी बुरी लत या कुसंगति का शिकार हो चुका हूँ। उन्होंने यह सूचना भी दी थी कि हिसार में मेरा स्थान अभी तक रिक्त है और मैं हामी भरूँ तो वह मैनेज़मेंट से बात करके मेरी बहाली के लिए कोशिश कर सकते हैं। पूरा पत्र लानत, मलामत और नसीहतों से लबरेज़ था। मैं तो अच्छे-अच्छे पत्रों का उत्तर नहीं देता था, इस पत्र का क्या उत्तर देता! मुझे मालूम था, मैं अपनी बात उन्हें समझा ही न सकता था। मैं उस फटेहाल ज़िन्दगी से ही सन्तुष्ट था। साहित्य मेरी पहली और अन्तिम प्राथमिकता थी। सोने-चाँदी या हीरे-मोती की कोई ख़्वाहिश न थी। वह एक जुनून का दौर था, जिसे कोई दीवाना ही समझ सकता था। मेरे माता-पिता तो इस फ़कीराना जीवन और दर्शन की परिकल्पना भी न कर सकते थे। राकेश कर सकते थे। वह भी गर्दिश में थे, मगर उनकी गर्दिश का स्तर सम्मानजनक था।

''पहले खाना खा लो।'' राकेश जी ने कहा, ''जहाँ रोज़ खाते हो वहाँ चलते हैं।''

मैं राकेश जी को उस ढाबे में नहीं ले जाना चाहता था। वहाँ हर समय भीड़-भाड़ रहती थी और वहाँ पीने का सवाल ही न उठता था। मैंने रोहतक रोड पर स्कूटर रुकवाया, 'ग्लोरी' रेस्तराँ के पास। वहाँ से सड़क पार करते ही हमारा घर था। घर के सामने वहीं एक साथ-सुथरा रेस्तराँ था। भूले-भटके कहीं से पारिश्रमिक आ जाता तो हम लोग 'ग्लोरी' में जश्न मनाते।

मैंने दो गिलास मँगवाये। राकेश जी ने अपना गिलास उलटा रख दिया, ''नहीं, मैं नहीं लूँगा।'' मैं जानता था कि उनका 'नहीं' अन्तिम होता है। दुबारा अनुरोध करने का प्रश्न ही न उठता था।

राकेश मेरे बारे में जानकारी हासिल करते रहे। कितना वेतन है, मकान का कितना भाड़ा है, क्या पढ़-लिख रहे हो, दोपहर का भोजन कहाँ करते हो, दिल्ली में कैसा लग रहा है! उन्होंने मीनू मेरे सामने फैला दिया, ''तुम अपने लिए खाना मँगवाओ, मैं घर जाकर अनिता के साथ भोजन करूँगा।''

खा-पीकर हम लोग बाहर आये। वहीं स्कूटर खड़ा था। राकेश प्राय: स्कूटर अथवा टैक्सी घर पहुँचकर ही छोड़ा करते थे। मुझे घर पर उतारकर वह उसी स्कूटर से लौट गये। मैं सम्मोहित-सा देर तक वहीं खड़ा रहा। मन एकदम स्थिर हो गया था।

कुछ दिन बाद राकेश जी के साथ यात्रा का भी अवसर मिला। डॉ. मदान ने चंडीगढ़ विश्वविद्यालय में एक कथा गोष्ठी का आयोजन किया था। उन्होंने मुझे भी आमन्त्रित किया था। गोष्ठी के लिए नये लेखकों के नाम-पते भी मँगवाये थे। मैंने केवल एक नाम की सिफ़ारिश की, ममता अग्रवाल के नाम की। जगदीश चतुर्वेदी द्वारा सम्पादित 'प्रारम्भ' में ममता की कविताओं ने ध्यान आकर्षित किया था। उसके पिता आकाशवाणी के दिल्ली केन्द्र में सहायक केन्द्र निदेशक थे। विद्याभूषण अग्रवाल, भारतभूषण अग्रवाल के बड़े भाई। वे कई बार दफ़्तर से लौटते हुए टी-हाउस भी आ जाते थे। जगदीश से उनका पुराना रिश्ता था। समकालीन साहित्य में उनकी गहरी दिलचस्पी थी। जगदीश ने परिचय करवाया तो उन्होंने मेरी दो-एक कहानियों का हवाला देते हुए बताया कि वह मेरे नाम से बख़ूबी परिचित हैं। उन दिनों मेरी कहानी 'नौ साल छोटी पत्नी' की धूम थी। वह साहित्यानुरागी थे और साहित्य-चर्चा में गहरी दिलचस्पी रखते थे। वह टी-हाउस में बैठकी नहीं करते थे, लेखक-बन्धुओं से मिल-मिलाकर चले जाते थे। अकसर घर आने का निमन्त्रण देते। एक दिन शाम को जगदीश ने शक्ति नगर चलने का प्रस्ताव रखा। 'प्रारम्भ' का प्रकाशक भी वहीं रहता था। जगदीश को उससे कोई काम था। पहले हम लोग विद्याभूषण जी के यहाँ गये। वह पहली मंज़िल पर रहते थे। जगदीश ने घंटी बजायी तो ममता ने दरवाज़ा खोला। वह एकदम दुबली-पतली और छरहरी थी। आँखों पर घुमावदार अजीब डिज़ायन का चश्मा पहनती थी। उस दिन उसने बाल शैम्पू किये थे और चेहरे पर उसके बाल नुमायाँ थे। उस दिन 27 जून, 1964 की तारीख़ थी। यह तारीख़ भी उनकी मौत के बाद ममता के पिता की डायरी से मिली।

ममता ख़ाली समय में उनकी डायरियाँ पढ़ा करती है। डायरी में वह केवल दिनभर का ब्योरा लिखते थे। किससे भेंट हुई, कौन आया, कौन-सी पिक्चर देखी, किसका पत्र मिला। कुछ उल्लेखनीय पढ़ते तो उसे भी नोट कर लेते। अपने विचार वह कम ही प्रकट करते थे। अपनी प्रतिक्रिया वह फुटकर काग़ज़ों पर लिखते थे, जो बुकमार्क की तरह उनकी पुस्तकों में आज भी मिल जाती हैं। अस्तित्ववाद पर चर्चा करते तो राम के निर्वासन और अकेलेपन के सन्दर्भ में। ममता उन दिनों कविताएँ अधिक लिखती थी। वह काफ़ी बेबाक होकर लिखती थी और उसकी भाषा में एक ताज़गी थी। एक बार वह अपने पिता के साथ टी-हाउस आई तो मैंने उसकी किसी कविता की तारीफ़ की। उसे विश्वास नहीं हो रहा था कि कोई उसकी कविता की तारीफ़ भी कर सकता था। उसने बताया कि उसे पंजाब विश्वविद्यालय द्वारा आयोजित कथा गोष्ठी का निमन्त्रण मिला है और सम्भावित कथाकारों में उसका भी नाम है तो मैं मुस्करा दिया। अब मैं क्या बताता कि उसका नाम मैंने ही प्रस्तावित किया था।

चंडीगढ़ ममता के लिए निहायत अपरिचित जगह थी। मेरे अलावा उसे कोई पहचानता भी न था। मैंने डॉक्टर मदान से उसका परिचय करवाया। गोष्ठी में वह मेरे साथ ही बैठी रही। भोजन के समय भी हम लोग साथ थे। राकेश और कमलेश्वर बहुत शरारत से हमारी तरफ़ देख रहे थे। ममता को उसी शाम लौटना था। हर बात में वह अपने पिता का हवाला देती थी। पापा ने कहा, पापा बोले, पापा की राय में, पापा के पुस्तकालय में, पापा के दफ़्तर में, ग़र्ज़ यह कि जो कहें पापा, जो सुनें पापा। बातचीत से आभास हुआ कि वह सोच रही है कि मैं शादीशुदा व्यक्ति हूँ। मैंने तुरन्त इसका प्रतिवाद किया। उसने बताया कि 'नौ साल छोटी पत्नी' पढ़कर उसने ऐसा सोचा था। मुझे लगा, अन्य तमाम लड़कियों की तरह इसका भी यही अनुभव रहा है कि हमको तो जो भी दोस्त मिले, शादीशुदा मिले। ममता ने बताया कि शाम को उसका दिल्ली लौटना ज़रूरी है, क्योंकि उसके पिता उसकी प्रतीक्षा करेंगे। मेरी इच्छा हो रही थी कि उससे पूछूँ कि क्या उसकी माँ नहीं है! यह सोचकर मैं अपनी जिज्ञासा शान्त न कर पाया कि अगर माँ हुई तो यह बुरा मान जायेगी। बाद में पता चला कि उसकी माँ ही नहीं एक बहन भी है, जिसकी बरसों पहले शादी हो गयी थी और वह उन दिनों कलकत्ते में रहती थी। यह सोचकर कि एक लड़की के साथ यात्रा आराम से कट जायेगी, मैंने कहा, मैं भी दफ़्तर से छुट्टी लेकर नहीं आया, मेरा लौटना भी बहुत ज़रूरी है। राकेश, कमलेश्वर को मेरे लौटने के इरादे की भनक लगी तो सुझाव दिया कि मैं अगले रोज़ उन लोगों के साथ ही लौटूँ। रास्ते में करनाल में किसी मित्र ने खाने-पीने की उत्तम व्यवस्था कर रखी है। मैं उन लोगों को बिना बताये चुपचाप ममता के साथ वहाँ से खिसक लिया और हम लोग पहली उपलब्ध बस में सवार हो गये।

बस में एक अत्यन्त सभ्य और संकोचशील व्यक्ति की तरह बहुत सिकुड़कर ममता के साथ बैठा कि कहीं बदन न छू जाये। बस जब दिल्ली पहुँची तो आधी रात हो चुकी थी। वही रात बाद में मेरे लिए क़त्ल की रात साबित हुई यानी कि तय हो गया कि हम लोग शादी कर लेंगे। घर की शान्ति क़ायम रखने के लिए ज़रूरी है कि मैं उस रात की तफ़सील में न जाऊँ। जाने क्यों मोहन राकेश मेरे शादी के इस निर्णय से सहमत न थे। हो सकता है इसलिए कि शादी ने उन्हें बहुत कटु अनुभव दिये थे। यह भी हो सकता है कि मेरे लिए कोई दूसरी लड़की उनके ज़ेहन में रही हो। उन दिनों दफ़्तर के एक उच्च अधिकारी की भी मुझ पर नज़र थी। वह अपनी गोद ली गयी मोटी थुलथुल लड़की से मेरा रिश्ता जोड़ना चाहते थे। वह निस्सन्तान थे और उन्हें एक घरजमाई की तलाश थी। उन्होंने मेरे पास पदोन्नति का प्रस्ताव भी भेजा, मगर मुझे मालूम था मैं उनकी अपेक्षाओं पर खरा न उतरूँगा। मूर्खतावश मैंने

राकेश जी की असहमति के बारे में ममता को बता दिया था। नतीजा यह निकला कि ममता ने कभी सीधे मुँह उनसे बात न की। इसकी मुझे बहुत तक़लीफ़ होती थी। दरअसल इस प्रकार की मूर्खताएँ मैं हमेशा ही करता रहा हूँ। मेरी बहन की जिस लड़के के साथ इंग्लैंड में शादी हुई, उसका पत्र पढ़कर मैंने अपनी बहन को लिख दिया था कि वह लड़का तुम्हारे योग्य नहीं है, क्योंकि उसका हैंडराइटिंग मुझे पसन्द नहीं आया था। बहन की विदाई हुई तो मैंने उससे अनुरोध किया कि यह बात अपने मियाँ को न बताये। उसने यही बात सबसे पहले बतायी और हम लोगों के बीच कभी पत्राचार न हो पाया।

चंडीगढ़ यात्रा से पूर्व सन् 64 में राकेश जी के साथ इलाहाबाद की यात्रा की थी। राकेश-कमलेश्वर के पास इलाहाबाद से परिमल कहानी सम्मेलन का निमन्त्रण आया तो उन्होंने तार दिया कि हमारा प्रतिनिधित्व एकदम नये लेखक रवीन्द्र कालिया करेंगे। मगर बाद में हम सब लोग अपर इंडिया में बैठकर एक साथ इलाहाबाद पहुँचे थे। पूरी रात हँसते-गाते गाड़ी में बीती थी। राकेश, कमलेश्वर, गंगा प्रसाद विमल, परेश और मैं पिकनिक के-से माहौल में इलाहाबाद पहुँचे। कृष्णा सोबती भी उसी गाड़ी में चल रही थीं, मगर वे फ़र्स्ट क्लास में यात्रा कर रही थीं। हम लोग तब तक साहित्यिक राजनीति से वाक़िफ़ न थे, मगर परिमल सम्मेलन में केवल राजनीति थी। कुछ चीज़ें समझ में आने लगीं। पहली तो यह कि कहानी के केन्द्रीय विधा के रूप में स्थापित हो जाने से 'परिमल' के खेमे में बहुत खलबली थी। कहानी समय के मुहावरे, वास्तविकता के प्रमाणिक अंकन तथा सामाजिक परिवर्तन के संक्रमण की अभिव्यक्ति का सशक्त माध्यम बन गयी थी। 'परिमल' काव्य की ऐन्द्रजालिक और व्यक्तिवादी रोमानी बौद्धिकता को कहानी पर आरोपित करके कुछ कवि कहानीकारों—कुँवर नारायण, रघुवीर सहाय, सर्वेश्वर तथा कुछ कहानीकार कवियों—निर्मल वर्मा आदि को नये कहानीकार के रूप में प्रतिष्ठित कराने के प्रयत्न में था। आज मुझे लगता है कि यह अकारण नहीं कि 'परिमल' एक भी सफल कथाकार उत्पन्न नहीं कर पाया। श्रीलाल शुक्ल अपवाद हैं, जबकि वे भी अपने को परिमिलियन नहीं मानते। यह दूसरी बात है कि एक ऐसा भी समय था कि वह परिमल के प्रभाव में आकर जीवन से कटे जासूसी उपन्यास लिखने लगे थे। 'परिमल' की पूरी मानसिकता व्यक्तिवादी थी, जो कहानी की समाजोन्मुख धारा में एक नगण्य-सा द्वीप बनकर रह गयी थी। विजयदेव नारायण साही ने बग़ैर किसी तर्क के मोहन राकेश की कहानियों को संवेदना के धरातल पर नीरज के गीतों के समकक्ष ला पटका तो यह समझने में देर न लगी कि साही जी हिन्दी कथा साहित्य की परम्परा से नितान्त अपरिचित हैं और दो-एक फुटकर कहानियाँ पढ़ कर अपनी धारणाओं को आरोपित कर रहे हैं।

इलाहाबाद में तमाम नये-पुराने हमउम्र कथाकारों से भेंट हुई। हम लोगों के आतिथ्य की ज़िम्मेदारी दूधनाथ सिंह को सौंपी गयी थी। राकेश वग़ैरह अश्क जी के मेहमान थे। दूधनाथ सिंह से पहली मुलाक़ात इलाहाबाद स्टेशन पर हुई थी। वह प्रथम दृष्टि से ही एक संघर्षशील रचनाकार लगे। एकदम कृशकाय और हड्डियों का ढाँचा मात्र, जैसे सारे जहाँ का संघर्ष उसी के हिस्से आया हो। वह थोड़ी-थोड़ी देर बाद खाँसता और खाँसते-खाँसते बेहाल हो जाता। उसके बीमार चेहरे पर केवल उसके दाँत स्वस्थ लगते थे, उजले-उजले चमकदार दाँत। आँखें बुझी थीं, दाँत जगमगा रहे थे। वरना इलाहाबाद के तमाम लेखकों के दाँत पान और खैनी के रंग में रँग चुके थे। विमल, परेश और मैं दूधनाथ सिंह के यहाँ ठहरे थे, शायद करेलाबाग़ कॉलोनी में। पहली मंजिल पर उसका बेतरतीब कमरा था, जैसे किसी पढ़े-लिखे योगी फ़कीर का साधना स्थल हो। कमरे में जगह-जगह काग़ज़-पत्र बिखरे हुए थे।

उन दिनों अमरकान्त और शेखर जोशी भी करेलाबाग़ कॉलोनी में रहते थे। सुबह चाय पिलाने दूधनाथ सिंह हम लोगों को अमरकान्त जी के यहाँ ले गये। अमरकान्त जी बाबा आदम के ज़माने की एक प्राचीन कुर्सी पर बैठे थे। वह अत्यन्त आत्मीयता से मिले। उनके यहाँ चाय बनने में बहुत देर लगी। हम लोगों ने उनके यहाँ काफ़ी समय बिताया। दीन-दुनिया से दूर छल-कपट रहित एक निहायत निश्चल और सरल व्यक्तित्व था अमरकान्त का। हिन्दी कहानी में जितना बड़ा उनका योगदान था, उसके प्रति वह एकदम निरपेक्ष थे, जैसे उन्हें मालूम ही न हो कि वह हिन्दी के एक दिग्गज रचनाकार हैं। हाड़-मांस का ऐसा निरभिमानी कथाकार फिर दुबारा कोई नहीं मिला।

अमरकान्त जी के घर के ठीक विपरीत अश्क जी के यहाँ का माहौल था। गर्म-गर्म पकौड़े और उससे भी गर्म-गर्म बहस। कहानी को लेकर ऐसी उत्तेजना, जैसे जीवन-मरण का सवाल हो। उनके घर पर उत्सव का माहौल था, जैसे अभी-अभी हिन्दी कहानी की बारात उठने वाली हो। नये कथाकार जिस तरह अग्रज पीढ़ी को धकेलकर आगे आ गये थे, उससे अश्क जी आहत थे, आहत ही नहीं ईर्ष्यालु भी थे। राकेश-कमलेश्वर से उनकी नोंक-झोंक चलती रही। एक तरफ़ वह परिमल के कथा विरोधी रवैये के ख़िलाफ़ थे, दूसरी ओर नयी कहानी का नयापन उनके गले के नीचे नहीं उतर रहा था। उनकी नज़र में उनकी अपनी कहानियाँ ही नहीं यशपाल, जैनेन्द्र और अज्ञेय की कहानियाँ भी नयी कहानी की संवेदना से कहीं आगे की कहानियाँ हैं। हम लोगों यानी विमल, परेश और मेरे साथ अश्क जी की अकहानी को लेकर लम्बी बहस हुई। यह भी लग रहा था कि वह नये कथाकारों को चुनौती देने के लिए हमारी पीढ़ी को अपने सीमा सुरक्षा बल की तरह पेश करना चाहते

थे। हम लोग नये बटुकों की तरह पूरा परिदृश्य समझने की कोशिश कर रहे थे। अश्क जी के यहाँ कथाकारों का अहर्निश लंगर चल रहा था।

सम्मेलन में गिरिराज किशोर से भेंट हो गयी। उन दिनों गिरिराज किशोर साथी लेखकों के साथ जमकर पत्राचार करता था। जाने वह दिन में कितने पोस्टकार्ड लिखता था। इलाहाबाद में उसका अन्दाज़ और रुतबा एक लेखक का कम, अधिकारी का ज़्यादा था। वह हमेशा ऐसे तैयार मिलता जैसे अभी-अभी दफ़्तर के लिए तैयार होकर निकल रहा हो। उसका पूरा व्यक्तित्व किसी बड़ी कम्पनी के जनसम्पर्क अधिकारी जैसा था। दोपहर को उसने सुझाव रखा कि यदि हम लोग 'माया' में एक-एक कहानी देने को तैयार हों तो वह बतौर पारिश्रमिक सौ-सौ रुपये अग्रिम दिलवा सकता है। सस्ते का ज़माना था, तीन-चार रुपये में बियर की बोतल आ जाती थी। गिरिराज हमलोगों को माया प्रेस ले गया। आलोक मित्र से हम लोगों की भेंट करवायी और सचमुच सौ-सौ रुपये कहानी के अग्रिम पारिश्रमिक के रूप दिलवा दिये। उन दिनों 'माया' में यशपाल, अश्क, जैनेन्द्र और अज्ञेय की रचनाएँ भी प्रकाशित होती थीं। पारिश्रमिक मिलते ही हम लोग परिमल के कथा सम्मेलन को भूल गये। माया प्रेस से सीधे 'गजधर' पहुँचे।

उन दिनों 'गजधर' के मुक्तांगन में बियर शॉप थी। मखमली घास, कर्णप्रिय संगीत और ख़ूबसूरत 'हैज' से घिरे उस मुक्तांगन में बियर पीने का अपना ही आनन्द था। मैंने इससे पूर्व ऐसा ख़ूबसूरत बियर पार्लर न देखा था। गिरिराज किशोर हम लोगों को बार में छोड़कर सम्मेलन में भाग लेने चला गया। वह किसी सत्र में अनुपस्थित न रहना चाहता था। वह प्रत्येक सत्र को लेकर इतना गम्भीर था जैसे उसकी पूरी पूँजी दाँव पर लगी हो। कुछ देर बाद राकेश-कमलेश्वर वग़ैरह भी 'गजधर' में ही चले आये। हम लोगों को बार में देखकर वे लोग चौंके। हम लोगों ने बताया कि यह सब गिरिराज किशोर के प्रयत्नों से ही सम्भव हो पाया है कि हम लोग दोपहर से बियर का सेवन कर रहे हैं। मैंने राकेश जी को बताया कि 'गजधर' की बियर शॉप ने अपने जालन्धर की बियर बार को पछाड़ दिया है। वहाँ इतना काव्यमय, संगीतमय और मखमली माहौल तो न था। हम लोगों ने गजधर में काफी पैसे फूँक दिये, जबकि अभी एक दिन इलाहाबाद में और रहना था।

अगले रोज़ दूधनाथ सिंह हम लोगों को चौक के और भी सस्ते बार में ले गया। हम लोगों में परेश की रुचियाँ कुछ भिन्न थीं। उसकी दिचलस्पी बियर से ज़्यादा हुस्न में थी। हम लोग चौक के एक सस्ते बियर बार की सीढ़ियाँ चढ़ गये और परेश मीरगंज की। सौ रुपये यों अनायास मुफ़्त में अग्रिम राशि पाकर वह किसी बिगड़े रईसज़ादे की तरह व्यवहार करने लगा था। हम लोग दिल्ली के लिए रवाना हुए तो जेबें ख़ाली थीं। अपनी समूची पूँजी हमने 'गजधर' में होम कर दी थी।

आठ

कथा लेखन के साथ कथा गोष्ठियों का ऐसा क्रम शुरू हुआ जो आज तक जारी है। यह कहना भी ग़लत न होगा, मैंने जीवन में जो कुछ भी पाया है कथा लेखन के कारण। जितना भी भारत देखा कहानी ने दिखा दिया। ज़िन्दगी में शादी से लेकर नौकरियाँ और छोकरियाँ तक गर्ज़ यह कि जो कुछ भी मिला, कहानी के माध्यम से ही। कहानी ओढ़ना-बिछौना होती गयी, ज़रियामाश बन गयी। कहानी ने नौकरियाँ दिलवायीं तो छुड़वायीं भी। कहानी ने ही प्रेस के कारोबार में झोंक दिया। कहानी के कारण घाट-घाट का पानी पीने का ही नहीं, घाट-घाट का दारू पीने का भी अवसर मिला। अपने बारे में मैं निस्संकोच कह सकता हूँ कि मैंने घाट-घाट का दारू पिया है। आजकल झटपट का ज़माना है। झटपट वैभव, वित्त और सफलता का ज़माना। साहित्य में भी लोगों ने झटपट नाम कमाया, चर्चा में आये, मगर झटपट ही परिदृश्य से ओझल हो गये। संगीत की तरह साहित्य में भी लम्बे रियाज़ की ज़रूरत है। जो घर जारे आपने चले हमारे साथ। सफ़र के शुरू में एक लम्बा कारवाँ साथ होता है, अमरनाथ की इस दुर्गम यात्रा में बहुत से सहयात्री बीच राह में दम तोड़ देते हैं या चुपचाप बहिर्गमन कर जाते हैं। पग-पग पर झंझा, आँधी और तूफ़ान और मंज़िल एक मरीचिका। मगर किसी भी यात्रा की तरह यह यात्रा भी बहुत दिलचस्प रही। ज़िन्दगी के अनेक रंग देखने को मिले—रंग और बदरंग दोनों। चालीस बरस लम्बी यात्रा के बाद भी एहसास होता है कि अभी तो मीलों मुझको चलना है। एक अन्तहीन यात्रा है यह। एक ऐसी यात्रा कि पाथेय का भी भरोसा नहीं रहता।

मेरे पास तो एक नौकरी थी। अनेक सहयात्री ऐसे भी थे, जिनकी हर सुबह एक नये संघर्ष की सुबह होती थी। वे जेब में बस का पास ठूँसकर निकल जाते थे, एक अनजाने सफ़र पर। कोई लम्बी-चौड़ी महत्त्वाकांक्षाएँ भी नहीं थीं उनकी। ज़िन्दा थे कि रचनाकर्म से जुड़े थे। इसी के लिए पूरा संघर्ष था। उन दिनों दिल्ली में लेखकों की कई जमातें थीं। एक जमात साधन-सम्पन्न लेखकों की थी और एक जमात फ़कीर लेखकों की। एक दुनिया अफ़सर लेखकों की और एक दुनिया मातहत लेखकों की।

एक वर्ग समर्पित लेखकों का और एक वर्ग शौक़िया लेखकों का। हर कोई इस दौड़ में शामिल था। साथी लेखकों का कन्धा छीलते हुए आगे निकल जाने की होड़ थी। प्रत्येक रचनाकार रोज़ एक नये अनुभव से गुज़रता था।

एक जमात पुरानी दिल्ली के कथाकारों की थी। जैनेन्द्र कुमार इस जमात के सरगना थे। जैनेन्द्र का ज़माना था, अनेक छोटे-मोटे जैनेन्द्र कॉफ़ी हाउस में नज़र आते थे। पुरानी दिल्ली के ठेठ नये रचनाकारों में योगेश गुप्त, भूषण बनमाली, शक्तिपाल केवल, अतुल भारद्वाज और कुछ-कुछ हरिवंश कश्यप और सौमित्र मोहन प्रमुख थे। इनमें से अधिसंख्य कथाकार मसिजीवी थे। कोई चावड़ी बाज़ार या नयी सड़क में प्रूफ पढ़कर काम चला रहा था तो कोई जैनेन्द्र जी की डिक्टेशन लेकर अपने को धन्य समझ रहा था। वे जैनेन्द्र का अनुकरण करने की कोशिश करते, मगर दारू के दो पेग पीकर ही मंटो का अवतार बन जाते। ऊपर से देखने पर जैनेन्द्र और मंटो में कोई समानता नज़र नहीं आती, मगर दोनों में एक महीन- सी समानता थी। सेक्स के अँधेरे बन्द कमरों में दोनों ताकझाँक करते थे। जैनेन्द्र अभिजात में लपेटकर सेक्स परोसते थे और मंटो के यहाँ पूरी मांसलता के साथ सेक्स मौजूद था—कच्चा, फड़फड़ाता हुआ, धड़कता हुआ, ज़िन्दगी के ताज़ा कटे स्लाइस की तरह जीवन्त। लेखकों की पुरानी दिल्ली की यह जमात जैनेन्द्र और मंटो की काकटेल थी। वे साठोत्तरी पीढ़ी के बुज़ुर्ग रचनाकार थे। वे नये कथाकारों के हमउम्र थे, मगर नयी कहानी की बस उनसे छूट गयी थी। वे साठोत्तरी पीढ़ी की बस में भी सवार न हो पाये। कल के लौंडों के साथ सफ़र करने में उनकी तौहीन थी। इसी क्रम में वह डार से बिछुड़ गये थे, उनकी अपनी डार थी। साहित्य के नभ में उनका अपना झुंड था। सच तो यह है उनका अपना आकाश था। अपनी परवाज़ थी। समय भी उनकी रचनाशीलता के साथ न्याय नहीं कर पा रहा था। नतीज़ा यह निकला कि दिल्ली में ऐसे लेखकों की एक अलग श्रेणी बन गयी जिनकी कहानियाँ स्थापित पत्र-पत्रिकाओं में तो स्थान प्राप्त न कर सकीं, उनके विषबुझे तिक्त पत्र ख़ूब प्रकाशित होते थे।

कुछ लेखकों ने तो मुझे ऐसा निशाना बनाया कि मेरी कहानी जिस भी पत्रिका में प्रकाशित होती उसके अगले ही अंक में मेरी कहानी के ख़िलाफ़ मोर्चा खुल जाता। मेरी कहानी के साथ-साथ सम्पादक की भी शामत आ जाती। उसकी भर्त्सना करते हुए कहा जाता कि ऐसी घटिया और बेतुकी कहानियाँ छाप कर वे पाठकों का अमूल्य समय ही नहीं, पत्रिका के पन्ने भी नष्ट कर रहे हैं। मुझे घुट्टी में ही यह महामन्त्र पिलाया गया था कि प्रशंसा से बड़े-बड़े लेखकों की लुटिया डूब जाती है, तीखी आलोचना और विवाद से ही लेखक चर्चित होता है। राकेश का तो तकिया कलाम था कि ऑल सेड ऐंड डन, मरे हुए घोड़े को कोई नहीं पीटता। बाद में मैंने अपने अनुभव से भी जाना कि प्रशंसा नये लेखकों को प्राय: चर्चा से बाहर कर देती है।

यह बात लेखक की समझ में तो आ जाती है मगर तब, जब बहुत देर हो चुकी होती है। मेरे लिए यह सुखद अनुभव था कि मेरी कहानियों के ख़िलाफ़ जितने पत्र प्रकाशित होते, कहानियों की जितनी तीखी प्रतिक्रिया होती, उसी अनुपात में मेरी कहानियाँ चर्चा के केन्द्र में आ जातीं और उनकी माँग बढ़ जाती। यह दूसरी बात है कि मैंने अथवा मेरी पीढ़ी के अन्य कथाकारों ने कभी भी माँग और पूर्ति के हिसाब से लेखन नहीं किया। व्यावसायिक पत्रिकाओं के रंगीन चिकने पन्नों पर भी साठोत्तरी पीढ़ी के रचनाकारों की रचनाएँ सबसे कम छपी हैं। अधिसंख्य कथाकारों ने अव्यावसायिक लघु पत्रिकाओं से ही अपनी पहचान बनायी।

दिल्ली के खाँटी नये रचनाकारों में सौमित्र मोहन और अतुल भारद्वाज तालीमयाफ़्ता थे और विश्वविद्यालय में पढ़ते थे। कभी-कभी ये लोग जगदीश चतुर्वेदी से मिलने दफ़्तर आया करते थे। जगदीश पर उन दिनों अकविता का भूत सवार था। वह हमेशा आन्दोलित रहता। उन दिनों राजस्थान से प्रकाशित होने वाली पत्रिका 'लहर' पर जगदीश और उसके गिरोह का कब्ज़ा था। पर्दे के पीछे से प्रभाकर माचवे वग़ैरह भी देशी-विदेशी एजेंसियों की मदद से 'लहर' के लिए वित्त की व्यवस्था करते रहते। मेरा और जगदीश का दिन भर का साथ रहता। मुझे बहुत-सी जानकारी अनायास ही मिल जाती। एक दिन दिल्ली के लेखकों से सूचना मिली कि आगामी सात दिसम्बर को योगेश गुप्त का जन्मदिन है। पता चला कि इस बार वह बहुत धूमधाम से अपना जन्मदिन मनाने की तैयारी कर रहा है। उसके मित्र इस बात से बहुत उत्तेजित थे। अभी से मदिरा और डिनर की व्यवस्था की जा रही थी। शाम को क्नॉट प्लेस में घूमते हुए मुझे ख़याल आया कि योगेश गुप्त के लिए एक अच्छा-सा बधाई कार्ड ख़रीदा जाये। खोजते-खोजते मुझे एक उपयुक्त कार्ड पसन्द आ गया। मैंने कार्ड ख़रीदा और योगेश गुप्त के पते पर पोस्ट कर दिया। वह उन दिनों भी यमुनापार के किसी उपनगर में रहता था। कार्ड भेज कर मैं भूल गया। योगेश गुप्त कभी मेरे पक्ष में नहीं रहा था, मेरे विरुद्ध यदा-कदा उसके भी पत्र प्रकाशित होते रहते थे, मगर उसका संघर्षशील जीवन मुझे हमेशा चमत्कृत करता। वह कभी बहुत ऊँची कला में होता और कभी गहरे अवसाद में। वह तन, मन और धन से साहित्य को समर्पित था, जबकि तन, मन और धन से वह खस्ताहाल ही दिखायी देता था।

शाम को जब चरणमसी टी-हाउस के दरवाज़े बन्द करने लगता तो हम लोग टहलते हुए पैदल ही घर की तरफ़ चल देते। रास्ते में थकान महसूस होती तो अगले स्टॉप से बस पकड़ लेते। लौटते में कभी-कभी रमेश बक्षी भी साथ हो लेता। उसने उन दिनों एक मोर पाला हुआ था। उसे अपने पेट की कम, मोर की ज़्यादा चिन्ता रहती।

वह बहुत ख़ुश होता अगर हम भी उसके साथ मोर का हालचाल पूछने चल देते। घर में दारू होती तो वह आख़िरी बूँद तक इस ख़ुशी में लुटा देता। वह मोर के प्रेम में पड़ चुका था। बिना प्रेम के वह ज़िन्दा ही न रह सकता था। उसका दिल अकसर किराये पर उठा रहता। जिन दिनों दिल किराये के लिए ख़ाली रहता, वह अपने मोर पर दिलोजान से फ़िदा रहता। वह मूल रूप से एक प्रेमी जीव था। मात्र प्रेम करने से उसका जी न भरता, वह अपने प्रेम का प्रदर्शन करने में भी आनन्द उठाता। कई बार वह झूठमूठ का प्रेम प्रपंच भी करता। छुट्टी के एक दिन मैं उसके कमरे में डटा हुआ था, वह बार-बार अपनी घड़ी देख रहा था।

"क्यों कोई आने वाली है क्या?" मैंने पूछा।

"हाँ यार, एक बजे पाँच नम्बर की बस के स्टॉप पर मिलने को कहा था।"

एक बजने में दस मिनट बाक़ी थे, हम लोग टहलते हुए अजमल ख़ाँ रोड की तरफ़ चल दिये। चलते-चलते मुझे अचानक आभास हुआ कि वह सिर्फ़ अपने प्रेम की धौंस जमाना चाहता है, कोई लड़की-वड़की आने वाली नहीं। ठीक एक बजे हम लोग बस स्टॉप पर थे। बसें लगातार आ-जा रही थीं। उनमें से लड़कियाँ भी उतर रही थीं, हर बार वह उचककर देखता और मेरे साथ रेलिंग पर बैठ जाता।

कोई आधा घंटा तक प्रतीक्षा करने के बाद उसने कहा कि लगता है लड़की किसी ज़रूरी काम में फँस गयी है।

"धीरज रखो, उसने वादा किया है तो ज़रूर आयेगी।" मैंने कहा, "हो सकता है उसकी बस छूट गयी हो।"

उसने पन्द्रह-बीस मिनट और इन्तज़ार किया और बोला कि उसे भूख लग रही है, कहीं जाकर खाना खाते हैं।

"यार तुम बहुत ग़ैरज़िम्मेदार आशिक़ हो। दिल्ली में एकाध घंटे की देर तो मामूली-सी बात है। रुको थोड़ी देर और इन्तज़ार करते हैं।" मैंने कहा।

रमेश ने सिगरेट सुलगा ली और कहा कि लड़की को सिगरेट से बेहद एलर्जी है, इस वक़्त सिगरेट पीकर उसे यही दंड दिया जा सकता है। वह लम्बे-लम्बे क़श खींचने लगा। इन्तज़ार में एक घंटा बीत गया, लड़की को नहीं आना था, नहीं आयी। मुझे मालूम था, उन दिनों उसके जीवन में कोई लड़की नहीं थी। इसकी एक छोटी-सी पहचान थी। जिन दिनों उसके जीवन में लड़की नहीं होती थी, वह मोर से बहुत प्यार करता था। घर से चलते समय उसने मोर से वादा किया था कि वह जल्दी ही उसके लिए मोतीचूर का लड्डू लेकर लौटेगा। वह अब सचमुच लौटना चाहता था, मगर मैंने भी तय कर रखा था कि इतनी आसानी से उसे बस स्टॉप से हटने न दूँगा। मैं नितान्त फ़ुर्सत में था। तीन बजे तक उसका धैर्य जवाब दे गया, "मैं अब एक पल

न रुकूँगा। भूख के मारे मेरी जान निकल रही है और मेरा मोर भी भूखा होगा।" रमेश ने कहा और पिंड छुड़ाकर यों भागा जैसे कोई गैया खूँटा उखाड़कर भागती है। वास्तव में रमेश बक्षी नादानी की हद तक सरल व्यक्ति था। उसकी प्रेमिका उससे रूठ जाती तो वह रोने लगता। वह 'माई डियर' क़िस्म का दोस्त था। यके बाद दीगरे उसकी कई प्रेमिकाओं ने शादी कर ली थी और वह हाथ मलता रह गया था। एक बार उसने अपनी एक प्रेमिका को मुझसे पत्र लिखवाया कि वह उसे दिलोजान से चाहता है और उससे शादी करना चाहता है। जब तक मेरा पत्र पहुँचता उसकी प्रेमिका की शादी की ख़बर आ गयी। रमेश बक्षी अपने मोर को बाँहों में भरकर देर तक बच्चों की तरह सिसकियाँ भरता रहा।

जाड़े के दिन थे। हम लोग मूँगफली जेबों में भरे पैदल ही घर लौट रहे थे। मूँगफली ख़त्म हो गयी तो बस पकड़ ली। अजमल ख़ाँ रोड पर उतरकर पैदल ही ढाबे तक पहुँचे, जिसे हम 'साँझा चूल्हा' के नाम से पुकारा करते थे। हम लोगों ने कई महीनों तक उस ढाबे में भोजन किया था, मगर कभी हिसाब की नौबत न आयी थी। विमल, हमदम और मुझे कभी मालूम न हुआ कि ढाबे का पैसा हमारे ऊपर निकलता है या हमारा ढाबे के ऊपर। हमदम को लगता कि कर्ज़ बढ़ गया है तो वह किसी 'ऐड एजेंसी' में दो-तीन महीने काम करके यकमुश्त हज़ार-पाँच सौ रुपये चुका देता। विमल और मैं बारोज़गार थे, पहली तारीख को अपनी जेब के मुताबिक़ भुगतान कर देते। भोजन के समय हमदम हमारे साथ होता वरना ढाबे पर मिल जाता। उस दिन वह ढाबे पर नज़र नहीं आया। सन्त नगर पहुँचे तो कमरे पर मिल गया। कमरे का माहौल गुलज़ार था। तख़्त पर योगेश गुप्त, भूषण बनमाली और शक्तिपाल केवल आलथी-पालथी मारकर बैठे थे और बेचारा हमदम गिलास, सोडा, बर्फ़ की व्यवस्था में मशगूल था। बीचोबीच नाथू स्वीट्स के खुले हुए डिब्बे में ढेर-सारा तला हुआ काजू रखा था। हमेशा ग़ुरबत की गवाही देने वाले कमरे में पीटर स्कॉट की बोतलें और गोल्ड फ़्लेक के पैकेट बिखरे हुए थे। धुएँ और दारू की गन्ध से कमरा सुवासित था।

मुझे देखते ही योगेश गुप्त बाँहें फैलाये मेरी तरफ़ बढ़ा। मुझे याद आने में एक क्षण की भी देर न लगी कि आज ज़रूर सात दिसम्बर है। मैंने भी जवाबी गर्मजोशी से योगेश को बाँहों में भर लिया—मैनी हैप्पी रिटर्न्स ऑव़ द डे। भूषण बनमाली ने मेरे हाथ में गिलास थमा दिया और सबके गिलास एक-दूसरे से टकराये—चीयर्स।

योगेश ने मेरा एक हाथ अपने हाथ में लिया और दूसरा हाथ मेरे कन्धों पर गमछे की तरह फैला दिया, "दोस्त, मैंने तुझे ग़लत समझा था। तुम सही मायने में

यारों के यार हो। इतनी बड़ी दिल्ली में सिर्फ़ तुम्हें मेरा जन्मदिन याद रहा। आज सुबह की डाक से तुम्हारा बधाई कार्ड मिला तो मुझे बेहद अच्छा लगा। अचानक महसूस हुआ कि क्लर्कों का यह बेरहम शहर संवेदनशून्य हो चुका है। संवेदना का स्पर्श सिर्फ़ बाहर से आने वाले लोगों में ही शेष है। आज मेरे ज़ेहन में बहुत-सी बातें स्पष्ट हो गयी हैं। आज समझ में आया कि तुमने इतनी जल्दी दिल्ली में अपने लिए कैसे जगह बना ली! आज की शाम तुम्हारे नाम।''

भोजन के बाद शराब पीने का मुझे अभ्यास नहीं था। भूषण बनमाली ने सबके लिए नया पेग ढाल दिया और अपना गिलास सिर के ऊपर ले जाते हुए कहा, ''चीयर्स।'' भूषण बनमाली इन तमाम लोगों में सबसे अधिक वाचाल और तेज़-तर्रार था। वह जवाहर चौधरी की तरह ख़ास दिल्ली के अन्दाज़ में बातें करता था—उसे सुनकर कोई भी कह सकता था कि वह ग़ालिब और ज़ौक़ के शहर का बाशिन्दा है। अपनी इन्हीं विशेषताओं की बदौलत वह विख़्यात शायर और फ़िल्म निर्देशक गुलज़ार के इतना नज़दीक चला गया कि दिल्ली से मुम्बई जा बसा और गुलज़ार के साथ कई फ़िल्मों में काम किया, बाद में फ़िल्मी लेखक-निर्देशक के रूप में भी अपनी अलग पहचान बनायी। मैंने भूषण से पूछा कि आजकल वह क्या लिख रहा है तो उसने बताया कि वह आजकल हनुमान चालीसा लिख रहा है। चावड़ी बाज़ार और नयी सड़क के प्रकाशक उन दिनों इसी प्रकार की पुस्तकें प्रकाशित किया करते थे। भूषण बनमाली राम की कमाई खा रहा था, कभी हनुमान चालीसा का प्रूफ संशोधन कर के और कभी 'रामचरितमानस' का। शक्तिपाल केवल बहुरुपिया था, कभी लेखक बन जाता कभी सम्पादक कभी प्रकाशक और कभी प्रूफ़ रीडर। बोतल ख़त्म हो गयी तो योगेश गुप्त ने जादूगर की तरह पीटर स्कॉट की दूसरी बोतल हाज़िर कर दी। शक्तिपाल केवल तख़्त पर नाचने लगा, ''जिओ मेरे राजा। तुम इसी तरह पिलाते रहो हज़ारों साल।''

योगेश गुप्त ने अपनी अब तक प्रकाशित तमाम पुस्तकों का एक सेट मुझे भेंट किया। मुझे तब तक मालूम ही नहीं था कि योगेश की तब तक इतनी पुस्तकें प्रकाशित हो चुकी हैं। वजन में वह किलो से कम न होंगी। वह सचमुच गुदड़ी का लाल था। बाद में मैं दिल्ली से मुम्बई चला गया तो अपने अमूल्य संग्रह की तमाम पुस्तकें गंगाप्रसाद विमल की सुरक्षा अभिरक्षा में रख गया। विमल की रचनात्मकता पर इन पुस्तकों का गहरा प्रभाव पड़ा, जो आज भी उसकी रचनाओं में चिह्नित किया जा सकता है।

नीचे टैक्सी वाला बार-बार हार्न बजा रहा था। योगेश ने आठ घंटे के लिए टैक्सी भाड़े पर ले रखी थी। हम लोग देर रात तक दिल्ली की खुली वीरान सड़कों पर टैक्सी दौड़ाते रहे और बाद में पंडारा रोड पर जा कर भोजन किया। योगेश गुप्त

ने उस बरस जन्मदिन पर जैसे तय कर लिया था कि वह सबकुछ लुटा कर ही होश में आयेगा। अगले रोज़ उसके होश ठिकाने लग गये होंगे। वह दिन था और आज का दिन, योगेश गुप्त की छवि मेरे मन मन्दिर में बसी हुई है। उस दिन के बाद किसी भी पत्रिका में मेरे ख़िलाफ़ उसका पत्र नहीं छपा। छद्‌म नाम से जो पत्र इधर पत्रिकाओं में प्रकाशित भी होते हैं, जानकार लोगों का अनुमान है कि उसके पीछे योगेश गुप्त का नहीं, दूसरे रकीबों का हाथ है।

उन दिनों योगेश गुप्त दरियागंज का गोर्की था। कुछ दौर ही ऐसा था कि हर शहर का अपना गोर्की होता था। दिल्ली चूँकि महानगर था, इसलिए दिल्ली के कई गोर्की थे। भूषण बनमाली बल्लीमाराँ का गोर्की था तो शक्तिपाल केवल लाजपत नगर का। दिल्ली में उन दिनों कुछ जदीद क़िस्म के कथाकार भी सिर उठा रहे थे। इस लिहाज़ से उर्दू अफ़सानानिगार बलराज मेनरा किंग्ज़वे कैम्प का आल्बेयर कामू था। उर्दू कथाकारों की एक जमात ऐसी भी थी जो शाम को गजरा लिये जी.बी. रोड के चक्कर लगाती थी और उसके सिपहसालार शाम को शराब में धुत्त होकर गिर पड़ते थे, अपने को सआदत हसन मंटो के अवतार से कम न समझते थे। उन दिनों दिल्ली का इतना राजनीतिकरण न हुआ था, वहाँ की फ़िज़ा शायराना थी। राजकमल चौधरी दिल्ली आता तो उसकी उर्दू के शायरों और अफ़सानानिगारों से ज़्यादा छनती, हिन्दी के लेखकों की नज़र में वह शरतचन्द्र का चरित्रहीन था। वह बहुत भावुक क़िस्म का आदमी था, मगर अपने चरित्र की ख़ुद ही धज्जियाँ उड़ाता रहता था। उर्दू के शायर लोग शाम को उसकी तलाश में क्नॉट प्लेस में दर-ब-दर भटका करते थे। पीने के लिए वह एक बेहतर साथी था। मुद्राराक्षस का उससे कलकत्ता का साथ था। उस वक़्त लग रहा था कि मुद्रा भी राजकमल के पथ का दावेदार है, मगर मुद्रा ने अपने को बहुत सँभाला। उसने धीरे से अपना काँटा बदल लिया।

नयी कहानी आन्दोलन की और कोई उपलब्धि हो न हो, इतना ज़रूर है उसने कहानी को साहित्य की केन्द्रीय विधा के रूप में स्थापित कर दिखाया था। साहित्य में कहानी की तूती बोलती थी। जैनेन्द्र कुमार तक परेशान हो उठे थे कि आख़िर क्या हो गया है जो कहानी की इतनी अधिक चर्चा हो रही है! राकेश, कमलेश्वर और यादव नयी कहानी के राजकुमार थे, जिन्होंने कहानी के शहंशाहों को धूल चटा कर सिंहासन पर कब्ज़ा कर लिया था। लग रहा था कि वे किसी बिज़नेस इन्स्टीट्यूट से मार्केटिंग का डिप्लोमा हासिल कर के कथा क्षेत्र में उतरे हैं। समय-समय पर तीनों किसी-

न-किसी महत्त्वपूर्ण कहानी पत्रिका के सम्पादक रहे, इसके अलावा अन्य अनेक पत्रिकाओं का भी वे 'रिमोट कंट्रोल' से सम्पादन करते रहे। दरियागंज उन दिनों भी साहित्य की राजधानी था। 'नयी कहानियाँ' का कार्यालय राजकमल प्रकाशन में था और अक्षर प्रकाशन की भी नींव पड़ चुकी थी। 'हंस' का जन्म पुनर्जन्म नहीं हुआ था, मगर राजेन्द्र जी के पेट में आ चुका था। योगेश गुप्त की टीम राजेन्द्र यादव के दरबार में प्राय: दिखायी देती थी। यह कहना ज़्यादा ग़लत न होगा कि योगेश गुप्त उन दिनों राजेन्द्र यादव का मैत्रेयी पुष्पा था और कुछ लोग उसे छोटा जैनेन्द्र भी कहते थे। जैनेन्द्र जी से मुझे पहली बार योगेश गुप्त ने ही मिलवाया था। जैनेन्द्र जी अत्यन्त स्नेह से मिले, अन्दाज़ वही फ़िलासफ़राना था, पोशाक गाँधीवादी। वह बहुत बारीक कातते थे, कई बार तो सूत दिखायी भी न पड़ता था। मेरा मतलब है उनकी बात पल्ले ही न पड़ती थी। उनकी बात योगेश ही समझ सकता था, खग जाने खग ही की भाषा। जैनेन्द्र और अज्ञेय में कोई-न-कोई समानता थी। एक तो यही कि दोनों स्नॉब थे। जैनेन्द्र जी को अगर गाँधीवादी स्नॉब कहा जा सकता है तो अज्ञेय को अस्तित्ववादी स्नॉब। उन दिनों मेरा कार्यालय भी दरियागंज में था। 'नयी कहानियाँ' का कार्यालय भी, अक्षर प्रकाशन, राजकमल, राधाकृष्ण, भारतीय ज्ञानपीठ, कमलेश्वर, यादव, जैनेन्द्र—सब दरियागंज में ही थे। मैं दफ़्तर की कुर्सी के पीछे अपना कोट टाँग कर ज़्यादातर समय इन्हीं केन्द्रों पर बिताया करता था। शाम को यहीं से हिन्दी कहानी के सूरमे फटफटिया पर सवार होकर क्नॉट प्लेस के लिए निकलते थे।

उन दिनों भी दरियागंज की सड़कों और गलियों में किसी न किसी लेखक से अचानक भेंट हो जाया करती थी। एक दिन दफ़्तर से नीचे उतरा तो देखा नीचे पटरी पर राजकमल चौधरी पत्रिकाएँ पलट रहा था।

"किसी का इन्तज़ार कर रहे हो क्या?"

"हाँ, तीन बजे लंच है मोतीमहल में।"

"मोती महल तो तीन बजे बन्द हो जाता है।"

"हमारी क़िस्मत में यही बदा है। वक़्त पर कभी कोई चीज़ नहीं मिली। आज बियर, जिन और चिकेन का लंच है। यही समझ लो, लंच के बाद लंच है।"

सन् साठ के आस-पास दरियागंज के मोतीमहल रेस्तराँ का बहुत नाम था। कहा जाता था कि कभी-कभी पंडित जवाहरलाल नेहरू अपने मेहमानों के लिए वहाँ से चिकन मँगवाया करते थे। उन दिनों मोतीमहल की वही साख़ थी जो आजकल जामा मस्जिद के करीम होटल की है। रात को ग़ज़ल, कव्वाली और रंगारंग कार्यक्रमों

के बीच मोतीमहल के मुक्तांगन में डिनर होता था और लोग गाड़ी में बैठे-बैठे जगह मिलने का इन्तज़ार किया करते थे। आम जनता के लिए मोतीमहल की ही पटरी पर मोतीमहल के नाम से मिलते-जुलते कई ढाबे खुल गये थे, जहाँ क़िफायती और टिकाऊ भोजन की व्यवस्था रहती थी। जो लोग मोतीमहल में जाने की हैसियत न रखते, इन्हीं ढाबों की शोभा बढ़ाते थे। हम लोग दूसरी कोटि के लोगों में से थे। मोतीमहल तो दूर, हमें ये ढाबे भी महँगे लगते थे। बाहर से कोई लेखक आ जाता तो हम लोग इन्हीं ढाबों पर उसकी मेहमाननवाज़ी करते थे।

राजकमल ने जेब से जिन का अद्धा निकाला और उसकी सील तोड़कर दोबारा जेब में रख लिया। जिन देखकर मेरी लार टपकने लगी। मुझे लगा, उसकी लॉटरी खुल गयी है। राजकमल प्रकाशन से उसका उपन्यास 'मछली मरी हुई' छपकर आने वाला था या आ चुका था। मैंने कहा, ''कब तक मरी हुई मछलियों की तिजारत करते रहोगे?''

मेरी बात सुनकर उसने ज़ोरदार ठहाका लगाया, ''आजकल सड़े हुए ग़लीज़ माल का ही बाज़ार गर्म है। कुछ दिनों में इस्तेमाल किये हुए सेनेटरी टावल बिका करेंगे।''

''जगदीश को मत बता देना, वह इसी पर एक दर्जन कविताएँ लिख देगा।''

''चलो आज तुम्हारी भी ऐश करा देते हैं।'' राजकमल ने पूछा, ''सुरेन्द्र प्रकाश को जानते हो?''

सुरेन्द्र को मैं राजकमल से तो ज़्यादा ही जानता था। तब से जानता था जब कहानीकार के तौर पर उसकी मसें भीगनी शुरू हुई थीं। वह सत्यपाल आनन्द का मित्र था और सत्यपाल आनन्द की सिफ़ारिश से मैंने उसकी कुछ प्रारम्भिक कहानियों का हिन्दी अनुवाद किया था। उसकी कहानियों में उन दिनों बहुत लफ़्फ़ाज़ी रहती थी—समुद्र, चाँद, रेत वग़ैरह-वग़ैरह। बाद में दिल्ली आया तो टी-हाउस में उससे रोज़ मुलाक़ात होने लगी। बलराज मेनरा और सुरेन्द्र प्रकाश में लिखने की होड़ लगी रहती थी। उर्दू अफ़साने की दौड़ में ये दोनों धावक मुँह में रूमाल खोंसकर बेतहाशा भाग रहे थे। कभी मेनरा आगे निकल जाता और कभी सुरेन्द्र प्रकाश। दौड़ते-दौड़ते सुरेन्द्र प्रकाश तो साहित्य अकादेमी का पुरस्कार प्राप्त करने में सफल हो गया। मेनरा का क्या हुआ, किसी दिन अक़ील साहब या फ़ारूक़ी साहब से दरियाफ़्त करूँगा।

''सुरेन्द्र प्रकाश को मैं आज से नहीं, बहुत अर्से से जानता हूँ।'' मैंने राजकमल को बताया।

''ख़ाक जानते हो!'' राजकमल ने पूछा, ''उसने तुम्हें कभी मोतीमहल में आमन्त्रित किया कि नहीं?''

"मैं समझा नहीं।"

"समझोगे भी नहीं।" राजकमल ने कहा। उसी की ज़ुबानी पता चला कि सुरेन्द्र प्रकाश मोतीमहल के मालिकों का रिश्ते में दामाद लगता है और आजकल मोतीमहल के स्टोर का इंचार्ज है। उसने एक नयी कहानी लिखी है और उसे सुनाने के लिए राजकमल को लंच पर आमन्त्रित किया है। दोपहर को रेस्तराँ की सफ़ाई के बाद स्वच्छ वातानुकूलित माहौल में जिन और बियर की जुगलबन्दी के बीच सर्वोत्तम भोजन की व्यवस्था रहेगी। "अब तुम्हीं बताओ ऐसे मुबारक माहौल के बीच कौन बेवक़ूफ़ कहानी सुनेगा? वैसे कितनी अच्छी बात है सुरेन्द्र प्रकाश छोटी-छोटी कहानियाँ ही लिखता है!" राजकमल ने बताया।

मुझे यह सोचकर बहुत तक़लीफ़ हो रही थी कि सुरेन्द्र प्रकाश से इतने नज़दीकी ताल्लुक़ात होने के बावजूद मैं उसके बारे में उतना भी नहीं जानता था जितना यह परदेसी बाबू जानता है। छुट्टी के रोज़ कई बार सुरेन्द्र प्रकाश पूरा-पूरा दिन हमारे यहाँ बिताता था, मगर उसने आज तक भनक न लगने दी थी कि वह किसका दामाद है और क्या करता है!

"तुम चाहो तो मेरे साथ दावत में शरीक हो सकते हो!" राजकमल ने कहा।

"मैं बिन बुलाये मेहमान की तरह कहीं नहीं जाता।" मैंने कहा और दफ़्तर की सीढ़ियाँ चढ़ गया।

दफ़्तर में कोई कामधाम नहीं था। मैं और जगदीश कभी श्याममोहन श्रीवास्तव के कमरे में समय बिताते तो कभी शेरजंग गर्ग और रमेश गौड़ के साथ गप्प लड़ाते। कुलभूषण भी दफ़्तर में थे, शायद सहायक निदेशक के पद पर। उन्हें नयी कहानी को कोसना होता तो वह हम लोगों को बुलवा लेते। उन्हें अफ़सोस था कि उन्होंने साहित्य में गुटबाज़ी नहीं की वरना वह राकेश, कमलेश्वर और यादव से कहीं आगे निकल जाते। उन्हें विश्वास था कि इतिहास एक दिन दूध का दूध और पानी का पानी कर देगा। ये लोग बहुत बड़े कथाकार बनते हैं, पहले 'ललक' और 'तन्त्र' की टक्कर की एक भी कहानी लिख कर दिखा दें। यही वह नाज़ुक क्षण होता था, जब कुलभूषण चपरासी को चाय-नाश्ता लाने का संकेत करते। जगदीश 'तन्त्र' की तारीफ़ के पुल बाँधता और मैं 'ललक' की। 'ललक' और 'तन्त्र' को लेकर मैं और जगदीश आपस में भिड़ जाते। कुलभूषण हम लोगों को शान्त करते हुए कहते, "दरअसल, आप दोनों ठीक फ़रमा रहे हैं। आप लोग अपनी बात छोड़ दें, अभी तक ख़्वाजा अहमद अब्बास भी तय नहीं कर पाये कि दोनों कहानियों में से कौन बेहतर है!"

"एक सेर है तो दूसरी सवा सेर!" मैं कहता।

कुलभूषण अपने ड्राअर में हम लोगों के लिए विल्स का पैकेट रखा करते थे। वह गद्गद भाव से हम लोगों को सिगरेट पेश करते। कहानी की तारीफ़ सुनकर वह बच्चों की तरह निहाल हो जाते। बाद में ऐसा वक़्त आया, उन्होंने कहानी पर बातचीत करना एकदम बन्द कर दिया। पता चला, जीवन में उनसे एक भारी भूल हो गयी थी। उन्होंने बहुत मेहनत और चाव से बनाया अपना मकान किराये पर उठा दिया था और किरायेदार भी ऐसा मिला था, जो न केवल बेदर्दी से मकान का इस्तेमाल कर रहा था, अनुबन्ध के मुताबिक मकान ख़ाली भी नहीं कर रहा था। कुलभूषण मुकदमेबाज़ी में ऐसा उलझ गये कि दिन भर इसी चिन्ता में बेहाल रहते। दिन भर वकीलों और कोर्ट-कचहरी के चक्कर काटते। उन्हें भूख लगती, न प्यास। उनके पास अच्छी-ख़ासी नौकरी थी, भरापूरा परिवार था, पंडित सुदर्शन जैसे विख़्यात कथाकार का पुत्र होने का गौरव प्राप्त था। मेरे मित्र कपिल अग्निहोत्री के बड़े भाई दिल्ली की न्यायिक सेवा में उच्चाधिकारी थे। मैं कुलभूषण जी को उनसे मिलाने ले गया। उन दिनों वह दरियागंज में ही डॉ. सुरेश अवस्थी के ऊपर वाले फ़्लैट में रहते थे। कुलभूषण उन्हें अपना केस बताते हुए फफककर रोने लगे। उन्हें देखकर किसी भी संवेदनशील आदमी को किरायेदार पर ग़ुस्सा आ जाता कि वह एक मासूम, नेकदिल और सीधे-सादे इंसान पर जुल्म ढा रहा है। मालूम नहीं कि बाद में उनका मकान ख़ाली हुआ कि नहीं। जबसे मकान का बवाल शुरू हुआ, उनका लिखना-पढ़ना चौपट हो गया। उन्होंने चाय पिलाना नहीं, पीना भी छोड़ दिया।

सुरेन्द्र प्रकाश ने उलाहने का अवसर न दिया और अगले सप्ताह मुझे भी कहानी और लंच का निमन्त्रण मिल गया। निर्धारित समय पर जब मोतीमहल लंच के लिए बन्द हो गया, मैं रेस्तराँ की बगल के छोटे द्वार से भीतर घुसा। सबसे पहले सुरेन्द्र प्रकाश पर ही नज़र पड़ी। उसके सामने एक बड़े से टोकरे में छिले हुए चूज़ों का ढेर लगा था और वह बैलेंस पर एक-एक चूज़े का वजन नोट कर रहा था। जो चूज़े मानक के अनुरूप न निकलते, उन्हें एक दूसरे टोकरे में फेंक देता। उसने मेरे लिए भी एक स्टूल मँगवा लिया और मैं भी तमाशबीन की तरह उसके साथ बैठ गया। चूज़ों के व्यापारी से उसकी बातचीत सुनकर मुझे लगा कि उसे चूज़ों के बारे में काफ़ी प्रामाणिक जानकारी है। उसे मुर्गे तौलते हुए देखकर मुझे पल भर के लिए यह नहीं लगा कि वह मोतीमहल के मालिकों का दामाद है। अगर वह दामाद था तो ज़ाहिर है वे बहुत बड़े जाहिल होंगे जो अपने दामाद से दो कौड़ी का काम ले रहे थे। काम निपटाने में उसे आधा घंटे का समय और लगा होगा। उसने वाशबेसिन पर हाथ धोये और

एक बैरे से कहा कि फौरन से पेश्तर खाना लगाये। हम रेस्तराँ में पहुँचे तो खाना लग रहा था। सुरेन्द्र प्रकाश ने मेरे लिए भी एक प्लेट मँगवायी। उसने पानी का गिलास पिया, सिगरेट सुलगायी और पाँच-सात मिनट में छोटी-सी कहानी सुना डाली। मैंने कहानी का अनुवाद करने और उसे हिन्दी में छपवाने का आश्वासन दिया।

धीरे-धीरे मोतीमहल में लेखकों का आना-जाना बढ़ने लगा। एक दिन मैंने कमलेश्वर को मुँह पोंछते हुए रेस्तराँ से निकलते देखा। मुझे लगा, सुरेन्द्र प्रकाश अब मोतीमहल में ज़्यादा दिन का मेहमान नहीं है। वह इस काम के लिए पैदा भी न हुआ था। कुछ ही दिनों बाद ख़बर लगी कि वह मोतीमहल से अलग हो गया है। वह टी-हाउस में नियमित रूप से दिखायी देने लगा। बलराज मेनरा से उसकी अदावते फित्री थी। अकसर दोनों में फिक्र:बाज़ी चलती।

मैं मुम्बई चला गया तो वहाँ कुछ दिन सुरेन्द्र प्रकाश हमारा मेहमान रहा। शीतलादेवी टेम्पल रोड पर ममता और मैं अपना नीड़ बना रहे थे। वह सुबह तैयार होकर निकल जाता। दिन भर प्रोड्यूसरों से मिलता। वह फ़िल्म उद्योग में एक कथाकार के रूप में कम कैरेक्टर ऐक्टर के रूप में प्रवेश पाने को अधिक आतुर था। सुबह तैयार होने में काफ़ी समय लगाता, लम्बे-लम्बे संवादों की रिहर्सल करता। गाँव में पनाले को लेकर पड़ोसियों में कैसे वाक्‌युद्ध होता है, इसका उसने एक लम्बा रूपक बाँधा था। सुनते-सुनते पेट में बल पड़ जाते। कुछ वर्षों बाद उसे फ़िल्मों में प्रवेश मिला मगर एक कहानीकार के रूप में। उसने संजीव कुमार और जया भादुड़ी के लिए प्रसिद्ध फ़िल्म 'अनामिका' पटकथा लेखन किया था। उसके आगे के संघर्ष के बारे में मुझे कोई विशेष जानकारी नहीं है। एक बार इलाहाबाद में उससे ज़रूर भेंट हुई थी, जब वह 'शबख़ून' द्वारा आयोजित किसी विचार गोष्ठी में हिस्सा लेने आया था।

उन दिनों वयोवृद्ध कथाकार देवेन्द्र सत्यार्थी भी संतनगर में हमारे यहाँ आया करते थे। उनके व्यक्तित्व पर रवीन्द्रनाथ ठाकुर के व्यक्तित्व की गहरी छाप थी। वैसी ही लम्बी दाढ़ी और फ़िलासफ़राना अन्दाज़। उन्हें देखकर लगता था, वह एक ग़रीब रवीन्द्रनाथ ठाकुर हैं। उन्हें उत्तर भारत का आवारा मसीहा भी कहा जा सकता था। वह बहुत सहज इंसान थे। गले में झोला लटकाये किसी समय भी कमरे में नमूदार हो जाते। उनकी एक ही कमज़ोरी थी। कमज़ोरी क्या, उसे मर्ज़ ही कहा जायेगा। वह मौक़े-बेमौक़े कभी भी बिना किसी भूमिका के झोले से काग़ज़ों का पुलिन्दा निकालकर अपनी रचना सुना सकते थे। शुरू-शुरू में तो हम लोगों ने अत्यन्त आदरपूर्वक

उनकी रचनाएँ सुनीं, मगर कुछ ही दिनों बाद यह कसरत अझेल हो गयी। उन्हें देखते ही हम लोग जूते पहनने लगते, जैसे किसी ज़रूरी काम से बस निकल ही रहे हों। ऐसा भी समय आया कि वह अपनी इस आदत का ख़ुद ही मज़ाक उड़ाने लगे। उन्होंने अपने बहुत से अनुभव सुनाये कि कहानी सुनाने के चक्कर में उन्हें कहाँ-कहाँ ज़लील होना पड़ा। बाद में 'धर्मयुग' में मैं उनके इन चटपटे संस्मरणों को प्रकाशित भी करना चाहता था, मगर सत्यार्थी जी से सम्पर्क न हो सका। वह अपने इस मर्ज़ के बारे में कोई नया लतीफ़ा सुनते तो उसे सुनाने भी चले आते। सत्यार्थी ने ख़ुद ही सुनाया था कि एक बार जब उन्हें कहानी सुनने के लिए कोई उपयुक्त पात्र न मिला तो उन्होंने तय किया कि सीधे जनता के बीच जाकर कहानी का पाठ करना चाहिए। इस प्रयोग के लिए उन्होंने सबसे पहले गुरुद्वारा रोड को चुना। एक मध्यवर्गीय घर के सामने जाकर वह रुके। घर के कपाट खुले थे, जैसे भीतर आने का निमन्त्रण दे रहे हों। सामने आँगन था और आँगन में मध्यम आयु की एक महिला चूल्हे पर रोटियाँ सेंक रही थी। सत्यार्थी ने हाथ जोड़कर विनम्रतापूर्वक उसे नमस्कार किया और बताया कि वह एक कहानीकार हैं और एक छोटी-सी कहानी सुनाने की इजाज़त चाहते हैं। महिला कुछ समझती, इससे पूर्व ही सत्यार्थी जी सामने पड़े पटरे पर बैठ गये और अपने झोले से कहानी का मसविदा निकालने लगे। अचानक उस महिला के तेवर बदल गये, सीधी-सादी उस गृहिणी ने अचानक चंडी का रूप धारण कर लिया। उसने शायद यह सोचा कि कोई पाखंडी साधु बाबा उसे ठगने के लिए घर में घुस आया है। जब तक सत्यार्थी अपनी किताब में से अपना चित्र दिखाकर कुछ विश्वसनीयता अर्जित करते, उस महिला ने चूल्हे की जलती हुई लकड़ी भाँजते हुए सत्यार्थी जी को दौड़ा लिया। वह किसी तरह अपनी जान बचाकर गुरुद्वारा रोड से भागे।

उन दिनों टी-हाउस में सत्यार्थी के बारे में एक लतीफ़ा बहुत लोकप्रिय हो रहा था। सत्यार्थी ख़ुद भी इसे बहुत चाव से सुनते थे। एक बार देवेन्द्र सत्यार्थी अपना झोला टी-हाउस में भूल आये। आधी रात को उन्हें अपने झोले का ध्यान आया, जिसमें उनके उपन्यास की पांडुलिपि थी। वह उसी समय करोलबाग़ से क्नॉट प्लेस के लिए चल दिये। धड़कते दिल से उन्होंने टी-हाउस का दरवाजा पीटना शुरू किया। उन दिनों टी-हाउस का बैरा चरणमसीह रात को टी-हाउस में ही सोता था। दस्तक सुनकर उसने बत्ती जलायी और काँच में से देखा, सत्यार्थी सामने खड़े हाँफ रहे थे। उन दिनों लेखकों को कॉफी पिलाते-पिलाते चरणमसीह भी कविताएँ लिखने लगा था। वह सत्यार्थी जी से भी परिचित था। उसने दरवाज़ा खोला और उनकी ख़ैरियत पूछी। सत्यार्थी ने झोले की बात बतायी तो चरणमसीह ने हामी भरी कि झोला तो मिला है, उसमें कुछ काग़ज़ात भी हैं, मगर यह कैसे पता चले कि वह आपका झोला है।

"यह तो बहुत आसान है।" सत्यार्थी जी ने कहा, "तुम झोला ले आओ, मैं तुम्हें बता देता हूँ, उसमें क्या-क्या दस्तावेज़ हैं।"

चरणमसीह झोला लाया तो सत्यार्थी जी ने उसे एक मोटा मसविदा निकालने को कहा और उसका पहला पृष्ठ मुँहज़ुबानी सुना दिया। चरणमसीह ने आश्वस्त होकर उनका झोला लौटा दिया। सत्यार्थी जी बिगड़ गये, "ऐसे कैसे ले लूँ! अब तो तुम्हें पूरा उपन्यास सुनना पड़ेगा..."

अभी अन्तर्दृष्टि (सम्पादक : विनोद दास) के नये अंक में मुद्राराक्षस ने दिल्ली के उन खुराफ़ाती दिनों की याद करते हुए सत्यार्थी जी के एक और बहु प्रचारित लतीफ़े का ज़िक्र किया है : सत्यार्थी जी को क्नॉट प्लेस आना था। करोलबाग़ में उन्होंने एक ताँगे वाले से पैसे पूछे। उसने एक रुपया बताया। यह ज़्यादा था। सत्यार्थी जी ने आठ आने कहे, पर वह राज़ी नहीं हुआ। तब सत्यार्थी जी बोले, "ठीक है एक रुपया दूँगा, पर शर्त यह है कि तुम्हें मेरी कहानी सुननी पड़ेगी।" ताँगे वाला कहानी सुनता हुआ ताँगा चलाता रहा। थोड़ी दूर जाकर ताँगा रुक गया। सत्यार्थी जी ने पूछा, "भाई ताँगा क्यों रोक दिया?" ताँगे वाला बोला, "ताँगा आगे नहीं जायेगा। आगे जाना चाहते हैं तो कहानी सुनाना बन्द कीजिए।" सत्यार्थी जी नाराज़ हो गये, "तुमसे तय हुआ था कि कहानी सुनोगे तभी एक रुपया दूँगा।" ताँगे वाला बोला, "क्या करूँ साहब, मैं तो सुनने को तैयार हूँ, पर यह घोड़ा नहीं मानता।"

सत्यार्थी जी से मेरी प्रथम भेंट कपिल अग्निहोत्री ने करवायी थी। वह उन दिनों सूचना प्रसारण मन्त्रालय में काम करता था और दफ़्तर में उनकी कई रचनाएँ सुनने का गौरव प्राप्त कर चुका था। एक दिन कपिल और मैं टी-हाउस के बाहर रेलिंग पर बैठे हुए थे कि अचानक सत्यार्थी जी दिखायी दिये। वह लपककर उनके पास गया और उनसे मेरा परिचय करवाया। सत्यार्थी जी गर्मजोशी से मेरा हाथ थामते हुए बोले, "आप से मिलकर बहुत ख़ुशी हुई।" फिर वह कपिल की तरफ़ घूम गये, "और आपका परिचय?"

अब कपिल को काटो तो ख़ून नहीं। उसने ख़ुद ही अपना परिचय दिया और उन्हें याद दिलाया कि दफ़्तर में उनकी कई कहानियाँ सुन चुका है। सत्यार्थी जी ने अपनी डायरी में मेरा पता नोट किया और अगले रविवार को घर आने का वादा कर चले गये।

कपिल के साथ इस तरह की घटनाएँ होती रहती थीं। वह हर समय किसी-न-किसी काम में व्यस्त रहता था। कभी प्रेम में व्यस्त हो जाता तो कभी किसी नाटक की रिहर्सल में। उसके बारे में चौंकाने वाली सूचनाएँ मिलती रहती थीं। एक बार पता चला कि मुद्राराक्षस किसी नाटक का निर्देशन कर रहे हैं और उन्होंने बतौर नायक

कपिल का चुनाव किया है। उसकी शामें रिहर्सल में बीतने लगीं। नाटक में कुछ रोमांटिक दृश्य थे। वह दिन भर अपने संवाद रटता और आईने के सामने खड़ा होकर घंटों रिहर्सल करता। रोमांटिक दृश्यों में उसका अभिनय इतना स्वाभाविक और सजीव होता कि एक दिन मुद्राराक्षस ही उखड़ गये। नाटक की नायिका उनकी कमजोरी थी। मुद्रा को याद होगा कि नहीं, कह नहीं सकता, मगर मुझे आज भी याद है वह कौन थी! एक दिन रिहर्सल के दौरान मुद्रा ने उछलकर कपिल का गिरेबान पकड़ लिया और उसे उसी समय नाटक से बाहर कर दिया। कपिल की हरक़तें ही कुछ ऐसी थीं कि वह बहुत जल्दी विवादों के घेरे में आ जाता। कुछ दिनों तक वह दूरदर्शन का समाचार सम्पादक भी रहा और वहाँ भी ख़ुद ख़बर बन गया, जब उसने पश्चिमी उत्तर प्रदेश के एक अति संवेदनशील नगर के साम्प्रदायिक दंगे की रिपोर्ट पेश करते हुए समाचार में सूअरों का 'विजुअॅल' दिखा दिया था। उसे उस पद से भी हाथ धोना पड़ा था। मगर नौकरी करते-करते एक दिन वह मुम्बई में सेंसरबोर्ड तक पहुँच गया और एक अर्से तक उसके दस्तख़्तों से सेंसर प्रमाणपत्र जारी होते रहे। उससे मेरी अन्तिम भेंट महाकुम्भ के दौरान प्रयाग में हुई थी। मुझे ख़ुशी हुई कि उसका पुराना तेवर और अन्दाज़ बरक़रार था। दिल्ली में हम लोग लगभग दो बरस तक साथ-साथ रहे, मगर वह अचानक लापता हो गया।

वह उम्र ही ऐसी थी कि जो भी दोस्त प्यार में मुब्तिला होता, सबसे पहले अपने दोस्तों से कट जाता। उन दिनों उसका भी प्रेम चल रहा था और वह उसी में ओवरटाइम करने लगा। ममता से मेरा सान्निध्य बढ़ा तो मैंने भी यकायक टी-हाउस से कन्नी काट ली। एक दिन मोहन राकेश ने शरारत से मेरी आँखों में झाँकते हुए कहा कि यह कहाँ की दोस्ती है कि तुम लाबोहीम में कापूचिनो सिप करते हुए दिखायी पड़ते हो। दरअसल लाबोहीम के अँधेरे कोने ममता को कुछ ज़्यादा ही रास आ रहे थे। ममता उन दिनों दिल्ली विश्वविद्यालय से सम्बद्ध एक कालिज में अँग्रेज़ी की लेक्चरर थी। उसे प्रभावित करने के इरादे से मैं चार-छह रोज़ में ही अपना वेतन फूँक देता। उसे टैक्सी में शक्ति नगर छोड़ता और ख़ुद बस में धक्के खाते हुए घर लौटता। कृष्णा सोबती भी कभी-कभी 'लाबोहीम' में दिखायी देतीं, वह एक कोने में चुपचाप कॉफ़ी सिप करतीं। उनके हाथों में अँग्रेज़ी की कोई-न-कोई मोटी पुस्तक ज़रूर दिखायी देती। ममता उन दिनों ममता अग्रवाल थी और उसे उन दिनों अपना पर्स खोलने का अभ्यास ही नहीं था। मुझे लगता कि वह केवल शोभा के लिए पर्स हाथ में लेकर चलती थी। शादी के बाद ही उसे पर्स खोलने का शऊर आया, मेरा मतलब है पैसा खर्च करने की उसकी झिझक खुली।

केन्द्रीय हिन्दी निदेशालय दरियागंज से प्रगति मैदान में चला गया तो दफ़्तर में फ़ोन की सुविधा कम हो गयी। शुरू-शुरू में केवल अधिकारियों के फ़ोन शिफ़्ट हो

पाये। दफ़्तर में ममता का फ़ोन आता तो उपनिदेशक महोदय लड़की की आवाज़ सुनकर बेरहमी से फ़ोन काट देते। उन्होंने एक लड़की गोद ली थी और अब वह लड़की जवान हो गयी थी। वह उसकी शादी के लिए योग्य वर ढूँढ़ रहे थे। मुझे भी शादी और प्रोमोशन के प्रलोभन मिल रहे थे। उन्होंने मुझे फ़ोन पर बुलाना ही छोड़ दिया, चाहे वह मोहन राकेश का ही फ़ोन क्यों न हो! मिसेज़ तिक्कू दिल्ली में अकेली रहती थीं। मिसेज़ तिक्कू कौन थी, कहाँ थी, कोई नहीं जानता था, मगर इतना स्पष्ट था कि उनके दाम्पत्य में कोई सलवट ज़रूर आ चुकी थी। वह अपने में मस्त रहतीं, उनकी साख भी बहुत अच्छी थी। दफ़्तर में हर कोई बहुत आदरपूर्वक उनका नाम लेता। मैंने मिसेज़ तिक्कू को बताया कि मैं शादी-ब्याह के झंझट में पड़ना नहीं चाहता। उन्हें प्रसन्न करने के लिए मैंने यहाँ तक कहा कि कैसे दो इंसान ज़िन्दगी भर साथ-साथ रहने की कल्पना कर सकते हैं। मुझे तो यह सम्भव ही नहीं लगता। वही लोग शादी करते होंगे जो अपनी स्वन्तत्रता के दुश्मन हो जाते हैं। मिसेज़ तिक्कू मेरे विचारों से बहुत प्रसन्न हुईं और उन्होंने किसी तरह उपनिदेशक महोदय से मेरा पिंड छुड़वाया, जो मेरी शादी में ही नहीं, मेरी पदोन्नति में भी गहरी दिलचस्पी ले रहे थे। उन दिनों भारतीय ज्ञानपीठ का कार्यालय भी दरियागंज में था। जवाहर चौधरी उसके व्यवस्थापक थे। ममता को कोई सन्देश देना होता तो वह भारतीय ज्ञानपीठ में फ़ोन कर देती और जवाहर चौधरी मुझे उसका सन्देश पहुँचा देते। उन दिनों 'भाषा' का मुद्रण नासिक के राजकीय मुद्रणालय में होता था। अफ़सर तो अफ़सर होता है, आहत हो जाये तो साँप से भी ज़्यादा ख़तरनाक होता है। मुझे न्यूनतम दंड यही दिया जा सकता था कि 'भाषा' के अगले अंक का मुद्रण करवाने नासिक रवाना कर दिया जाये। इस क्षेत्र में मेरा कोई अनुभव नहीं था। ज़ाहिर है किसी भी अनुभवहीन व्यक्ति से भूलें होंगी ही। भूलें नहीं होंगी तो स्पष्टीकरण कैसे माँगा जा सकता है! कुछ लोग हर सरकारी काम को आमदनी का ज़रिया बना लेते हैं। एक अधिकारी ने मेरे साथ जाने के लिए तरक़ीब निकाल ही ली। इससे मुझे बहुत राहत मिली।

नौ

वह मेरे जीवन की पहली लम्बी ट्रेन यात्रा थी। इस यात्रा से मुझे बहुत अनुभव प्राप्त हुए। स्टेशन पर सबसे पहला अनुभव तो यही हुआ कि मैं प्रथम श्रेणी का टिकट लेकर प्रथम श्रेणी के डिब्बे में बैठ गया और मेरे साथ यात्रा कर रहे अधिकारी ने तृतीय श्रेणी में अपना आरक्षण करवाया था। उन दिनों ट्रेन में तृतीय श्रेणी भी हुआ करती थी। उस अधिकारी ने मेरे डिब्बे में आकर प्रथम श्रेणी में यात्रा करने पर मेरी बहुत लानत-मलामत की कि मैं धन का अपव्यय कर रहा हूँ। बाद में नासिक जाकर मैंने पाया कि उस अधिकारी ने बचे हुए पैसों का अत्यन्त सदुपयोग किया, रंडीबाज़ी और मद्यपान में। वह होटल या लॉज की बजाय धर्मशाला में ठहरा था और शाम को गोदावरी के तट पर बैठकर अपनी हरामज़दगियों का गुणगान करता। वह तीन चौथाई गंजा हो चुका था, बात करते-करते उत्तेजित हो जाता तो अपनी चाँद पर हाथ फेरने लगता।

दिल्ली से नासिक की वह रेल यात्रा कई मायनों में अविस्मरणीय बन गयी। दिन भर तो मैं खिड़की से बाहर देखते हुए प्रकृति और जीवन का आनन्द लेता रहा, रात को अचानक एक संकट खड़ा हो गया। कंडक्टर ने बताया कि मेरा आरक्षण नहीं है, मुझे अपनी सीट छोड़नी पड़ेगी। मुझे इससे पहले इल्म नहीं था कि प्रथम श्रेणी में भी आरक्षण की आवश्यकता होती है। मैंने बहुत से तर्क पेश किये मगर मेरी एक न चली। आख़िर मुझे अपना बोरिया-बिस्तर उठाकर तृतीय श्रेणी के सामान्य डिब्बे में रात काटनी पड़ी। डिब्बे में बहुत संघर्ष के बाद घुस पाया था और दरवाज़े की बगल में किसी तरह उलटे-सीधे सामान के बीच पैर धरने की जगह मिल पायी थी। कंडक्टर ने बताया था कि सुबह आठ बजे मैं दुबारा प्रथम श्रेणी के डिब्बे में बैठ सकता हूँ। सुबह प्रथम श्रेणी के डिब्बे में जो मेरी आँख लगी तो नासिक पहुँच कर ही नींद खुली। सुबह सहयात्रियों ने बताया कि अगर मैंने कंडक्टर को रात को ही घूस दे दी होती तो यों बेआबरू होकर तृतीय श्रेणी के डिब्बे में न जाना पड़ता। सच तो यह है तब तक मुझे घूस देने की तमीज़ ही नहीं आयी थी।

जैसे सोलहवें साल में यौवन दस्तक दिया करता है और बच्चे यकायक यौवन की जटिलताओं से खेलने लगते हैं, भारत का माहौल कुछ ऐसा था कि जीवन में प्रवेश करते ही नौकरशाही की महिमा समझ में आने लगती है। बन्धन छेड़खानी के लिए प्रेरित करने लगते हैं, पथ पर इतने काँटें बिछे नज़र आते हैं जैसे कह रहे हों कि चल कर दिखाओ तो जानें! आदमी को समय पर घूस का माहात्म्य समझ में आ जाये तो पथ निष्कटंक हो जाता है, उस पर फूल बिखर जाते हैं। देखा गया है, जो लोग सही वक़्त पर इस पाठ में निरक्षर रह जाते हैं, वह फिर अविवाहित लोगों की तरह सनकी हो जाते हैं या हमारे प्रतिष्ठित व्यंग्य लेखक रवीन्द्रनाथ त्यागी की तरह पारिश्रमिक के लिए भी स्मरण पत्र भेजते समय इस बात का उल्लेख करना नहीं भूलते कि उन्होंने जीवन भर ईमानदारी से नौकरी की और अपने कार्यकाल में घूस का तिनका भी नहीं छुआ और मेरी तरह प्रथम श्रेणी का टिकट लेकर तृतीय श्रेणी में यात्रा करते रहे। मेरे दूध के दाँत तो समय पर निकल आये थे, मगर घूस की लेन-देन में मेरा अन्नप्राशन ज़रा विलम्ब से हुआ। ईश्वर की मुझ पर कृपा रही कि समय रहते मुझे अक़्ल आ गयी वरना इंस्पेक्टर लोग मेरा जीना हराम कर देते। वे अपने इस पवित्र काम में लग भी गये थे कि मुझे वक़्त पर सही मार्गदर्शन मिल गया। एक ज़माना था मैं गाड़ी में आरक्षण न मिलने पर विचलित हो जाया करता था, बाद में पता चला कि ट्रेन में आरक्षण प्राप्त करना तो एक मामूली-सा काम है। मेरे मित्र दीपक दत्ता तो बग़ैर एक भी शब्द नष्ट किये टी.टी. से आँखों ही आँखों में आरक्षण हासिल कर लेते थे। जब- जब उनके साथ इलाहाबाद से दिल्ली जाने का अवसर मिला, वह टी.टी. को चेहरा दिखाकर प्रथम श्रेणी के वातानुकूलित कूपे में खिलाते-पिलाते कानपुर तक ले गये। कानपुर से दिल्ली के लिए आरक्षित इस कूपे की यात्रा फ़क़त एक-दो पेग और कबाब के एवज़ में उपलब्ध हो जाती। चलती हुई गाड़ी के ठंडे एकान्त में शराब पीने का आनन्द ही दूसरा है। बचपन में सुना एक मुहावरा याद आ जाता था कि हींग लगे न फिटकरी रंग चोखा आये।

इलाहाबाद में मैंने प्रेस का कारोबार शुरू किया तो रोज़ कोई-न-कोई इंस्पेक्टर यमदूत की तरह सिर पर खड़ा हो जाता। मेरी समझ में आया कि नारंग जी क्यों दिन भर खातों और रजिस्टरों में सिर खपाते रहते थे। वह हर नियम का अक्षरश: पालन करते थे, इंस्पेक्टर लोग चाहकर भी उनको न घेर पाते। बाज़ार में यह ख़बर फैलते ही कि नारंग जी प्रेस से मुक्त हो गये हैं, टिड्डी दल की तरह इंस्पेक्टरों ने मुझ पर हमला बोल दिया। मैं दफ़्तरी काम में एकदम अनाड़ी था और रजिस्टर वग़ैरह भरने में मेरी जान सूखती थी। जब पहली बार लेबर इंस्पेक्टर निरीक्षण के लिए आया तो उसने बहुत-सी अनियमितताएँ पायीं, जैसे छुट्टी का रजिस्टर अपूर्ण था, साप्ताहिक

छुट्टी और अन्य छुट्टियों का विवरण प्रदर्शित नहीं था, हाजिरी रजिस्टर में कुछ ख़ामियाँ थीं। मेरी निगाह में यह एक मामूली चूक थी, मगर वह चालान काटने पर आमादा हो गया। जब तक वह चालान की किताब में कार्बन लगाकर अपना काम शुरू करता, मैंने देखा, उसके रजिस्टर पर उर्दू शे'र लिखा हुआ था। मैंने तुरन्त पूछा कि यह शे'र किसका है?

"इसी ख़ाकसार का है।" अचानक वह इंस्पेक्टर से शायर में तब्दील हो गया। उसने अपना पानदान निकाला और एक पान मुझे भी पेश किया। उसने जब शे'र पढ़ते हुए ज़िन्दगी को जिन्दगी कहना शुरू किया तो मैंने किसी तरह अपनी हँसी रोकते हुए शे'र की भरपूर तारीफ़ की। यह जानकर कि मेरी भी शे'रो-शायरी में दिलचस्पी है, वह यके बाद दीगरे शे'र पर शे'र सुनाने लगा। मैंने तुरन्त उसे अपनी एक पुस्तक भेंट की। पता चला नौकरी से पहले वह कॉलिज के दिनों में फ़र्रुख़ाबाद का नामी शायर था और इस पापी पेट के लिए उसे शायरी का दामन छोड़ना पड़ा। अब भी सरेराह चलते-चलते बारहाँ उसे शे'र सूझ जाया करते हैं और वह उस समय जो काग़ज़ सामने पड़ता है उस पर शे'र दर्ज कर लेता है। रजिस्टर पर दर्ज शे'र उसने आज ही खोया मंडी पर एक तवायफ़ को आइसक्रीम खाते देख कर लिखा था। वह 'ग़ाफ़िल' उपनाम से यों ही मन की भड़ास निकालता रहता है। ग़ाफ़िल साहब सचमुच बहुत रहमदिल इंसान थे। जब तक वह इलाहाबाद में रहे, उन्होंने मेरा चालान न होने दिया और मैं रजिस्टरों में उलझने की बजाय अपना सारा ध्यान प्रूफ संशोधन के काम पर देता रहा। प्रूफ संशोधन की मेहनतमजदूरी से मेरा दारू का खर्च निकलता था, प्रेस की आमदनी तो क़िस्तों में अदा हो जाती थी।

ग़ाफ़िल साहब का बलिया तबादला हो गया तो मुझे बहुत तक़लीफ़ों का सामना करना पड़ा। उनके स्थान पर जो इंस्पेक्टर तैनात हुआ था, वह बहुत घाघ क़िस्म का आदमी था। चेहरे पर माता के दाग़ थे। अपने को तीसमारख़ाँ से कम नहीं समझता था। शे'रो-शायरी में भी उसकी दिलचस्पी न थी। पहली मुलाक़ात में ही उसने चालान काट कर थमा दिया। यह एक नया सिरदर्द था। मुझे लगा यह कारोबार चलाना मेरे बस का काम नहीं है। मेरी सात पुश्तों में किसी ने बिज़नेस नहीं किया था। चालान का अर्थ था स्पष्टीकरण और पेशियों का लम्बा सिलसिला, जिससे मुझे घोर वितृष्णा थी। मैंने अपने फाउंड्री के मालिक को फ़ोन पर अपनी परेशानी बतायी। संयोग ही था कि मैंने एक निहायत उपयुक्त आदमी को फ़ोन किया था। वह शहर के तमाम इंस्पेक्टरों से परिचित था। मैंने इंस्पेक्टर का हुलिया बताया तो बोला, जायसवाल होगा, बहुत हरामी और लालची है। वह आज ही उसे बुलवाकर बात कर लेगा। अगले ही रोज़ दोपहर को इंस्पेक्टर मेरे पास आया और सौ रुपये लेकर चालान का काग़ज़

फाड़ कर रद्दी की टोकरी में फेंक गया। उसके बाद वह हर महीने आता रहा। निरीक्षण के लिए नहीं, उगाही के लिए। वह महँगाई से बहुत त्रस्त रहता था। मुझे लगता, वह चाहता है कि घूस की दर मुद्रास्फीति और थोक सूचकांक से जुड़ जानी चाहिए, मगर बनिया लोग इस तरफ़ ध्यान ही नहीं दे रहे थे। वह हर महीने घूस के अलावा कोई-न-कोई चीज़ और उठा ले जाता। और कुछ न दिखायी देता तो क़लम ही उठाकर जेब में खोंस लेता। एक इंस्पेक्टर ऐसा भी आया कि जिसकी अपने काम में रुचि थी न आपके काम में। वह दिनभर चप्पल चटकाते हुए अपने साले के लिए नौकरी तलाश करता। वह घूस की राशि तो चुपचाप जेब में रख लेता और देर तक अपने साले की पैरवी करता रहता। उसने मुझ पर बहुत दबाव बनाया कि मैं उसके साले को प्रेस के मैनेज़र के रूप में रख लूँ, वह सब रजिस्टर वग़ैरह दुरुस्त कर देगा। वह मन लगाकर काम करेगा और वक़्त-ज़रूरत चपरासी का काम भी कर देगा। मेरे ऊपर इतना कर्ज़ था कि मैं मैनेज़र रखने की ऐय्याशी के बारे में सोच भी न सकता था। मैं सुबह से शाम तक प्रूफ पढ़ता, कई बार तो सुबह नींद खुलते ही प्रूफ पढ़ने में व्यस्त हो जाता ताकि मशीन का चक्का घूमता रहे। यही मेरी बचत थी और इसी से मेरा दाना-पानी निकलता था, यानी सिगरेट और दारू का बन्दोबस्त होता था।

घूस की महिमा का जिक्र निकला है तो एक मुँहतोड़ अनुभव का ज़िक्र करना ज़रूरी हो गया है। प्रेस का काम मैंने इतना बढ़ा लिया था कि एक मशीन से पूरा न पड़ता था। मैं एक स्वचालित मशीन लगाना चाहता था, जबकि अभी नारंग जी का ही बहुत-सा कर्ज़ बाक़ी था। एक दिन सुबह के अख़बार में मुझे कुछ रोशनी नज़र आयी। पंजाब नेशनल बैंक का विज्ञापन प्रकाशित हुआ था कि लघु उद्योगों को प्रोत्साहित करने के लिए बैंक ने आसान क़िस्तों पर एक कल्याणकारी योजना का शुभारम्भ किया है, इच्छुक व्यक्ति बैंक की निकटतम शाखा से सम्पर्क करें। मैं एक निहायत मूर्ख नागरिक की तरह बैंक खुलते ही कुर्ते-पायजामे में सिगरेट फूँकते हुए ख़रामा-ख़रामा चौक स्थित पंजाब नेशलन बैंक की शाखा के प्रबन्धक के कमरे में पहुँच गया। बैंक मैनेज़र मोटे से लेजर में सिर गड़ाये हुए था। हाल में एक टेबुल के पास मैनेज़र की बगल में मैं उनके ख़ाली होने की प्रतीक्षा कर रहा था कि एक मोटा-सा चूहा मेरे पायजामे में घुस गया। मैं सार्वजनिक रूप से पायजामा तो ढीला न कर सकता था, मैंने अचानक कूदना शुरू किया। चूहा पायजामे के रहस्यमय लोक में पहुँचकर उत्पात मचाने लगा। मैं कूदता रहा और चूहा कभी मेरी दाहिनी टाँग पर रेंगने लगता और कभी बायी टाँग पर। मुझे कूदते देख बैंक में हलचल मच गयी। लोगों ने सोचा कि कोई ग्राहक अचानक पागल हो गया है और बेतहाशा कूद रहा है। इसी प्रक्रिया में मेरा चश्मा नीचे गिर गया। मैनेज़र भी अपनी मूड़ी उठाकर हक्का-

बक्का-सा मेरी तरफ़ देखने लगा। उसका चश्मा उसकी नाक की नोक पर सरक आया था। अचानक चूहे को सद्‌बुद्धि आयी और वह मेरे दाहिने पैर पर कूद कर भीड़ में रास्ता बनाते हुए निकल गया। लोगों को जैसे सर्कस का आनन्द आ गया। लोग उत्तेजना में ताली पीटने लगे। मैनेज़र ने बैंक के प्रबन्ध तन्त्र को पेस्ट कंट्रोल के लिए अपेक्षित धनराशि मंजूर न करने पर पंजाबी में गाली दी और आदरपूर्वक मुझे अपने कमरे में ले गया। बैंक के कर्मचारियों ने मेरे लिए चाय का गर्म-गर्म प्याला भिजवा दिया। मैंने मैनेज़र को अपने आने का प्रयोजन बताया। मेरी बात सुनकर बैंक मैनेज़र ऐसे व्यंग्य से मुस्कराया जैसे कह रहा हो कि इस दुनिया में अभी भी ऐसे मूर्ख लोग विद्यमान हैं जो सरकारी विज्ञापनों पर विश्वास करते हैं। उसने अपना और मेरा काफी समय नष्ट करके मुझे सुझाव दिया कि मैं शहर की मुख्य शाखा से सम्पर्क करूँ। जिन दिनों मैं बैंक के चक्कर लगा रहा था, मैंने एक लम्बी कहानी लिखी थी 'चाल'। उस कहानी का एक अंश यहाँ उद्‌धृत करना चाहूँगा :

> *प्रकाश बैंक पहुँचा तो, बिजली नहीं थी। तमाम कर्मचारी अपनी-अपनी कुर्सी छोड़कर बाहर हवा में टहल रहे थे।*
>
> *''आपसे मिलने के पूर्व मैं कार्यालय से कुछ जानकारी ले लेना चाहता था, मगर दुर्भाग्य से आज बिजली नहीं है।'' प्रकाश ने मैनेज़र के सामने बैठते हुए कहा, ''मैंने इंजीनियरिंग की परीक्षा अच्छे अंक प्राप्त करके पास की है और 'आर यू प्लानिंग टु सेट अप ए स्मॉल स्केल इंडस्ट्री' पढ़कर आप से मिलने आया हूँ।''*
>
> *''यह अच्छा ही हुआ कि बिजली नहीं है, वरना आपसे भेंट ही न हो पाती। आप मिश्रा से मिलते और मिश्रा आपको जानकारी की बजाय गाली दे देता। वह हर आने वाले से यही कहता है कि यह सब स्टंट है, आप घर बैठकर आराम कीजिए, कुछ होना-हवाना नहीं है।''*
>
> *प्रकाश अपनी योजना के बारे में विस्तार से बात करना चाहता था, मगर उसने पाया कि बैंक का मैनेज़र सहसा आध्यात्मिक विषयों में दिलचस्पी लेने लगा है। वह धूप में कहकहे लगा रहे बैंक के कर्मचारियों की ओर टकटकी लगाकर देख रहा था जैसे दीवारों से बात कर रहा हो, ''आप नौजवान आदमी हैं, मेरी बात समझ सकते हैं। यहाँ तो दिनभर अनपढ़ व्यापारी आते हैं, जिन्हें न स्वामी दयानन्द में दिलचस्पी है, न अपनी सांस्कृतिक विरासत में। वेद का अर्थ है ज्ञान। ज्ञान से हमारा रिश्ता कितना सतही होता जा रहा है, इसका अनुमान आप स्वयं लगा सकते हैं। प्रकृति की बड़ी-बड़ी शक्तियों में आर्य लोग दैवी अभिव्यक्ति*

देखते थे। जब छोटा बड़े के सामने जाता था, तब अपना नाम लेकर प्रणाम करता था। आज क्या हो रहा है, आप अपनी आँखों से देख रहे हैं। बिजली चली गयी और इनसे काम नहीं होता। कोई इनसे काम करने को कहेगा, ये नारे लगाने लगेंगे। मैं इसी से चुप रहता हूँ। किसी से कुछ नहीं कहता। आप चले आये, बहुत अच्छा हुआ, बहुत अच्छा हुआ, नहीं तो मैं ग़ुस्से में भुनभुनाता रहता और ये सब मुझे देख-देखकर मज़ा लेते। मैं पहले ही 'एक्सटेंशन' पर हूँ। नहीं चाहता कि इस बुढ़ापे में 'प्राविडेंड फंड' और 'ग्रेच्युटी' पर कोई आँच आये। आपकी तरह मैं भी मज़ा ले रहा हूँ। मैंने बिजली कम्पनी को भी फ़ोन नहीं किया। वहाँ कोई फ़ोन ही नहीं उठाएगा। इन सब बातों पर मैं ज़्यादा सोचना ही नहीं चाहता। पहले ही उच्च रक्तचाप का मरीज़ हूँ। दिल दग़ा दे गया तो, यहीं ढेर हो जाऊँगा। देवों का तर्पण तो दूर की बात है यहाँ कोई पितरों का तर्पण भी नहीं करेगा। आप यह सोचकर उदास मत होइए। आप एक प्रतिभासम्पन्न नवयुवक हैं, तकनीकी आदमी हैं। बैंक से ऋण लेकर अपना धन्धा जमाना चाहते हैं। ज़रूर जमाइए। पुरुषार्थ में बड़ी शक्ति है। हमारा दुर्भाग्य यही है, हम पुरुषार्थहीन होते जा रहे हैं। आप हमारे बैंक का विज्ञापन पढ़कर आये हैं, मेरा फ़र्ज है, मैं आपकी पूरी मदद करूँ। ऋण के लिए एक फ़ॉर्म है, जो आपको भरना पड़ेगा। इधर कई दिनों से वह फ़ॉर्म स्टॉक में नहीं है। मैंने मुख्य कार्यालय को कई स्मरण पत्र दिये हैं कि इस फ़ॉर्म की बहुत माँग है, दो सौ फॉर्म तुरन्त भेजे जायें। फ़ॉर्म मेरे पास ज़रूर आये, मगर वे नया एकाउंट खोलने के फ़ॉर्म थे। आज की डाक से यह परिपत्र आया है। आप स्वयं पढ़कर देख लीजिए। मैं अपने ग्राहकों से कुछ नहीं छिपाता। मैं खुले पत्तों से ताश खेलने का आदी हूँ। इस परिपत्र में लिखा है कि बैंकों के राष्ट्रीयकरण के बाद पढ़े-लिखे तकनीकी लोगों को बैंक से अधिक-से-अधिक आर्थिक सहायता मिलनी चाहिए। आपका समय नष्ट न हो, इससे मेरी राय यही है कि आप कहीं से उस फ़ॉर्म की प्रतिलिपि प्राप्त कर लें, उसकी छह प्रतिलिपियाँ टंकित करा लें, मुझसे जहाँ तक बन पड़ेगा, मैं आपके लिए पूरी कोशिश करूँगा। वैसे निजी तौर पर आपको बता दूँ, मेरे कोशिश करने से कुछ होगा नहीं। मैं कब से कोशिश कर रहा हूँ कि इस ब्रांच के एकाउंटेंट का तबादला हो जाये, मगर वह आज भी मेरे सिर पर सवार है। सारे फ़साद की जड़ भी वही है। गर्मी भी उसे ही सबसे ज़्यादा सताती है। पुराना आदमी है, अफ़सरों से लेकर चपरासियों तक को पटाये रखता है, यही वजह है कि उस पर कोई अनुशासनात्मक कार्यवाही नहीं की जा सकती। दो ही वर्षों में मैंने उसकी

'कॉन्फिडेंशियल फाइल' इतनी मोटी कर दी है कि एक हाथ से उठती ही नहीं। मगर आज काग़ज़ों का वह अर्थ नहीं रह गया, जो अँग्रेज़ों के ज़माने में था। काग़ज़ का एक छोटा-सा पुर्जा ज़िन्दगी का रुख़ ही बदल देता था। आप ऋण की ही बात ले लीजिए। यह सब 'पेपर एनकरेजमेंट' यानी काग़ज़ी प्रोत्साहन है। यही वजह है कि हिन्दुस्तान में काग़ज़ का अकाल पड़ गया है। राधे बाबू ने गेहूँ या तेल से उतनी कमाई नहीं की, जितनी आज काग़ज़ से कर रहे हैं।''

इसी बीच बिजली आ गयी। कमरे में उजाला हो गया और धीरे-धीरे पंखे गति पकड़ने लगे। प्रकाश के दम-में-दम आया। अपनी योजनाओं के प्रारूप की जो फ़ाइल प्रकाश अपने साथ इतने उत्साह से लाया था, मैनेज़र ने पलट कर भी न देखी थी। चपरासी ने बही-खातों का एक अम्बार मैनेज़र के सामने पटक दिया। एक ड्राफ़्ट उड़कर प्रकाश के पाँव पर गिरा। प्रकाश ने वहीं पड़ा रहने दिया। मैनेज़र ने चिह्नित पृष्ठों पर मशीन की तरह क़लम चलानी शुरू कर दी।

मैं उस मैनेज़र के सम्पर्क में लगातार रहा। ऋण मिलने की कोई सम्भावना नज़र नहीं आ रही थी। मैंने यह सोचकर सन्तोष कर लिया न सही ऋण, कहानी ही सही। उसका एकालाप सुनने के लिए मैं कई बार उसके यहाँ चला जाता।

एक दिन मैं घूमते-घूमते पंजाब नेशनल बैंक की मुख्य शाखा पर जा पहुँचा। चौक शाखा से यहाँ का वातावरण एकदम भिन्न था। मैनेज़र ने मुझे सम्बन्धित अधिकारी से मिलने को कहा। अगर मैं ग़लत नहीं हूँ तो उस अधिकारी का नाम मित्तल था, बाद में मित्तल ने बताया कि उसकी पत्नी कैंसर से पीड़ित थी और उसे घूस का घुन लग चुका था। उसने ऋण दिलवाने का वादा किया और मेरे लिए चाय मँगवायी। ड्राअॅर से फॉर्म निकाला और ख़ुद ही मेरे काग़ज़ देखकर मेरा फ़ॉर्म भरने लगा। उसने कुछ ज़रूरी काग़ज़ात की फोटो प्रतिलिपि करवायी और मेरा आवेदन पत्र भी स्वीकार कर लिया। उसने बताया कि अगले सप्ताह क्षेत्रीय कार्यालय से एक अधिकारी निरीक्षण के लिए आने वाला है और उसकी रिपोर्ट मिलते ही ऋण की राशि स्वीकृत हो जायेगी।

अगले सप्ताह मित्तल साहब का सन्देश मिला कि क्षेत्रीय कार्यालय से सम्बन्धित अधिकारी आ गये हैं और मैं बैंक से तुरन्त सम्पर्क करूँ। मित्तल साहब से मिला तो उन्होंने बताया कि वह शीघ्र ही दो-एक दिन में अपने अधिकारी के साथ निरीक्षण के लिए आएँगे। मैं घर में जलपान का प्रबन्ध रखूँ। मुझे बड़ा अफ़सोस हुआ जब अधिकारी ने जलपान में कोई दिलचस्पी न दिखायी, उसकी दिलचस्पी अपने काम में ज़्यादा थी। उसने प्रेस की बैलेंस-शीट का अध्ययन किया, मेरी पृष्ठभूमि के बारे में बातचीत की। वह दक्षिण भारतीय था और मैंने दक्षिण की भाषाओं और साहित्य

पर अपनी पूरी जानकारी उँड़ेल कर रख दी। उसे जानकर बहुत आश्चर्य हुआ कि कोई पढ़ा-लिखा आदमी भी इस धन्धे में है। अब तक उसकी मुलाक़ात ठेठ व्यवसायियों से हुई थी। मुझे लगा, वे लोग मेरी बातचीत से सन्तुष्ट हो चले हैं। मित्तल साहब ने आँख के इशारे से ऐसा संकेत भी दिया। शाम को दफ़्तर के बाद मित्तल साहब प्रेस में चले आये। उन्होंने बताया कि उनके अधिकारी ऋण स्वीकृत करने का मन बना चुके हैं और मैं शाम को उनके होटल में उनसे मिल लूँ। वह शरीफ़ अधिकारी हैं, ज़्यादा मोलभाव न करेंगे, मैं कम-से-कम एक हज़ार रुपया अवश्य भेंट कर दूँ। अपने हिस्से के बारे में वह बाद में बात कर लेंगे। एक हज़ार रुपया मेरे लिए बड़ी रकम थी, यानी इतने पैसों से पत्नी के लिए दर्जनों साड़ियाँ ख़रीदी जा सकती थीं या दो महीने तक दारू पी जा सकती थी। मैंने असमर्थता प्रकट की तो मित्तल साहब नाराज़ हो गये, "एक लाख का ऋण चाहते हो और एक हज़ार रुपया खर्च नहीं कर सकते। इतनी बचत तो ब्याज में हो जायेगी। बाज़ार से पैसा उठायेंगे तो बीस रुपये सैकड़ा से कम न मिलेगा। आपकी समझ में आये तो पैसा पहुँचा दें।" मित्तल साहब ने उठते हुए कहा, "जहाँ तक उनके पैसे का ताल्लुक है, वह ऋण स्वीकृत होने के बाद ले लेंगे।"

मित्तल साहब चले गये तो मैं सोच में पड़ गया। इसी ऋण की ख़ातिर मैं अब तक बहुत चप्पल चटका चुका था। कहीं से ठोस आश्वासन न मिला था। मैंने बिजली का बिल जमा करने के लिए ग्यारह सौ रुपये सँभाल कर रखे हुए थे। आख़िर मैंने तय किया कि उसी पैसे से यह काम सरंजाम दे दिया जाये, बिजली के बिल का जुगाड़ बाद में कर लिया जायेगा। रेड्डी साहब जान्सटनगंज के राज होटल में ठहरे हुए थे। मैंने मन मसोसकर एक हज़ार रुपये एक लिफ़ाफ़े में रखे और उनके पास पहुँच गया। रेड्डी साहब ने मेरे लिए चाय मँगवायी और मुम्बई के जीवन पर बातचीत करने लगे। दो वर्ष के लिए वह भी वहाँ रहे थे। उन्होंने आश्वासन दिया कि वह सप्ताह भर में मेरा ऋण स्वीकृत करा देंगे। मैंने बहुत मासूमियत से अपनी जेब से लिफ़ाफ़ा निकाला और उन्हें भेंट करते हुए कहा, "मेरी ओर से यह भेंट स्वीकार करें।"

रेड्डी साहब ने लिफ़ाफ़ा खोला और उसमें रुपये देखकर भड़क गये, "आप यह सब क्या कर रहे हैं? मैं तो आपको पढ़ा-लिखा समझदार शख़्स समझ रहा था। आप अपना ही नहीं, मेरा भी अपमान कर रहे हैं।"

मेरा चेहरा एकदम फक पड़ गया और मुझे अपने कर्म पर बहुत शर्म आयी, मगर मैं लाचार था, मित्तल साहब ने ऐसा ही निर्देश दिया था। मुझे असमंजस में देखकर रेड्डी साहब ने पूछा, "आपको किसी ने पैसा देने को कहा था?"

"मैं बेहद शर्मिन्दा हूँ।" मैंने कहा, "मजबूरी में मैंने यह गुस्ताख़ी की थी।"

"किसने आपको यह रास्ता सुझाया?"

"अब मैं आपको क्या बताऊँ, आपके दफ़्तर से यह संकेत मिला था।"

"किसने दिया ऐसा भद्दा संकेत?"

"शिक़ायत करना ठीक न होगा, आप ख़ुद दरियाफ़्त कर लें।" आत्मग्लानि में मैं देर तक गर्दन झुकाये उनके सामने बैठा रहा।

"आपसे मुझे इस व्यवहार की कतई आशा न थी।"

"आप मेरा ऋण मत स्वीकार करें।" मैंने उठते हुए कहा, "मुझे क्षमा करेंगे।"

मेरा यह घूस देने का पहला अवसर था और इसमें मैं न सिर्फ़ असफल रहा था, घोर अपमानित भी हुआ था। इससे पहले दी गयी रकमों को बख़्शीश ही कहा जा सकता था। मेरी रेड्डी साहब से आँख मिलाने की हिम्मत न पड़ रही थी। मैं कमरे से निकला और चुपचाप सीढ़ियाँ उतर गया।

कई दिनों तक मैं पश्चात्ताप में सुलगता रहा। उस समय मित्तल मुझे दिखायी पड़ जाता तो उसे गिरेबान से पकड़ लेता। मैंने मित्तल और बैंक की उस शाखा को भूल जाने में ही अपनी ख़ैरियत समझी। मैंने उस शाखा की तरफ़ जाने वाली सड़कों पर भी चलना बन्द कर दिया। एक दिन अनायास दोपहर को बैंक मैनेज़र मित्तल साहब के साथ प्रेस में आये। इन लोगों ने सूचना दी कि मेरा ऋण स्वीकृत हो गया है और मैं बैंक आकर तमाम औपचारिकताएँ पूरी कर लूँ। मैंने ग़ौर किया, उस दिन मेरी जो हालत रेड्डी साहब के सामने हो रही थी, उससे भी बदतर हालत में मित्तल साहब थे। वह मुझसे आँख नहीं मिला पा रहे थे। अगले रोज़ मैं दफ़्तर गया तो मित्तल साहब ने बग़ैर किसी हीलागरी के तमाम औपचारिकताएँ पूरी करवा दीं। कुछ ही दिनों में उनका तबादला भी हो गया। मित्तल साहब के तबादले के बाद देश से भ्रष्टाचार समाप्त हो गया हो, ऐसा नहीं होता और न ऐसा हुआ। मुझे लगता है अगर रेड्डी साहब ऐसे ही ईमानदारी का परिचय देते रहे होंगे तो अब तक उनका अपना तबादला भी हो चुका होगा। उनकी हरक़तों से तो ऐसा लगता था, सीधे उनका निलम्बन ही हुआ होगा। हमारे यहाँ व्यवस्था ऐसी हो गयी है कि ईमानदार होने का भ्रम अवश्य प्रदर्शित कर सकती है और अगर ईमानदारी से किसी अधिकारी की उज्ज्वल छवि बनने लगती है तो उसे मुनासिब दंड दे दिया जाता है। सरकारी कामकाज में बाधा उत्पन्न करना भी अपराध है। मालूम नहीं, रेड्डी साहब अपना अभियान कहाँ तक पहुँचा पाये या बीच नौकरी में ही उनकी साँस उखड़ गयी।

घूस का प्रसंग जिस यात्रा में आया था, वह सन् चौंसठ के आसपास की यात्रा

थी। मैं यह सोचकर नासिक यात्रा पर जाने को तैयार हो गया था कि इस बहाने मुम्बई देखने का मौक़ा मिल जायेगा। संयोग से उन दिनों राकेश जी मुम्बई में थे। मुम्बई एक तरह से उनका दूसरा घर था, वह कभी भी मुम्बई के लिए चल देते थे। जाने उन्हें मुम्बई का क्या आकर्षण था! मुम्बई में ऐसे कई परिवार थे, जहाँ राकेश जी घर से भी अधिक अपनापन महसूस करते थे। वैद परिवार ऐसा ही एक परिवार था। वैद लोगों के पास चर्चगेट पर बहुत ख़ूबसूरत फ़्लैट था। समुद्र का पड़ोस था।

शनिवार तक अपना काम निपटाकर मैं नासिक से मुम्बई के लिए रवाना हो गया और मुम्बई पहुँचकर स्टेशन पर ही दिल्ली का आरक्षण करा लिया ताकि बाद में कहीं पैसे न कम पड़ जायें। राकेश जी मुम्बई में राजबेदी के यहाँ रुकते थे। चर्चगेट पहुँचने में ज़रा दिक़्क़त न हुई। इस्मत आपा (इस्मत चुग़ताई) भी उसी बिल्डिंग में रहती थीं, उनसे भी भेंट हो गयी। शाम को राकेश जी जुहू ले गये और भेलपूरी का आनन्द लिया, नारियल का पानी पिया। राकेश जी के साथ ही कृष्णचन्दर के यहाँ जाना हुआ। वह उन दिनों खार में रहते थे। सलमा आपा भी मिलीं। भारती जी और अली सरदार जाफ़री वामन जी पेटिट रोड पर एक ही बिल्डिंग में रहते थे। शाम इन लोगों के साथ बितायी। मेरे लिए वे अविस्मरणीय क्षण थे।

मुम्बई में मेरी अच्छी-ख़ासी तफ़रीह हो गयी, मगर जब मैं वापसी के लिए ट्रेन में सवार हुआ तो पाया कि जेब में टिकट तो फर्स्ट क्लास का था, मगर जेबें ख़ाली थीं। सब जेबें टटोलकर देख लीं, पास में पाँच रुपये भी न थे। देवलाली के कोच में मेरा आरक्षण था। जेब ख़ाली हो तो भूख भी कुछ ज़्यादा लगती है। मैंने प्लेटफॉर्म पर उतरकर एक बटाटा बड़ा ख़रीदा और जी भर कर पानी पी लिया। देवलाली स्टेशन पर सेना के कुछ अधिकारी कैबिन में नमूदार हुए। उनके साथ अर्दली वग़ैरह भी थे। उनका सामान करीने से रखा गया। होल्डल खोले गये। जब ट्रेन देवलाली से विदा हुई तो शाम का झुटपुटा छा चुका था। सूर्य अस्त होते ही तीनों अधिकारी कुछ बेचैन दिखने लगे। उनके हावभाव से लग रहा था, उन्हें पीने की हुड़क उठ रही है, मगर मेरी उपस्थिति में कार सेवा शुरू करने में संकोच कर रहे थे। आख़िर एक नौजवान ने मुझे सिगरेट पेश करते हुए पूछा कि अगर वह ड्रिंक लेंगे तो मुझे कोई एतराज़ तो न होगा। मैंने सिगरेट सुलगाई और धुआँ छोड़ते हुए कहा कि अगर वे लोग मुझे भी शामिल कर लेंगे तो मुझे कोई एतराज़ न होगा। मेरी स्वीकृति मिलते ही डिब्बे का माहौल उत्सवधर्मी और दोस्ताना हो गया। देखते-देखते ट्रंक के ऊपर बार सज गया। बर्फ़ की बकेट निकल आयी, पारदर्शी गिलासों में शराब ढाली जाने लगी। देखते ही देखते उनका अर्दली गर्म-गर्म उबले

हुए अंडे छीलने लगा। उसने करीने से सलाद की प्लेट सजा दी। मयनोशी का यह जो दौर शुरू हुआ तो दिल्ली पहुँचकर ही ख़त्म हुआ।

दिल्ली तक का सफ़र चुटकियों में कट गया, विमान की तरह। मेरी जेब में इतने भी पैसे नहीं थे कि चार लोगों के लिए चाय का आदेश दे सकूँ, मगर ईश्वर जब देता है तो छप्पर फाड़ कर ही नहीं देता, चलती ट्रेन में भी दे देता है। एक तरफ़ मेरी मुफ़लिसी थी और दूसरी तरफ़ ये नौजवान थे, जिनके पास किसी चीज़ की कमी ही न थी। सुबह के नाश्ते से लेकर रात के डिनर तक की उत्तम व्यवस्था होती चली गयी। मैं भी निस्संकोच इन लोगों का साथ दे रहा था, मगर भीतर ही भीतर संकोच भी हो रहा था कि इतने लज़ीज़ भोजन और महँगी शराब में मेरी कोई हिस्सेदारी नहीं थी। मेरे पास कुछ लतीफ़े थे और शे'र। वाजिब अवसर पर मैं उन्हें ही खर्च करता रहा। इश्क़ मजाज़ी के शे'र सुनकर तो वे ताली पीटने लगते। मेरी स्थिति एक विदूषक की हो गयी थी। यात्रा के दौरान इन लोगों से मेरी इतनी घनिष्ठता हो गयी कि मेरे बग़ैर दोपहर को जिन का सेशन भी शुरू न होता। वक़्त पर नाश्ता, लंच और डिनर चार प्लेटों में आता। मैं यही सोचकर परेशान था कि जाने अब तक डाइनिंग कार का कितना बिल हो गया होगा! मैं डर रहा था कि बैरा कहीं मुझे बिल पेश न कर दे। ज्यों-ज्यों दिल्ली पास आ रही थी, मेरी जान साँसत में आ रही थी। मैंने धीरे-धीरे अपना सामान समेटना शुरू कर दिया था। सामान था ही क्या, ले-दे कर एक टुटहा अटैची थी। एक चादर थी, जो नासिक की लॉज में ही चोरी चली गयी थी।

दिल्ली नज़दीक आ रही थी और मेरे दिल की धड़कनें तेज़ हो रही थीं। तभी बैरे ने आकर सामान समेटना शुरू किया। मुझे लग रहा था अभी वारंट की तरह बिल मेरे सामने पेश कर दिया जायेगा, जो सैकड़ों रुपयों का होगा। गाड़ी ने नयी दिल्ली के प्लेटफॉर्म में प्रवेश किया तो मैं अपना अटैची थामे दरवाज़े पर खड़ा था। ज्यों ही गाड़ी की गति कमज़ोर पड़ी, मैंने रेंगती ट्रेन से अटैची थामे हुए कुछ इस तरह छलाँग लगायी जैसे अपना नहीं, चोरी का सामान लेकर कूद रहा हूँ। बड़े-बड़े गिरहकट मेरी मुस्तैदी देखकर चकित रह जाते। प्लेटफॉर्म पर सँभलते ही मैं ट्रेन की उलटी दिशा में चलने लगा। स्लोप वाले पुल पर बिल्ली की-सी फुर्ती से चढ़ गया। प्लेटफॉर्म से बाहर निकलते ही एक टैक्सी में बैठ गया और बोला, ''करोलबाग़।''

करोलबाग़ में पंजाबी कवि हरनाम की औरतों के पर्स की दुकान थी। मैंने रास्ते में तय कर लिया था कि हरनाम से पैसा लेकर टैक्सी का बिल अदा करूँगा। हरनाम नहीं मिलता तो पास ही वह ढाबा था, जहाँ हम लोग भोजन किया करते थे। करोलबाग़ में और भी कई ठिकाने थे। मेरी समस्या का निदान हरनाम ने ही कर दिया। उसकी दुकान पर ग्राहक कम, शायर ज़्यादा दिखायी देते थे। उस समय भी कई दोस्त मिल

गये, हमदम, सुरेन्द्र प्रकाश वग़ैरह।

आज मुझे उन सहयोगियों के नाम भी याद नहीं, उनकी शक़्ल भी भूल चुका हूँ, जिनके साथ मैंने मुम्बई से दिल्ली तक की यादगार यात्रा की थी। दुनिया-जहान से बेख़बर शराब पीते हुए यात्रा करने का यह मेरा पहला अनुभव था। उसके बाद, बहुत बाद ऐसी स्थिति भी आयी कि यात्रा में कभी शराब की कमी नहीं आयी, पानी की कमी आ सकती थी। दिल्ली के उन संघर्षमय दिनों में होली, दीवाली या किसी ख़ास मौक़े पर ही मयगुसारी का अवसर मिलता था। उन दिनों भी, सन् 63-64 में नये वर्ष की पूर्व सन्ध्या पर दारू पीने का बहुत रिवाज था। पूरा क्नॉट प्लेस दिल्लीवासियों की मधुशाला बन जाता।

उन दिनों नववर्ष की पूर्व सन्ध्या पर भोर तक अच्छा-ख़ासा उपद्रव रहता था। शराब की नदियाँ बहा करती थीं। हम लोग भी अपनी हैसियत के मुताबिक़ चन्दा करके इस महानदी में हाथ-मुँह धो लिया करते थे। सन् चौंसठ की बात है। एक जगह क्नॉट प्लेस के बीचोबीच पार्क में भारी हुजूम दिखायी दिया। किसी मुँडेर के ऊपर खड़े होकर कुछ युवक गा रहे थे, भीड़ तालियाँ पीट रही थी। प्रसव पर आधारित कोई अश्लील लोकगीत था। अश्लील ही नहीं, घोर साम्प्रदायिक। अचानक भीड़ में से दो युवकों ने लोकगीत के प्रति विरोध प्रकट किया। विरोध प्रकट करने वाले चूँकि अल्पसंख्यक थे, भीड़ उन पर टूट पड़ी। लात-घूँसे चलने लगे। हवा में टोपियाँ उछलने लगीं। सहसा कमलेश्वर न जाने कहाँ से प्रकट हो गये और हाथों को चप्पू की तरह चलाते हुए भीड़ में घुस गये और पिटने वाले युवकों के बचाव में लग गये। हम लोग कमलेश्वर को 'बक-अप' करने लगे। देखते-देखते सौ पचास लोगों को कमलेश्वर ने अकेले दम पर नियन्त्रण में कर लिया। यही नहीं, उन लोगों के मंच पर कब्ज़ा करके एक संक्षिप्त-सा साम्प्रदायिकता विरोधी भाषण भी दे डाला। उस वर्ष नये वर्ष का उदय कुछ इस प्रकार से हुआ था। हम लोग कमलेश्वर के इस शौर्य प्रदर्शन के मूक साक्षी हैं। उस दिन हमारे मन में कमलेश्वर की एक नयी छवि उभर आयी। एक परिवर्तित छवि, पल-पल परिवर्तित प्रकृति वेश की तरह। पता चला, केवल पुस्तकों के पन्नों पर या साहित्य के स्तर पर ही कमलेश्वर ग़ैर-साम्प्रदायिक नहीं हैं, अवसर आने पर रणक्षेत्र में भी कूद सकते हैं।

दिल्ली में राकेश मुझसे असन्तुष्ट रहने लगे थे। वह मेरी संगत से क्षुब्ध रहते थे। राजकमल चौधरी, मुद्राराक्षस, श्रीकान्त वर्मा, बलराज मेनरा, जगदीश चतुर्वेदी आदि लेखकों को वह फ़ैशनपरस्त और आत्मकेन्द्रित व्यक्तिवादी लेखक मानते

थे। मेरा बहुत-सा समय ऐसे ही रचनाकारों के साथ बीतता था। एक दूसरा संकट भी था। नामवर सिंह, देवीशंकर अवस्थी आदि आलोचक साठोत्तरी पीढ़ी की रचनाओं को नयी कहानी की मूल संवेदना से सर्वथा भिन्न पा रहे थे और इन्हीं रचनाकारों में भविष्य की कहानी की नयी सम्भावना तलाश रहे थे। राकेश की नज़र में मैं गुमराह हो रहा था। ममता और मेरी दोस्ती से भी वह बुज़ुर्गों की तरह नाख़ुश थे। ममता के चाचा भारतभूषण अग्रवाल इस रिश्ते को लेकर सशंकित रहते थे। इसे संयोग ही कहा जायेगा कि अशोक वाजपेयी और मैंने एक ही ख़ानदान में सेंध लगायी थी। नेमिचन्द्र जैन और भारतभूषण अग्रवाल साढूभाई थे। भारत जी शायराना और नेमिजी शाही तबीयत के मालिक थे। दोनों की रुचियाँ एक-सी थीं, मगर पारिवारिक पृष्ठभूमि एकदम भिन्न थी। अशोक ने नेमि जी के यहाँ मुझसे कहीं अधिक विश्वसनीयता अर्जित कर ली थी। उर्दू में अफ़सानानिगारों की अपेक्षा शायरों को अधिक दिलफेंक समझा जाता था, हिन्दी में स्थिति भिन्न थी। यहाँ कथाकारों को ज़्यादा ग़ैरज़िम्मेदार समझा जाता था। अनेक कथाकारों का दाम्पत्य चौपट हो चुका था। हिन्दी के कम ही कथाकारों ने एक शादी से सन्तोष किया होगा। मेरा कहानीकार होना ऋणात्मक सिद्ध हो रहा था।

एक दिन मुझे टी-हाउस में देखकर मोहन राकेश मुझे अलग ले गये।

"मुम्बई जाओगे?" उन्होंने अपने मोटे चश्मे के भीतर से ख़ास परिचित निगाहों से देखते हुए पूछा।

"मुम्बई? कोई गोष्ठी है क्या?"

"नहीं, धर्मयुग में।"

'धर्मयुग' एक बड़ा नाम था, सहसा विश्वास न हुआ। मैं दिल्ली में रमा हुआ था, दूर-दूर तक मेरे मन में दिल्ली छोड़ने का कोई विचार न था। राकेश जी ने अगले रोज़ घर पर मिलने को कहा। अगले रोज़ मैं राकेश जी के यहाँ गया, उन्होंने मुझसे सादे काग़ज़ पर 'धर्मयुग' के लिए एक अर्ज़ी लिखवायी और कुछ ही दिनों में नौकरी ही नहीं, दस इन्क्रीमेंट्स भी दिलवा दिये। 'धर्मयुग' में जाने का उत्साह तो था, मगर मैं दिल्ली नहीं छोड़ना चाहता था। मुझे स्वीकृति भेजने में विलम्ब हुआ तो भारती जी ने सोचा मैं सरकारी नौकरी का मोह कर रहा हूँ। इस बीच धर्मवीर भारती का एक अत्यन्त आत्मीय पत्र प्राप्त हुआ और पत्र पढ़ते ही मैंने तय कर लिया कि अगले ही रोज़ नौकरी से इस्तीफ़ा दे दूँगा। भारती जी ने लिखा था :

प्रिय रवीन्द्र,

सरकारी नौकरी के लिए एक विशेष प्रकार का मोह हमारे बड़ों में अब भी बना हुआ है। लेकिन उन्हें मेरी ओर से समझा देना कि यहाँ भविष्य की सम्भावना कहीं अधिक है और यह भी कि मेरे पास रहकर तुम परिवार से

दूर नहीं रहोगे। 20 तारीख़ के पहले ही 16–17 तारीख़ तक ज्वाइन कर सको तो अच्छा ही रहेगा।

सस्नेह, तुम्हारा,
धर्मवीर भारती

मेरे पास मुम्बई जाने का किराया भी नहीं था। उन दिनों ममता से मेरी देखा–देखी चल रही थी। दिल्ली में ममता मुझसे दोगुना वेतन पाती थी, मगर महाकंजूस थी। मगर जल्द ही वह मेरे रंग में रंगने लगी। ममता से लगभग दोगुने वेतन पर 'धर्मयुग' में मेरी नियुक्ति हुई थी, उससे कम वेतन पाने की कुंठा समाप्त हो गयी। एक अच्छी प्रेमिका की तरह ममता ने न केवल मेरी गाड़ी का आरक्षण करवाया, बल्कि मुम्बई के जेबखर्च की भी व्यवस्था कर दी। तब से आज तक मेरी वित्त व्यवस्था उसी के ज़िम्मे है। वह मेरी वित्तमन्त्री है।

मुम्बई में दादर स्टेशन पर मेरे मित्र पंजाबी कवि स्वर्ण को मुझे लेने आना था, मगर वह समय पर नहीं पहुँचा। मैंने सुन रखा था कि दादर स्टेशन में कुली यात्रियों को बहुत परेशान करते हैं। वे अनाप–शनाप पैसा माँग रहे थे। मुझे मालूम ही नहीं था कि मुझे कहाँ जाना है। जब देर तक स्वर्ण का नामोनिशान दिखायी न दिया तो मैंने कालबादेवी के लिए टैक्सी की। टैक्सी वाले ने भी ख़ूब मज़ा चखाया। कालबादेवी में एक गेस्ट हाउस में हरीश तिवारी रहता था, वह 'माधुरी' में काम करता था। किसी तरह उसकी लॉज तक पहुँचा और मालूम हुआ हरीश दो दिन से लॉज में ही नहीं आया। लॉज का मालिक अच्छा आदमी था, उसने मेरी मजबूरी समझकर रात काटने के लिए गोदाम में खटिया डलवा दी।

मुम्बई में जितने आकस्मिक रूप से नौकरी मिली थी, उससे भी अधिक आकस्मिक रूप से शिवाजी पार्क सी फेस में फ़्लैट मिल गया। स्वर्ण का ही एक दोस्त था एस.एस. ओबेराय। वह एक भुतहा फ़्लैट में अकेला रहता था और उसे किसी साथी की तलाश थी, किसी पंजाबी साथी की, जबकि उसकी टाइपिस्ट और सेक्रेटरी और प्रेमिका सुनन्दा महाराष्ट्रीयन थी।

ओबेराय, जिसे सुनन्दा ओबी कहती थी, विचित्र इंसान था। वह न बस में दफ़्तर जाता था न ट्रेन में। हमेशा टैक्सी में चलता था, उसके लिए चाहे उसे पान वाले से उधार क्यों न लेना पड़े! ओबी के निधन पर मैंने उस पर एक लम्बा संस्मरण लिखा था। वह सुबह नौ बजे सूट–बूट से लैस होकर एक बिज़ेनस टाइकून की तरह लेमिंग्टन रोड पर अपने दफ़्तर के लिए निकलता था। उसकी जेब में जितना पैसा होता शाम को लौटते हुए सब ख़र्च कर डालता। थोक में सामान ख़रीद लाता, शाम को वह दो–एक पेग उत्तम ह्विस्की के भी पीता। उसके बाद किचन में घुस जाता और नौकर के साथ मिलकर मांसाहारी व्यंजन तैयार करता। वह मेरे ऊपर जितना खर्च करता, उससे

मुझे लगता कि पूरी तनख़्वाह भी उसे सौंप दूँ तो कम होगी।

जब भी उसके पास कुछ पैसे जमा होते, वह पार्टी थ्रो कर देता। उसकी पार्टियाँ भी यादगार होतीं, उसमें मुम्बई के बड़े-बड़े उद्योगपति, बिल्डर, मॉडल, एयर होस्टेस और फ़िल्मी हस्तियाँ शामिल होतीं। उसके ये सम्पर्क कब विकसित हो जाते थे, मुझे पता ही नहीं चलता था। कल तक उसने सुनील दत्त का जिक्र भी नहीं किया होता और शाम को अचानक पता चलता शाम को सुनील दत्त और नर्गिस आने वाले हैं। बाद में जब मैं एक बार इलाहाबाद से मुम्बई गया तो पाया शरद जोशी का उनके यहाँ दिन-रात उठना-बैठना था। दोनों दो ध्रुव थे। इस प्रकार के झटके ओबी के साथ रहने पर अकसर मिला करते थे।

वह अपने बारे में कुछ भी नहीं बोलता था। लगता था, उसका कोई अतीत ही नहीं है। वह इतना ही बड़ा पैदा हुआ है। मैं लम्बे अर्से तक उसका पेइंग गेस्ट रहा, अन्त तक पता नहीं चला उसके कितने भाई थे और कितनी बहनें! उसका घर कहाँ था? उसके पिता क्या करते थे, उसकी माँ कहाँ हैं? इतना ज़रूर लगता था, वह किसी खाते-पीते परिवार से ताल्लुक़ रखता है। उसके घर में जैसे धोबी आता था वैसे ही जूते पालिश करने वाला। उसके पास कई दर्ज़न जूते थे, जो रोज़ पालिश होते।

ओबी पियक्कड़ नहीं था, मगर पीता लगभग रोज़ था। बड़ी नफ़ासत से। मैंने अब तक शायरों और रचनाकारों के साथ पी थी, इन लोगों में पीने की मारामारी मची रहती, मगर ओबी के लिए पीना बहुत सहज था। दो-एक पेग पीकर वह खाने पर पिल पड़ता और तुरन्त सो जाता, चाहे उसका कोई अज़ीज़ मेहमान क्यों न बैठा हो! सुनन्दा को भी मैं ही अकसर उसके घर छोड़ने जाता। एक बार सुनन्दा ने बताया कि उसके विलम्ब से लौटने पर उसके माता-पिता आपत्ति करते हैं तो ओबी ने कहा मत जाया करो। वह अत्यन्त अव्यावहारिक मगर ग़जब आसान हल पेश करता था। कशमकश की लम्बी प्रक्रिया के बाद आख़िर सुनन्दा को यही निर्णय लेना पड़ा और वह ओबी के साथ ही रहने लगी। उनकी शादी तो मेरी शादी के भी बाद हुई।

शाम को काम से लौटने पर वे दोनों नहाते। उसके बाद सुनन्दा बावर्ची के साथ रसोई में घुस जाती और ओबी लुंगी पहनकर सोफ़े पर आलथी-पालथी मारकर बैठ जाता। सुनन्दा नैपकिन से देर तक काँच के गिलास चमकाती। गिलास जब एकदम पारदर्शी हो जाते तो ओबी की बार सजती। दो-एक पेग मैं भी पीता। इससे ज़्यादा पीने की क्षमता ही नहीं थी।

अगर कभी ओबी के पास मदिरा का स्टॉक न होता वह बहुत बेचैन हो जाता। लुंगी पहने ही नीचे उतर जाता और अपने किसी मित्र को फ़ोन पर बुला लेता। कुछ ही देर में कोई-न-कोई यार बोतल लपेटे चला आता। उसके बाद महीनों उस दोस्त

का पता न चलता कि कहाँ गया! वह कोई बिल्डर होता या फ़िल्म का पिटा हुआ प्रोड्यूसर, फ़ौज का कोई अफ़सर या रेस का दीवाना। ऐसे ही दोस्तों में डेंगसन थे, शिवेन्द्र था, जाड़िया था, बहुत से लोग थे। टेकचन्द्र के पास रेस के कई घोड़े थे, वह केवल घोड़ों की बात करता था। शिवेन्द्र कभी आयकर अधिकारी था, नौकरी में पैसा कमाकर वह फ़िल्म बनाने मुम्बई चला आया। उसने जीवन में एक ही फ़िल्म बनायी थी, 'यह ज़िन्दगी कितनी हसीन है' जो बुरी तरह पिट गयी। उसके बाद वह रेसकोर्स की ओर उन्मुख हो गया और रेसकोर्स ही उसका ज़रिया माश था। घोड़ों की वंशावली और इतिहास की उसे अद्‌भुत जानकारी थी। वह कभी मोटी रकम जीत जाता तो चर्चगेट में अपने घर पर भव्य पार्टी देता। मैं पहली बार आई.एस. जौहर, सुनील दत्त, शर्मिला टैगोर, आशा पारेख, विद्या सिन्हा वग़ैरह से उसके यहाँ मिला था। कड़की के दिनों में शिवेन्द्र ही ओबी की सप्लाई लाइन अबाधित रखता। ख़ुद व्यस्त होता तो नौकर के हाथ भिजवा देता।

मेरे दफ़्तर का माहौल इसके ठीक विपरीत था। 'धर्मयुग' बैनेट कोलमैन कम्पनी का साप्ताहिक था। बोरीबन्दर स्टेशन के सामने मुम्बई में बैनेट कोलमैन का कार्यालय था। स्टेशन और टाइम्स ऑव इंडिया बिल्डिंग के बीच सिर्फ़ एक सड़क थी। मुम्बई में यह इमारत बोरीबन्दर की बुढ़िया के नाम से विख़्यात थी। अँग्रेज़ चले गये थे, मगर बोरीबन्दर की बुढ़िया को मेम बना गये थे। दफ़्तर की संस्कृति पर अँग्रेज़ियत तारी थी। सूट-टाई से लैस होकर दफ़्तर जाना वहाँ का अघोषित नियम था। नये रंगरूट भी टाई पहनकर दफ़्तर जाते थे। पुरुष टाई पतलून में और महिलाएँ स्कर्ट वग़ैरह में नज़र आती थीं। मारवाड़ीकरण की प्रक्रिया शुरू हो चुकी थी मगर मन्द गति से ही। एक उदाहरण देना पर्याप्त होगा, 'धर्मयुग' में ऐसी कोई भी रचना प्रकाशित नहीं हो सकती थी जिसमें किसी सेठ के शोषण का चित्रण हो। सम्पादकीय विभाग को इस प्रकार की कई हिदायतें मिलती रहती थीं। मालूम नहीं ये नियम सम्पादक ने स्वयं बनाये थे अथवा उन्हें कहीं से निर्देश मिलते थे। अँग्रेज़ी के प्रकाशन इस कुंठा से मुक्त थे। 'धर्मयुग' 'इलस्ट्रेटेड वीकली' से कहीं अधिक बिकता था, मगर 'इलस्ट्रेटेड वीकली' के स्टाफ़ का वेतन 'धर्मयुग' के सम्पादकीय विभाग के कर्मचारियों से कहीं अधिक था। बाद में जब मोहन राकेश 'सारिका' के सम्पादक हुए तो उन्होंने इस भेदभावपूर्ण नीति के विरोध में प्रतिष्ठान से इस्तीफ़ा दे दिया था। उन्होंने नौकरी के दौरान ख़रीदी कार बेच दी और फ़क़त एयर कंडीशनर उठाकर दिल्ली लौट आये थे।

'धर्मयुग' का माहौल अत्यन्त सात्विक था। सम्पादकीय विभाग ऊपर से

नीचे तक शाकाहारी था। 'धर्मयुग' का चपरासी तक बीड़ी नहीं पीता था। सिगरेट-शराब तो दूर, कोई पान तक नहीं खाता था। कई बार तो एहसास होता यह दफ़्तर नहीं कोई जैन धर्मशाला है, जहाँ क़ायदे-क़ानून का बड़ा कड़ाई से पालन होता था। दफ़्तर में मुफ़्त की चाय मिलती थी, जिसे लोग बड़े चाव से पीते थे। साथियों के व्यवहार से लगता था जैसे सबके सब गुरुकुल से आये हैं और बाल ब्रह्मचारी हैं। मैं घाट-घाट का पानी पीकर मुम्बई पहुँचा था, दिल्ली में एकदम स्वच्छन्द, फक्कड़ और लगभग अराजक जीवन बिता कर। मैं बग़ैर किसी कुंठा के दफ़्तर में सिगरेट फूँकता। धीरे-धीरे मैंने साथियों को दीक्षित करना शुरू किया और कुछ ही महीनों में दो-एक साथियों का दारू से 'अन्न प्राशन' करने में सफल हो गया। 'धर्मयुग' की अपेक्षा 'वीकली', 'फेमिना', 'माधुरी' यहाँ तक कि 'सारिका' का स्टाफ़ उन्मुक्त था। 'धर्मयुग' की शोक सभा से उठकर मैं प्रायः उनके बीच जा बैठता। 'माधुरी' में उन दिनों जैनेन्द्र जैन (बॉबी फेम), हरीश तिवारी, विनोद तिवारी थे तो 'सारिका' में अवधनारायण मुद्गल। इन लोगों के साथ कभी-कभार 'चियर्स' हो जाती। इन्हीं मित्रों से पता चला कि 'धर्मयुग' के मेरे सहकर्मी स्नेहकुमार चौधरी भी ग़म ग़लत कर लिया करते हैं। चौधरी की सीट ठीक मेरे आगे थी। वह बहुत निरीह और नर्वस क़िस्म का व्यक्ति था। वह बच्चों की तरह बहुत जल्दी ख़ुश हो जाता और उससे भी जल्दी नाराज़। उसने मारवाड़ी होते हुए एक बहुत क्रान्तिकारी क़दम उठाया था यानी प्रेम विवाह किया था, एक बंगाली युवती से। कोर्टशिप के दौरान ही वह बांग्ला सीख गया था और घर पर केवल बांग्ला में ही बातचीत करता था। उस युवती के लिए उसने अपना सब कुछ न्यौछावर कर दिया था—तन, मन, यहाँ तक कि भाषा भी। बंगालिन से उसे एक ही शिक़ायत थी कि वह उसे घर में मद्यपान करने की इजाज़त न देती थी। घर में वह बंगालिन के शिकंजे में रहता था और दफ़्तर में सम्पादक के। भीतर ही भीतर वह कसमसाता रहता था। एक दिन मुझे पता चला कि वह बोतल ख़रीद कर पीने का ठौर तलाश रहा है तो मैंने चुटकियों में उसकी समस्या हल कर दी।

मैं मुम्बई में पेईंग गेस्ट की हैसियत से रहता था और मेरे मेज़बान को बिना दारू पिये नींद नहीं आती थी। मैंने सोचा कि उसकी भी एक दिन की समस्या हल हो जायेगी, यह दूसरी बात है उस दिन वह बहुत देर से लौटा था, वह भी किसी पार्टी से टुन्न होकर। मेरी चौधरी से छनने लगी। वह बेरोकटोक हमारे यहाँ आने लगा। वह जब परेशान होता, बोतल लेकर हमारे यहाँ चला आता। दफ़्तर में 'धर्मयुग' का माहौल ऐसा था कि यह आभास ही नहीं होता था कि यहाँ से देश का सर्वाधिक लोकप्रिय

साप्ताहिक पत्र सम्पादित हो रहा है, लगता था जैसे रोज़ आठ घंटे कोई शोकसभा होती हो। यहाँ दो मिनट का मौन नहीं आठ घंटे का मौन रखने की रस्म थी। बगल में ही 'इलस्ट्रेटेड वीकली' और पीछे 'सारिका' और 'माधुरी' का स्टाफ़ था, जहाँ हमेशा चहल-पहल रहती। लोग हँसी-मज़ाक करते। लंच के समय बाहर चाय भी पी आते, मगर 'धर्मयुग' का सम्पादकीय विभाग अपनी-अपनी मेज़ पर टिफ़िन खोल कर चुपचाप लंच की औपचारिकता निभा लेता और जेब में रखे रूमाल से हाथ पोंछ कर दुबारा काम में जुट जाता। सम्पादकों को कम्पनी की तरफ़ से लंच मिलता था। भारती जी अपने कैबिन से निकलते तो 'धर्मयुग' के सन्नाटे में उनकी पदचाप सुनायी पड़ती। सन्नाटे से ही भनक लग जाती कि भारती जी लंच से लौट आये हैं। उनका चपरासी रामजी दरवाज़ा खोलने के लिए तैनात रहता। शायद यही सब कारण थे कि 'धर्मयुग' के सम्पादकीय विभाग को अन्य पत्रिकाओं के पत्रकार 'कैंसर वार्ड' के नाम से पुकारते थे।

उन दिनों मैं भारती जी का लाडला पत्रकार था। भारती जी ने साहित्य, संस्कृति और कला के पृष्ठ मुझे सौंप रखे थे, जो अन्त तक मेरे पास रहे। मैं दफ़्तर में ही नहीं, भारती जी के सामने भी सिगरेट फूँक लेता था। उन दिनों यह 'धर्मयुग' का दस्तूर था कि जिस पर भारती जी की कृपा दृष्टि रहती थी, सब सहकर्मी उससे सट कर चलते थे, जिससे भारती जी ख़फ़ा, उससे पूरा स्टाफ़ भयभीत। मैंने जब लंच के बाद बाहर फोर्ट में किसी ईरानी रेस्तराँ में चाय पीने का सुझाव रखा तो सबने ख़ुशी-ख़ुशी स्वीकार कर लिया। अब वीकली, माधुरी, सारिका के स्टाफ़ की तरह हम भी आधा घंटे के लिए अपने दड़बे से निकलने लगे। नन्दन जी मेरा ख़ास ख़याल रखते, शायद दिल्ली से मोहन राकेश ने उन्हें मेरा ख़याल रखने की हिदायत दी थी। बहरहाल मेरे आने से माहौल में कुछ परिवर्तन आया। उसका एक आभास उस पत्र से मिल सकता है, जो शरद जोशी ने भोपाल से नन्दन जी को लिखा था। उस पत्र को यहाँ उद्धृत करना अप्रासंगिक न होगा। यद्यपि यह पत्र नन्दन जी के पास आया था, मैंने उनसे ले लिया। वह शायद इस पत्र को अपने पास रखने का जोख़िम भी नहीं उठाना चाहते थे। मैंने अपनी पुस्तक 'कामरेड मोनालिज़ा' में भी इसे उद्धृत किया था। उस बरस 'धर्मयुग' के होली विशेषांक में नन्दनजी, प्रेम कपूर और मेरी संयुक्त तस्वीर छपी, जिसमें हम लोग मुस्करा रहे थे। 'धर्मयुग' के लेखकों ने विश्वास न किया। शरद जोशी का पत्र परोक्ष रूप से 'धर्मयुग' के माहौल पर एक टिप्पणी करता है :

प्रिय नन्दन,

जो तस्वीर छपी है, उसमें रवीन्द्र कालिया मुस्करा रहा है। यह निहायत अफ़सोस की बात है। वह सीरियस रायटर है, उसे ऐसा नहीं करना चाहिए। अगर

मुम्बई आकर वह मुस्कराने लगा तो इसके लिए ज़िम्मेदार तुम लोग होगे। कुछ हद तक ममता अग्रवाल भी। यों मुझे भोपाल में गंगाप्रसाद विमल बता रहा था कि कालिया में ये तत्त्व दिल्ली में भी पाये जाते थे। खेद की बात है। उसे सीरियस रायटर बना रहने दो।

तुम्हारा,

शरद जोशी

वर्षों 'धर्मयुग' से सम्बद्ध रहने के बावजूद शायद पहली बार नन्दन जी की तस्वीर छपी थी और वह भी मेरे इसरार पर। उन्होंने हमेशा अपने को नेपथ्य में ही रखा था। 'धर्मयुग' के लिए उन्होंने बहुत कुछ लिखा मगर अपना नाम शायद ही कभी दिया हो। ऐसे में तस्वीर का छपना एक चमत्कारिक घटना थी। हुआ यह था कि भारती पुष्पा जी से शादी रचाने लखनऊ गये हुए थे—जबकि वे लोग अर्से से साथ-साथ रह रहे थे। जाते हुए वह अपना फ़्लैट मुझे और ममता को सौंप गये। उनका लम्बा दौरा था। हनीमून के लिए वे खुजराहो भी गये थे। इस बीच वह नन्दन जी को होली विशेषांक की डमी सौंप गये थे।

'धर्मयुग' के एक साथ छह अंक प्रेस में रहते थे। ऐन मौक़े पर होली विशेषांक के दो पृष्ठ विज्ञापन-विभाग ने छोड़ दिये। भारती जी का इतना दबदबा था कि वह अकसर अनुपात से अधिक विज्ञापन छापने से मना कर देते थे, यही कारण था कि विज्ञापन-विभाग प्रायः आवश्यकता से अधिक पृष्ठ घेरने का शेड्यूल बनाता था। यकायक दो पृष्ठ ख़ाली हो जाने से एक नया संकट खड़ा हो गया—भारती जी की अनुपस्थिति में इन पृष्ठों पर क्या प्रकाशित किया जाये, इसका निर्णय कौन ले! नन्दन जी को अधिकार था मगर यह हो ही नहीं सकता था कि नन्दन जी के चुनाव पर भारती जी प्रतिकूल टिप्पणी न करें, जबकि यह भी संयोग था कि भारती जी जब-जब छुट्टी पर गये 'धर्मयुग' का सर्क्युलेशन बढ़ गया। प्रकाशित सामग्री पर भारती जी का इतना अंकुश रहता था कि सम्पादक के नाम भेजे गये पत्रों का चुनाव तक वह ख़ुद करते थे। नन्दन जी की उलझन देखकर मैंने उन्हें सुझाव दिया कि इन पृष्ठों पर एक फोटो फीचर प्रकाशित किया जाये। बसों में सफ़र करते हुए मैंने हिन्दी के लेखकों के नाम कई दुकानों पर देखे थे—जैसे केशव केश कर्तनालय, भैरव तेल भंडार, श्रीलाल ज्वैलर्स, यादव दुग्धालय, डॉ. माचवे का क्लीनिक आदि। नन्दन जी को सुझाव जँच गया और नन्दन जी, प्रेम कपूर और मैं एक फोटोग्राफर लेकर टैक्सी में मुम्बई की परिक्रमा करने निकल गये। होली के अनुरूप अच्छा-ख़ासा फोटो फीचर तैयार हो गया। फोटोग्राफर ने हम तीनों का भी चित्र खींच लिया। ख़ाली पृष्ठों पर यह फोटो-फीचर छप गया और ख़ूब पसन्द किया गया। रात को भारती जी का फ़ोन आया। वह बहुत

प्रसन्न थे, लखनऊ में उनकी जिन-जिन लेखकों से भेंट हुई, सबने इसी फीचर की चर्चा की। दो पृष्ठों के एक कोने में कला विभाग ने हम तीनों का चित्र भी पेस्ट कर दिया, मैंने शीर्षक दिया—कन्हैया, कालिया और कपूर, यानी तीन किलंगे (तिलंगे की तर्ज़ पर)। मैंने जब फ़ोन पर नन्दन जी को भारती जी के फ़ोन की सूचना दी तो उन्होंने राहत की साँस ली। फीचर से तो नन्दन जी समझौता कर चुके थे, मगर तीनों के चित्र से आशंकित थे। शायद भारती जी ने उन्हें सदैव नेपथ्य में रहने का अभ्यास करा दिया था।

इसी बीच एक दुर्घटना हो गयी। अचानक चौधरी के पिता के निधन की ख़बर आयी। वह छुट्टी लेकर अजमेर रवाना हो गया। लौटा तो उसके पास सिगरेट का एक बट था, जिसे उसने सहेज कर चाँदी की छोटी-सी डिबिया में रखा हुआ था। यह उस सिगरेट का अवशेष था, जिसका क़श लेते-लेते उसके पिता ने अन्तिम साँस ली थी। अजमेर से वह लौटा तो एक बदला हुए इनसान था। उसकी जीवन शैली में अचानक परिवर्तन आने लगा। अचानक वह आयातित सिगरेट और शराब पीने लगा। उसे देखकर कोई भी कह सकता था कि इस शख़्स के रईस पिता की अभी हाल में मौत हुई है। पिता के निधन के बाद उसमें एक नया आत्मविश्वास पैदा हो गया। इसका अनुमान इस बात से लगाया जा सकता है कि एक दिन उसने घर पर बंगालिन की उपस्थिति में बोतल खोल ली और वीरतापूर्वक पत्नी का मुक़ाबला करता रहा। वह घर में और दफ़्तर में अपने दायिमी दब्बूपन से मुक्ति पाने के लिए संघर्ष करने लगा।

दफ़्तर में डॉ. धर्मवीर भारती एक कुशल प्रशासक की तरह 'डिवाइड ऐंड रूल' में विश्वास रखते थे। उपसम्पादकों को एक साथ कहीं देख लेते तो उनकी भृकुटी तन जाती। बहुत जल्दी इसके परिणाम दिखायी देने लगते। किसी को अचानक डबल इन्क्रीमेंट मिल जाता। किसी एक से सपारिश्रमिक अधिक लिखवाने लगते। किसी एक का वजन अचानक बढ़ने लगता। कोई एक अचानक देवदास की तरह उदास दिखने लगता। चुगली से बाज़ रहने वाला आदमी अचानक चुगली में गहरी दिलचस्पी लेने लगता। सम्पादक के कृपापात्र को सब संशय से देखने लगते। वह भरे दफ़्तर में अकेला हो जाता।

एक दिन अचानक सम्पादक ने स्नेहकुमार चौधरी को आरोप-पत्र जारी कर दिया। उस पर गम्भीर आरोप लगे थे कि वह 'धर्मयुग' की सामग्री और चित्र, ट्रांसपरेंसियाँ 'साप्ताहिक हिन्दुस्तान' को प्रेषित करता है। चौधरी बहुत सीधा और कायर क़िस्म का शख़्स था। पत्र पाकर उसे मर्मान्तक पीड़ा पहुँची। अचानक उसे अपने दिवंगत

पिता की शिद्दत से याद आने लगी। दफ़्तर से घर लौटने हुए वह इतना भावुक हो गया कि दादर आते-आते रोने लगा। पता नहीं चल पा रहा था कि वह अपने पिता की याद में रो रहा है अथवा सम्पादक के दुर्व्यवहार से। इस बीच मेरी शादी हो चुकी थी और हम लोगों ने शीतलादेवी रोड पर आवास की व्यवस्था कर ली थी। माटुंगा पर हम दोनों गाड़ी से उतर गये। उसे मैं अपने साथ घर ले गया। ममता ने क़िस्सा सुना तो वह भी बहुत क्षुब्ध हुई। उसने कहा कि तुम दोनों भारती जी के यहाँ जाओ और पूछो कि वह किस आधार पर इतना ओछा आरोप लगा रहे हैं! वास्तव में किसी फोटोग्राफर ने दोनों पत्रिकाओं में चित्र छपवाकर अपने बचाव के लिए कहानी गढ़ ली थी। चौधरी की सूरत देखकर ममता इतनी उद्विग्न हो गयी कि ऐसे दमघोंटू माहौल में काम करने पर लानत-मलामत भेजने लगी। उसने चिन्ता प्रकट की कि इनके भी बीवी-बच्चे हैं। वे लोग सुबह से इनकी राह देख रहे होंगे। इनकी सूरत देखकर उन पर क्या गुज़रेगी? ऐसे नारकीय माहौल में काम करने से अच्छा है, कोई दूसरा काम ढूँढ़ लें।

ममता की बात से वह कुछ उत्साहित हुआ। उसने वाशबेसिन पर जाकर मुँह धोया और अचानक सीढ़ियाँ उतर गया। कुछ देर बाद वह लौटा तो उसके हाथ में ह्विस्की की पूरी बोतल थी। चेहरे पर आत्मविश्वास लौट आया था और आँखों में चिर-परिचित बालसुलभ वीरता का भाव था। उसने काजू आदि नमकीन का पैकेट मेज़ पर रखते हुए कहा, 'आज इसका फ़ैसला हो ही जाना चाहिए। तुम मेरा साथ दो तो मैं अभी भारती के यहाँ जाकर उनसे दो-टूक बात कर सकता हूँ।'' उत्तेजना में उसने ह्विस्की की सील तोड़कर दो पेग तैयार किये और 'चीयर्स' कहकर गटागट पी गया। हम लोगों ने इत्मीनान से जी भरकर ह्विस्की का सेवन किया। पीने के मामले में हम दोनों नये मुसलमान थे। पीते-पीते हम दोनों स्वाभिमान से लबालब भर गये। अन्याय, शोषण और लांछन के प्रति विद्रोह की भावना तारी होने लगी, जब तक हम पूरी तरह स्वाधीन होते रात के बारह बज गये थे।

उन दिनों पीने का ज़्यादा अनुभव तो था नहीं, अचानक मैं अपने को एक बदला हुआ इंसान महसूस करने लगा। दुनियावी रंजोग़म बौने नज़र आने लगे। बदसलूकी, अन्याय और शोषण के ख़िलाफ़ धमनियों में उमड़ रहा रक्त विद्रोह करने लगा।

''उठो!'' मैंने चौधरी को ललकारा, ''आज फ़ैसला हो ही जाना चाहिए। अभी चलो वामनजी पैटिट रोड, भारती के यहाँ।''

मगर मेरे मित्र पर ह्विस्की का विपरीत असर हुआ था। उसका सारा आक्रोश शान्त हो गया था। बोला, ''अब घर जाऊँगा। शराब पीकर मैं उनके यहाँ नहीं जा सकता।''

''अन्दर जाकर कै कर आओ।'' मैंने कहा, ''तुम्हारे जैसे नामर्दों ने ही उसे

शेर बनाया है। आज फ़ैसला होकर रहेगा।''

मेरे तेवर देखकर वह सहम गया। बोला, ''एक शर्त पर चल सकता हूँ। जो कुछ कहना होगा तुम्हीं कहोगे। मैं सिर्फ़ मूड़ी हिलाऊँगा।''

''गुडलक!'' ममता ने कहा।

नीचे जाकर हम लोगों ने टैक्सी की और दस-पन्द्रह मिनट बाद हम लोग भारती जी के यहाँ लिफ़्ट में चौथे माले की ओर उठ रहे थे, पाँचवें माले पर ज़ीने से पहुँचना था। भारती जी के फ़्लैट के सामने पहुँचकर मैंने कॉलबेल दबायी। पीछे मुड़कर देखा चौधरी वहाँ नहीं था, वह चौथे माले पर ही खड़ा था। मैंने उसे आवाज़ दी। न भारती जी का दरवाज़ा खुला, न चौधरी दिखायी दिया। दो स्टेप्स उतरकर मैंने देखा, वह ज़ीने की ओट में छिपकर खड़ा था और मुझे लौटने का इशारा कर रहा था। उसकी इस हरक़त की मुझ पर विपरीत प्रतिक्रिया हुई। मैंने पलटकर कॉलबेल पर जो अँगूठा रखा तो दबाता ही चला गया। आधी रात के सन्नाटे में घंटी की कर्कश आवाज़ ने जैसे कुहराम मचा दिया था। तभी दरवाज़े में लगी 'मैजिक आई' में से किसी ने देखा।

''कौन है?'' अन्दर से आवाज़ आयी।

''नमस्कार!'' मैंने कहा, ''मैं कालिया।''

अब तक मुझे इस परिवार में बहुत स्नेह मिला था। पुष्पा जी ने तुरन्त दरवाज़ा खोल दिया। मुझे देखकर आश्चर्य से उनकी आँखें फैल गयीं, ''तुम? इस समय? ख़ैरियत तो है?''

''हूँ!'' मैंने कहा। मैं मुँह नहीं खोलना चाहता था। मैंने गर्दन घुमाकर पीछे देखते हुए कहा, ''बहुत ज़रूरी काम था।''

''मगर भारती जी तो सो रहे हैं।''

''उन्हें जगा देंगी तो बड़ी कृपा होगी।'' मैंने छत की तरफ़ देखते हुए कहा और पुष्पा जी की आँख बचाकर दो-चार इलायचियाँ मुँह में और रख लीं।

मेरी आँखें सुर्ख़ हो रही थीं, उनमें शराब का ख़ून उतर आया था। स्नेहकुमार चौधरी मेरे पीछे दुबका खड़ा था। पुष्पा जी बेडरूम की तरफ़ चल दी थीं और हम दोनों ड्राइंगरूम में गुजराती सोफ़े पर पसर गये थे। थोड़ी देर बाद भारती जी खादी की जेब वाली बनियान (बंडी) पहने आँखें मलते हुए ड्राइंगरूम में दाख़िल हुए। उन्हें देखकर हम दोनों आदतन खड़े हो गये।

''बैठो!'' उन्होंने कहा। चौधरी को देखकर वह सारा क़िस्सा समझ गये होंगे, जो उस समय काँपती टाँगों के बीच हाथ फँसाये चुपचाप हनुमान चालीसा का पाठ कर रहा था।

''कैसे आये?''

"दफ़्तर में बहुत घुटन है। मासूम लोगों का भी दम घुट रहा है। आज यह चौधरी इतना दुखी था कि ट्रेन में रोते हुए घर जा रहा था।"

"यह निहायत बेवक़ूफ़ है। मैं इससे बहुत प्यार करता हूँ। इसकी फाइल तुम्हें दिखाऊँगा कि कितनी गम्भीर ग़लतियाँ करता है। मैंने हमेशा इसे बचाया है। पिछले साल तो डबल इन्क्रीमेंट भी दिलवाया था। बोलो, मैं ग़लत कह रहा हूँ क्या?" भारती जी ने चौधरी को लज्जित करते हुए पूछा।

चौधरी सहमति में उत्साहपूर्वक सिर हिलाने लगा।

"दूसरी पत्रिकाओं का स्टाफ 'धर्मयुग' को कैंसर वार्ड कहता है।" मैंने कहा।

भारती जी का चेहरा उतर गया, "कौन कहता है?"

"सब कहते हैं!" मैंने कहा, "आप सोच रहे होंगे यह नौकरी करके हम बहुत प्रसन्न होंगे, ऐशो आराम से ज़िन्दगी बसर कर रहे होंगे तो यह आपका भ्रम है। दफ़्तर में घुटन है और घर में सीलन। दफ़्तर में आतंक का माहौल है और घर में चूहों, मच्छरों और खटमलों का उत्पात। जो शख़्स ट्रेन में रोते हुए घर पहुँचेगा, उसके बच्चे क्या सोचेंगे? उसके परिवार का माहौल कैसा होगा? लानत है ऐसी अभिशप्त ज़िन्दगी पर!"

मैं नशे में था, निर्द्वन्द्व था, सातवें आसमान पर था। शराब के नशे और जुनून में मैंने जैसे जेल की पूरी आचार संहिता तहस-नहस कर दी, तमाम बेड़ियाँ उतारकर फेंक दीं।

चौधरी बदस्तूर टकटकी लगाये छत पर लटके फानूस को देख रहा था। अब वह टाँग नहीं हिला रहा था, अब उसकी टाँगें काँप रही थीं।

"तुम लोगों ने खाना खाया?" सहसा भारती जी ने पूछा।

"न।" मैंने नशे की झोंक में कहा, "हम लोग इस्तीफ़ा देना चाहते हैं।"

भारती जी ने पुष्पा जी को आवाज़ दी और कहा कि बच्चे भूखे हैं, इनके लिए प्यार से रोटी सेंक दो। नौकर सो चुका था।

मैंने सिगरेट सुलगा ली, भारती जी ने मेज़ के नीचे पड़ी ऐश ट्रे उठाकर मेज़ के ऊपर रख दी। उनकी उपस्थिति में मैं पहले भी सिगरेट पी लिया करता था।

भारती जी ने भड़कने की बजाय मेरी तरफ़ अत्यन्त स्नेह से देखते हुए आत्मीयता से कहा, "मैं जानता हूँ 'धर्मयुग' के लिए तुम सरकारी नौकरी को लात मारकर आये हो, मैं लगातार तुम्हारी पदोन्नति के बारे में सोच रहा हूँ। तुम एक काम करो।"

"क्या?"

"मेरी एक मदद करो।"

"बताइए।"

"मैनेज़मेंट नन्दन के कार्य से सन्तुष्ट नहीं है। मैंने सुना है, मातहतों से भी उसका व्यवहार ठीक नहीं है। अगर तुम एक प्रतिवेदन तैयार करोगे कि वह अयोग्य

है, मातहतों के साथ दुर्व्यवहार करता है और सबको षड्यन्त्र के लिए उकसाता है तो समस्त सम्पादकीय विभाग तुम्हारा साथ देगा।''

नन्दन जी में दूसरी ख़ामियाँ होंगी, मगर इनमें से एक भी दुर्गुण नहीं था। मैं सन्नाटे में आ गया, चौधरी तो जैसे तय करके आया था, ज़ुबान नहीं खोलेगा।

मैंने फ़ौरन प्रतिवाद किया, ''नन्दन जी तो दफ़्तर में मेरी मदद ही करते हैं, पहले दिन से। अभी हाल में मेरी पतलून कूल्हे पर फट गयी थी, उन्होंने नयी सिलवा दी।''

मेरी बात सुनकर भारती जी पहले तो हँस दिये, फिर कृत्रिम क्षोभ से बोले, ''तुम पतलून सिलवा लो या मेरी मान लो।''

इस बीच पुष्पा जी ने बड़ी फुर्ती से दाल-रोटी तैयार कर ली, ऐसे अवसर पर रेफ्रिजरेटर बहुत काम आता है। उनके यहाँ चटाई बिछा कर भारतीय पद्धति से ही खाना खिलाया जाता था। भारती जी भी हमारे संग चटाई पर बैठ गये। उन्होंने बड़े प्यार से खाना खिलाया।

''भारती जी, इस काम के लिए भी आपने हमेशा की तरह ग़लत आदमी चुना है। मैं इस काम के लिए निहायत अयोग्य हूँ।'' मैंने कहा।

मेरी बात का उन पर कोई असर न पड़ा, उन्होंने कहा कि वह मेरी बात ही दोहरा रहे हैं, ''अब तुम तय कर लो तुम्हें चूहों, मच्छरों और खटमलों के बीच रहना है अथवा 'धर्मयुग' के सहायक सम्पादक बनकर सुविधाओं के बीच लिखते हुए एक अच्छा कथाकार बनना है।''

एक लिहाज से भारती जी ने ग़लत आदमी नहीं चुना था। एक बार तो लंच के दौरान तमाम उपसम्पादकों ने सामूहिक इस्तीफ़ा लिखकर मेरे पास जमा कर दिया था। मैं अच्छा-ख़ासा विस्फोट कर सकता था, लेकिन मेरी ज़िम्मेदारी बहुत बढ़ जाती। पेट में भोजन जाते ही दारू का नशा कुछ कम हुआ, मगर अभी वीरता का भाव क़ायम था। यही वजह थी कि मैं अपना इस्तीफ़ा देने की बात तय नहीं कर पा रहा था।

रात के दो बजे थे, जब हमने भारती जी से विदा ली। बातचीत का कोई नतीज़ा नहीं निकला था, मगर अन्दर का गुबार शान्त हो गया था। जैसे आँधी-तूफ़ान के बाद बारिश हो जाये और मौसम अचानक सुहाना हो जाये, सच तो यह था कि इस घटना के बाद हम दोनों भीतर ही भीतर बुरी तरह सहम गये थे। यह सोचकर भी दहशत हो रही थी कि सुबह किस मुँह से दफ़्तर जाएँगे। मैंने एक टैक्सी रोकी और यह गुनगुनाते हुए बैठ गया :

काबा किस मुँह से जाओगे ग़ालिब
शर्म तुमको मगर नहीं आती।

चौधरी मुझे शीतलादेवी टेम्पल रोड पर उतारकर उसी टैक्सी से सीधा अंधेरी निकल गया। ममता जग रही थी, वह हमारी भूमिका से बहुत असन्तुष्ट हुई। मैं भी बिना बात किये सो गया। दूसरे दिन सुबह सोकर उठा तो नशा काफ़ूर था, दफ़्तर जाने की हिम्मत न हो रही थी, फिर भी हस्बेमामूल नौ तिरपन की गाड़ी से दफ़्तर पहुँचा। लग रहा था, किसी भेड़िए के मुँह में जा रहा हूँ, रातभर में उसने अपने नाख़ून तेज़ कर लिये होंगे। मगर मुझे ज़्यादा देर तक इस आतंकपूर्ण स्थिति में नहीं रहना पड़ा। उस रोज़ भारती ही दफ़्तर न आये थे। उससे अगले रोज़ भी छुट्टी पर थे। हमने किसी सहयोगी को भी अपने उस दुस्साहस की भनक न लगने दी।

हम लोगों ने दफ़्तर से छुट्टी तो नहीं ली, मगर कुछ इस अन्दाज़ से दफ़्तर जाते रहे कि एक दिन अचानक कोई भूखा शेर माँद से निकलेगा और देखते-ही-देखते दबोच लेगा। दोस्त लोग चुपचाप यह तमाशा देखते रहेंगे, तमाशबीनों की तरह। मगर शेर जिस दिन जंगल में नमूदार हुआ, निहायत ख़ामोश और संयम था। लग रहा था कि शिकार में उसकी कोई दिलचस्पी नहीं है। जैसे शेर और बकरियाँ एक घाट पर साथ-साथ पानी पी रही हों। दफ़्तर में जैसे सतयुग लौट आया था। माहौल में ही नहीं, लोगों के स्वास्थ्य में भी सुधार आने लगा। जो रूटीन सामग्री 'रवीन्द्र कालिया' के नाम आती थी, वह 'श्री रवीन्द्र कालिया' के नाम से आने लगी। इसे हम दोनों के अलावा कोई नहीं समझ सकता था कि यह श्री 'श्री' नहीं, एक खलनायक है, जिसने रिश्तों के बीच अपरिचित का विन्ध्याचल खड़ा कर दिया था। चौधरी की स्थिति मुझसे भी नाज़ुक थी। उसे सहायक सम्पादक और मुख्य उपसम्पादक के स्तर पर ही काम और निर्देश मिल रहे थे। हम लोगों को इलहाम हो रहा था कि यह बेन्याज़ी और अफ़सानानिगारी जल्दी ही एक-न-एक दिन रंग लायेगी। बहुत चाहते हुए भी हम अपने सहयोगियों को क़यामत की उस रात का क़िस्सा नहीं सुना पा रहे थे। अव्वल तो इस पर कोई विश्वास ही न करता और अगर विश्वास कर लेता तो हमारा सामाजिक बहिष्कार होते देर न लगती। यह उस दफ़्तर का दस्तूर था, वहाँ की संस्कृति का हिस्सा था। मुझे ताज़्ज़ुब तो इस बात का हो रहा था कि चौधरी मुझसे कहीं अधिक निश्चिन्त था, जबकि मैं उसे अपने से कहीं अधिक भीरु और कमज़ोर समझता था। उसे विरासत में इतनी सम्पत्ति मिल गयी थी कि वह नौकरी का मुखापेक्षी न रहा था। उन दिनों वह बड़ी बेरहमी से पैसा खर्च कर रहा था। इससे पहले वह घर में मद्यपान नहीं करता था मगर अचानक उसमें इतना परिवर्तन आया कि अकसर घर लौटते हुए बंगालिन के लिए मछली और अपने लिए बोतल ले जाता। एक दिन दफ़्तर के बाद वह मुझे एक पाँच सितारा होटल में ले गया और जाम टकराते

हुए सुझाव रखा कि क्यों न हम लोग इस जेल से मुक्त होकर अपना कोई कारोबार शुरू करें और आज़ादी से जिएँ।

"सुझाव तो अच्छा है, मगर कारोबार के लिए पैसा कहाँ है?" मैंने पूछा।

"पैसे की चिन्ता न करो, मेरे पास है, मुझे ज़रूरत है तुम्हारे जैसे कर्मठ और विश्वसनीय पार्टनर की।"

चौधरी का सुझाव मुझे जँच गया, लगा जैसे तमाम ज़ंजीरें टूटकर क़दमों में गिर पड़ी हैं। इस बीच एक और पेग चला आया था। हम लोगों ने एक बार फिर गिलास टकराये और 'चीयर्स' कहा। मदिरापान के दौरान तय हो गया कि हम दोनों मुम्बई में एक प्रेस खोलें और उस प्रेस का नाम होगा—स्वाधीनता। शराब की मेज़ पर ही हमने ग़ुलामी को नेस्तनाबूद कर दिया और आज़ादी का बासन्ती चोला धारण कर लिया। खाना-वाना खाकर हम स्वाधीनता सेनानियों की तरह अपने-अपने घर पहुँचे।

मेरी रज़ामन्दी मिलते ही चौधरी ने दफ़्तर से छुट्टी ले ली और रैपिड एक्शन फ़ोर्स की तरह अपने अभियान में संलग्न हो गया। देखते-ही-देखते उसने अंधेरी (पूर्व) में अपने घर के पास ही सड़क के दूसरे छोर साकी नाका रोड पर कैमल इंक की विशाल फैक्टरी के सामने निर्माणाधीन एक औद्योगिक परिसर में प्रेस के लिए एक बड़ा-सा 'शेड' बुक करवा दिया। चौदह हज़ार रुपये का भुगतान भी कर दिया। महीने भर में परिसर का हस्तान्तरण भी 'स्वाधीनता' प्रेस के नाम हो गया। उसने हम लोगों को भी अपने चालनुमा फ़्लैट की बगल में जगह दिलवा दी और हम लोग शीतलादेवी टेम्पल रोड से अंधेरी (पूर्व) चले आये। स्वाधीनता प्रेस में मेरी बराबर की हिस्सेदारी थी जबकि ज़्यादातर पूँजी चौधरी की ही लगी थी। पहले मैं चौधरी का हमप्याला बना। फिर हमनिवाला और अन्त में पार्टनर। इस बीच उसने न केवल इस पार्टनरशिप को क़ानूनी जामा पहना दिया, बल्कि हम लोग इस्तीफ़ा देते, इससे पूर्व ही वह राजस्थान से छपाई की बूढ़ी, मगर आयातित मशीनें और प्रेस का दीगर सामान भी ख़रीद लाया। चौधरी का पूँजी निवेश था, मेरी सक्रिय भागीदारी और व्यवस्था की ज़िम्मेदारी। उसने मेरे माध्यम से अपना इस्तीफ़ा भी भिजवा दिया जो तत्काल स्वीकार कर लिया गया। अब मेरा मन इस्तीफ़ा देने के लिए मचल रहा था।

एक सुहानी सुबह मैं भी भारती जी के केबिन में जाकर अपना इस्तीफ़ा पेश कर आया। भारती जी चौधरी की बलि से सन्तुष्ट हो गये थे, उन्हें शायद मेरे इस्तीफ़े की ज़रूरत या उम्मीद न थी, किसी को भी न थी। किसी को भी क़यामत की उस रात की जानकारी न थी, भारती जी ने भी किसी से इसकी चर्चा न की थी, सिवाय टी.पी. झुनझुनवाला के, जो मुम्बई के इनकम टैक्स कमिश्नर थे और जिनकी पत्नी

शीला झुनझुनवाला समय काटने के लिए 'धर्मयुग' के महिला पृष्ठ देखा करती थीं। शीला जी की सीट मेरी बगल में ही थी और वे लंच में मलाई के मीठे टोस्ट खिलाया करती थीं। उन्होंने एक दिन धीरे से बताया था कि पिछले दिनों आधी रात को दो शराबी भारती जी के घर में घुस गये थे और वह सोच भी नहीं सकतीं कि उन शराबियों में से एक रवीन्द्र कालिया भी हो सकता है। उन्होंने यह भी बताया था कि भारती जी मुझसे नहीं, चौधरी से बहुत ख़फ़ा थे। शायद यही कारण था कि मेरा इस्तीफ़ा पाकर भारती जी हक्के-बक्के रह गये। उन्होंने इस्तीफ़ा पेपरवेट से दबा दिया और पूछा कि मैंने यह भी सोचा है कि इसके बाद क्या करूँगा।

"फ़ारिग होकर यह भी सोच लूँगा।" मैंने कहा।

भारती जी ने मेरे इस्तीफ़े पर तत्काल कोई निर्णय नहीं लिया। मैं छुट्टी की अर्ज़ी देकर नये अभियान में जुट गया। उतनी ही व्यस्त एक नयी आज़ाद दिनचर्या शुरू हो गयी। ठीक सुबह दस बजे टाई-वाई से लैस होकर हाथ में ब्रीफकेस लिये मैं काम की तलाश में निकल जाता। अँधेरी पूर्व में ही छपाई का इतना काम मिल गया कि बाहर निकलने की नौबत न आयी। मैंने पाया बड़े-बड़े औद्योगिक संस्थानों की स्टेशनरी दो कौड़ी की थी। लेटर हेड, विज़िटिंग कार्ड एकदम पारम्परिक, देहाती और कल्पनाशून्य थे। मेरे पास टाइम्स ऑफ़ इंडिया का तज़ुर्बा था, वहाँ के कला विभाग के कलाकारों से मित्रता थी। मैंने इन संस्थानों की स्टेशनरी का आर्ट वर्क तैयार करवाया जो उनकी प्रचलित स्टेशनरी से कहीं अधिक कलात्मक और आकर्षक था। ज़्यादा दौड़भाग करने की ज़रूरत नहीं पड़ी, क्योंकि हमारे पास काम ज़्यादा था कार्यक्षमता कहीं कम। हम लोग 'चोक' बनाने वाली जिस कम्पनी का गारंटी कार्ड मुद्रित करते थे, अकसर पिछड़ जाते। उनकी चोक उत्पादन की क्षमता हमारे गारंटी कार्ड मुद्रित करने से कहीं अधिक थी। तब तक बिजली का कनेक्शन भी मंजूर नहीं हुआ था। हाथ-पैर से मशीनों का संचालन किया जाता। आठ बाई बारह इंच की एक नन्ही-सी लाइपज़िक नाम की जर्मन ट्रेडिल मशीन भी थी, जिस पर मैं वक़्त ज़रूरत विज़िटिंग कार्ड वग़ैरह छाप लेता था।

प्रेस चलने लगा। 'शेड' का दाम भी आश्चर्यजनक रूप से बढ़ने लगा। बहुत जल्द असमान पूँजी निवेश के अन्तर्विरोध उभरने लगे। ज़्यादा समय नहीं बीता था कि ज़र, जोरू और ज़मीन का ज़हर सम्बन्धों में घुलने लगा। 'धर्मयुग' से मैं ज़रूर स्वाधीन हो गया था, मगर यह एहसास होते भी देर न लगी कि पूँजी की भी एक पराधीनता होती है। वह नित नये-नये रूपों में अपना जलवा

दिखाने लगी। मेरी उम्र और मेरी फ़ितरत इसके प्रति भी विद्रोह करने लगी। तफ़सील या कटुता में न जाकर एक छवि का तीन दशक पहले के 'इस्टाइल' में ज़िक्र करना चाहूँगा, जो आज भी (तीन दशक बाद) ज़ेहन में कौंध जाती है, जिस पर मैं आज भी फ़िदा हूँ। इस सादगी पर मैं क्या आप भी क़ुर्बान हो जाते अगर सुबह-सुबह पूरे दिनों की हामला एक सद्यस्नात स्त्री अचानक आपकी पत्नी की उपस्थिति में नमूदार हो जाये और शैम्पू किये अपनी स्याह, लम्बी और घनी केश राशि को अपने कपोलों से बार-बार हटाती रहे ताकि अश्रुधारा निर्बाध गति से प्रवाहित हो सके और वह राष्ट्रभाषा में इतना भी व्यक्त न कर पाये कि उसका पति परमेश्वर 'प्लग प्वाइंट' में अंगुलियाँ ठूँस कर आत्महत्या की धमकी दे रहा है क्योंकि उसे वहम हो गया कि वह उसे कम और कालियाजी को ज़्यादा चाहती है। 'प्लग प्वाइंट' में अंगुलियाँ उसका पति ठूँस रहा था मगर धक्का मुझे लगा। बाद की ज़िन्दगी में ऐसे धक्के बारहाँ लगे और मैं 'शॉक प्रूफ' होता चला गया। धक्के खाते-खाते आदमी उनका भी अभ्यस्त हो जाता है, जाने मेरी कुंडली में ऐसा कौन-सा योग है कि कम्पास की सुइयों की तरह शक की सुइयाँ अनायास मेरी दिशा में ही स्थिर हो जाती हैं।

जब से मैंने शराब से तौबा की है, मेरी कई समस्याओं का सहज ही समाधान हो गया है। अपनी प्रत्येक ख़ामी, कमज़ोरी और असफलता को मयगुसारी के खाते में डालकर मुक्त हो जाता हूँ। वास्तव में दो-चार पेग के बाद मेरे भीतर का 'क्लाउन' काफ़ी सक्रिय हो जाता था। मेरे बेलौस मसखरेपन से दोस्तों की ऊबी हुई बीवियों का बहुत मनोरंजन होता था। यह दूसरी बात है कि इसकी मेरे दोस्तों को ही नहीं, मुझे भी भारी क़ीमत चुकानी पड़ी है। अब तो ख़ैर मेरे हमप्याला दोस्तों ने अघोषित रूप से मेरा सामाजिक बहिष्कार कर रखा है। भूले-भटके अगर कोई मित्र मुझे महफ़िल में आमन्त्रित करने की भूल कर बैठता है तो जल्दी ही उसे अपनी ग़लती का एहसास हो जाता है, जब उसकी पत्नी भरी महफ़िल में उसे ज़लील करने लगती है कि कालिया जी शराब छोड़ सकते हैं तो आप क्यों नहीं छोड़ सकते! यही कारण है कि मैं ऐसी पार्टियों से अकसर कन्नी काट जाता हूँ और संस्मरणात्मक लेखन से अपना और आपका समय नष्ट करने को अपनी सेहत के लिए ज़्यादा मुफ़ीद समझता हूँ। वर्ना शराब ने मुझे क्या-क्या नज़ारे नहीं दिखाये!

पूस की एक ठिठुरती रात तो भुलाये नहीं भूलती, जब लखनऊ में अचानक मेरे एक

परम मित्र और मेज़बान ने मुझे आधी रात फ़ौरन से पेश्तर अपना घर छोड़ देने का निर्मम सुझाव दे डाला था। कुछ देर पहले हम लोग अच्छे दोस्तों की तरह मस्ती में दारू पी रहे थे। मेरे मित्र ने नया-नया स्टीरियो ख़रीदा था और हम लोग बेग़म अख़्तर को सुन रहे थे : 'अरे मयगुसारो सवेरे-सवेरे, ख़राबात के गिर्द घेरे पैर घेरे' कि अचानक टेलीफ़ोन की घंटी टनटनायी। फ़ोन सुनते ही मेरे मित्र का नशा हिरन हो गया, वह बहुत असमंजस में कभी मेरी तरफ़ देखता और कभी अपनी बीवी की तरफ़। उसके विभाग के प्रमुख सचिव का फ़ोन था कि उसे अभी आधे घंटे के भीतर लखनऊ से दिल्ली रवाना होना है। उसने अपनी बीवी से सूटकेस तैयार करने के लिए कहा और कपड़े बदलने लगा। सूट- टाई से लैस होकर उसने अचानक अत्यन्त औपचारिक रूप से एक प्रश्न दाग़ दिया, "मैं तो दिल्ली जा रहा हूँ इसी वक़्त, तुम कहाँ जाओगे?"

"मैं कहाँ जाऊँगा, यहीं रहूँगा।"

"मेरी गैरहाज़िरी में यह सम्भव न होगा।"

"क्या बकवास कर रहे हो?"

"बहस के लिए मेरे पास समय नहीं है, किसी भी सूरत में मैं तुम्हें अकेला नहीं छोड़ सकता। इस वक़्त तुम नशे में हो और मेरी बीवी ख़ूबसूरत है, जवान है, मैं यह 'रिस्क' नहीं उठा सकता।"

वह मेरा बचपन का दोस्त था, हम लोग साथ-साथ बड़े हुए थे। क्रिकेट, हॉकी, वालीबॉल और कबड्डी खेलते हुए वह आई.ए.एस. में निकल गया और मैं मसिजीवी होकर रह गया। हम लोग मिलते तो प्राय: नास्टेलजिक हो जाते, घंटों बचपन का उत्खनन करते, तितलियों के पीछे भागते, बर्र की टाँग पर धागा बाँधकर पतंग की तरह उड़ाते।

अभी तक मैं यही सोच रहा था कि वह मज़ाक कर रहा है, जब ड्राइवर ने आकर ख़बर दी कि गाड़ी लग गयी है तो मेरा माथा ठनका। मेरा मित्र घड़ी देखते हुए बोला, "अब बहस का समय नहीं है। मुझे जो कहना था, कह चुका। उम्मीद है तुम मेरी मजबूरी को समझोगे और बुरा नहीं मानोगे।"

"साले तुम मेरा नहीं, अपनी बीवी का अपमान कर रहे हो।" मैंने कहा और उसे विदा करने के इरादे से दालान तक चला आया। मेरे निकलते ही उसने बड़ी फुर्ती से कमरे पर ताला ठोंक दिया और चाबी अपनी बीवी की तरफ़ उछाल दी। उसकी पत्नी ने चाबी कैच करने की कोशिश नहीं की और वह छन्न से फर्श पर जा गिरी। वह हो-हो कर हँसने लगा।

मैं ख़ून का घूँट पीकर चुपचाप सीढ़ियाँ उतर गया। मेरा सारा सामान भी अन्दर बन्द हो गया था। बाहर सड़क पर सन्नाटा था, कोहरा छाया हुआ था, कुत्ते रो रहे

थे। उसकी गाड़ी दनदनाती हुई कोहरे में विलुप्त हो गयी।

लखनऊ के भूगोल का भी मुझे ज़्यादा ज्ञान नहीं था। मेरे ज़ेहन में मजाज़ की पंक्तियाँ कौंध रही थीं :

ग़ैर की बस्ती है, कब तक दर-ब-दर मारा फिरूँ,
ऐ ग़मे दिल क्या करूँ ऐ वहशते दिल क्या करूँ?

अन्धाधुन्ध शराबनोशी में मजाज़ भी लखनऊ की इन्हीं सड़कों पर बेतहाशा भटका था। वह भी पूस की ही एक रात थी, जब मजाज़ ने बुरी तरह शराब पी थी, दोस्त लोग उसे शराबख़ाने में खुली छत पर लावारिस छोड़कर अपने-अपने घर लौट गये थे और मजाज़ रात भर खुली छत पर पड़ा रहा और सुबह तक उसका शरीर अकड़ गया था।

दिन में ही फ़ोन पर कवि नरेश सक्सेना ने बताया था कि उसका तबादला लखनऊ हो गया है और नज़दीक ही वज़ीर हसन रोड पर उसने घर लिया है। मुझे उसने सुबह नाश्ते पर आमन्त्रित किया था। मैं आधी रात को ही नाश्ते की तलाश में निकल पड़ा, वजीर हसन रोड ज़्यादा दूर नहीं थी।

भटकते-भटकते मैंने उसका घर खोज ही निकाला। मैंने दरवाज़ा खटखटाया तो उसने ठिठुरते हुए दरवाज़ा खोला, "अरे तुम इस समय, इतनी ठंड में?"

"मेरे नाश्ते का वक़्त हो गया है।" मैंने कहा। भीतर पहुँचकर मुझे समझते देर न लगी कि जौनपुर से अभी उसका पूरा सामान नहीं आया था। वे लोग किसी तरह गद्दे और चादरें जोड़कर बिस्तर में दुबके हुए थे। उन्हें देखकर लग रहा था कि बहुत ठंड है, मेरे भीतर शराब की गर्मी थी। मैं भी नरेश के साथ उसी बरायनाम रजाई में जा घुसा।

दस

'स्वाधीनता' मेरे लिए 'स्टिल बार्न बेबी' साबित हुई और मैं दुबारा सड़क पर आ गया। इस बीच श्रीमती शीला झुनझुनवाला ने भी 'धर्मयुग' छोड़कर दिल्ली से एक महिलोपयोगी पत्रिका 'अंगजा' निकालने की योजना बनायी। उन्होंने दिल्ली चलने का प्रस्ताव रखा। एक नयी विज्ञापन एजेंसी में कॉपी राइटर का काम मिलने की सम्भावना भी उजागर हुई, मगर मुझे लग रहा था मुम्बई से मेरे तम्बू- कनात उखड़ चुके हैं, दिल्ली भी तब तक इतनी निर्दयी, निर्मम और भ्रष्ट नहीं हुई थी। लेखकों में विदेश यात्रा और मदिरापान की इतनी ललक और लोलुपता नहीं थी, उन दिनों दिल्ली साहित्य की मंडी की तरह नहीं साहित्य की राजधानी की तरह विकसित हो रही थी। नामवरजी उन दिनों आलोचना के सम्पादक थे, उन्होंने पत्र लिखकर दिल्ली लौट आने का प्रस्ताव रखा :

प्रिय रवीन्द्र,

'धर्मयुग' छोड़ने की ख़बर से दुख तो हुआ, लेकिन आश्चर्य नहीं। मुम्बई से आने वाले दो-एक लोगों से मैंने तुम्हारी विडम्बनापूर्ण स्थिति की बात सुनी थी और तब से मैं समझे बैठा था कि तुम्हारे जैसा स्वाभिमानी पुरुष ज़्यादा दिन नहीं टिक सकता। ख़ैर सवाल यह है कि अब क्या करोगे? मेरा ख़याल है कि ममता नौकरी कर रही है। इसलिए कुछ दिनों के लिए तो ज़्यादा परेशानी न होगी। लेकिन इस बीच काम तो ढूँढ़ना ही होगा। मुम्बई में डौल न बैठे तो दिल्ली चले आना बेहतर होगा। यहाँ बेकारों की पल्टन काफी बड़ी है। इसलिए अपने अन्दर किसी प्रकार की हीनता महसूस न होगी। फिर कौन जाने यहाँ तुम्हें कोई काम निकल ही आये!

...नयी कहानियाँ में तुम्हारी और ममता की टिप्पणियाँ पढ़ीं। बहरहाल आलोचना में 'युवा लेखन पर एक बहस' शीर्षक पूरा संवाद ही देने जा रहा हूँ। इस बार 'वर्किंग पेपर' मैं स्वयं लिखूँगा और आठ-दस लेखकों के पास भेजकर उनकी प्रतिक्रिया मँगवाऊँगा। जिसके जी में आये उस लेख की धज्जियाँ उड़ा दे—

मैं सब छापूँगा। सोचता था, निबन्ध लिखने से पहले तुमसे भी कुछ बात हो जाती। क्या यह सम्भव हो सकेगा? फिलहाल दिमाग़ पर यही भूत सवार है।

...अपने को किसी तरह निरुपाय न समझना।

स्नेह

नामवर सिंह

गर्दिश के उन दिनों में नामवर जी ही नहीं, अनेक मित्र मेरे भविष्य को लेकर चिन्तित थे। हरीश भादानी, विश्वनाथ सचदेव, मेरा पूर्व मेज़बान ओबी, उसके मित्र डेंगसन, जाड़िया, चन्नी, स्वर्ण, शुक्लाज़, शिवेन्द्र आदि का एक भरा-पूरा परिवार था। मुम्बई में डेंगसन एक इलेक्ट्रॉनिक कम्पनी के एरिया मैनेज़र थे। वर्ली के बड़े से फ़्लैट में अकेले रहते थे, पत्नी अमृतसर में एक मामूली-सी सरकारी नौकरी करती थी। पत्नी की छोटी-सी ज़िद थी कि जब तक डेंगसन दारू न छोड़ेंगे वह मुम्बई नहीं आयेगी, न नौकरी छोड़ेगी। वह डेंगसन के अन्तिम संस्कार में भाग लेने ही मुम्बई पहुँची। बीच सड़क में हृदयगति रुक जाने से डेंगसन का कार में ही आकस्मिक निधन हो गया था।

कांदिवली में काले हनुमान जी का एक मन्दिर था, डेंगसन की उसमें गहरी आस्था थी। वह किसी भी मित्र को परेशानी में पाते तो अपनी कार में बैठाकर श्रद्धापूर्वक कांदिवली ले जाते। मौत से कुछ ही दिन पहले मुझे भी ले गये थे। मन्दिर में एक अहिन्दी भाषी महात्मा रहते थे। महात्मा जी ने मुझे देखकर एक पर्चे पर लिखा—नदी किनारे दूर का चानस। महात्मा केवल सूत्रों में बात करते थे, उसकी व्याख्या आप स्वयं कीजिए और करते जाइए। जल्दी ही समय अपनी व्याख्या भी प्रस्तुत कर देता था। मेरे सामने भी सूत्र वाक्य के अर्थ खुलने लगे। कुछ दिनों बाद स्पष्ट हुआ कि नदी किनारे का अर्थ था संगम यानी गंगा-जमुना का तट और दूर का मतलब निकला इलाहाबाद। सन् 69 के अन्तिम दिनों में मेरा इलाहाबाद आ बसना भी एक चमत्कार की तरह हुआ। अभी हाल में मैंने कन्हैयालाल नन्दन पर संस्मरण लिखते हुए उन दिनों की याद ताज़ा की है। ऐसा नहीं था कि मेरी मित्रता सिर्फ़ पीने-पिलाने वाले लोगों से रही है। मेरे मित्रों में नन्दन जी जैसे सूफ़ी भी रहे हैं, जिन्होंने कभी सिगरेट का क़श भी न लिया होगा।

बहुत जल्दी नन्दन जी का गोरेगाँव का संसार भी मेरा संसार हो गया था। उनके तमाम मित्र मेरे मित्र हो गये। वह सुखदेव शुक्ल हों (अब दिवंगत) या पंचरत्न, मित्तल। मनमोहन सरल तो ख़ैर दफ़्तर के सहयोगी ही थे। शुक्लाज़ से मेरी दोस्ती उनकी साहित्यिक रुचि के कारण ही नहीं, बल्कि इसलिए भी हो गयी कि (डॉ.) मिसेज़ उमा शुक्ला चाय बहुत अच्छी बनाती थीं और इतवार को अकसर मैं सुबह-

सुबह पराँठे खाने उनके यहाँ पहुँच जाता। मैं शिवाजी पार्क में रहता था। मगर मेरा ख़ाली समय गोरेगाँव में ही बीतता। गोरेगाँव पहुँचकर लगता था, अपने परिवार के बीच पहुँच गया हूँ। सब लोग दफ़्तर को दफ़्तर में भूल आते थे, मगर नन्दन जी अपने ब्रीफकेस में कुछ और परेशानियाँ, कुछ और उदासी, कुछ और अवसाद भर लाते। ट्रेन में वह दुष्यन्त की पंक्तियाँ गुनगुनाते घर लौटते :

कुछ भी नहीं था मेरे पास,
मेरे हाथों में न कोई हथियार था,
न देह पर कवच,
बचने की कोई भी सूरत नहीं थी,
एक मामूली आदमी की तरह,
चक्रव्यूह में फँस कर,
मैंने प्रहार नहीं किया, सिर्फ़ चोटें सहीं,
अब मेरे कोमल व्यक्तित्व को,
प्रहारों ने कड़ा कर दिया है।

जिन दिनों मैंने 'धर्मयुग' से त्यागपत्र दिया था, नन्दन जी बीमार थे। वह उन दिनों 'प्लूरसी' के इलाज़ के सिलसिले में किसी हेल्थ रिजॉर्ट पर गये हुए थे। छुट्टी से लौटे तो दफ़्तर का माहौल बदला-बदला-सा लगा। मेरी और चौधरी की कुर्सी पर प्रशिक्षु पत्रकार जमे थे। हम लोगों के विद्रोह से हाल में एक सनसनी फैल गयी थी और क़यामत की उस रात के कई संस्मरण प्रचारित-प्रसारित हो रहे थे। साथी लोग उसमें अनवरत संशोधन, परिवर्द्धन और परिवर्तन कर रहे थे। छुट्टी से लौटने पर नन्दन जी ने भी यह क़िस्सा सुना। कोई विश्वास ही नहीं कर सकता था कि उस दफ़्तर में भारती जी को कोई चुनौती दे सकता था। यह सुनकर तो वह विह्वल हो गये कि मैंने नन्दन के ख़िलाफ़ किसी भी षड्यन्त्र में शामिल होने से साफ़ इंकार कर दिया था। नन्दन जी उसी तारीख़ सपत्नीक अँधेरी पहुँचे। वह बहुत भावुक हो रहे थे। उनकी आँखें नम हो रही थीं और वह देर तक मेरा हाथ थामे बैठे रहे। वह मेरे भविष्य को लेकर मुझसे ज़्यादा चिन्तित थे। उन्हें अफ़सोस इस बात का था कि यह सारा खेल उनकी अनुपस्थिति में हो गया। उनकी राय थी कि हम लोगों को इस्तीफ़ा देने की ज़रूरत नहीं थी, व्यवस्था में रहते हुए उसका विरोध करना चाहिए था। नन्दन जी ने यही मार्ग चुना था और उसकी परिणति उनके चेहरे से झलक रही थी, वह प्लूरसी के शिकार हो गये थे। तब तक भारती जी ने मेरा इस्तीफ़ा मंजूर नहीं किया था। मैं चूँकि 'कन्फर्म' हो चुका था। नियमानुसार मुझे तीन महीने तक कार्यमुक्त नहीं किया गया। इसी दौरान उन्होंने ममता को

कॉलिज यह सन्देश भी भिजवाया था कि मैं अपना इस्तीफ़ा वापस ले लूँ। उन्हें लग रहा था कि यह अव्यावहारिक क़दम मैंने शराब के नशे में उठाया था। सच तो यह था कि उस दमघोंटू माहौल से मैं किसी भी मूल्य पर मुक्ति चाहता था। अगर मैंने नशे के अतिरेक में यह क़दम उठाया होता तो मैं अपने इस्तीफ़े पर पुनर्विचार कर सकता था। फ़िलहाल मेरे पास लेखन के अलावा कोई दूसरा विकल्प नहीं था। उन्हीं दिनों मैंने एक लम्बी कहानी लिखी—'चाल'। अपने समय में वह ख़ूब चर्चित हुई। इस कहानी पर अश्क जी का एक लम्बा पत्र भी मुझे प्राप्त हुआ। उन्होंने इस कहानी को ज्ञानरंजन की 'बहिर्गमन' से श्रेष्ठ कहानी सिद्ध किया था। पत्र कुछ इस प्रकार शुरू होता है :

'प्रिय कालिया,

...बहरहाल, यह तय है कि 'चाल' अपने 'रफ वर्शन' में भी वैसी बुरी कहानी नहीं थी और पुस्तक में उसका जो रूप छपा है, वह काफी सुधारा हुआ है। मैं अपनी बात को यों रखना चाहूँगा कि यदि मुझे 'चाल' और 'बहिर्गमन' में से बेहतर कहानी चुननी हो तो मैं चाल को चुनूँगा, उसके तमाम दोषों के बावजूद! 'घण्टा' और 'चाल' में से, 'घण्टा' और 'काला रजिस्टर' में से मुझे एक को चुनना पड़े तो मैं चुनाव नहीं कर पाऊँगा, क्योंकि मेरे निकट दोनों एक-सी उत्कृष्ट रचनाएँ हैं।'

अब इतने वर्षों बाद मुम्बई में ज़िन्दगी ने मुझे दुबारा सड़क पर ला पटका था। दोस्त लोग भी मुझे कोस रहे थे कि मैंने चौधरी के झाँसे में आकर अच्छी-ख़ासी नौकरी को लात मार दी। नन्दन जी रात को इसलिए मिलने आये थे कि दिन के उजाले में बाग़ियों से मिलना ख़तरनाक साबित हो सकता था। इतनी बड़ी मुम्बई भी उन्हें लगता था, चप्पे-चप्पे पर धर्मवीर भारती के जासूस छाये हुए हैं। छूटते ही नन्दन जी ने पूछा, ''इलाहाबाद जाओगे?''

''इलाहाबाद में क्या है?''

''हिन्दी भवन का प्रेस बिकाऊ है। वह किसी विश्वास के आदमी को ही सौंपना चाहते हैं ताकि उनके प्रकाशन का मुद्रण कार्य चलता रहे।''

हिन्दी भवन का नाम सुनते ही मेरी स्मृतियाँ ताज़ा हो गयीं। अपनी करतूतें मैं भूला नहीं था।

छात्र जीवन से ही मुझे पढ़ने-लिखने की और दारू की लत लग गयी थी। मेरी दोनों ज़रूरतें हिन्दी भवन से ही पूरी होती थीं। उन दिनों समूचे पंजाब में हिन्दी पुस्तकें केवल 'हिन्दी भवन' पर उपलब्ध होती थीं। मोहन राकेश के सम्पर्क में आकर मैंने

यह बात अच्छी तरह समझ ली थी कि लेखकों को तीन चीज़ों; यानी पत्नी, नौकरी और प्रकाशक का चुनाव अत्यन्त सावधानी और सूझबूझ से करना चाहिए। जो लेखक इन तीन मसलों पर विवेक से नहीं, भावुकता से काम लेते हैं, वे फिर जीवन भर भटकते ही रहते हैं। उन्हें शराब या किसी दूसरे नशे की लत पड़ जाती है, उनका जीवन कभी पत्नी, कभी नौकरी और कभी प्रकाशक बदलने में ही नष्ट हो जाता है (मेरी बात का कदापि यह अर्थ न लगाया जाये कि जो लेखक पत्नी, नौकरी और प्रकाशक नहीं बदलते, उनका जीवन नष्ट नहीं होता)। लेखन एक ऐसा पेशा है कि इसमें ज़्यादा विकल्प भी नहीं होते। फ़ैज़ जैसे पाए के लेखक को भी इस नतीजे पर पहुँचना पड़ा कि :

फ़ैज़ होता रहे जो होना है
शे'र लिखते रहा करो बैठे।

मैंने बहुत पहले फैज़ की राय गाँठ बाँध ली थी और अपने को खुश्क़ पत्तों की तरह हवाओं के हवाले कर दिया था। एक रास्ता बन्द होता तो दूसरा अपने आप खुल जाता, जबकि ज़िदगी बार-बार यही एहसास कराती रही है कि 'रास्ते बन्द हैं सब, कूच-ए-क़ातिल के सिवा।' मेरे जीवन में ग़ालिब का यह शे'र भी बार-बार चरितार्थ होता रहा है कि 'कर्ज़ की पीते थे मय और समझते थे कि हाँ, रंग लायेगी हमारी फ़ाकामस्ती एक दिन।' आप विश्वास न करेंगे, मगर मेरी बात मान लीजिए कि मुझे पहली नौकरी कर्ज़ की मय और फ़ाकामस्ती ने ही दिलवायी थी। अगर मेरे ऊपर 'मय का कर्ज़' न होता तो यक़ीनन मुझे एम.ए. पास करते ही यों आसानी से नौकरी न मिल जाती। मुझे नौकरी दिलवाने के लिए उन लोगों को ज़्यादा दौड़-भाग करनी पड़ी, जिनकी मय के कर्ज़ से मैं आकंठ डूबा हुआ था।

"तुम हाँ करो तो बात आगे बढ़ाऊँ।" नन्दन जी ने तफ़सील से बताया कि इलाहाबाद में हिन्दी भवन का एक प्रेस है। प्रेस में केवल हिन्दी भवन की पुस्तकें मुद्रित होती हैं। इसी उद्देश्य से प्रेस की स्थापना की गयी थी ताकि मुद्रण के लिए इधर-उधर न भटकना पड़े। यह भी मालूम हुआ कि छात्र जीवन से ही नन्दन जी का हिन्दी भवन से घनिष्ठ सम्बन्ध रहा है। वह इलाहाबाद में हिन्दी भवन की पुस्तकों के डस्ट कवर बनाकर अपनी फीस का प्रबन्ध किया करते थे। कितनी विरोधाभासपूर्ण स्थितियों में नन्दन जी का और मेरा छात्र जीवन गुज़रा था। हिन्दी भवन इलाहाबाद उनके लिए फीस का प्रबन्ध करता था और हिन्दी भवन का जालन्धर कार्यालय मेरे लिए बियर और पुस्तकों का। दोनों का अपना-अपना जुगाड़ था। अपना-अपना भाग्य था।

नन्दन जी ने यह भी बताया कि हिन्दी भवन के संचालक नारंग बन्धु अब वृद्ध

हो गये हैं और धीरे-धीरे काम समेटना चाहते हैं। वे ऐसे कर्मठ नौजवान की तलाश में हैं जो ज़िम्मेदारी से प्रेस का संचालन कर सके। हिन्दी भवन का मुख्य कार्यालय जालन्धर में है जहाँ इन्द्रचन्द्र जी के बड़े भाई धर्मचन्द्र नारंग हिन्दी भवन का संचालन करते हैं। दोनों भाइयों की सहमति हो गयी तो प्रेस आसान क़िस्तों पर मिल सकता था।

धर्मचन्द्र नारंग का नाम सुनते ही मेरा माथा ठनका। मैंने कहा, "धर्मचन्द्र जी को मैं बहुत अच्छी तरह से जानता हूँ। मगर हो सकता है मेरे बारे में उनकी राय बहुत अच्छी न हो।"

मैंने विस्तार से नन्दन जी को 'हिन्दी भवन' से उधार पुस्तकें ख़रीदने और उन्हें औने-पौने दाम में बेचकर बियर पी जाने का क़िस्सा सुनाया। मेरी कारगुजारियाँ सुनकर नन्दन जी को बहुत धक्का लगा। उन्हें लगा कि बना-बनाया खेल बिगड़ गया है। अब नारंग बन्धुओं से आगे की बात चलाना व्यर्थ होगा।

"नारंग बन्धु बहुत आदर्शवादी लोग हैं। स्वाधीनता आन्दोलन में भी इस परिवार की सक्रिय भूमिका रही थी। भगत सिंह से भी इन लोगों के आत्मीय सम्बन्ध थे। तुमने उधार न चुकाया होगा तो वह कभी क़िस्तों पर प्रेस देने को तैयार न होंगे।"

"कर्ज़ तो मैंने चुका दिया था। यह दूसरी बात है कि कर्ज़ वसूलने के लिए नारंग जी को मुझे नौकरी दिलवानी पड़ी थी।"

उन दिनों लेक्चरर को कुल जमा दो सौ सत्तर रुपये मिलते थे। मैंने एक अकलमन्दी की थी कि पहली तारीख़ को मैंने अपनी समूची तनख़्वाह नारंग जी को सौंप दी थी। उन्होंने मुझ पर तरस खाकर मुझे पचास रुपये जेब खर्च के लिए लौटा दिये थे और शेष रकम मेरे हिसाब में जमा कर ली। अगले ही महीने मैं ऋणमुक्त हो गया था। यह सुनकर नन्दन जी कुछ आश्वस्त हुए। उनके चेहरे का तनाव कुछ कम हुआ, "तब तो बात आगे बढ़ायी जा सकती है।" और नन्दनजी अगले रोज़ से बात बनाने में व्यस्त हो गये।

अन्ततः तय हुआ कि इलाहाबाद जाकर प्रेस देखा जाये और सम्भावनाएँ तलाशी जायें। मैं तो आज़ाद पंछी था, नन्दन जी को छुट्टी लेने के लिए पिता की मिजाज़पुर्सी के लिए गाँव जाने का बहाना करना पड़ा था। 'धर्मयुग' में छुट्टी मिलना वैसे ही कठिन होता था, नन्दन जी के लिए तो और भी कठिन। भारती जी न छुट्टी लेते थे न देते थे। वह पूर्णरूप से 'धर्मयुग' को समर्पित थे। उसे ओढ़ते थे और उसे ही बिछाते थे। कई बार तो कोई शंका हो जाने पर आधी रात को उठकर प्रेस चले जाते। एक बार गिन्ज़बर्ग के सन्दर्भ में मैंने अपने पृष्ठ पर अमूर्त क़िस्म का एक न्यूड विज़ुअल छपने भेज दिया था, भारती जी का मन नहीं माना और उन्होंने आधी रात को प्रेस जाकर मशीन रुकवा दी। मशीन का एक-एक मिनट कीमती माना जाता था और भारती

जी ने बहुत देर के लिए मशीन रुकवा दी थी, सिलेंडर पर से वह चित्र घिसवाना पड़ा था। मुद्रण कार्य आज की तरह आसान नहीं था, फोटो एंग्रेवर की बहुत जटिल प्रक्रिया होती थी। हफ़्तों भारती जी की मैनेज़मेंट से मशीन रुकवाने को लेकर चख-चख चलती रही।

बहरहाल, इलाहाबाद के लिए छद्म नाम से दो सीटें आरक्षित करवायी गयीं। कोशिश यही थी कि नन्दन जी और मुझे कोई जासूस साथ-साथ न देख ले। मैं तो बाग़ी क़रार दिया जा चुका था और बाग़ी को प्रश्रय देना और उसके साथ-साथ घूमना उतना ही बड़ा अपराध था, जितना अँग्रेज़ों के समय में रहा होगा या इंडियन पीनल कोड में आज भी है। उन्हीं दिनों किसी ने नन्दन जी और मुझे किसी फ़िल्म के बाद साथ-साथ थियेटर की सीढ़ियाँ उतरते देख लिया था और नन्दन जी जवाब तलब हो गये थे और यह तो एक हज़ार किलोमीटर से भी लम्बी यात्रा थी। कल्याण तक तो हम लोगों ने एक-दूसरे से बात तक न की। तमाम एहतियाती क़दम उठाये गये। यात्रा तो सही-सलामत कट गयी, लेकिन इलाहाबाद स्टेशन पर एक हादसा पेश आते-आते रह गया। हम लोग ट्रेन से उतर रहे थे कि सामने ओंकारनाथ श्रीवास्तव दिखायी पड़ गये। उनके साथ कीर्ति चौधरी थीं। भारती जी और 'धर्मयुग' से यह लेखक दम्पती जुड़े थे। भारती जी के यहाँ उनसे परिचय हुआ था। उन्हें देखते ही हम लोगों की सिट्टी-पिट्टी गुम हो गयी और हम लोग स्वाधीनता सेनानियों की तरह पुलिस को चकमा देते हुए अलग-अलग दिशा में चल दिये। मैं पटरियाँ फलाँगते हुए एक नम्बर प्लेटफॉर्म पर जा पहुँचा। मुझे तो कोई फ़र्क़ न पड़ता मगर नन्दन जी के साथ मुझे इलाहाबाद स्टेशन पर देखने की ख़बर भारती जी को मिलती तो नन्दन जी के लिए संकट खड़ा हो जाता। इलाहाबाद से भारती जी पहले ही बहुत सशंकित रहते थे। भावनात्मक रूप से वह इलाहाबाद से जुड़े थे, मगर इलाहाबाद के लेखकों पर से उनका विश्वास उठ चुका था। केशवचन्द्र वर्मा उन्हें इलाहाबाद का कच्चा-चिट्ठा लिखते रहते थे। यह दूसरी बात है कि पुष्पा जी जब भारती जी की अस्थियाँ लेकर इलाहाबाद आयीं तो उनकी अस्थियों के दर्शन के लिए पूरा इलाहाबाद उमड़ आया था। भारती जी एक बार इलाहाबाद से गये तो दुबारा कभी नहीं लौटे, लौटीं तो उनकी अस्थियाँ। मैंने साप्ताहिक 'गंगा-यमुना' में प्रथम पृष्ठ पर शीर्षक दिया :

मुट्ठी भर फूल बनकर प्रयाग लौटे धर्मवीर भारती।

मैं बहुत देर तक एक नम्बर प्लेटफॉर्म पर नन्दन जी की प्रतीक्षा करता रहा। बहुत देर बाद जब प्लेटफॉर्म लगभग ख़ाली हो गया तो नन्दन जी कुली के पीछे ख़रामा-ख़रामा चलते नज़र आये। रानीमंडी स्टेशन के पास ही था। स्टेशन से

रिक्शा में रानीमंडी पहुँचने में पाँच मिनट भी न लगे।

हम लोग प्रेस पहुँचे तो देखा नारंग जी अत्यन्त तल्लीनता से मशीन प्रूफ पढ़ रहे थे। बीच-बीच में वह मैग्नीफाइंग ग्लास की मदद भी लेते। हमें देखकर उनके चेहरे पर कोई प्रतिक्रिया न हुई। हम लोग मेज़ के सामने पड़ी कुर्सियों पर बैठे गये। मुझे लगा, नारंग जी को मेरी कारस्तानियों की भनक लग चुकी है और वह जानबूझकर हमारी उपेक्षा कर रहे हैं। नन्दन जी प्रेस के तमाम कर्मचारियों से परिचित थे, उन्होंने बद्री को चाय-नाश्ते का इन्तज़ाम करने के लिए कहा। नारंग जी ने जब तक पूरा फ़ार्म न पढ़ लिया, हम लोगों की तरफ़ आँख उठाकर न देखा। मैं नारंग जी के बड़े भाई से परिचित था, वह भी बहुत कम बोलते थे, मगर वह चुप्पी के भीतर से बहुत कुछ कह देते थे। मुझे दोनों भाइयों में कोई समानता नज़र नहीं आ रही थी। धर्मचन्द्र जी कमीज़-पतलून पहनते थे और इन्द्रचन्द्र जी का लिबास शुद्ध गाँधीवादी था यानी खादी का धोती-कुर्ता। देखने में भी वह अपने बड़े भाई से बड़े लगते थे।

इस बीच नाश्ता आ गया। हम लोगों ने ऊपर जाकर नाश्ता किया। नन्दन जी मुझे धीरे से बता चुके थे कि जब तक नारंग जी प्रूफ न निपटा लेंगे किसी से बात न करेंगे। 'धर्मयुग' में मैं भी अपने पृष्ठों के प्रूफ पढ़ता था, मगर बिना किसी तनाव के। इतनी एकाग्रता भी दरकार न थी। प्रूफ निपटाकर नारंग जी ऊपर आये, जैसे कोई महत्त्वपूर्ण और जटिल ऑपरेशन करके फ़ारिग हुए हों।

नाश्ते के बाद बिना एक भी क्षण नष्ट किये नारंग जी उठ खड़े हुए और बोले, "आइए आपको प्रेस दिखा दूँ।" हम लोगों ने मशीनें देखीं, जबकि लेटर प्रेस की मशीनों की न मुझे कोई जानकारी थी, न नन्दन जी को। नारंग जी हर काम नियमानुसार करते थे। दस श्रमिकों से फैक्टरी ऐक्ट लागू हो सकता था, वह नौ श्रमिकों से काम लेते थे। दो मशीनें थीं, दोनों निःशब्द चल रही थीं। छह कम्पोज़िटर थे, सब चुपचाप कम्पोज़िंग कर रहे थे। ग़जब का अनुशासन और सन्नाटा था। अगर बीच का दरवाज़ा बन्द कर दिया जाये तो कोई अनुमान नहीं लगा सकता था कि भीतर नौ आदमी काम कर रहे हैं या मशीनें चल रही हैं। सबकुछ चुस्त-दुरुस्त और व्यवस्थित था।

"मेरी भाई साहब से बात हो गयी है, वह राज़ी हो गये हैं।" नारंग जी ने अपनी सीट पर बैठते हुए नन्दन जी से पूछा, "आपको मालूम है, मैं सीट पर गद्दी क्यों रखता हूँ?"

हम दोनों ने अनभिज्ञता में सिर हिलाया। नारंग जी ने बताया कि वह किसी सुविधा या आराम के लिए सीट पर गद्दी नहीं रखते, बल्कि इसलिए रखते हैं कि इससे बेंत जल्दी नहीं टूटती।

नारंग जी ने एक ड्राअॅर से एक मोटी फाइल निकाली। उसमें प्रेस सम्बन्धी

सब दस्तोवज़ थे—मशीनों के मूल बिल, सामान की लम्बी फ़ेहरिस्त, रजिस्ट्रेशन के तमाम काग़ज़ात। फाइल पलटते हुए उन्होंने 'डासन पेन ऐंड इलियट' कम्पनी का पूरा इतिहास भी बता डाला, जिनसे उन्होंने मशीनें आयात की थीं। बग़ैर किसी भूमिक़ा के उन्होंने अपनी शर्तें भी रख दीं—"दस हज़ार रुपये आपको अग्रिम देने होंगे, शेष रकम का भुगतान छत्तीस मासिक क़िस्तों में करना होगा। आप जब पैसे का इन्तज़ाम कर लें, प्रेस सँभाल लें। इस बीच मैं वकील से काग़ज़ात तैयार करवा लूँगा।"

"मैं तो प्रेस के काम के बारे में कुछ भी नहीं जानता।" मैंने कहा।

"सब जान जाएँगे। उसका भी मैं इन्तज़ाम कर दूँगा।" नारंग जी ने कहा, "यहाँ हिन्दी साहित्य सम्मेलन का एक बड़ा लैटर प्रेस है। विचित्र जी उसके प्रबन्धक हैं। मैं लाहौर से उन्हें जानता हूँ। आप उनसे मिल लें, मेरा हवाला दे दें, वह आपको महीने भर में प्रेस के सब दाँव-पेंच समझा देंगे।"

ये सब बाद की बातें थीं। फिलहाल तो मुझे अपने हिस्से के पाँच हज़ार रुपयों की चिन्ता हो गयी, जो आज से पैंतीस साल पहले काफ़ी बड़ी रकम थी, जब सोने का दाम सवा सौ रुपये तोले था। मैंने सोचा, इसके बारे में जिन पीकर ही विचार किया जा सकता है। लौटते हुए मैंने एक जगह रिक्शा रुकवाया और चौक में मदन स्टोर से लाइम कार्डियल की एक बोतल ख़रीदी, जिन की बोतल मेरे सूटकेस में थी। मुझे बहुत ताज्जुब हुआ जब मदन स्टोर ने रिक्शा वाले को ग्राहक लाने के लिए मेरे सामने एक रुपया बख़्शीश में दे दिया। ऐसा तो मैंने किसी शहर में नहीं देखा था।

पाँच हज़ार रुपयों के इन्तज़ाम की उधेड़बुन में मैं मुम्बई पहुँचा, मुझे आभास भी नहीं था कि मुम्बई पहुँचते ही मेरी समस्या का कोई चामत्कारिक हल निकल आयेगा। उन दिनों मैं हरीश भादानी की पत्रिका 'वातायन' के लिए नियमित रूप से स्तम्भ लेखन करता था। 'वातायन' के पृष्ठों पर मैंने काफी आग उगली थी। ओमप्रकाश निर्मल ने प्रतिक्रियास्वरूप एक लम्बा पत्र भेजा था। उन्हें मेरा तेवर पसन्द था, मगर लोहियावादियों के बारे में की गयी टिप्पणियों पर एतराज़ था। हरीश भादानी और विश्वनाथ सचदेव से अकसर भेंट होती रहती थी। मैंने इन मित्रों को अपनी समस्या बतायी तो भादानी और विश्वनाथ ने चुटकियों में पैसे का इन्तज़ाम कर दिया। अगले रोज़ वे लोग मुझे अपने एक मारवाड़ी उद्योगपति मित्र के यहाँ ले गये और उन्होंने इससे पहले कि हम कुछ कहते टेलीफ़ोन पर बात करते-करते तिजोरी खोली और पाँच हज़ार रुपये मुझे सौंप दिये। सेठ जी एक टेलीफ़ोन रखते तो दूसरा टनटनाने लगता। उनके पास शुक्रिया क़ुबूल करने का भी समय नहीं था। इशारों से ही अभिवादन करते हुए उन्होंने हम लोगों को

विदा कर दिया। मैं आज तक नहीं जान पाया कि वह दानवीर कर्ण कौन था! गत पैंतीस वर्षों से हरीश भादानी से भी मेरी भेंट न हुई, न पत्राचार। बहुत बाद में मार्कण्डेय जी ने बताया था कि संसद सदस्या सरला माहेश्वरी हरीश भादानी की पुत्री हैं और अरुण माहेश्वरी दामाद।

रुपयों का इन्तज़ाम होते ही मैं बोरिया-बिस्तर उठाकर इलाहाबाद चला आया। एक तरह से मुम्बई ने मुझे दक्षिणा देकर विदा कर दिया था। ममता की व्यवस्था चर्चगेट स्थित विश्वविद्यालय के छात्रावास में हो गयी। मैंने इलाहाबाद में अश्क जी के यहाँ लंगर डाल दिये और संघर्ष के लिए कमर कस ली। ज्ञान उन दिनों इलाहाबाद में ही था। उसकी पीने में ज़्यादा दिलचस्पी न थी, खाने में थी। गर्भवती महिलाओं की तरह उसका मन कभी खट्टी और कभी मीठी चीज़ों के लिए मचलता रहता। लोकनाथ की लस्सी पीकर ही वह नशे में आ जाता। कोई काम न होता तो ज्ञान, नीलाभ और मैं इलाहाबाद की सड़कें नापते। इलाहाबाद के खुले इलाकें की सड़कें बहुत आकर्षित करतीं। नीम के पत्ते झरते तो सड़कें पीली हो जातीं, जैसे पत्तों की सेज बिछ गयी हो।

नारंग जी अत्यन्त कठोर अनुशासन के व्यक्ति थे। घड़ी का काँटा देखकर काम करते थे। दिन भर काम में जुटे रहते और पाँच बजते ही ताला ठोंककर टैगोर टाउन के लिए चल देते। एक बार तो जल्दबाज़ी में एक कर्मचारी रातभर के लिए प्रेस में ही बन्द रह गया था। उनकी हर चीज़ पूर्वनिर्धारित थी, यहाँ तक कि रिक्शा का भाड़ा भी। एक दिन उन्होंने हिचकिचाते हुए बताया कि इलाचन्द्र जोशी से किसी प्रकाशक ने कहा है कि उन्होंने मुम्बई के जिस लेखक के हाथ प्रेस का सौदा किया है वह जबरदस्त ऐय्याश है, क़िस्तें क्या अदा करेगा, धीरे-धीरे प्रेस खा-पी जायेगा। बाद में उस प्रकाशक से मेरी भी मित्रता हो गयी, उसने हिन्दी भवन द्वारा प्रकाशित इलाचन्द्र जोशी के उपन्यास ही नहीं, मेरी तमाम पुस्तकें भी प्रकाशित कीं। उन दिनों मेरे सामने अपने अस्तित्व का सवाल ही मुँह बाये खड़ा था, पीना तो दरकिनार, खाने के लाले पड़े हुए थे। मेरा हिन्दी साहित्य सम्मेलन में विचित्र जी की देखरेख में प्रशिक्षण शुरू हो गया। नारंग जी की शर्तें इतनी कड़ी थीं कि मैं कोई जोख़िम उठा ही नहीं सकता था। समय पर क़िस्त न चुकाने पर सूद की दर दोगुनी हो जाने का प्रावधान था। प्रेस और कर्ज़ का जुआ मेरे कन्धों पर गिरने ही वाला था; मैं पूरा ध्यान लगाकर विचित्र जी से गुरुमन्त्र ले रहा था।

विचित्र जी सचमुच विचित्र शख़्सियत के मालिक थे। लम्बा तगड़ा बलिष्ठ शरीर, मुँहफट, मलंग, फक्कड़, मगर ग़जब के स्वाभिमानी। नाराज़ हो जाते तो गाली बकने लगते और ख़ुश हो जाते तो कर्मचारी को रम की बोतल थमा देते—

जा ऐश कर। सवेरे घंटों हवन करते, शाम को गोश्त भूनते और जमकर मदिरापान करते। उनका पूरा व्यक्तित्व एक ऋषि की मानिन्द था। सम्मेलन के पदाधिकारियों से वह पदाधिकारी की तरह पेश आते और मजदूरों के बीच मजूदरों-सा व्यवहार करते। जी में आता तो लोकगीत गाते हुए मशीन चलाने लगते। विचित्र जी की किसी भी बात का कोई बुरा न मानता था। वह उम्र में मुझसे काफी बड़े थे, मगर मेरी उनसे छनने लगी। उनका बड़ा बेटा इंडियन फ़ॉरेन सर्विस में था। जापान में भारत के दूतावास में वरिष्ठ अधिकारी। अचानक एक सड़क दुर्घटना में उसकी मृत्यु हो गयी। अख़बार में यह समाचार पढ़कर मैं अफ़सोस करने उनके यहाँ गया तो वह हस्बेमामूल दारू पीते हुए गोश्त भून रहे थे। उनकी पत्नी सलाद काट रही थीं।

"होनी को कोई भी नहीं टाल सकता।" उन्होंने मेरा जाम तैयार करते हुए कहा, "बहू की अभी उमर ही क्या है? मैंने उससे कह दिया है कि वह दूसरी शादी के बारे में सोचे; पढ़ी-लिखी योग्य लड़की है, अपने लिए ज़रूर कोई लड़का ढूँढ़ लेगी।"

विचित्र जी बेटे के बचपन में खो गये। उन्हें याद आया कि कैसे उन्होंने एक बार उसके जन्मदिवस पर छुट्टी के रोज़ दुकान खुलवाकर उसे तिपहिया साइकिल दिलवायी थी। वे देर तक मेरी तरफ़ पीठ करके गोश्त भूनते रहे। उनका जाम गैस के पास जस का तस भरा रखा था। मैं भी घूँट नहीं भर पाया। सहसा उनकी पत्नी उठकर दूसरे कमरे में चली गयीं। सम्भ्रान्त और बहादुर लोग मातम में भी शालीन बने रहते हैं। विचित्र जी और कुछ भी हों, सम्भ्रान्त तो नहीं थे। ऐसा बीहड़ आदमी जीवन में दुबारा नहीं मिलता। बाद में वह दिल्ली चले गये और किसी प्रेस के काम से बिक्री-कर कार्यालय में काम करते हुए हृदयगति रुक जाने से इस दुनिया से रुख़्सत हो गये।

मैं इलाहाबाद क्या आया, इलाहाबाद का ही होकर रह गया।

ग्यारह

'अगर जन्नत का रास्ता इलाहाबाद से होकर जायेगा तो मैं जहन्नुम में जाना ज़्यादा पसन्द करूँगा।' मिर्ज़ा ग़ालिब ने अपने एक ख़त में इलाहाबाद के बारे में अपनी राय ज़ाहिर की थी। मिर्ज़ा बरास्ता इलाहाबाद बनारस गये थे, मालूम नहीं कि इलाहाबाद ने उनके साथ कैसा सुलूक किया था कि वह इलाहाबाद से खौफ़ खाने लगे थे। उन्होंने एक शे'र में अर्ज़ किया कि 'हज़र अज़ फितन ए इलाहाबाद' यानी इलाहाबाद के फितनों से ख़ुदा मुझे पनाह दे। इलाहाबाद आने से पहले मैंने 'फितना' शब्द नहीं सुना था। अश्क जी इसका खुलकर इस्तेमाल करते थे। उनकी नज़र में सन् साठ के बाद की पीढ़ी के अधिसंख्य कथाकार फितना थे। इस शब्द की ध्वनि ही कुछ ऐसी है कि सुनने पर गाली का एहसास होता है। लुग़ात में इसका अर्थ देखा तो अश्क जी की ही नहीं मिर्ज़ा ग़ालिब की बात भी समझ में आ गयी। फितना का अर्थ होता है, लगाई-बुझाई अथवा साज़िश करने वाला, दंगाई, नटखट, षड्यन्त्री, बग़ावती आदि-आदि। साठोत्तरी पीढ़ी के बारे में अग्रज लेखकों की राय कभी अच्छी नहीं रही। भैरवप्रसाद गुप्त इसे हरामियों की पीढ़ी कहते थे, अश्क जी फितनों की, कमलेश्वर ऐय्याश प्रेतों की पीढ़ी और मार्कण्डेय दो पीढ़ियों के बीच उगी खरपतवार।

इलाहाबाद का आक्रामक तेवर सभी को झेलना पड़ता है—आप जवाहरलाल नेहरू या इन्दिरा गाँधी ही क्यों न हों! अपने को सुमित्रानन्दन पन्त या उपेन्द्रनाथ अश्क ही क्यों न समझते हों! ज्ञानपीठ पुरस्कार से सम्मानित नरेश मेहता इलाहाबाद की इन्हीं सड़कों पर अपनी आधा दर्ज़न अप्रकाशित पुस्तकें लिये दर-दर भटका करते थे। यह इलाहाबाद में ही सम्भव था कि कोई विजयदेव नारायण साही भरी महफ़िल में पन्त जी की उपस्थिति में ताल ठोंककर घोषणा कर दे कि उसने पन्त जी का 'लोकायतन' न तो पढ़ा है और न पढ़ेगा। साही जैसे 'चैक पोस्ट' इलाहाबाद के हर प्रवेश-द्वार पर स्थापित हैं।

इलाहाबाद आने से पूर्व मेरे तसव्वुर में इलाहाबाद की एक अत्यन्त रोमांटिक छवि थी। गजधर की मखमली घास पर बियर बार, निराला, पन्त और महादेवी का

प्रभामंडल, निराला का फक्कड़पन, घने वृक्षों से ढँकी पत्तों से आच्छादित जादुई सड़कें। मैं सोचा करता था, इलाहाबाद साहित्य को समर्पित कलम के मज़दूरों की कोई मायानगरी है।

मगर कुछ महीनों में इलाहाबाद ने मुझे क़लम का नहीं सचमुच का मज़दूर बना दिया। मैं दिन भर मज़दूरी करता, यानी प्रेस के पूरे प्रूफ पढ़ता और अगर कोई मशीनमैन गैरहाज़िर हो जाता तो मशीन भी ऑपरेट करता। प्रेस में छुट्टी हो जाती, मैं कर्ज़ चुकाने के चक्कर में अकेला मशीन पर बैठा रहता। ऐसे में सिर्फ़ एक चीज़ ने मेरा साथ दिया था और वह था मदिरा का प्याला। मदिरा से मेरी गहरी दोस्ती अकेलेपन और परीक्षा लेने वाले कठिन दिनों में ही हुई थी। संयोग से यह दोस्ती तर्कसिद्ध भी हो गयी थी। इलाहाबाद आकर तबीयत कुछ पस्त, कुछ नासाज़ और कुछ बेगानी-सी लगने लगी थी। डॉक्टर दरबारी ने बताया कि ब्लड प्रेशर लो हो गया है और सलाह दी कि शाम को ब्रांडी ले लिया करूँ। डॉक्टर की यह सलाह मुझे बहुत रास आयी। ब्रांडी का एक पेग पीकर तबीयत कुलाँचे भरने लगती। मेरे लिए उन दिनों एक पेग ही काफी था। इससे ज़्यादा पीने की न क्षमता थी और न साधन। शाम को थक-हारकर जब मैं ब्रांडी की शरण में जाता तो एक-एक घूँट अमृत की तरह स्फूर्ति देता। मैं दोपहर से ही सूरज डूबने का इन्तज़ार करता, यानी सूरज अस्त और बन्दा मस्त।

बन्दे के ऊपर प्रेस की क़िस्तों की तलवार तो लटक ही रही थी, मुम्बई की फुटकर देनदारियाँ भी बाक़ी थीं। सबसे ज़्यादा चिन्ता मुझे टाइम्स की को-आपरेटिव सोसायटी के ऋण की अन्तिम दो-एक क़िस्तों की थी। मुम्बई में आदमी सबसे पहले आवास की समस्या से दो-चार होता है। शायद इसी को ध्यान में रखते हुए कम्पनी ने कन्फर्म होते ही आसान क़िस्तों पर ऋण उपलब्ध कराने की व्यवस्था कर रखी थी। इसी सुविधा का लाभ उठाकर कर्मचारी पगड़ी देकर किसी रैन बसेरे का इन्तज़ाम कर लेते थे। कन्फर्म होते ही लगभग प्रत्येक कर्मचारी ऋण लेता था। यह वहाँ का दस्तूर था। भाई लोगों ने मुझे भी 'माधुरी' के सम्पादक अरविन्द कुमार और कन्हैयालाल नन्दन की ज़मानत पर तुरत-फुरत तीन हज़ार का ऋण दिलवा दिया। उस समय मुझे पैसे की कोई ख़ास ज़रूरत न थी। हम कमाऊ दम्पती थे। नन्दन जी, चौधरी और मैंने तय किया कि क्यों न फ्रिज ले लिया जाये। उन दिनों गोदरेज का बड़ा से बड़ा रेफ्रीजरेटर ढाई हज़ार रुपये में आ जाता था। नन्दन जी ने तीन फ्रिज का सौदा किया और सौ-सौ रुपये की अतिरिक्त छूट मिल गयी। मेरे पास छह सौ रुपये बचे, उनकी मैंने बियर ख़रीदकर फ्रिज में भर दी। कहना ग़लत न होगा रेफ्रीजरेटर बियर से लबालब भर गया। उसमें जितनी बोतलें आ सकती थीं ठूँस दीं। शाम को दफ़्तर से लौटकर पानी की जगह बियर पीता तो अपने को धन्य समझता। मुम्बई में कुल जमा यही हमारी पूँजी थी, यानी कर्ज़ का फ्रिज और कर्ज़ की मय। फ्रिज के बटर-शटर

का उपयोग हम लोग सेफ़ की तरह करते थे, घर का रुपया-पैसा उसी में रखा जाता था। ऋण नामालूम आसान क़िस्तों पर वेतन से कट जाता था। दो-एक क़िस्तें बाक़ी थीं, जब मैं नौकरी छोड़कर इलाहाबाद चला आया। मुझे एहसास था कि वक़्त पर पैसा न भेजा तो अरविन्द कुमार और नन्दन जी की तनख़्वाह से कट जायेगा, यह दूसरी बात है कि मेरे ज़मानतदार समझदार, समर्थ और धैर्यवान लोग थे और उन्होंने सब्र से काम लिया। वे जानते रहे होंगे कि सब्र का फल मीठा होता है।

इलाहाबाद अपेक्षाकृत एक कठिन और बददिमाग़ शहर है। यहाँ जड़ें जमाना बहुत मुश्किल काम है, लेखक के लिए ही नहीं, प्रकाशक के लिए भी। पत्र-पत्रिकाओं के लिए तो और भी अधिक चुनौतीपूर्ण। जिस लेखक, प्रकाशक, वकील, राजनेता और पत्र-पत्रिका को इलाहाबाद ने स्वीकार कर लिया, उसे पूरे देश की स्वीकृति मिल जाती है। देश भर से यहाँ अनेक साहित्यिक, व्यावसायिक और लघु पत्रिकाएँ आती हैं, कुछ पत्रिकाओं के तो बंडल ही नहीं खुलते। एक ज़माने में यहाँ 'धर्मयुग' की आठ हजार प्रतियाँ प्रति सप्ताह बिकती थीं और ऐसा ज़माना भी आया कि 'धर्मयुग' की अस्सी प्रतियाँ बिकना मुहाल हो गया। भारती इलाहाबाद को लेकर बहुत सशंकित रहा करते थे। वह अकसर कहा करते थे कि यह एक ऐसा शहर है जो दूर रहने पर हांट करता है और पास जाने पर साँप की तरह डसता है। भारती जी ने भी इलाहाबाद के घाट-घाट का पानी पिया था, उन्होंने शहर में अपने अनेक मुख़बिर छोड़ रखे थे। यह दूसरी बात है कि ये लोग अपने को भारती का विश्वासपात्र और परम मित्र समझने का भ्रम पाले हुए थे। मगर भारती जानते थे कि उनसे क्या काम लेना है। इनके माध्यम से भारती जी को इलाहाबाद के साहित्यिक जगत् की सम्पूर्ण जानकारी मिलती रहती थी। भारती जी के पत्रों का संकलन करते समय पुष्पा जी की निगाह ऐसे पत्रों पर गयी कि नहीं, कह नहीं सकता।

इलाहाबाद आने से पूर्व मैं दिल्ली और मुम्बई में भी वर्षों रहा, मगर जो अनुभव और झटके इलाहाबाद ने दिये वह इलाहाबाद ही दे सकता था। असहमति, विरोध, अस्वीकार और आक्रामकता इलाहाबाद का मूल तेवर है। इलाहाबाद की पीटने में ज़्यादा रुचि रहती है। इसका स्वाद हर शख़्स को चखना पड़ता है—वह लेखक हो, अधिकारी, वकील अथवा साधारण रिक्शा चालक ही क्यों न हो। इसे दुर्भाग्यपूर्ण ही कहा जायेगा कि रिक्शा चालक तक इलाहाबाद में ही सबसे ज़्यादा पिटते हैं—सवारी से भी, साथियों से भी, पुलिस से भी। नेहरू ख़ानदान का भी काले झंडों से जितना स्वागत इलाहाबाद में हुआ होगा, वह अन्यत्र सम्भव नहीं।

अपनी सूक्ष्म पिटाई का एक उदाहरण पेश करता हूँ। 'लोकभारती' से मेरी पहली किताब छपकर आयी थी और मैं एक लेखकीय ठसक के साथ वहाँ पसरकर बैठा था। तभी विजयदेव नारायण साही होठों में पाइप दबाये हुए 'लोकभारती'

में दाख़िल हुए। मेज़ पर लोकभारती के नये प्रकाशन की एक-एक पुस्तक पड़ी थी। उन्होंने सरसरी तौर पर किताबें देखीं और मेरी किताब देखकर मुँह बिचकाया। किताब उठायी और उलट-पलटकर दूसरी मेज की तरफ़ फेंक दी, ''आजकल क्या छापने लगे हो भाई?'' मेरी किताब के साथ साही का सुलूक देखकर मेरे प्रकाशक का तो जैसे जीवन सार्थक हो गया। उसने तुरन्त चपरासी को कॉफी लाने कॉफी हाउस दौड़ा दिया और मेरी तरफ़ कुछ इस अन्दाज़ से देखा जैसे पूरी रॉयल्टी का अग्रिम भुगतान कर दिया हो। मेरी हालत अत्यन्त दयनीय हो गयी, चेहरा उतर गया, पुस्तक छपने का सारा उत्साह मिट्टी में मिल गया, मगर इस घटना के बाद इलाहाबाद को झेलना आसान भी हो गया। मैंने साही की हरक़त को यह सोचकर ख़ारिज कर दिया कि यह हिन्दी साहित्य पर समाजवाद का दुष्प्रभाव है। इलाहाबाद के नाम के साथ 'बाद' ज़रूर लगा है, मगर यहाँ 'बाद' कम 'वाद' ज़्यादा हैं, वाद-विवाद उससे भी ज़्यादा हैं। मैंने इसी लोकभारती और कॉफी हाउस में वाद-विवाद को हाथापाई में तब्दील होते भी देखा है। प्रकाशकों और लेखकों के बीच कुर्सियाँ भी चली हैं, पेपरवेट भी उछले हैं, प्याले भी टूटे हैं।

इलाहाबाद बरसों से दो खेमों में बँटा रहा है। एक मज़बूत खेमा प्रगतिशीलों का था और उसी की प्रतिक्रिया में खड़ा हुआ था 'परिमल' आन्दोलन। 'परिमल' के अधिसंख्य लेखक पक्की पेंशन वाली सरकारी अथवा अर्द्धसरकारी नौकरी में थे। कोई विश्वविद्यालय में था और कोई आकाशवाणी में, वह विजयदेव नारायण साही हों या डॉ. रामस्वरूप चतुर्वेदी, डॉ. रघुवंश, डॉ. जगदीश गुप्त अथवा केशवचन्द्र वर्मा। प्रगतिशील खेमे के लोग प्राय: गर्दिश में रहते थे। भैरवप्रसाद गुप्त और अमरकान्त ने छोटी-छोटी असुरक्षित प्राइवेट नौकरियों में जीवन बिता दिया, मार्कण्डेय ने कभी नौकरी की न चाकरी, शेखर जोशी भी मामूली नौकरी पर थे। दोनों खेमों में हमेशा वैचारिक टकराव रहता। एक खेमा कॉफी हाउस के एक कोने में अड्डा जमाता तो दूसरा दूसरे कोने में। 'परिमल' के लोग प्राय: शुचितावादी थे—श्रीलाल शुक्ल के अलावा किसी भी परिमलियन को मैंने मद्यपान करते नहीं देखा। यह दूसरी बात है कि श्रीलाल शुक्ल भी अपने को परिमलियन मानने से इंकार करते हैं। दोनों खेमों में वैचारिक टकराव के कारण सिर फुटौवल की नौबत आ जाती। दोनों खेमों के लोगों में कुछ समानताएँ भी थीं। कहना गलत न होगा अपने तेवर में भैरवप्रसाद गुप्त विजयदेव नारायण साही के मार्क्सवादी संस्करण थे। दोनों कट्टरवादी, उद्दंड और मुँहफट थे। भैरवप्रसाद गुप्त तो अन्तिम साँस तक यह मानने को तैयार न हुए कि सोवियत संघ का विघटन हो चुका है। एक बार 'लोकभारती' में उन्होंने मुझे इसी बात पर बहुत फटकारा था और मुझे सीआईए का एजेंट घोषित कर दिया था। उनका दृढ़ विश्वास था कि अमरीकी मीडिया सोवियत संघ के बारे में दुष्प्रचार कर रहा

है और सीआईए के एजेंट सोवियत संघ के बारे में बेसिर-पैर की अफ़वाहें उड़ा रहे हैं। इलाहाबाद में परिमल के ही लोगों के साथ मैंने मयनोशी नहीं की, वरना प्रगतिशील तो डटकर मदिरा का सेवन करते थे। साही को मैंने कभी नशे में नहीं देखा जबकि भैरवप्रसाद गुप्त पीने का कोई मौक़ा न छोड़ते थे। वह अपने से कम उम्र या यों कहिए नवोदित लेखकों के साथ भी पी लेते थे। वैसे उन दिनों शहर में पीने-पिलाने का ज़्यादा माहौल नहीं था। श्रीपत राय शौक़ीन आदमी थे। पीते थे और पिलाते भी थे। मैं भी महीने में एकाध शाम उनके यहाँ बिता आता। वह बहुत कम बोलते थे। मगर उनके संग खाना-पीना अच्छा लगता था। उन्होंने कभी यह आभास भी नहीं होने दिया था कि आप बिन बुलाये मेहमान हैं। मैं जब भी गया उन्होंने गर्मजोशी में इस्तक़बाल किया, जबकि यह शे'र मुझे अभी हाल में श्रीपत जी के निधन के बरसों बाद उर्दू शायर मुनव्वर राना ने सुनाया है :

.फायदा तू भी उठा ले कालिया,
गर्म है बा.जार इस्त.कबालिया।

कभी-कभी अश्क जी भी मेहरबान हो जाते थे, मगर वह बहुत नाप-तौल कर पिलाते थे। अकसर उनके यहाँ से तिश्ना लौटना पड़ता। वह अच्छे मूड में होते तो बड़े बेटे उमेश को आवाज़ देते—उमेश बल्ली, ज़रा लपककर खुल्दाबाद से एक अद्धा ले आओ। उस एक अद्धे में वह सबको निपटा देते, ख़ुद भी निपट लेते। एक तिश्नगी बनी रह जाती। बाद में निन्नी मामा (कौशल्या अश्क के छोटे भाई) शराब का जुगाड़ करने लगे। उनकी किसी अवकाश प्राप्त फ़ौजी से दोस्ती हो गयी थी। वह बहुत सस्ते में रम की व्यवस्था कर देते।

समय-समय पर इलाहाबाद में साहित्यानुरागी अधिकारियों की नियुक्ति न होती तो बहुत से रचनाकार प्यासे रह जाते। बहुत-सी लघु पत्रिकाएँ बन्द हो जातीं। प्रतियोगी परीक्षाओं को फलाँग कर इलाहाबाद विश्वविद्यालय के अनेक छात्र ऊँचे-ऊँचे पदों पर पहुँचे, बीच-बीच में उन्होंने इलाहाबाद को भी गुलज़ार किया। मार्कण्डेय के दरबार से ऐसे अनेक मेधावी छात्र उठे। पता चला जो लड़का कल तक मार्कण्डेय जी के लिए कटरा से सब्जी लाया करता था वह आयकर अधिकारी हो गया है या पुलिस अधीक्षक और मार्कण्डेय उसे ठोंक-पीटकर कवि-कथाकार बनाने में जुटे रहते हैं और कुछ ही दिनों बाद वह बेचारा 'कथा' के लिए विज्ञापन बटोरता नज़र आता। इन अधिकारियों के आसपास कुकरमुत्ते की तरह लघु पत्रिकाएँ भी उगती रहतीं, मदिरा भी बहती। पहली फ़ुर्सत में ये अधिकारी अपने यहाँ रचनाकारों को आमन्त्रित कर कृतकृत्य हो जाते, शे'र-ओ-शायरी होती, मदिरा का दौर चलता और उत्तम भोजन की व्यवस्था रहती। इलाहाबाद ने अनेक अधिकारी रचनाकारों को जन्म दिया।

कहना ग़लत न होगा आयकर और बिक्रीकर अधिकारियों की हिन्दी लघु-पत्रिका आन्दोलन में उल्लेखनीय भूमिका रही है। जिस सम्पादक की इन विभागों पर पकड़ ढीली हो गयी, उसकी पत्रिका प्रेस में ही दीमक चाट गयी। अधिकारियों का संरक्षण और प्रोत्साहन पाकर इलाहाबाद के कई लेखक सम्पादक हो गये, प्रकाशक बन गये, नीलकान्त तो अधिकारियों के बावर्चीख़ाने में चिकेन भूनते हुए अच्छे-ख़ासे बावर्ची बन गये। अब प्रतिभा तो प्रतिभा है, उसका प्रस्फुटन तो होगा ही, नीलकान्त की प्रतिभा के फूल रसोईघर में खिलने लगे। जैसे कवियों को काव्यपाठ के निमन्त्रण मिलते हैं, नीलकान्त को लखनऊ, गोरखपुर, आज़मगढ़ जहाँ भी इन अधिकारियों का स्थानान्तरण होता, भोजन बनाने के निमन्त्रण मिलने लगे। पार्टी से बहुत पहले उनकी बोतल खुल जाती और उनका बनाया व्यंजन लोग अंगुलियाँ चाट-चाटकर खाते, मगर तब तक नीलकान्त टुन्न हो चुके होते। जीप में लादकर उन्हें घर पहुँचाया जाता। नीलकान्त की प्रतिभा जब साहित्य और रसोई की सीमाओं का अतिक्रमण कर जाती तो वह फर्नीचर बनाने में जुट जाते। बहुत कम लोग जानते होंगे कि वह जितने अच्छे लेखक और बावर्ची हैं, उससे कहीं अच्छे बढ़ई हैं। वह आपके लिए कुछ भी बना सकते हैं—कुर्सी, मेज़, पलंग और यहाँ तक कि ताबूत भी। वह कथा शिल्पी ही नहीं, चर्म शिल्पी भी हैं। जिस पर प्रसन्न हो जाते हैं, उसे अपने हाथ से बनाये जूते भेंट कर देते हैं। शायद यही वजह है कि वह साहित्य में भी जूतमपैजार कर बैठते हैं। तब उन्हें यह भी ख़याल नहीं रहता कि सामने रामचन्द्र शुक्ल हैं या डॉ. नामवर सिंह।

विभूतिनारायण राय इलाहाबाद के शहर कोतवाल यानी एस.पी. होकर इलाहाबाद आये तो लेखक लोग एकदम बेफ़िक्र हो गये। किसी लेखक के यहाँ चोरी या फ़ौजदारी हो गयी तो वह सदैव सहायता के लिए आगे आ गये। उचक्के मार्कण्डेय के घर का लोहे का गेट उखाड़कर ले गये तो विभूति ने दो दिन के भीतर ही गेट बरामद करा दिया। जानकार लोगों का विश्वास है कि मार्कण्डेय को पहले से कहीं भारी गेट बरामद हो गये। कम ही अधिकारी उनसे बेहतर मेज़बान होंगे। बाद में जब वह महाकुम्भ के वरिष्ठ पुलिस अधीक्षक हुए तो देशभर से आये अनेक मित्र रचनाकारों ने जी भर कर संगम स्नान किया था। अनेक रचनाकार सद्गति को प्राप्त हुए। स्थानीय लेखकों में कोई सिद्धावस्था में आधी रात को जीप पर घर पहुँचता था, कोई स्ट्रेचर पर, कोई वहीं स्विस कॉटेज में ही पड़ा रह जाता था और घर पहुँचता ही नहीं था। उस महाकुम्भ में कई रचनाकारों को जीते जी मोक्ष प्राप्त हो गया था। इक्कीसवीं सदी में लेखकों का पुनरुद्धार करने के लिए कोई विभूतिनारायण राय जन्म लेगा कि नहीं, कहा नहीं जा सकता। उस स्थान पर कई अमूल्य शिलालेख गड़े हैं, अगली शताब्दी में कोई पुरातत्ववेत्ता उत्खनन करेगा तो उसे बीसवीं शताब्दी के अन्तिम चरण के लेखकों की जीवन शैली के बारे में अभूतपूर्व जानकारियाँ उपलब्ध होंगी।

बारह

इलाहाबाद में रानीमंडी की जिस इमारत में मेरा गरीबख़ाना, शराबख़ाना, कारख़ाना और इबादतख़ाना था; स्वाधीनता से पूर्व राष्ट्रीय महत्त्व का पत्र 'अभ्युदय' वहीं से प्रकाशित, मुद्रित और सम्पादित होता था। सन् 1907 में महामना मदनमोहन मालवीय ने इसका प्रकाशन शुरू किया था। पं. कृष्णकान्त मालवीय, व्यंकटेश नारायण तिवारी, पं. पद्मकान्त मालवीय ने समय-समय पर इसका सम्पादन किया। इसे संयोग ही कहा जायेगा कि लगभग अस्सी वर्ष बाद 'अभ्युदय' के संस्थापक महामना मदनमोहन मालवीय के पौत्र लक्ष्मीधर मालवीय और प्रपौत्र-प्रपौत्री अमित तारा अपनी जापानी माँ के साथ हमारे यहाँ कुछ दिनों के लिए इसी ऐतिहासिक इमारत में ठहरे। लक्ष्मीधर मालवीय मुझसे भी बड़े रिन्द साबित हुए। मालवीय परिवार के साथ कुछ यादगार शामें बीतीं, उनका ज़िक्र यहाँ अप्रासंगिक न होगा, मगर मैं उससे पूर्व रानीमंडी के चरित्र पर थोड़ी और रोशनी डालना चाहता हूँ। आज़ादी से पहले एक बार जब पंडित जवाहरलाल नेहरू रानीमंडी में तशरीफ़ लाये थे तो कुछ कट्टरपन्थियों ने पूरी गली धुलवायी थी। रानीमंडी को नगर का ज्वलन बिन्दु (इग्नीशन प्वाइंट) कहा जा सकता है। यह बिन्दु किसी भी समय गंगा-जमुनी संस्कृति का उत्कृष्टतम और निकृष्टतम उदाहरण पेश कर सकता है। विजयादशमी पर मुसलमान पौराणिक चौकियों की झाँकी देखने के लिए पंक्तिबद्ध खड़े नज़र आएँगे, भगवान राम के रथ का शृंगार भी मुसलमान कारीगर ही करेंगे तो हिन्दू परिवार भी उसी निष्ठा से अलम और दुलदुल पर श्रद्धा-सुमन चढ़ाते देखे जा सकते हैं। मुहर्रम पर मन्दिर के आकार के ताज़िए उठेंगे। साल में दो बार रानीमंडी की नालियों का रंग सुर्ख़ हो जाता है—बकरीद पर, जब घर-घर क़ुर्बानी के बकरों की बलि दी जाती है या फागुन में, जब होली की बहार आती है। विजयादशमी पर उल्लास का वातावरण होता है और मुहर्रम पर मर्सियाख्वानी, सोज़ाख्वानी, नौहाख्वानी और मातम के बीच जुलूस उठते हैं।

शहर पर जब फितनों का भूत सवार होता है तो दंगे का पहला पत्थर भी इसी मुकाम से उठता है। यकायक बम और कट्टों का आतंक छा जाता है। शहर को फिर

कर्फ़्यू की ज़द में आने में देर नहीं लगती। कब अनिश्चित काल के लिए बाज़ार बन्द हो जाये, इसका भरोसा नहीं रहता। शायद यही कारण था कि हम लोग थोक में राशन की ख़रीद करते, राशन की ही नहीं दारू की भी। इलाहाबाद में जब-जब कर्फ़्यू लगा है, लम्बे अर्से के लिए लगा है। जब सारा शहर एकदम शान्त हो जाता तब इस थाना क्षेत्र से कर्फ्यू हटाया जाता। रानीमंडी में तमाम असंगतियों और अन्तरर्विरोधों के बीच गंगा-जमुनी संस्कृति विकसित और संकुचित होती रहती है। एक ओर हर-हर महादेव का सिंहनाद और दूसरी तरफ़ अल्लाह ओ अकबर का गर्जन। एक ओर स्लीवलेस ब्लाउज़ और दूसरी तरफ़ बुर्के ही बुर्के। ऐसी नक़ाबपोशी कि माशूक़ का दीदार हासिल करने में पसीने छूट जायें। मगर आशिक़ लोग भी ग़जब की निगाह रखते हैं माशूक़ को क़द-काठ और चाल-ढाल से न पहचान पायें तो एड़ी की सुर्ख़ी से पहचान जाएँगे।

रानीमंडी की जिस ऐतिहासिक इमारत में हम लोगों ने तीस बरस बिताये, हमारा मकान इस घनी मुस्लिम बस्ती का आख़िरी मकान था। हमारे अगल-बगल और आगे-पीछे मुस्लिम बस्ती थी। ठीक सामने उर्दू के साहित्यिक मासिक पत्र 'शबख़ून' का कार्यालय था, सरस्वती सम्मान से सम्मानित जनाब शमसुर्रहमान फ़ारुक़ी इसके सम्पादक हैं। चूँकि यह स्थान शहर के बीचोबीच था, हिन्दी-उर्दू का कोई भी रचनाकार अथवा अदीब ख़रीददारी के लिए चौक आता तो हमारे यहाँ ज़रूर चला आता। हिन्दी के कुछ लेखक ऐसे भी थे, जो इस संवेदनशील गली में घुसने से डरते थे। एक बार चहल्लुम के रोज़ मार्कण्डेय हमारे यहाँ फँस गये। उन्होंने मर्सियाख्वानी के बीच ऐसा मातम कभी न देखा था। जुलूस में नौहाख्वानी हो रही थी, मर्सिये पढ़े जा रहे थे, लोग ज़ंजीरों से अपने को पीट रहे थे। बुर्क़ानशीन औरतें रो रही थीं। छाती पीटते हुए, नबी के नवासों की शहादत की याद में ग़म का इज़हार किया जा रहा था। मार्कण्डेय जी यह सब देखकर सहम गये। उन्हें लगा अगर इस समय दंगा हो गया तो हम सब लोग मार दिये जाएँगे। हम लोगों के लिए यह सब एक सामान्य अनुभव था। हम लोगों के बच्चे भी जुलूस की तर्ज़ पर घर में छाती पीटते। बच्चों को छाती पीटने का चस्का लग गया था। वे छाती पीटते, स्कूल जा रहे हों या स्कूल से लौट रहे हों। ख़ाली समय में बच्चों को और कुछ न सूझता तो छाती पीटने लगते।

रानीमंडी में छापेख़ाने और घर के शोर-शराबे से थोड़ा हटकर मैंने नीचे अपना एक अलग 'डेन' बनवा लिया था। मेरा लिखने-पढ़ने, सुस्ताने और संगीत सुनने का यह एक आश्रमनुमा कमरा था। चौक में रहने के नुकसान तो कई थे मगर एक लाभ भी था। कहीं आने-जाने की ज़्यादा ज़रूरत महसूस नहीं होती थी। सब मित्रों से घर बैठे-बैठे मुलाक़ात हो जाती थी, मुलाक़ात ही नहीं, कभी-कभी मुक्कालात भी। शायद ही कोई शाम मैंने अकेले बितायी हो। धीरे-धीरे मेरा 'डेन' रचनाकारों का अखाड़ा

बन गया, शाम घिरते-घिरते वह कॉफी हाउस और 'बार' में तब्दील हो जाता। कई बार लगता कि किसी डेरेदारनी (ख़ानदानी तवायफ़) की तरह मेरी दुनिया घर की दरोदीवार में महदूद होती जा रही है। मैंने आश्रम का नाम बदलकर कोठा रख दिया। वैसे भी रानीमंडी एक ज़माने में तवायफ़ों का मुहल्ला था। गली-मुहल्ले के बुज़ुर्गों ने बताया था कि सदी के शुरू के वर्षों में इस हवेलीनुमा घर में भी शहर के सबसे बड़े रईस की रखैल रहा करती थी। मकान की वास्तुकला से भी इस बात की ताईद होती थी। बड़ी-बड़ी मेहराबें थीं और ऊँची-ऊँची बिना ग्रिल की खिड़कियाँ। फ़र्श छत से भी ज़्यादा पुख़्ता थे, घुँघरुओं की गूँज तक सुनाई पड़ती होगी। स्वाधीनता आन्दोलन में हुस्नाबाई जैसी बहुत-सी तवायफ़ों ने सक्रिय भूमिका निभाई थी। हो सकता है, रईस की मौत के बाद उसकी रखैल के भीतर देश-प्रेम की भावना ने ज़ोर मारा हो और उसने यह इमारत 'अभ्युदय' निकालने के लिए महामना को दे दी हो। इसका कोई प्रमाण नहीं मिलता, मगर सोचने में क्या हर्ज़ है?

मुझे उर्दू कथाकार शमोएल अहमद की एक कहानी याद आ रही है—सिंगारदान। दंगे में एक शख़्स किसी तवायफ़ के यहाँ से सिंगारदान उठा लाता है। कुछ दिनों बाद उस सिंगारदान का साया पूरे घर पर पड़ने लगता है। लड़कियाँ सिंगारदान के सामने खड़ी हो जातीं और तवायफ़ों की तरह शृंगार करतीं, सिंगारदान में देखते हुए अनचाहे बालों की सफ़ाई करतीं और घर के मर्द भडुओं की तरह गले में रूमाल बाँध कर गली में आवारागर्दी करते अथवा सीटी बजाते हुए सीढ़ियों पर बैठे रहते। दरअसल सिंगारदान की तर्ज़ पर हवेली का अतीत मेरी जीवन-शैली को भी प्रभावित कर रहा था। मैं दिनभर बिना नहाये-धोये किसी-न-किसी काम में मसरूफ़ रहता और तवायफ़ों की तरह शाम को स्नान करता और सूरज गुरूब होते ही सागरोमीना लेकर बैठ जाता। रानीमंडी में शाम को स्नान करने की ऐसी बेहूदा आदत पड़ी जो आज तक क़ायम है। सूरज नदी में डूब जाता, हम गिलास में।

रानीमंडी में स्थानीय साहित्यकारों का जमावड़ा तो लगा ही रहता था, बाहर से कोई लेखक आ जाता तो अच्छी-ख़ासी महफ़िल सज जाती। नामवर सिंह, भीष्म साहनी, कृष्णा सोबती, मन्नू भंडारी, राजेन्द्र यादव, कमलेश्वर, अशोक वाजपेयी, ज्ञान, काशी ही नहीं; नयी-से-नयी पीढ़ी के रचनाकार इस महफ़िल की शान बढ़ा चुके हैं। अखिलेश तो बी.ए. का छात्र था, जब उसका आना-जाना शुरू हो गया था। सागर पार के अनेक लेखक इस अखाड़े में धूनी रमा चुके हैं।

370 रानीमंडी में हिन्दी भवन का प्रेस और गोदाम था। नीचे प्रेस और ऊपर गोदाम। दीमक से बचाव के लिए नारंग जी ने गोदाम के कमरे की दीवारों पर तारकोल पुतवा रखा था। अगर बिजली न जलायी जाये तो पूरा कमरा डार्करूम लगता था।

ज़ीने पर चमगादड़ों का आशियाना था। उनकी शान्ति भंग होती तो वे चीत्कार-सा करते। देखने पर लगता था कि यहाँ या तो चमगादड़ रह सकते हैं अथवा भूत-प्रेत। कोई आश्चर्य नहीं दोनों में गहरी छनती हो। मुझे सीढ़ियाँ चढ़ते डर लगता था। किताबों के ढेर के बीच एक ज़ीरो पावर का बल्ब टिमटिमाता रहता था, जो वातावरण को और अधिक डरावना बना देता था। किसी हॉरर फ़िल्म की शूटिंग के लिए वह एक आदर्श लोकेशन थी।

उन दिनों मैं अश्क जी के यहाँ रहता था, मगर वहाँ आख़िर कब तक रहा जा सकता था? मुझे चमगादड़ों और भूत-प्रेतों के बीच ही अपने लिए स्थान बनाना था। नारंग जी ने गोदाम ख़ाली कर दिया तो कमरों का सन्नाटा और दहशत पैदा करने लगा। मैंने कमरों की पुताई करवा दी मगर तारकोल के ऊपर चूना ठहर ही न पाता था। जगह-जगह चूने के अमूर्त धब्बे डायनों की तरह वातावरण की दहशत को चार चाँद लगाने लगे। मैंने कमरों की रगड़-रगड़कर सफ़ाई करवायी मगर कमरों की मनहूसियत बरक़रार रही। मैं मानसिक रूप से अपने को इस माहौल में रहने के लिए तैयार करने लगा। इससे पहले मुम्बई में मैं एक तथाकथित भुतहे बँगले में रह आया था। उस बँगले के माहौल में कहीं प्रत्यक्ष मनहूसियत न थी। अगर ओबी अपने मनोबल पर समुद्र किनारे उस भुतहा बँगले में रह सकता था तो इस आबाद बस्ती में मैं क्यों नहीं रह सकता! ज्ञानरंजन मुझे प्रोत्साहित कर रहा था और वह कुछ दिन मेरे साथ रहने को भी तैयार था। वह कुछ दिन रहा भी। उन्हीं दिनों हम लोगों ने तय किया कि हाउस वार्मिंग पार्टी का आयोजन किया जाये।

ज्ञानरंजन, दूधनाथ और नीलाभ तो थे ही, एक दिन अचानक बनारस से काशीनाथ सिंह और रामधनी भी चले आये। रामधनी भी कभी 'टाइम्स ग्रुप' के 'दिनमान' में था और उसकी विचारोत्तेजक टिप्पणियों ने ध्यान आकर्षित किया था। एक दिन अचानक उसने इस्तीफ़ा दे दिया था और नक्सलवाद की शरण में चला गया था। उन दिनों काशी पर भी नक्सलवाद का प्रभाव था। रामधनी के तेवर अत्यन्त क्रान्तिकारी थे और वह इस मुद्रा में काशी के साथ प्रकट हुआ था, जैसे हर चौराहे पर पुलिस ने उसे पकड़ने के लिए जाल बिछा रखा हो।

शाम को उन्हीं काली दीवारों के साये में 'हाउस वार्मिंग पार्टी' का आयोजन किया गया। ऐन मौक़े पर पता चला कि तमाम बल्ब फ़्यूज हैं या नारंग जी उतार कर ले गये हैं। किसी तरह एक चालीस वाट् के बल्ब की व्यवस्था हुई। उसकी रोशनी में दीवारें और भी भुतहा लगने लगीं। बाहर आँगन में एक तख़्त था, तय हुआ मुक्तांगन में कैंडल लाइट में पार्टी की जाये। बड़ी जोड़-तोड़ के बाद दो बोतल रम का इन्तज़ाम किया गया था। भोजन के लिए लोकनाथ से पूड़ी आदि मँगवाने की योजना थी।

बाज़ार से चार-छह काँच के सस्ते गिलास मँगवाये गये और बोतल खुल गयी। 'चीयर्स' के साथ ही कहानी, समाज और राजनीति पर धुआँधार बहस शुरू हो गयी। शे'रो-शायरी हुई, लतीफ़े हुए। दस बजे तक दूसरी बोतल खुल गयी। ज्ञान लोकनाथ जाने के लिए मचलने लगा। उन दिनों ज्ञान लोकनाथ का दीवाना था—कभी बीच में समोसा खा आता और कभी कुल्फी। वही लपककर पूड़ी-कचौड़ी, दम आलू जो कुछ भी मिला बँधवा लाया। उसकी पीने में कम खाने में ज़्यादा रुचि रही है।

रामधनी की खाने में कोई दिलचस्पी न थी। वह अन्याय, शोषण, ग़ैरबराबरी और सशस्त्र क्रान्ति पर लगातार भाषण दे रहा था और किसी को 'बुर्जुआ', किसी को 'इजारेदार', किसी को 'एजेंट प्रोवोकेटियर' का खिताब बाँट रहा था। उसने ख़ाली पेट चार-पाँच पेग गटक लिये थे। हम लोग भी मस्ती में आ गये थे और ऊधम मचा रहे थे। रामधनी बात करते-करते अचानक ख़ामोश हो गया और तख़्त पर लेट गया। कुछ देर बाद हम लोगों ने देखा कि ज़मीन गीली हो रही है। मोमबत्ती नज़दीक ले जाकर देखा तो पाया कि उसके मुँह से नल की टोंटी की तरह पानी जैसा तरल पदार्थ लगातार लार की तरह टपक रहा था। नीलाभ ने उसकी नब्ज़ देखी, बहुत धीमे चल रही थी। भोजन के साथ अचार के कुछ टुकड़े भी आये थे। ज्ञानरंजन ने उसके मुँह में अचार का एक टुकड़ा खोंस दिया जो फूल की तरह अटका रहा। दूधनाथ ने कहीं से खोजकर चूने से लिपी पुती एक छोटी-सी बालटी चिलमची की तरह तख़्त के नीचे रख दी। रामधनी करवट के बल लेटा था और धीरे-धीरे बालटी में स्राव की पतली धार गिरने लगी। उस स्राव को उलटी या कै की संज्ञा भी नहीं दी जा सकती थी, क्योंकि यह स्राव बग़ैर किसी प्रयत्न के स्वतःस्फूर्त था। हम लोग सशंकित हो गये कि कहीं कोई हादसा न हो जाये।

रात के बारह बज चुके थे। आसपास के किसी डॉक्टर का नाम-पता भी मालूम न था। रामधनी की आँखों पर पानी के छींटे दिये गये, मगर उसकी स्थिति यथावत् बनी रही। ख़तरा पैदा हो गया था कि कहीं पूरी पार्टी शोक सभा में न तब्दील हो जाये! काशी ने अपने ख़ास अन्दाज़ में खैनी फटकते हुए कहा, "भोंडसी वाले क्रान्ति करने निकले हैं।" जिसको जितने टोटके मालूम थे, सब इस्तेमाल कर देख लिये। काशी की गालियों का भंडार ख़त्म हो चुका था और वह अब पुनरावृत्ति पर उतर आया था। हम सब लोग डर गये थे, मगर सामूहिक डर उतनी घबराहट नहीं पैदा करता।

चाँदनी रात थी। रम का नशा था। लोकनाथ का भोजन था। पुरवैया बह रही थी। सबकी आँखों में नींद थी, मगर रामधनी सबको जगा रहा था। कोई मुँडेर पर लेट गया, कोई कुर्सी पर ढीला हो गया। काशी को जब कुछ नहीं सूझता तो दातौन

करने लगता है। पड़ोस में एक नीम का पेड़ था, जिसकी शाखाएँ आँगन पर झुकी हुई थीं। काशी ने उछलकर दातौन का जुगाड़ कर लिया। नीलाभ बार-बार रामधनी की नब्ज़ देखकर रामधनी के हेल्थ बुलेटिन का प्रसारण कर रहा था। लोग बीच-बीच में झपकी ले रहे थे। छोटे बच्चे जैसे मुँह में अँगूठा लिये सो जाते हैं, काशी दातौन लेकर सो गया। ज्ञानरंजन ने उसके मुँह से दातौन निकालकर फेंक दी और टहलने लगा। उन दिनों भी उसे टहलने का रोग था। उसे बैठने के लिए कोई जगह नहीं मिल रही थी। वह भी थक हार-कर मुँडेर से पीठ सटाकर सुस्ताने लगा।

धूप निकल आयी थी, जब हम लोगों की आँखें खुलीं। इस बीच रात में किसी समय होश आने पर रामधनी ने दातौन के 'टंग क्लीनर' से तालू पर दबाव बना कर जी भर कर कै कर ली थी। छोटी-सी बालटी चौथाई से ज़्यादा भरी हुई थी और उसी तरल पदार्थ में छोटी-सी दातौन तैर रही थी। रामधनी ने बालटी को अख़बार के काग़ज़ से ढँक दिया था। अख़बार के काग़ज़ का एक कोना उस गाढ़े द्रवीभूत पदार्थ में लिपटा रह गया था, शेष काग़ज़ बालटी के ऊपर परचम की तरह फहरा रहा था। सुबह जब मेरी नज़र रामधनी पर पड़ी तो वह अपनी तिरछी आँखों में धीरे-धीरे शर्माते हुए मुस्करा रहा था, जैसे छोटे बच्चे रात को बिस्तर गीला करने के बाद अपनी माँ की तरफ़ देखकर मुस्कराते हैं। बीच-बीच में ऐसे झंझावात आते हैं कि बड़े से बड़ा शराबी शराब से तौबा कर ले। मैंने अपने लम्बे शराबी जीवन में ऐसी धारावाहिक लयबद्ध कै न देखी थी।

वास्तव में शराब और कै का चोली-दामन का साथ है। कै के अनेक रूप होते हैं। चाहते या न चाहते हुए भी पीने वालों को अनायास ही उसका दीदार हासिल हो जाता है। सबसे ख़ूबसूरत कै वह होती है जो 'स्पांटेनियस ओवरफ़्लो' की तरह निःसृत होती है। इसे स्वतःस्फूर्त कै की संज्ञा दी जा सकती है। कई शराबी इस तरह से कै करते हैं जैसे उन्हें हैजा हो गया हो। यानी वे थोड़े-थोड़े अन्तराल के बाद कै करते है। रामधनी की कै भी देखी थी जो धीरे-धीरे रिसती है, जैसे नल की टोंटी खुली रह गयी हो और सबसे बुरी कै तो वह होती है जिसमें शराबी को इतना होश न रहे कि वह कै में इस प्रकार लथपथ हो रहा है जैसे सूअर गन्दे नाले में। हो सकता है कै के कुछ और प्रकार भी हों, मगर मेरा अनुभव मोटे तौर पर यही है। लोग तो शराब पीकर कै करते हैं, मैंने तो अपने शराबी जीवन के प्रारम्भिक दौर में बियर पीकर ही कै कर दी थी। सन् बासठ-तिरसठ की बात है। वाक़या दिल्ली का है। उन दिनों केन्द्रीय हिन्दी निदेशालय का नया-नया गठन हुआ था, गठन तो हो चुका था, अब

विस्तार हो रहा था। जिस रफ़्तर से भर्ती हो रही थी, दफ़्तर में काम उतना नहीं था। हम लोग काम की प्रतीक्षा कुछ इस प्रकार करते थे, जैसे वेश्याएँ ग्राहकों की प्रतीक्षा करती हैं। हफ़्तों कोई काम ही नहीं होता था। सरकारी प्रेसों को साहित्यिक पत्रिका छापने की फ़ुर्सत नहीं थी। जब मैं 'भाषा' से सम्बद्ध हुआ तो एक वर्ष पहले के अंक प्रेस में थे। हफ़्तों कोई काम ही नहीं होता था। कहानी लिखने का सही चस्का मुझे उसी कार्यालय में लगा। चतुर्वेदी जीनियस था, मगर भटका हुआ। दफ़्तर में बैठे-बैठे वह दिनभर में दर्ज़नों कविताएँ लिख लेता। उन दिनों दिल्ली में बेकार लेखकों की अच्छी-ख़ासी फ़ौज थी। कुछ लेखक नयी सड़क जाकर गुज़ारे लायक़ प्रूफ़ संशोधन का काम़ कर आते। कोई हनुमान चालीसा लिखकर गुज़ारा चलाता, कोई पाठ्य पुस्तकें लिखकर। ज़्यादातर बेकार लेखक अपने को फ्री-लांसर कहते थे। कुछ अनुवाद के काम से पेट पाल रहे थे। नामी-गिरामी लेखक दूतावासों और बड़े प्रकाशकों से अपने नाम पर अनुवाद लेते और क़लम के दिहाड़ी मज़दूरों से अनुवाद कार्य करवाते। कुछ सम्भ्रान्त क़िस्म के बेरोज़गार थे, उन्हें देखकर लगता ही नहीं था कि वे बेरोज़गार हैं। मैं आज तक नहीं जान पाया कि उनका ज़रिया माश क्या था। वे स्कूटर पर चलते, बार में बियर पीते और किंग साइज़ की सिगरेट फूँकते। उनकी पीठ पीछे कोई उन्हें रूसी तो कोई अमरीकी एजेंट कहता, कुछ लेखकों का मत था कि वे गृह मन्त्रालय के लिए लेखकों की खुफ़ियागिरी करते हैं। भगवान जाने क्या सच था, क्या झूठ! इतना ज़रूर है, ऐसे लेखकों की आज भी तादाद कम नहीं।

केन्द्रीय हिन्दी निदेशालय में सुबह से ही हमारे कार्यालय में संघर्षशील फ्री-लांसरों की आमदोरफ़्त शुरू हो जाती। 'भाषा' से पारिश्रमिक अवश्य मिलता था, मगर रचना प्रकाशित होने से पूर्व पारिश्रमिक के भुगतान की व्यवस्था न थी। फ्री-लांसरों की दिलचस्पी ऐसी पत्रिका में छपने में शून्य के बराबर थी। फ्री-लांसर लेखकों को तुरन्त भुगतान चाहिए, चाहे आधा ही क्यों न मिले! अगर किसी दिन लेखक लोग न आते तो मैं और चतुर्वेदी एम.एल. ओबेराय के कमरे में जा बैठते। उनका कमरा स्टुडियोनुमा था। वह कलाकार थे। उन्होंने 'नदी के द्वीप' के प्रथम संस्करण का रैपर डिज़ाइन किया था। दफ़्तर में उनके पास भी काम नहीं था। सरकारी क़ायदे-क़ानून की उन्हें बहुत जानकारी थी। वे सरकारी कार्यप्रणाली की विसंगतियों के बारे में विस्तार से बताते। हर अधिकारी का कच्चा-चिट्ठा उनके पास था। दफ़्तर में महिलाएँ भी काम करती थीं और ओबेराय साहब को पता रहता था कि कौन महिला किस अफ़सर की गाड़ी में देखी गयी। दफ़्तर में काम नहीं था, मगर हर वर्ष नियुक्तियाँ होती रहती थीं। कुछ दिनों बाद के ख़ोसा भी कला विभाग में शामिल हो गये। बाद में खोसा ने ख़ूब यश और धन कमाया। वह ख़ानदानी कलाकार था। उसके पिता भी

कलाकार थे, परन्तु वह केवल गाँधी जी के चित्र बनाते थे। एक बार कमलेश्वर ने 'नयी कहानियाँ' में कहानी के साथ छपने के लिए मेरा चित्र माँगा। मेरे पास चित्र नहीं था। मुझे चित्र खिंचवाने से कहीं बेहतर यह लगा कि उस पैसे से कॉफी हाउस में कॉफी पी जाये। के. खोसा ने दफ़्तर में मेरा स्केच बनाया और वही मेरी कहानी के साथ छपा।

जेठ की तपती दोपहरी में एक दिन किसी पत्रिका से मेरा और जगदीश चतुर्वेदी का मनीआर्डर से एक साथ पारिश्रमिक आ गया। हम लोगों की जेबें हमेशा की तरह ख़ाली थीं और लिखने-पढ़ने में भी मन न लग रहा था। पैसा मिलते ही दोनों की जड़ता टूटी।

''बियर पिये एक युग बीत गया है।'' जगदीश चतुर्वेदी ने सहसा सुझाया, 'चलो आज दफ़्तर के बाद बियर पी जाये।''

''मगर कहाँ?'' मैंने पूछा। उन दिनों बियर तो बाज़ार में उपलब्ध थी, मगर सार्वजनिक स्थान पर पीने पर प्रतिबन्ध था। हम लोग शाम भी क्नॉट प्लेस में बिताना चाहते थे। घर जाकर लौटना सम्भव नहीं था। जगदीश ने सुझाया कि रीगल से बियर लेते हैं और टी-हाउस के पीछे हनुमान लेन के मैदान में पेड़ की छाया में पी लेंगे।

''गिलास कहाँ से आयेंगे?''

''गिलास में कौन पीता है? बोतल खोलेंगे और पी जाएँगे।''

मेरा सड़क पर पीने का कोई अनुभव नहीं था। कोई सुरक्षित ठिकाना भी मालूम नहीं था। आये दिन समाचार-पत्रों में इस प्रकार के समाचार भी पढ़ने को मिल जाते थे कि सार्वजनिक स्थान पर मदिरापान करते हुए इतने आदमी हिरासत में लिये गये।

दफ़्तर के बाद हम लोगों ने इसी योजना के अधीन रीगल से बियर की दो बोतलें ख़रीद लीं, ओपनर उन दिनों मुफ़्त मिल जाता था। हम लोग हनुमान लेन की ओर चल दिये। हनुमान लेन पर उतना सन्नाटा नहीं था, जितना जगदीश समझता था। उन दिनों बलवन्त गार्गी भी क्नॉट प्लेस की किसी लेन में रहते थे। अपने पंजाबी और उर्दू के दोस्तों के साथ कई बार उनके घर का इस्तेमाल 'बार' की तरह किया था, मगर मैं अकेला कभी नहीं गया था। बहरहाल, अपेक्षाकृत एक सुनसान जगह पर पेड़ की आड़ में हम लोगों ने बोतलें खोलीं। झाग का फव्वारा फूट निकला। गाढ़ी कमायी की एक भी बूँद नष्ट हो इससे पहले ही हम लोग शंख की तरह मुँह में बोतलें लगाकर गटागट पी गये। हम लोगों से ज़्यादा बियर हमारे भीतर जाने को उतावली हो रही थी। हम लोग जब तक साँस रोक सकते थे, लम्बे-लम्बे घूँट भरते रहे। लग रहा था, अभी कोई सिपाही पीछे से कन्धों पर धौल जमा देगा। डर के मारे चार-छह साँस में ही आधी-आधी बोतल गटक गये। इसके बाद चारों ओर नज़र घुमाकर जायज़ा लिया और ज़्यादा-से-ज़्यादा बियर पेट में भर ली।

"जानते हो हम लोग सरकारी कर्मचारी हैं। पकड़े गये तो नौकरी भी जा सकती है।" जगदीश ने कहा और दुबारा यही एक्सरसाइज़ शुरू कर दी। उसकी आँखें बाहर निकल आयी थीं। यही हालत मेरी थी। पेट फूलकर कुप्पा हो गया था। ख़ाली बोतलें हम जितनी दूर फेंक सकते थे, फेंक दीं। दूर-दूर तक किसी सिपाही का नामोनिशान नहीं था। हम लोग वहाँ से हटते कि दोनों के मुँह से पिचकारी की तरह बियर का फौव्वारा फूट निकला। एक तरफ़ मैं और दूसरी तरफ़ जगदीश बियर से पेड़ की सिंचाई करने लगे। हम लोगों ने जितनी जल्दबाज़ी में बियर पी थी, उससे कहीं अधिक वेग से वह बाहर निकल रही थी स्वत:स्फूर्त कविता की तरह। पेड़ नशे में झूमने लगा और हम आँख, नाक, मुँह पोंछते हुए वहीं पास के एक बेंच पर बैठकर सुस्ताने लगे। कुछ ही फ़ासले पर बियर की ख़ाली बोतलें पड़ी थीं और हमें मुँह चिढ़ा रही थीं।

यह कहना ग़लत न होगा, जहाँ कुछ लेखक इकट्ठे होंगे, वहाँ तकरार तो होगा ही, कै भी हो सकती है। यह समुदाय ही ऐसा है कि दोस्तों के मिलते ही क़दम अनायास ही खुराफ़ात की तरफ़ उठने लगते हैं। शायद ही कहीं कोई ऐसी गोष्ठी हुई हो, जहाँ गोष्ठी का समापन मद्यपान से न हुआ हो। यहाँ मुझे पटना का एक ऐसा ही साहित्यिक समारोह याद आ रहा है। सन् सत्तर के आसपास की बात होगी। पटना में एक विराट साहित्यकार सम्मेलन का आयोजन हुआ था। देश भर से कवि, कथाकार, समीक्षक आमन्त्रित थे। लगता था, सम्मेलन का आयोजन किसी धनपशु के सहयोग से ही हुआ होगा, क्योंकि सिर्फ़ धनपशु मवेशियों की तर्ज़ पर रचनाकारों का मेला आयोजित कर सकते हैं। पटना रुकने वाली प्रत्येक गाड़ी से लेखकों का हुजूम उतरता। सन् साठ के बाद की तो पूरी पीढ़ी आमन्त्रित थी। गद्य और मद्य की अनूठी काकटेल थी। प्रत्येक सत्र के बाद लेखक लोग अपनी रुचि के अनुकूल मदिरापान कर रहे थे। शाम को गोष्ठियों के बाद तो जैसे बीसवीं शताब्दी के स्वर्णकाल का उदय हो जाता था। जगह-जगह कमरों में महफिलें सजतीं। कभी सामूहिक और कभी छोटे-छोटे ग्रुपों में। एक बड़े हाल में ज्ञानरंजन के नेतृत्व में कीर्तन चल रहा था :

बम भोलेनाथ! बम भोलेनाथ
हम चलेंगे साथ, ले के हाथ में हाथ
तेरी बहन के साथ
बम भोलेनाथ!
जानी आओ अन्दर में कोई नहीं है मन्दिर में
साधु सन्त सब सोये पड़े हैं

भोलेनाथ! बम भोलेनाथ

ज्ञानरंजन की कहानियों की ही तरह उसका एक और कीर्तन पटना में झटपट लोकप्रिय (इंस्टैंट हिट) हो गया था :

बेर से हते बेर से हते
मल मल के भए सवा सेर के

लग रहा था कि साठोत्तरी पीढ़ियाँ लुच्चई और लफंगई पर उतर आयी हैं। कुमार विकल बीसियों कवियों कथाकारों के बीचोबीच बैठा था। वह नशे में धुत्त था और झूमते हुए समूहगान की टेक छेड़ रहा था :

सारीयाँ बीबियाँ आइयाँ
हरनाम कौर न आयी।

कुमार के अनुगमन में पूरा समूह भक्तिभाव से दोहराता :

सारीयाँ बीबियाँ आइयाँ
हरनाम कौर न आयी।

इस समारोह के बाद रचनाकारों का इतना विराट सम्मेलन न हुआ होगा, जहाँ इतनी अधिक संख्या में कथाकार, कथालेखिकाएँ, कवि और कवयित्रियाँ इकट्ठी हुई हों। यश:प्रार्थी लेखक-लेखिकाएँ अपनी नयी पुस्तकों की प्रतियाँ साथी लेखकों को फ़राख़दिली से भेंट कर रहे थे। एक स्वनामधन्य मधुरकंठा कवयित्री यानी गायिका ने कुमार विकल को आदरपूर्वक अपनी कविताओं का नया संकलन भेंट किया। कुमार उस समय तीसरी मंजिल की सीढ़ियों के मुहाने पर खड़ा था। उसने ज़ोर-ज़ोर से पुस्तक में से एक गीत पढ़ा। गीत इतना लिजलिजा था कि वह अचानक उसकी पैरोडी करने लगा। जब पैरोडी से भी उसकी तसल्ली न हुई तो पुस्तक की चिन्दी-चिन्दी करके सीढ़ियों पर फेंकने लगा। सारी इमारत में कविताओं के पतंग उड़ने लगे। कवयित्री तो पैरोडी सुनते ही वहाँ से हट गयी और रिक्शा में सवार हो तमतमाते हुए अपने डेरे लौट गयी थी। वास्तव में कुमार का इरादा पुस्तक का निरादर करने का नहीं था, मगर कूड़ा लेखन के प्रति एक आक्रोश ज़रूर था जो शालीनता और साहित्यिकता की सीमाओं का अतिक्रमण कर गया था। बाद में सुनने में आया कि उस कवयित्री ने साहित्य का दामन हमेशा-हमेशा के लिए छोड़ दिया और विवाह कर लिया।

उस सम्मेलन में इलाहाबाद से भी बहुत से लेखक पधारे थे। ज्ञान, दूधनाथ,

जमाली, मैं, ममता और भी बहुत से लेखक। ममता ने भी इससे पूर्व ऐसा अराजक माहौल न देखा था, वह घबरा रही थी। नतीजतन लेखिकाओं ने अपनी अलग टोली बना ली थी और वे लेखकों से दूर-दूर ही रहती थीं। एक कमरे में अलग से उनकी गोष्ठी चलती रहती। तमाम लेखिकाएँ एक झुंड में साथ-साथ निकलतीं।

रात को जब हम लोग भोजन करके लौटे तो ख़याल आया कि सतीश जमाली दोपहर से दिखाई नहीं दिया। अचानक उसकी चिन्ता हो गयी और हम लोग उसकी तलाश में जुट गये। कई लोगों से पूछताछ की गयी। किसी ने बताया कि रात को दिखाई दिया था, किसी ने कहा, सुबह नाश्ते पर देखा था, किसी ने जड़ दिया कि वह दारू की जुगाड़ में निकला है। एक कर्मचारी ने रटा-रटाया जवाब दिया कि वह पटना साहब के दर्शन करने गये हैं। प्रत्येक पूछताछ का उसके पास यही टकसाली जवाब था। हम लोग एक-एक कमरे में झाँकने लगे। आख़िर वह एक कमरे में मिल ही गया। दरवाज़ा खोलते ही कमरे से बू का भभका उठा। कमरे के बीचोबीच वह बेसुध पड़ा था। उसकी आँखें बन्द थीं और वह निश्चेष्ट पड़ा था। कै कर-कर के उसने पूरा कमरा भर दिया था। उसके तमाम कपड़े कै से लथपथ थे। किसी की हिम्मत न हुई उसे छूकर देख ले। हम लोग तमाशाइयों की तरह नाक पर रूमाल रखकर खड़े थे। कोई मदर टेरेसा ही उसकी देखभाल कर सकती थी। तभी ममता भी अन्य लेखिकाओं के साथ आ गयी और तमाम लेखिकाएँ बिना कोई परहेज़ के उसकी तीमारदारी में जुट गयीं। सबने संकोच छोड़कर उसे घसीटकर कै के तालाब से बाहर किया। उसका मुँह धोया और एक नवजात शिशु की तरह उसका टावल बाथ कराया जाने लगा। लग रहा था प्रत्येक स्त्री में एक जन्मजात नर्स छिपी रहती है। मुझे काफी शर्म महसूस हो रही थी कि हम लोग चुपचाप खड़े हैं और ये स्त्रियाँ आनन-फानन में काम में जुट गयी हैं। मैं लपककर इलेक्ट्राल और डिटॉल ले आया। उसकी नब्ज़ चल रही थी, मगर बहुत धीमी गति से। महिलाओं ने देखते-देखते उसके कपड़े बदल डाले। फ़र्श डिटॉल से धो दिया। यह ग़नीमत थी कि वह अपने कमरे में ही था, वर्ना उसके कपड़े और तौलिया वग़ैरह ढूँढ़ने में बहुत दिक़्क़त आती। सारी रात जमाली की सेवा में गुज़र गयी।

सुबह-सुबह जब मुर्गे ने बाँग दी तो सतीश जमाली ने अपनी आँखें खोलीं। उसकी चेतना लौट रही थी मगर वह बहुत कमज़ोरी महसूस कर रहा था। उसे कुछ याद नहीं था, उसके साथ यह हादसा कैसे हुआ! उसने बताया कि उसे यहाँ का भोजन पसन्द नहीं आया था और दो दिनों से निरन्तर पी रहा था। देखते-देखते सब लेखक उसकी सेवा में लग गये। शराब लेखकों के साथ जैसा भी सुलूक करे मगर जब कोई शराबी मुसीबत में होता है, सब शराबी एक हो जाते

हैं। जाम टकराते ही एक अनाम रिश्ता क़ायम हो जाता है। इसी को हमप्याला और हमनिवाला दोस्ताना कहते हैं।

इस हादसे के बाद मैंने सोचा था कि अब कभी जमाली शराब मुँह को नहीं लगायेगा, मगर जमाली पक्का रिन्द निकला। स्वस्थ होते ही उसने दोस्तों के बीच पार्टी की मुनादी पीट दी। मुझे यक़ीन नहीं आ रहा था फ़ोन पर उसकी आवाज़ सुनकर। वह अपने पुराने अन्दाज़ में आमन्त्रित कर रहा था कि यार बहुत दिन हो गये थे कलेजा ठंडा किये, आना ज़रूर।

कभी-न-कभी हर शराबी कै करता है। मैं भी अपवाद नहीं था। भाग्यशाली ज़रूर था कि बहुत कम कै की। अशोभनीय स्थितियों से गुज़रना पड़ा। मैंने गिनती की कै की होगी, वह भी उन दिनों, जब पीने में सरासर अनाड़ी था। इसे यों भी कहा जा सकता है कि एकाध कै जालन्धर में ज़रूर की होगी, जिसका स्मरण नहीं है। एकाध दिल्ली में और शायद अन्तिम कै मुम्बई में की होगी। हिसार में शराब पी ही नहीं थी, डट कर लस्सी पी थी। मुम्बई में मेरा मेज़बान ओबी था, उसका भाग्य भी उसके साथ 'सी-सॉ' का खेल खेलता रहता था। यानी कभी वह अर्श पर होता था, कभी फ़र्श पर। जब वह अर्श पर होता था तो स्कॉच पीता था और जब फ़र्श पर तो ठर्रा। शराब के मामले में वह अधर में ही रहता था यानी ठर्रे या स्कॉच की नौबत कम ही आती थी। उसे पार्टियाँ देने का चस्का था। जब भी उसकी जेब गर्म होती वह पार्टी 'थ्रो' कर देता। उसकी पार्टी में मुम्बई की बड़ी-बड़ी हस्तियाँ शामिल होतीं—जैसे सुनील दत्त, नर्सिंग, अंजू महेन्द्रू और उसकी माँ, विद्या सिन्हा, कुछ चुनिन्दा उद्योगपति या बड़ी-बड़ी कम्पनियों के प्रबन्ध निदेशक वग़ैरह। पार्टी देकर वह लुट जाता। सुबह उसकी हालत एक फ़क़ीर से भी बदतर होती। जूते पालिश कराने लायक़ पैसे न होते। उसकी मौत पर मैंने एक संस्मरण लिखा था, जिसे पढ़कर कृष्णा सोबती ने फ़ोन किया था, कि मैंने एक उपन्यास के स्टफ (सामग्री) को संस्मरण में ढाल कर अन्याय किया है। कृष्णा जी का सुझाव मैं भूला नहीं हूँ। यह सुनकर कोई विश्वास नहीं कर सकता कि एक शाम पहले जिसके फ़्लैट के सामने देशी-विदेशी कारों का जमघट लगा था, आज उसके पास सिगरेट ख़रीदने के लिए पैसे नहीं हैं। ऐसी ही एक फाइव स्टार पार्टी में मैंने अत्यन्त सम्भ्रान्त क़िस्म की कै की थी।

ओबी ने पार्टी में मुझे मेहमानों के गिलासों पर निगाह रखने का काम सौंपा था कि किसी मेहमान का गिलास ख़ाली न रहे। तुरन्त दूसरा गिलास भिजवाना मेरे ज़िम्मे था। एक तरह से 'बार' मेरे अधिकार में था। उन दिनों ममता दिल्ली के दौलतराम कॉलिज में पढ़ाती थी और छुट्टी में मुम्बई आयी हुई थी। इतनी बड़ी मुम्बई में उसके पिता को मेरे घर के पास ही छोटा-सा बंगला मिला था।

उसी सड़क पर, कैडिल रोड पर समुद्र किनारे। मैंने अतिरिक्त उत्साहवश या यों कहिए मूर्खतावश ममता को भी पार्टी में आमन्त्रित कर लिया। मुझे इस माहौल में देखकर वह सकपकाकर रह गयी, मगर ग्लैमर से प्रभावित भी हो रही थी। वहाँ तमाम महिलाएँ भी मुक्तभाव से मदिरापान कर रही थीं। मुझे भी जीवन में पहली बार स्कॉच नसीब हुई थी। उसमें कड़वापन नहीं था, एक मोहक गन्ध थी, जिसे 'फ्लेवर' कहा जा सकता है। पहला पेग शर्बत की तरह पी गया, जबकि लोग धीरे-धीरे घूँट भर रहे थे। किसी का गिलास ख़ाली ही नहीं हो रहा था।

ममता ने कभी बियर भी न चखी थी, मैंने ज़ोर-जबरदस्ती से ममता के हाथ में भी एक पेग थमा दिया। उसने पहले सूँघा, फिर धीरे-धीरे सिप करने लगी। मैंने एक और गिलास उठा लिया। मुझे शायद प्यास लगी थी। मैंने दूसरा पेग भी दो एक घूँट में समाप्त कर दिया। पार्टी अपने शबाब पर थी। मेरी प्यास कुछ कम हो गयी थी, फिर भी जब कोई गिलास ख़ाली होता, मैं अपना जाम भी बना लेता। मुझे कोई असर भी नहीं हो रहा था। हिन्दुस्तानी ह्विस्की पीकर जो किक महसूस होती थी, वह स्कॉच में नदारद थी। ममता पहले पेग से ही जूझ रही थी, मैंने उसे एक ही घूँट में पी जाने की सलाह दी। कुछ देर बाद मुझे हल्का-सा सुरूर हुआ। यह सुरूर बियर के सुरूर से भिन्न था। मैं इसे थोड़ा और ऊपर ले जाना चाहता था। अगले पेग ने तो जैसे चमत्कार कर दिया। मेरा सिर घूमने लगा। कभी एकाध पेग से ज़्यादा पी नहीं थी, अब तो 'सिर जो तेरा चकराये' होने लगा। यकायक लगा जैसे पेट में पेट्रोल भर गया हो और बाहर आने को मचल रहा हो। पेश्तर इसके कि किसी को पता चलता, मैं चुपके से बाथरूम में घुस गया। अचानक मुझे जगदीश चतुर्वेदी के साथ पी बियर याद आ गयी और बियर का वह फौव्वारा। मैं वाश बेसिन पर झुक गया और उसका नल खोल दिया। नल से भी तेज़ रफ़्तार से स्कॉच बाहर आ गयी। स्कॉच निकल गयी थी, मगर नशा क़ायम था। मैंने जमकर आँखों पर पानी के छींटे मारे, मुँह धोया और सँभलते ही कंघी कर बाहर आ गया। बाथरूम का नल मैं खुला छोड़ आया था, ताकि मेरी कारगुजारी का नामोनिशान मिट जाये।

हाल में खाना लग गया था। लोग अपनी-अपनी प्लेट लिये गुफ़्तगू में मशगूल थे। ममता भी हाथ में प्लेट लिये एक सोफे पर ऊँघ रही थी। मैंने अपनी प्लेट भी तैयार की, मगर दो-एक कौर ही निगल पाया। सारे बदन पर अजीब क़िस्म का खुमार था। सोने की ज़बरदस्त इच्छा हो रही थी। महिलाएँ महक रही थीं, अदाएँ दिखा रही थीं और अँग्रेज़ी हाँक रही थीं। पुरुष उन पर लट्टू हुए जा रहे थे और कमरा घूम रहा था। मैंने सुन रखा था कि कै के बाद आदमी सामान्य हो जाता है, उसका नशा हिरन हो जाता है, मगर मेरा नशा बरक़रार था।

मैंने घड़ी देखी, साढ़े ग्यारह बज चुके थे। मेरे ऊपर ममता को घर पहुँचाने की भी ज़िम्मेदारी थी। यह रास्ता पैदल भी तय किया जा सकता था, मगर मेरी उसके साथ जाने की इच्छा नहीं हो रही थी। उन दिनों मुम्बई की क़ानून व्यवस्था बहुत अच्छी थी। आधी रात को भी अकेली लड़की टैक्सी में बेहिचक बैठ सकती थी। मगर दिल्ली की लड़कियों को विश्वास नहीं होता था। दिल्ली की टैक्सियों की बात क्या की जाये, बसों तक में खुलेआम छेड़खानी होती थी। मुझे मालूम था, ममता टैक्सी में नहीं जायेगी, वैसे भी मध्यवर्गीय लड़कियाँ टैक्सी में चलना अपनी शान के ख़िलाफ़ समझती थीं। जाने किसने सिखा दिया था कि रात में केवल सन्दिग्ध चरित्र वाली लड़कियाँ ही टैक्सी में चलती हैं। ममता को केवल साठ पैसे की दूरी तक जाना था, उसने टैक्सी में बैठने से साफ़ इंकार कर दिया। बाद में बारह बजे जब बस आयी तो उसने उसमें भी बैठने से इंकार कर दिया, ''हम नहीं जायेगा।'' मैंने उसे लगभग सूटकेस की तरह उठाकर बस में रख दिया और कंडक्टर से कह दिया कि अगले स्टॉप पर उतार दे। बस चलती इससे पूर्व मैं भी लपककर चढ़ गया। कैडिल रोड पर हम लोग उतर गये। इमारतों के पीछे समुद्र ठाठें मार रहा था। ममता ने सुझाव दिया, कितना प्यारा मौसम है! चलो समुद्र किनारे टहलते हैं। वह नशे में थी। किसी तरह उसे घर के सामने छोड़कर मैं पलट लिया। न चाहते हुए भी मुझे पदयात्रा करनी पड़ी।

उस दिन मैंने जीवन में दूसरी बार कै की थी, शायद अन्तिम बार। कै के और भी अनेक प्रसंग हैं, मगर यह पार्ट ऑव द गेम है। मैं तो इस नतीज़े पर पहुँचा हूँ कि कै करना कहीं अच्छा है, बजाय इसके कि यह कै लेखन के रूप में की जाये।

तेरह

सन् अस्सी के आसपास जापान से लक्ष्मीधर मालवीय अपने जापानी परिवार के साथ पधारे थे। रानीमंडी के पास ही लोकनाथ में उनका पैतृक आवास था, मगर वह वहाँ नहीं ठहरे थे। वहाँ उनकी पूर्व पत्नी अपनी दो बच्चियों के साथ रहती थीं। लक्ष्मीधर जी से मेरा ग़ायबाना परिचय था, जो किसी भी लेखक का दूसरे लेखक के साथ होता है। उनका अन्नप्राशन, यज्ञोपवीत संस्कार और शिक्षा-दीक्षा इलाहाबाद में ही हुई थी और उनके सहपाठी मेरे भी मित्र थे, जैसे कन्हैयालाल नन्दन, ज्ञानरंजन, दूधनाथ सिंह वग़ैरह। एक दिन उन्होंने फ़ोन पर मिलने के लिए समय माँगा। इलाहाबाद में किसी से समय माँगकर मिलने का दस्तूर नहीं था, बल्कि हर आदमी मानकर चलता था दूसरे लेखक के पास और कुछ हो न हो, समय ज़रूर होगा। यह भी देखने में आया कि जो लेखक समय तय करके मिलना पसन्द करता है, उससे कोई मिलने ही नहीं जाता। मुझे लक्ष्मीधर जी का फ़ोन बहुत अटपटा लगा। मैंने कहा, कभी भी चले आइए, मगर वह समय निर्धारित करने के बाद ही मिलना चाहते थे। मुझे लगा कोई बहुत क़ायदे-क़ानून वाला लेखक इलाहाबाद आया है, जबकि मैं जानता था, वह इलाहाबाद की ही पैदावार हैं और इलाहाबाद की खाँटी लोकनाथ संस्कृति से ताल्लुक़ रखते हैं। इलाहाबाद में यह भी बताना शान के ख़िलाफ़ समझा जाता था कि आपके बाप-दादा नामी-गिरामी लोग थे। श्रीपतराय और अमृतराय प्रेमचन्द के पुत्र के रूप में परिचित कराये जाने से अपमानित अनुभव करते थे। ज़ाहिर है लक्ष्मीधर ने भी महामना का नाम लेना मुनासिब न समझा। बहरहाल शाम के पाँच बजे मिलने का समय तय हुआ। यह दूसरी बात है पाँच बजे का समय देकर मुझे पाँच बजे तक प्रतीक्षा करना बहुत भारी पड़ा। उन्हें समझाया नहीं जा सकता था कि फ़कीरों से समय तय करके नहीं मिला जाता। जब तक मैं इलाहाबाद में रच-बस नहीं गया था, ममता मुम्बई में नौकरी करती रही। जब तक वह इस्तीफ़ा देकर इलाहाबाद लौटती, हमारा घर फ़कीरों का डेरा बन चुका था। भिक्षाटन के बाद शाम तक तमाम फ़कीर

मेरे यहाँ चले आते, फ़कीरों का मेला लग जाता। शराब के नशे में हम सामूहिक रूप से बेग़म अख़्तर की आवाज़ में ये पंक्तियाँ बार-बार सुनते :

किसी दिन इधर से गुज़र कर तो देखो
बड़ी रौनकें हैं फ़कीरों के डेरे।

दूधनाथ सिंह ने अन्धकाराय नमः करते हुए ऐसे फ़कीरों को जोगियों के रूप में चित्रित किया है। जोगी और फ़कीर सम्प्रदाय में थोड़ा-सा अन्तर था। जोगी लोग इश्क़े-हक़ीक़ी में विश्वास रखते थे और फ़कीर इश्के-मजाज़ी में।

लक्ष्मीधर निर्धारित समय पर पधारे। वह अत्यन्त औपचारिक रूप से बातचीत कर रहे थे, जैसे जापान और भारत के राजनयिकों के बीच बातचीत हो रही हो। मुझे औपचारिक बातचीत की तमीज़ है न आदत। मेरी इच्छा हो रही थी कि बात करते-करते अचानक उनके कन्धे पर धौल जामाते हुए कहूँ—कस बे लक्ष्मीधरवा, हमऊ से अँग्रेज बनत बा! बातचीत से उनके व्यक्तित्व के कई आयाम खुल रहे थे। मेरे लिए यह तय करना मुश्किल हो गया था कि वह एक यायावर हैं या विद्वान, अध्यापक हैं अथवा रचनाकार, प्रेमी हैं या पति, रिन्द हैं या टी-टोटलर, कथाकार हैं या फोटोग्राफर। वह थोड़ा-थोड़ा सबकुछ थे और उन दिनों उन पर फोटोग्राफी का जुनून सवार था। उन्होंने हम लोगों के फोटोग्राफ उतारने के लिए समय माँगा। मेरा तन-बदन फिर जलने लगा। मगर अन्त में जैसे सत्य की जीत होती है, औपचारिकता पर अनौपचारिकता की जीत हुई और सूरज ग़ुरूब होते-होते हम लोग हमप्याला दोस्त बन गये थे। हम लोगों में इतनी घनिष्ठता हो गयी कि वह बीवी-बच्चों सहित कुछ दिन हमारे साथ बिताने को राज़ी हो गये। उनके जापानी बच्चे हमारे इलाहाबादी बच्चों से घुल-मिल गये। बच्चों के बीच भाषा के फ़ासले ध्वस्त हो गये। उनकी पत्नी अकिको सान हिन्दी समझती थीं। कम बोलती थीं, मगर जितना बोलती थीं, शुद्ध बोलती थीं। अशुद्धियों में मालवीय जी का विश्वास ही नहीं था।

लक्ष्मीधर का भारतीय परिवार भारती भवन में अपने पुश्तैनी मकान में रहता था। जापानी गुड़िया-सी दोनों हिन्दुस्तानी बेटियों की जापानी परिवार से मित्रता हो गयी। एक दिन लक्ष्मीधर की पहली पत्नी इन्दु जी जापानी परिवार से मिलने चली आयीं। वह एक स्कूल में संगीत की शिक्षिका थीं। उनके पिता महेशचन्द्र व्यास संगीत की दुनिया का एक जाना-पहचाना नाम था। वह बेग़म अख़्तर की ठुमरी सुनाते 'कोयलिया मत कर पुकार'। बेग़म अख़्तर की आवाज़ जैसे उनके कंठ में उतर आती। इन्दु जी को भी संगीत प्रेम विरासत में मिला था। दोनों पत्नियाँ आमने-सामने थीं, दोनों गर्मजोशी से बगलग़ीर हुईं। लक्ष्मीधर चुपचाप देख रहे

थे कि इन्दु जी की आँखें डबडबा रही हैं। इन्दु जी ने एक गाना सुनाया :

कभी तो मिलोगे जीवन साथी
बिछड़ी रही जीवन की बाती
जब से गये हो, मोरी पलकें न लागी रे
सारी-सारी रतियाँ मैं तो रो के जागी रे
याद न जाती
निंदिया न आती
कभी तो मिलोगे...

इन्दु जी गा रही थीं, सूरज डूब रहा था, कमरे में सन्नाटा था। लक्ष्मीधर ने रम का एक घूँट भरा और आँखें बन्द कर लीं। मेरी रुलाई फूटने लगी। जब लगा कि आँसू निकले बिना न मानेंगे तो बाथरूम में घुस गया और कमोड पर बैठ कर रोता रहा।

उन दिनों मुझे रोना बहुत जल्दी आता था और पीने के बाद तो और भी जल्दी। एक ज़माना था, मैं मद्रासी फ़िल्म के किसी निहायत फूहड़ क़िस्म के कारुणिक दृश्य को देखकर रो पड़ता था। आज भी स्थिति में ज़्यादा सुधार नहीं हुआ है। माधुरी दीक्षित को पोंछा लगाते देख लूँ तो आँखें सावन-भादों होने लगती हैं। शराब पीकर तो मैं फफककर रोने लगता था और मेरी हिचकी बँध जाती थी। पिक्चर हाउस में मैं चुपचाप रोता था ताकि मेरे बीवी-बच्चे मुझे इस दुर्दशा में न देख लें। मदिरापान के समय मेरे साथ कोई कुतर्क करने लगता तो मेरी इच्छा होती इसे पीट दूँ, पीटने में संकोच लगता तो आँसू बहने लगते। मुझे कोई बोंर करता है तब भी मेरी यही हालत हो जाती है। शराब पीकर मैंने बहुत से कथाकारों को रोते देखा है। एक बार तो मोहन राकेश को देख लिया था। मालूम नहीं, उस समय वह मदिरापान किये हुए थे या नहीं।

एक ज़माने में पंकज सिंह को भी बहुत रोना आता था। बीसियों बरस पुरानी घटना है, हम लोग दूधनाथ सिंह के यहाँ जमे थे। पीने-पिलाने का दौर चल रहा था। पंकज सिंह ने उन्हीं दिनों ममता का उपन्यास 'बेघर' पढ़ा था। वह 'बेघर' से अभिभूत था और उपन्यास की प्रशंसा करना चाहता था। नशे में उसे सही शब्द नहीं मिल रहे थे। वह जितनी बार बात शुरू करता, ज़ुबान बीच में ही अटक जाती। आजिज़ आकर उसने भाषा के हथियार फेंक दिये और रोने लगा। रोते-रोते वह सिर्फ़ इतना कह पा रहा था—ममता जी, बेघर हूँ...हूँ...हूँ! थोड़ा सँभलकर वह फिर उपन्यास का प्रसंग छेड़ देता और हर बार शब्द उसका साथ छोड़ देते। वह 'बेघर, बेघर' कहते हुए देर तक हिचकियाँ लेकर रोता रहा। मैं पंकज से बहुत प्रभावित हुआ। उसकी बेबसी को कोई शराबी ही समझ सकता था। जो लोग शराब नहीं पीते, वे इस पेचीदा मन:स्थिति

को नहीं समझ सकते। इस बारीक़ी में कोई शराबी ही जा सकता है। शराब पीकर रोना एक अलौकिक अनुभव है। यह एक प्रकार का स्खलन है और स्वत:स्फूर्त, सहज और तीव्र स्खलन से तरबतर और उन्मादित कर देने वाला दूसरा रचनात्मक अनुभव नहीं होता। इस बात को भाषा के ग़ुलाम नहीं समझ सकते। यह भाषातीत अनुभव है, इसकी लीला अपरम्पार है। जो शराब पीकर सच्चे मन से रोया नहीं, उसका शराब पीना अकारथ चला गया। अनायास ही उसने शराब की तौहीन कर डाली। वह शराब से डस लिया गया, ठग लिया गया।

इन्दु जी का गाना समाप्त हुआ तो मैं बाथरूम से हाथ-मुँह धोकर बाहर निकला। लक्ष्मीधर चुप थे और सिगरेट के धुएँ से खेल रहे थे। हर शख़्स ख़ामोश था। जापान ख़ामोश था, भारत ख़ामोश था। जापानी बच्चे कौतुक से यह सब देख रहे थे और लक्ष्मीधर की हिन्दुस्तानी बच्चियाँ कभी पिता की तरफ़ देख रही थीं और कभी माताओं की तरफ़। अकिको सान ने आँखें मूँद ली थीं, वह माहौल के सामान्य होने की प्रतीक्षा कर रही थीं। समय का पहिया दाम्पत्य को रौंदता हुआ बहुत दूर निकल चुका था, इतना दूर कि उसके पास मुड़कर देखने का भी विकल्प न बचा था।

लक्ष्मीधर अपने साथ जापान से बहुत-सी शराब और बहुत से सिगरेट लाये थे। अगर मैं ग़लत नहीं हूँ तो वे उन दिनों 'पीस' नाम का सिगरेट पिया करते थे। वह रम के शौक़ीन थे, विशेषकर भारतीय रम के। उनकी पीने की अद्‌भुत क्षमता थी। मैंने कभी उनकी ज़ुबान लटपटाते और क़दम डगमगाते नहीं देखे। वे समभाव से मदिरा सेवन करते थे।

लक्ष्मीधर परिवार के भारत प्रवास के दौरान उनके साथ बितायी एक 'मस्त-मस्त शाम' याद आ रही है। वह शाम शायद इसलिए भी याद रह गयी कि लक्ष्मीधर ने उस शाम की अनेक छवियाँ कैमरे में क़ैद की थीं और ढेरों चित्र भिजवाये थे। आज भी वे चित्र हाथ लग जाते हैं तो शाम बोल-बोल उठती है। उस दिन अनेक रचनाकार इलाहाबाद आये हुए थे। याद नहीं पड़ रहा, वे लोग मालवीय जी से मिलने आये थे अथवा आकाशवाणी में कोई कवि सम्मेलन था। दोस्तों की अच्छी-ख़ासी जमात इकट्ठी हो गयी थी—नरेश सक्सेना, लीलाधर जगूड़ी, राजेश शर्मा, मंगलेश डबराल आदि। इतना ज़रूर याद पड़ रहा है कि वह मार्च का अन्तिम दिन रहा होगा। उन दिनों मार्च का अन्तिम दिन शराबियों के जश्न का दिन हुआ करता था। शराब के ठेकेदार वित्तीय वर्ष के अन्तिम दिन शराब का बचा-खुचा स्टॉक कौड़ियों के दाम बेच देते थे। ज्यों-ज्यों शाम घिरती, दाम गिरते जाते। पुराने ठेकेदार अगला दिन चढ़ने से पहले अपना स्टॉक शून्य कर देते। उस दिन हर दोस्त के पास अपनी बोतल थी। जिसकी बोतल ख़त्म हो जाती, वह लपककर चौक से नयी बोतल ख़रीद लाता। प्रीमियम ब्रांड रेग्युलर ह्विस्की के दाम पर बिक रहे थे। लेखक बन्धुओं की होली-

दीवाली एक साथ हो गयी थी। नरेश सक्सेना शराब नहीं पीते, बाँसुरी बजाते हैं। उन्होंने बाँसुरी पर एक लोकप्रिय धुन छेड़ दी। दोस्तों ने अनुरोध किया तो कुछ गीत भी सुनाये। नरेश सक्सेना को जीवन में दुबारा ऐसी दाद न मिली होगी। जगूड़ी-मंगलेश को भी भरपूर दाद मिली। एक-एक पंक्ति पर दाद दी जा रही थी। बड़े-बड़े मुशायरों में भी ऐसी दाद न मिलती होगी। काव्यपाठ के बीच बार-बार मालवीय जी का फ़्लैश चमकता। वे कभी स्टैंड पर कैमरा बैठा कर चित्र खींचते, कभी उकड़ूँ बैठकर, कभी लेटकर, कभी कुर्सी पर चढ़कर। उन्होंने चौरासी कलाओं (आसनों) से चित्र खींच डाले। वे महफ़िल में होते हुए भी महफ़िल से ग़ाफिल थे। उस समय उनकी दिलचस्पी दारू में थी न कविता में, वे फोटोग्राफी में आकंठ डूबे हुए थे। इस बीच अकिको सान ने जापानी में एक हाइकू सुनाया, अनुवाद सुनने से पहले ही लोगों ने इतनी दाद दे दी कि उन्होंने भावार्थ समझाने की कोई ज़हमत नहीं उठायी।

ममता मेहमाननवाज़ी का फर्ज़ सरअंजाम दे रही थी। अनिता गोपेश उसका हाथ बँटा रही थी। मधु और गौरा (मालवीय जी की बेटियाँ) भी सेवा में लगी थीं। अनिता जितनी बार नीचे आती, मंगलेश उसे अपने पास बुलाता और कहता, ''अनिता तुम्हें मालूम नहीं, गोपेश जी मुझे कितना चाहते थे।'' अनिता जब ऊपर चली जाती तो मंगलेश बुदबुदाते, ''पागल लड़की जानती ही नहीं कि उसके पिता मुझे कितना प्यार करते थे!'' मंगलेश को लग रहा था, अनिता उसकी उपेक्षा कर रही है, जबकि उसके पिता उसे बहुत चाहते थे। वह मधु को देखते तो उसे आवाज़ देते, ''मधु ऊपर जाओ तो उस बेवक़ूफ़ लड़की को नीचे भेजना, मैं उससे गोपेश जी की बातें करूँगा।'' मधु हँसती और हँसकर टाल जाती मंगलेश की बात। इस बीच मधु के साथ भी एक दुर्घटना हो गयी। राजेश शर्मा (अब दिवंगत) बहुत देर से ख़ामोश बैठे थे। वह काव्यपाठ में भी रुचि न ले रहे थे। वह किसी दूसरे जहान में खोये हुए थे। वास्तव में उन पर इश्क़ का गम्भीर दौरा पड़ा था। नशे में वह मधु पर फ़िदा ही नहीं हो गये, सार्वजनिक रूप से प्रणय निवेदन भी कर दिया। उस समय टेप भी चल रहा था, फ़िल्मांकन भी हो रहा था। उन्होंने मधु से कहा कि आज उनके सदियों से भटक रहे मन को ठौर मिल गया है। वह एक जोगी की तरह प्रेम की भीख माँगने लगे, ''मधु, मेरी बात ग़ौर से सुनो। मैं अब तुम्हारे बग़ैर एक पल भी ज़िन्दा नहीं रह सकता। अब समय आ गया है, मैं अपनी पत्नी से तलाक़ ले लूँ। तुम्हारे लिए मैं सबकुछ छोड़ दूँगा—अपना घर-बार, बीवी-बच्चे, सरकारी नौकरी। यह एक अच्छा संयोग है कि तुम्हारे पिता इस समय यहीं हैं, फिजूल के पत्राचार में समय नष्ट न होगा। अब देर न करो, जाओ, इसी समय जाओ और अपने पिता से शादी की इजाज़त ले लो।'' मेज़बान की हैसियत से मैंने तुरन्त हस्तक्षेप किया, ''राजेश मधु मेरी बेटी है। तुम

नशे में हो मेरे भाई। मैं इस प्रस्ताव को नामंज़ूर करता हूँ।''

उन दिनों मैं दो-एक पेग पीने के बाद ज़्यादातर लड़कियों को अपनी बेटी बना लिया करता था। अगर कोई लड़की मुझे भा जाती तो मैं तुरन्त कोई-न-कोई रिश्ता क़ायम कर लेता। वक़्त ने कोई और रिश्ता क़ायम करने की गुंजाइश ही न छोड़ी थी। यह एक अत्यन्त निरापद रिश्ता था। अब तो मैं इस निष्कर्ष पर पहुँच चुका हूँ कि घर में एक बिटिया होती तो मैं बेझिझक घर में इस तरह मदिरापान नहीं करता। ज़िन्दगी कुछ व्यवस्थित होती, जीवन-शैली इतनी अराजक न होती। बेटियों वाले घरों में ग़जब का अनुशासन देखा गया है। बेटियों वाले बेटे वालों के घर जाकर मयनोशी करते हैं।

मालवीय जी जापान लौट गये तो बेटियों ने सचमुच मुझे अपना अभिभावक मान लिया। एक बार बहुत दिनों तक मधु-गौरा के समाचार न मिले तो मैंने उन्हें बुलवा भेजा। अगले रोज़ मधु प्रकट हुई, अत्यन्त क्षमायाचना की मुद्रा में। वह अपने साथ स्टैम्प पेपर पर नोटरी से विधिवत सत्यापित किया हुआ शपथ पत्र लेकर आयी कि भविष्य में उससे ऐसी गुस्ताखी न होगी और वह सप्ताह में एक बार कालिया जी के थाने में अपनी उपस्थिति दर्ज़ करवायेगी। वह अपने पिता से कम कल्पनाशील न थी। उन दिनों उसकी अजय से देखा-देखी चल रही थी। बर्ड वाचिंग (पक्षियों पर नज़र रखना) अजय की हॉबी थी। एक-एक चिड़िया को वह पहचानता था। मैं मधु को चिढ़ाया करता कि अजय ने एक बिरली चिड़िया पहचान ली है। अजय का चयन रुचि के अनुकूल इंडियन फॉरेस्ट सर्विस में हो गया और मधु का बेटा अब दस-बारह बरस का होगा। राजेश शर्मा अब इस जहान में नहीं हैं, दो बरस पहले उन्होंने लखनऊ की एक बहुमंज़िली इमारत से कूद कर आत्महत्या कर ली थी।

उस दिन भी राजेश ने ज़्यादा पी ली थी। जब तक उसे बताया जाता कि जल्दी ही मधु के हाथ पीले होने वाले हैं, वह लुढ़क चुका था। सुबह तक वह सबकुछ भूल चुका था और निष्पाप भाव से सिगरेट फूँक रहा था। उसे जब अपनी हरक़तों की जानकारी हुई, वह देर तक पश्चात्ताप करता रहा। लक्ष्मीधर ने जापान से उस यादगार शाम के ढेरों चित्र भिजवाये थे। कुछ चित्र तो ऐसे थे जिन्हें लिफ़ाफ़े के भीतर एक और बन्द लिफ़ाफ़े में प्रश्न पत्रों की तरह हिफ़ाज़त से भेजा गया था कि बच्चों के हाथ न लग जायें। वे आचार्य रजनीश उर्फ़ भगवान ओशो के आश्रम के चित्र लगते हैं, उतने ही निरकुंठ और पारदर्शी। वे मुक्ति के चित्र हैं, निर्वाण के चित्र हैं।

अनिता गोपेश को उस शाम की एक-एक तफ़सील इतने वर्ष बाद भी याद है। जिस दिन मैं यह प्रसंग लिख रहा था (28-10-98) अचानक सुबह-सुबह अनिता चली आयी। हालाँकि वह विश्वविद्यालय के जन्तु विज्ञान विभाग में रीडर है, साहित्य में उसकी दिलचस्पी बरक़रार है। मेरे अनुरोध पर उसने उस शाम का ब्योरा लिखकर

दिया, उसमें मेरा भी 'कैरीकेचर' खींचा गया है, इसलिए यहाँ उद्धृत करना ज़रूरी हो गया है :

'उन दिनों कालिया दम्पती रानीमंडी वाले अपने पुराने मकान में रहते थे। उसमें दुर्गद्वार जैसे बड़े फाटक से प्रवेश करके बायीं ओर को अन्दर सात-आठ सीढ़ियाँ चढ़कर कालिया जी का कमरा था और सामने सीढ़ी चढ़कर ऊपर रिहायशी कमरे...फिर लम्बी-सी छत और छत पार करने के बाद रसोई। रसोई के बगल में माता जी का कमरा हुआ करता था, जिस पर जाली लगी खिड़कियों के सामने छत से आता-जाता हर इंसान दिखाई पड़ता था।

शहर और बाहर के साहित्यकारों की बड़ी आमदोरफ़्त रहती थी उनके यहाँ। बात ही बात में आये दिन गोष्ठियाँ हो जाती थीं...दो दोस्त बाहर से आये नहीं कि महफ़िल जम जाती। ऐसी गोष्ठियों के बारे में प्रायः ममताजी से सुनती रहती थी। उस बार उनके आमन्त्रण पर पहुँच ही गयी उनके घर। कुछ इस ख़याल से भी कि इतने लोगों का खाना-पीना...कुछ मदद हो जायेगी ममता जी की और उत्सुकता थी कि देखेंगे कैसी होती हैं इस प्रकार की अनौपचारिक गोष्ठियाँ!

जापान से डॉ. लक्ष्मीधर मालवीय आये हुए थे, अपनी जापानी पत्नी के साथ। वे कालिया जी के यहाँ ही रुके हुए थे। मालवीय जी की पहली पत्नी की बेटियाँ आती रहती थीं अपने पिता से मिलने। उन्हीं के सम्मान में थी गोष्ठी शायद। उनके अलावा बाहर से आये लोगों में मंगलेश डबराल, नरेश सक्सेना, लीलाधर जगूड़ी, राजेश शर्मा के नाम मुझे याद हैं। और भी दसेक लोग थे, जिनकी मुझे याद नहीं।

कमरे में ज़मीन पर ही गद्दों पर गोला बनाकर बैठे थे सब। शाम ढलने के बाद शुरू हुई महफ़िल...वह भी पीने-पिलाने से। पीने के साथ ही साथ कालिया जी पिलाने के भी ख़ूब शौक़ीन थे। मुझे सही-ग़लत बहुत से कारणों से पीने से तब भी परहेज था, आज भी है। सामने रहो तो घना आग्रह, पीकर तो देखो, बियर तो शराब नहीं होती, जिन तो औरतें भी पी लेती हैं। आदि-आदि।

ममता जी ने ऊपर आकर बताया, "नीचे काव्यपाठ चल रहा है। अब आ जाओ नीचे।" नीचे आकर देखा, काव्यपाठ के बीच वाह-वाही का सिलसिला चल रहा था। दो मिनट की कविता होती तो दस मिनट 'वाह-वाह'। स्थिति रोचक होती चली गयी। कविता को समझ पाना मुश्किल हो गया तो मैं खाने की कमान सँभालने ऊपर चली गयी। बहुत समय उसमें निकल गया। काम निपटाकर नीचे आयी तो कुछ अजीब ही समाँ बँधा था। हर कोई बोल रहा था, कोई किसी को सुन नहीं रहा था। लक्ष्मीधर मालवीय ममता जी से मुख़ातिब थे तो कालिया जी उनकी जापानी पत्नी को कुछ समझा रहे थे, जगूड़ी जी कविता पर बहस कर रहे थे तो राजेश शर्मा मालवीय जी की सुदर्शना लड़की से प्रणय निवेदन करने में व्यस्त थे। किसी ने मंगलेश जी से मेरा

परिचय करवाया तो वह एक लम्बा-सा 'आ हा हा' करते हुए गोपेश जी की याद में डूब गये। लड़खड़ाती ज़ुबान में मुझसे कहने लगे, "आप शायद नहीं जानती होंगी, गोपेश जी मुझे बहुत स्नेह करते थे, क्या ख़ूब इंसान थे, भई वाह..." मैंने ग़मी भरी और सामान समेटने उनकी तरफ़ बढ़ी। मेरे कान के पास आकर बोले, "आप नहीं जानतीं, वे मुझे कितना मानते थे, कितना प्यार करते थे।" मैंने सौजन्य में कहा, "जी वे युवा प्रतिभाओं से बहुत प्यार करते थे।"

"नहीं!" वह हाथ नचाते हुए बोले, "वह मुझे जितना प्यार करते थे, उतना किसी से नहीं करते थे।"

मेरे पास उनकी बात मान लेने के अलावा कोई चारा नहीं था। ऐसी ही स्थिति में महफ़िल सुबह चार-पाँच बजे तक चली। एक-दूसरे पर गिरते, निढाल होते लोगों को देख मैंने वहाँ से हट जाना ही बेहतर समझा और ममता जी के कमरे में जाकर सो गयी।

सुबह मुँहअँधेरे नीचे आयी तो ज़्यादातर लोग सो रहे थे। जो जहाँ था, वहीं लुढ़क गया था। स्थानीय लोग विदा ले चुके थे। अनेक ख़ाली बोतलें भी कमरे में बिखरी पड़ी थीं। मैंने ममता जी से जाने की अनुमति माँगी तो दिन की महफ़िल का कुछ इस प्रकार नाटकीय समापन हुआ। ममता जी ने कालिया जी से बताया कि अनिता जा रही है तो वह आँखें मलते हुए उठ गये, उन्हें अचानक मेरी चिन्ता हो गयी, "अभी तो अँधेरा है, अकेली कैसे जायेगी?"

"रिक्शे से चली जाऊँगी।" मैंने कहा।

"नहीं, ऐसा नहीं हो सकता।" अधिक ही लाड़ से कहा उन्होंने, "अनिता हमारे घर आयी थी...हमारे घर...उसको घर तक छोड़ना हमारी ज़िम्मेदारी है।" ज़िम्मेदारी का भाव तो उनका सही लगा, उसे निभाने की स्थिति ज़रा डाँवाडोल थी। मैंने तुरन्त कहा, "नहीं, नहीं, मैं तो चली जाती हूँ अकसर रिक्शे से। अभी तो सुबह भी हो गयी है।"

"नहीं अनिता हमारे घर से अकेली नहीं जा सकती। मैं छोड़कर आऊँगा।"

कालिया जी के प्रस्ताव पर मेरी तो साँस ऊपर की ऊपर और नीचे की नीचे रह गयी। ममता जी ने भी उन्हें समझाने की बहुतेरी कोशिश की कि अनिता तो हमेशा ही चली जाती है, फिर तुम अभी जाने की स्थिति में भी नहीं हो।

"कौन कहता है कि मैं नशे में हूँ, एकदम ठीक हूँ। तुम देखो, मैं यों गया और यों आया।"

ममता जी और मैंने एक-दूसरे की तरफ़ निरीह भाव से देखा और हथियार डाल दिये। ऐसा भी नहीं कि नशे में कालिया जी कुछ बहक जाते और कुछ बेजा हरक़त कर बैठते। मैंने प्रायः पाया था कि पी लेने के बाद वह ज़्यादा मुखर ही नहीं, अतिरिक्त

सभ्य और सुसंस्कृत हो जाते थे। यह अतिरिक्त प्यार और चिन्ता उनके नशे का स्थायी भाव था। नशे के बाद उनके भीतर पिता का भाव जाग्रत हो जाता। मेरी-उनकी उम्र में इतना अन्तर नहीं था कि उनके मेरे बराबर बेटी होती। पर ऐसे में वह अकसर ममता जी से यह कहते सुनायी पड़ते कि अगर उन लोगों की सही समय पर शादी हो गयी होती तो अनिता के बराबर बेटी होती। या मुझसे मुख़ातिब हो कहते—कम ऑन अनिता, यू आर जस्ट लाइक माई डॉटर।

उनका इस स्थिति में स्कूटर चलाना ख़तरे से ख़ाली नहीं था। उनके घर से अपने घर की दूरी की कल्पना करके मेरा दिल बैठा जा रहा था, पर कालिया जी पर ज़िम्मेदारी का भूत सवार हो चुका था और भूत के आगे सभी हारते हैं। धड़कते दिल से बैठी पीछे की सीट पर। ममता जी असमंजस और आशंका में खड़ी देखती रहीं।

मुझे अच्छी तरह याद है, बोर्ड की परीक्षा प्रारम्भ हो रही थी उस दिन से। परीक्षार्थियों की भयंकर भीड़ थी सड़कों पर। उसी भीड़ के बीच में एक डगमगाता स्कूटर आगे बढ़ रहा था। लग रहा था स्कूटर भी नशे में है। मुझे ऐसे लग रहा था जैसे चक्रवात में फँस गयी हूँ। उनके घर से अपने घर तक अनगिनत बार मैं मर-मर गयी। घर के गेट पर उतरी तो लगा—विचित्र किन्तु सत्य। कालिया जी की ज़िम्मेदारी यहीं ख़त्म नहीं हुई, बोले, "गेट के भीतर जाकर अपने बरामदे में पहुँच जाओ।" मैं लम्बे-लम्बे डग भरते बरामदे की सीढ़ी पर पहुँची और हाथ हिलाया। उनका स्कूटर मुड़ा। उनके सही-सलामत घर वापस पहुँचने की कामना करते हुए मैं घर में घुसी।

उस दिन अप्रिय कुछ नहीं घटा था, पर उस दिन के बाद बहुत दिनों तक मैं उनके घर नहीं गयी।

चौदह

फ़ैज़ अहमद 'फ़ैज़' दो मर्तबा इलाहाबाद आये थे। पहली बार सन् 1957–58 में और आख़िरी बार 1981 में। 1958 में तो मैं पंजाब में था। 1981 में फ़ैज़ साहब से इलाहाबाद में अत्यन्त अनौपचारिक और आत्मीय मुलाक़ात हुई। उनके साथ जाम टकराने का मौक़ा भी मिला। मैं 1958 में भी इलाहाबाद होता मगर समय ने साथ न दिया था। मेरे दोस्त अमरीक सिंह कलसी और मैंने तय किया था कि इलाहाबाद विश्वविद्यालय से एम.ए. करेंगे, मगर मेरे लिए यह सम्भव न हो सका। उन्हीं दिनों मेरे बड़े भाई अध्यापन के सिलसिले में कैनेडा गये थे और उनके बिछोह में मेरी माँ रो-रोकर बेहाल हो गयी थीं। मेरा घर से दूर जाने का प्रश्न ही न उठता था। यह दूसरी बात है कि दो साल बाद मैंने भी घर छोड़ दिया और ऐसा देशनिकाला मिला कि तब से बाहर ही बाहर हूँ। असली देश निकाला तो मेरे दोस्त अमरीक सिंह कलसी को मिला, जो इलाहाबाद विश्वविद्यालय से एम.ए. करने के बाद ऐसा लन्दन गया कि वहीं का नागरिक बन गया। शादी करने भी वह भारत नहीं आया, वहीं एक मेम से शादी कर ली और स्कूल ऑव ओरिएंटल ऐंड अफ्रीकन स्टडीज़ में पढ़ाने लगा। 1991 में वह इलाहाबाद आया था। उसने कहीं से मेरा नम्बर हासिल किया और फ़ोन किया। इससे पहले कि वह अपनी शिनाख़्त बताता, पैंतीस साल बाद भी मैं क्षणभर में उसकी आवाज़ पहचान गया। छूटते ही मैंने पूछा, "कलसी दे पुत्तर कित्थों बोल रेयाँ?" बी.ए. में ही हम दोनों की दोस्ती हो गयी थी। हम दोनों की रुचियाँ एक-सी थीं। क्लास में ग़ैरहाज़िर रहकर हम लोग बाहर ढाबे में सिगरेट फूँका करते थे। साहित्य का रोग उसे भी लग चुका था। इसी यात्रा में वह पाकिस्तान भी गया था और दिल्ली लौटकर उसने मुझे एक दिलचस्प ख़त लिखा था :

'पाकिस्तान में नये उर्दू कहानीकारों से मिलने का मौक़ा मिला। 8 को लन्दन लौटूँगा, तब तक दिल्ली में ही रहूँगा। तुम भी चले आओ। इस समय मैं अपने भाई के घर पर हूँ—उसका नाम हरनाम सिंह कलसी है। कल मैं अपने रहने की कोई दूसरी व्यवस्था करूँगा, क्नॉट प्लेस के आसपास। मेरा भाई, जिसकी उम्र 82 साल है, रोज़

रात को दो बड़े पेग पीता है। दो ही मुझे देता है। तीसरा पेग न वह पीता है, न मुझे देता है। एक तो यह परेशानी। आज़ादी से सिगरेट न पी सकने की परेशानी अलग। मैं लन्दन पहुँचकर भी तुम्हें पत्र लिखता रहूँगा ताकि फिर से जुड़ा यह सम्पर्क फिर नहीं टूटे।'

इस नश्वर संसार में हर चीज़ टूटने के लिए ही बनती है। लगता है यह सम्पर्क भी टूटने के लिए ही बना था। कलसी 1991 में ही लन्दन पहुँच चुका होगा, मगर फिर से जुड़ा सम्पर्क दुबारा टूट गया। दोष मेरा भी है, मैं पत्र लिखने में बेहद आलसी हूँ। कलसी ने भी ख़त लिखने की ज़हमत न उठायी। वह भूल गया कि कॉलिज के दिनों में हम कितने गहरे दोस्त थे और नये और मौलिक खेल खेला करते थे—कलसी, कपिल अग्निहोत्री और मैंने मिलकर एक अनूठा खेल ईज़ाद किया था—उत्क्रण प्रतियोगिता यानी 'यूरिन रेस।' डी.ए.वी. कॉलिज, जालन्धर के पास एक नहर बहती थी, हम लोग उसी नहर के किनारे जी भर कर लघुशंका करते। जिसकी धार सबसे दूर पड़ती वह अव्वल रहता और जो फिसड्डी रह जाता उसे बियर पिलानी पड़ती। कलसी का क़द हम दोनों से छोटा था, अकसर उसे ही हारने का दंड भरना पड़ता। हराम की बियर हम लोगों को हराम थी। जब भनक लगती कि कलसी के घर से मनिऑर्डर आ गया है, हम लोग उसे प्रतियोगिता के लिए प्रेरित और प्रोत्साहित करते। खेल जारी रखने के लिए कभी-कभार उसे जिता भी देते थे। पिछले चालीस वर्षों में डी.ए.वी. कॉलिज के बगल वाली नहर में न जाने कितना पानी बह गया होगा। नहर है भी या नहीं, मुझे इसका इल्म नहीं है। मैंने यह सोचकर सन्तोष कर लिया है कि कलसी की याददाश्त कमज़ोर हो गयी है। प्रयाग शुक्ल भी कलसी का हमउम्र होगा, मगर उसकी याददाश्त कमज़ोर नहीं हुई। इसका एहसास तब हुआ जब पिछले दिनों अचानक इलाहाबाद में हम लोगों की भेंट हो गयी। हम लोग देर तक यादों की राख टटोलते रहे।

साठ के दशक के शुरू के वर्षों में प्रयाग, गंगा प्रसाद विमल, हमदम और मैं दिल्ली के सन्त नगर के पाँच सौ पचपन नम्बर फ़्लैट में एक साथ रहते थे। वे गर्दिश और फ़ाकामस्ती के दिन थे। प्रयाग और हमदम (कलाकार) फ्रीलांसर थे, विमल दिल्ली कॉलिज में प्राध्यापक था और मैं केन्द्रीय हिन्दी निदेशालय द्वारा प्रकाशित त्रैमासिक पत्रिका 'भाषा' के सम्पादकीय विभाग से सम्बद्ध था। जेब में पैसा होता तो हम लोग शहंशाह होते, न होता तो लाई-चना खाकर सूरते हालात पर तब्सरा करते। हम लोगों का बियर पीने का अन्दाज़ भी निराला था। उन दिनों बाज़ार में ठंडी बियर न मिलती थी। मुफ़लिसी में भी महीने में एकाध बार बियर पार्टी ज़रूर हो जाती। बर्तन के नाम पर घर में सिर्फ़ एक बहुउद्देशीय बाल्टी थी, वह नहाने के काम आती और वक़्त ज़रूरत उसमें बियर भी ठंडी की जाती। हमदम बियर नहीं पीता था, उसके

लिए कोकाकोला की व्यवस्था रहती। वह इन्तज़ाम अली था, बर्फ़ वग़ैरह की व्यवस्था वही करता। बाद में ढाबे के चाय के छोटे-छोटे गिलासों में बियर पीते हुए एहसास होता :

वक़्त की सीढ़ियों पर लेटे हैं
इस सदी के कबीर हैं हम लोग।

दूसरी मर्तबा 25 अप्रैल, 1981 को जब फ़ैज़ अहमद 'फ़ैज़' इलाहाबाद आये, मैं इलाहाबाद का बाशिन्दा बन चुका था। इलाहाबाद विश्वविद्यालय ने उनके सम्मान में एक जलसे का आयोजन किया था। विश्वविद्यालय के विशाल प्रांगण में इससे भव्य आयोजन फिर दूसरा नहीं हुआ। उन दिनों छात्र आन्दोलन के कारण विश्वविद्यालय में पठन-पाठन का कार्य लगभग ठप था और विश्वविद्यालय प्रशासन आयोजन की सफलता को लेकर बहुत सशंकित था। सीनेट हाउस के लॉन पर एक बहुत बड़ा मंच बनाया गया था। शाम होते-होते बरगद के नीचे का मैदान छात्रों से खचाखच भर गया। छात्रावास सुनसान हो गये। लग रहा था शहर के तमाम रिक्शे, ताँगे, स्कूटर, मोटर साइकिल और कारें सिर्फ़ एक दिशा में दौड़ रही हैं। जगह-जगह जाम लग गया। पूरा शहर जैसे विश्वविद्यालय की तरफ़ उमड़ आया था। मैं और ममता भी किसी तरह सभास्थल पर पहुँचे। फ़ैज़ प्रकट हुए तो तालियों की गड़गड़ाहट से परिसर गूँज उठा। महादेवी वर्मा ने सभा की अध्यक्षता की थी। फ़िराक़ साहब उन दिनों अस्वस्थ थे, उन्हें गोद में उठाकर मंच पर लाया गया था। मंच पर फ़ैज़, फ़िराक़ और महादेवी के अलावा उपेन्द्रनाथ अश्क, प्रोफेसर अक़ील रिज़वी और डॉ. मुहम्मद हसन मौजूद थे। फ़ैज़ ने सियासत और अदब के गहरे रिश्तों को रेखांकित करते हुए कहा कि उनका एक ही सन्देश है दुनिया के लिए कि इश्क़ करो। फ़िराक़ साहब जैसे सातवें आसमान पर बैठे थे। उन्होंने यह शे'र सुनाकर श्रोताओं को मुग्ध कर दिया :

आने वाली नस्लें तुम पर रश्क़ करेंगी हम असरो!
जब उनको यह ध्यान आयेगा तुमने फ़िराक़ को देखा है।

फ़िराक़ को जैसे अपना अन्त नज़र आ रहा था। मुझे उनकी अली सरदार जाफ़री को अत्यन्त कातरता से लिखी ये पंक्तियाँ याद आ गयीं—'भाई अली सरदार, बहुत बीमार हूँ—फ़िराक़'। इस ऐतिहासिक सम्मेलन के कुछ दिनों बाद ही 3 मार्च, 1982 को फ़िराक़ इस फ़ानी दुनिया से कूच कर गये। डॉक्टर मुहम्मद हसन का यह जुमला आज भी लोग अकसर उद्धृत करते हैं कि :

आने वाली नस्लें तुम पर रश्क़ करेंगी हम असरो!
जब उनको यह ध्यान आयेगा

फ़िराक़, महादेवी, .फ़ैज़ को तुमने,
एक साथ मंच पर देखा था।

प्रोफेसर अक़ील रिज़वी ने फ़ैज़ को याद करते हुए एक दिलचस्प क़िस्सा बयान किया है : 'जब हम फ़ैज़ साहब को छोड़ने सर्किट हाउस चलने लगे तो एक लड़की ज़िद करने लगी कि वह फ़ैज़ साहब के साथ बैठेगी। फ़ैज़ साहब की हिफ़ाज़त भी हम लोगों का फ़र्ज़ था। ख़याल गुज़रा, मालूम नहीं यह लड़की कौन है! फ़ैज़ साहब से वह अनुमति माँग रही थी, मगर फ़ैज़ साहब ख़ामोश थे। मैंने लड़की से सख़्ती के साथ इंकार कर दिया। अब वह लड़की कार के आगे खड़ी हो गयी कि मैं जाने न दूँगी, जब तक आप मुझे फ़ैज़ साहब के साथ बैठने न देंगे। हम लोगों का सन्देह और बढ़ गया। ख़याल गुज़रा कि वह कोई आतंकवादी है, जो फ़ैज़ साहब का पीछा कर रही है। अभी यह कोई हथगोला या पिस्तौल निकालेगी। उस समय पुलिस भी न थी। फ़ैज़ साहब नीचे उतर आये और उन्होंने लड़की से अन्दर बैठने को कहा और लोगों के रोकते-रोकते वह भी अन्दर बैठ गये। कमबख़्त लड़की जब अन्दर बैठ गयी तब उसने बताया कि वह एक समाचार-पत्र की संवाददाता है। दो दिन से फ़ैज़ साहब का इंटरव्यू लेना चाहती है, मगर कोई उसे मौका नहीं देता। अब उसने यह तरक़ीब इसलिए निकाली थी कि चलती हुई कार में ही वह इंटरव्यू ले सकती है। हम लोगों को इत्मीनान हुआ। वह अपने प्रश्न करती जाती और फ़ैज़ साहब उनका जवाब देते जाते।'

फ़ैज़ इलाहाबाद विश्वविद्यालय के निमन्त्रण पर इलाहाबाद आये थे। उन दिनों प्रोफेसर उदित नारायण सिंह विश्वविद्यालय के उपकुलपति थे। राजनीति शास्त्र विभाग के जेएनयू रिटर्न नये प्रवक्ता देवीप्रसाद त्रिपाठी उनके सम्पर्क में क्या आये कि वह गणित से ज़्यादा शायरी में दिलचस्पी लेने लगे। यहाँ तक कि फ़ैज़ अहमद फ़ैज़ की कई ग़ज़लें उन्हें कंठस्थ हो गयीं। जब फ़ैज़ को इलाहाबाद बुलाने का प्रस्ताव आया तो वह तुरन्त मेज़बानी के लिए तैयार हो गये।

इलाहाबाद के जजों, वकीलों, मन्त्रियों, नेताओं और रईसों में फ़ैज़ को दावत देने की होड़ लग गयी। लोगों के लिए फ़ैज़ को अपने घर बुलाना प्रतिष्ठा का प्रश्न बन गया। हम लोगों को लगा कि इस मार-काट में फ़ैज़ से अनौपचारिक मुलाक़ात सम्भव न होगी। एक रोज़ देवीप्रसाद त्रिपाठी रानीमंडी आये तो मैंने छूटते ही हमला बोल दिया, ''डीपीटी, सुनो! हिन्दी लेखकों से फ़ैज़ की मुलाक़ात न हुई तो अच्छा न होगा, सुना है तुम्हारा वाइस चांसलर पात्रता नहीं, हैसियत देखकर फ़ैज़ के कार्यक्रम तय कर रहा है।''

डीपीटी को आपने कभी अकेले न देखा होगा, यह उसके लिए सम्भव

नहीं। उसके साथ उससे दोगुनी उम्र का साथी भी हो सकता है और उससे आधी उम्र का भी। आने वाले ने ख़ुद अपना परिचय दे दिया तो बेहतर, वरना डीपीटी ने न मैंने कभी इसकी ज़रूरत महसूस की थी। महफ़िल में कौन किससे परिचय करवाता है! जो महफ़िल में शामिल हो गया, वह बिरादरी में शामिल हो गया, एकाध पेग के बाद वह परिचय का मोहताज न रहा। मेरी बात सुनकर डीपीटी अचानक सकपका गया। बेतक़ल्लुफ़ी में मैं आगे कुछ कहता कि डीपीटी के लिए अपने साथी का परिचय देना ज़रूरी हो गया, ''अरे भाई मैं परिचय कराना भूल गया। आप ही तो हैं हमारे विश्वविद्यालय के उपकुलपति प्रोफेसर यू.एन. सिंह।'' अब आप अपना सिर पीट लीजिए या डीपीटी का। डीपीटी की ऐसी ख्याति थी कि मेरी माँ कहती थीं—भैड़े-भैड़े यार मेरी फ़त्तो दे।

डीपीटी आँखों से लाचार डेढ़ पसली के शख़्स थे (हैं)। आँख से सटाकर किताब पढ़ते थे और जो पढ़ते थे, उनके मस्तिष्क के प्रिंटर में छप जाता था। टिमटिमाते दिये-सी अपनी कमज़ोर आँखों से उन्होंने जाने कितना देशी-विदेशी साहित्य पढ़ रखा था। उनके पास ग़ज़ब की स्मरण शक्ति थी। अगर उन्हें चलता- फिरता कम्प्यूटर या मिस्टर शकुन्तला देवी कहा जाये तो ग़लत न होगा। मैं अकसर कहा करता था, जिसका मित्र देवीप्रसाद, डायरेक्टरी का क्या काम है! फ़िराक़, पन्त और महादेवी का निधन हुए एक अर्सा हो चुका है, डीपीटी को आज भी उनके टेलीफ़ोन नम्बर याद होंगे। दो-चार पेग पीने के बाद उस पर लोकगीत सुनाने की धुन सवार होती। मेज़ नहीं तो वह माचिस की डिबिया से तबले का काम लेते हुए यके बाद दीगरे अवधी, भोजपुरी, पंजाबी, कश्मीरी, सिन्धी, तेलुगु, कन्नड़, मलयालम गर्ज़ यह कि किसी भी भाषा के लोकगीतों की झड़ी लगा देते। वह गीत गोविन्द का पाठ कर सकते थे, संस्कृत के श्लोक सुना सकते थे, क़ुरआन की आयतें सुना सकते थे।

डीपीटी जे.एन.यू. छात्रसंघ के अध्यक्ष रह चुके थे। सम्मोहित करने की उनमें अद्‌भुत क्षमता थी। इसका प्रयोग लड़कियों पर उन्होंने बहुत कम किया। लड़कियों की बात भी वह प्राय: नहीं करते थे। छोटी उम्र में जिनकी शादी हो जाती है, उनका यही हश्र होता है। ऐसे लोगों की भूख लगने से पहले ही ख़त्म हो जाती है। डीपीटी की भूख ख़त्म हो चुकी थी, प्यास बाक़ी थी, जो कभी ख़त्म ही नहीं होती थी। आज भी बरक़रार है। जे.एन.यू. की भी किसी समूची लड़की की उन्हें याद न थी। किसी के गेसू (काली घटा), किसी की आँखें (झील), किसी की बाँहें (मर्मरीं), किसी की आवाज़ (प्रपात) और किसी की महज़ सुगन्ध (सन्दल) याद रह गयी थी। मैं बालों का प्रसंग छेड़ देता तो डीपीटी के आसमान में काली घटाएँ छा जातीं, केश राशि पर लिखे श्लोक, गीत, शे'र, रुबाइयाँ, सॉनेट, हाइकू उनकी ज़ुबाँ से झरने लगते। यकायक शराब की खपत बढ़ जाती। मेरी तरह उन्हें भी दारू की लत लग चुकी

थी। मद्यपान में वह बड़े-बड़े योद्धाओं को परास्त कर देते। कई बार तो शक़ होता था कि विधाता ने उन्हें पेट दिया है कि मटका। मेरी तरह वह भी बर्बादी के रास्ते पर चल निकले थे। साथ में हमेशा कोई-न-कोई शिष्य रहता या प्रवक्ता। प्रवक्ता भी कुछ दिनों बाद शिष्यों की श्रेणी में आ जाता। कुलपति को भी उनके साथ देखकर मैंने यही सोचा था। उसी शाम तय हो गया कि 27 अप्रैल, 1981 की शाम फ़ैज़ हिन्दी लेखकों के बीच बिताएँगे। मेज़बानी का मौक़ा मिला इलाहाबाद के तत्कालीन शहर कोतवाल यानी पुलिस अधीक्षक विभूतिनारायण राय को। वह डीपीटी के क्लासफेलो थे। दोनों पुराने साथी थे। फ़ैज़ के लिए उनसे बेहतर मेज़बान नहीं हो सकता था।

सन् 1981 के अप्रैल महीने के आख़िरी हफ़्ते की वह ऐतिहासिक शाम विभूति के घर पर फ़ैज़ के नाम दर्ज़ हो गयी। हिन्दी-उर्दू के लेखकों, शायरों, रंगकर्मियों और संस्कृतिकर्मियों को फ़ैज़ के सान्निध्य का मतलब समझ में आया। लग रहा था कि कई युगों और समुद्रों के पार से अपनी बिरादरी का कोई खोया हुआ सिद्धार्थ घर लौट आया है। फ़ैज़ ग़ज़लें सुना रहे थे और श्रोताओं में उपेन्द्रनाथ अश्क, डॉ. मुहम्मद अक़ील रिज़वी, मार्कण्डेय, अमरकान्त, दूधनाथ सिंह, ममता और मेरे अलावा विश्वविद्यालय के अनेक विभागों के प्रवक्ता, रीडर और विभागाध्यक्ष थे। धीरे-धीरे शाम फ़रमाइशी कार्यक्रम में तब्दील हो गयी। हर कोई अपनी पसन्दीदा ग़ज़ल फ़ैज़ की आवाज़ में सुनना चाहता और रिकॉर्ड करना चाहता था। फ़ैज़ हर किसी की फ़रमाइश पूरी कर रहे थे। यहाँ इस बात का उल्लेख करना भी ज़रूरी लग रहा है कि फ़ैज़ अपनी रचनाओं का बहुत ख़राब पाठ करते थे, जैसे अपने किसी दुश्मन का कलाम सुना रहे हों। उनकी ग़ज़लों का उनसे कहीं बेहतर पाठ करने वाले उसी महफ़िल में मौजूद थे। मैंने किसी शायर को इतनी बेदिली से अपनी रचनाओं का पाठ करते नहीं देखा या सुना। लग रहा था वह शायरी नहीं, कोई नीरस गद्य सुना रहे हों। मैंने जब बगल में बैठे दूधनाथ सिंह से यह बात कही तो वह काकभुशुंडि की तरह बोला, ''तुम अज्ञानी हो कालिया। तुम्हें शायद मालूम नहीं, मिर्ज़ा ग़ालिब तो फ़ैज़ से भी ख़राब पढ़ते थे। हमेशा याद रखो, जितना घटिया शायर होगा, उतना ही अच्छा अपनी रचनाओं का पाठ करेगा।'' बहरहाल, फ़ैज़ इलाहाबाद से अभिभूत थे, इस बात से और भी ज़्यादा कि हिन्दी के रचनाकारों के बीच भी वह उतने ही मक़बूल थे। पढ़ते-पढ़ते कहीं अटक जाते तो महफ़िल में से कोई-न-कोई हिन्दी अदीब उन्हें सही सतरों की डोर थमा देता।

जैसे घर का छोटा बच्चा बड़े पर अधिक ध्यान देने से उपेक्षित अनुभव करता है, अश्क जी वैसा ही अनुभव करने लगे। वह जल्दी-जल्दी अपना गिलास ख़ाली कर रहे थे, जबकि फ़ैज़ साहब का जाम कभी-कभार ही लबों को छूता था।

अश्क जी बहक गये और मौक़ा मिलते ही अपनी ग़ज़लें सुनाने लगे, मगर लोग अश्क जी को सुनने नहीं आये थे, किसी ने उनकी तरफ़ तवज्जो न दी। निराश होकर अश्क डॉ. अतिया निशात को एक तरफ़ ले गये और देर तक ग़ज़लसरा होते रहे।

हम लोगों के पास पाकिस्तान में निर्मित और बाद में एच.एम.वी. द्वारा भारत में जारी फ़ैज़ की गज़लों के दो एल.पी. रिकॉर्ड थे। पृष्ठभूमि में धीमी आवाज़ में एक रिकार्ड चल रहा था। अचानक किसी दिलजले ने स्टीरियो की आवाज़ तेज़ कर दी और नूरजहाँ की तेज़, तीखी और सुरीली आवाज़ में फ़ैज़ की पंक्तियाँ फ़िज़ा में तैरने लगीं :

लौट आती है इधर को भी नज़र क्या कीजै
अब भी दिलक़श है तेरा हुस्न मगर क्या कीजै
और भी दुख हैं ज़माने में मुहब्बत के सिवा
मुझसे पहली-सी मुहब्बत मेरी महबूब न माँग

महफ़िल का माहौल फ़ैज़ की इस नज़्म के ठीक विपरीत था। माहौल नज़्म की चुगली खा रहा था। लग रहा था ज़माने में मुहब्बत के सिवा और कोई दुख ही नहीं। हुस्न है, मुहब्बत है, बेवफ़ाई है। यही सच है, जैसे :

ज़माने भर के ग़म
या इक तेरा ग़म
यह ग़म होगा तो कितने ग़म न होंगे।

हर अदीब लहूलुहान था—कोई मयगुसारी से, कोई शे'रो-शायरी से और कोई अफ़सानानिगारी से।

अश्क जी के बाद अब डीपीटी को दौरा पड़ा था। वह अपना गिलास थामे फ़ैज़ के चरणों में बैठ गया और कान पर हाथ रखकर अवधी की तान छेड़ दी। फ़ैज़ ने राहत की साँस ली, जब से वह इलाहाबाद आये थे मुतवातिर अपना कलाम सुना रहे थे। शायद यही वजह थी कि वह अपने ही शे'र निहायत बेदिली से सुना रहे है जैसे रस्मअदायगी कर रहे हों। उन्होंने ममता से अवधी के किसी शब्द का अर्थ पूछा और इतने प्रसन्न हो गये कि ममता के हाथ से दोनों एल. पी. के कवर लिए, क़लम माँगा और उन पर लिखा : ममता के लिए मुहब्बत के साथ—फ़ैज़।

वे दोनों कवर हम लोगों की प्राइज़ पजेशन हैं। वर्षों से उन्हें कलाकृति की तरह फ्रेम करवाने की सोच रहा हूँ। फ़ैज़ ने बताया कि जब बेग़म अख़्तर पाकिस्तान आयी थीं तो उन्होंने बेग़म से एक ठुमरी अनेक बार सुनी थी :

हमरी अटरिया आओ सजनवा
देखा देखी बलम हुई जाये

मैंने जब फ़ैज़ को बताया कि यह ठुमरी मेरे दोस्त सुदर्शन फ़ाकिर ने लिखी थी तो उन्होंने फ़ाकिर के बारे में भी बहुत-सी जानकारी हासिल की और बताया कि वह इस ठुमरी को भारत-पाक सम्बन्धों की रोशनी में सुना करते थे। जवाब में मैंने पाकिस्तानी गायिका फ़रीदा ख़ानम की ग़ज़ल स्टीरियो पर पेश कर दी :

आज जाने की ज़िद न करो,
यों ही पहलू में बैठे रहो।
जान जाती है जब,
उठके जाते हो तुम,
ऐसी बातें किया न करो।

इसी माहौल में भोजन हुआ, सामूहिक चित्र खींचे गये, आख़िरी जाम सड़क के नाम तैयार हुए और महफ़िल बर्खास्त हुई। डीपीटी लुढ़कते-पुढ़कते फ़ैज़ के साथ ही गाड़ी में सवार हो गया। फ़ैज़ ने कुछ और लोकगीत सुनने की फ़रमाइश की थी। डीपीटी ने तान छेड़ दी और गाड़ी स्टार्ट हो गयी।

हम लोग डीपीटी की क्षमता से परिचित थे, वह अनन्त काल तक लोकगीत सुना सकता है। इसका भरपूर परिचय उसने कुछ दिन पहले ही दिया था, जब भीष्म साहनी सपत्नीक हमारे यहाँ रुके हुए थे। शाम को अनायास ही डीपीटी प्रकट हो गये थे—भए प्रगट कृपाला। भीष्म जी से परिचय होते ही उसने 'चीफ़ की दावत' के अंशों का पाठ शुरू कर दिया। भीष्म जी और उनकी पत्नी शीला जी चमत्कृत रह गयीं कि यह कैसा शख़्स है, जो कविता की तरह कहानी याद रख सकता है! मुझे मालूम था, डीपीटी की स्मरण शक्ति ही नहीं घ्राण शक्ति भी विलक्षण है। उसने कमरे में घुसते ही सूँघ लिया था कि माहौल सुवासित है। उसने अपना कश्कोल (भिक्षापात्र) आगे बढ़ा दिया। मय और माशूक़ के दरबार में कश्कोल ही बढ़ाया जा सकता है, यह इस कोठे का दस्तूर था। कोठे का ही नहीं, इलाहाबाद की संस्कृति का भी। यहाँ ताज भी कश्कोल में हासिल किया जाता है, जैसे विश्वनाथ प्रताप सिंह ने किया था, यह नारा बुलन्द करके : 'राजा नहीं फ़कीर है, देश की तक़दीर है।' उन दिनों फ़कीरी फ़ैशन में आ चुकी थी, वरना डीपीटी जैसा इलाहाबाद विश्वविद्यालय के राजनीतिशास्त्र विभाग का प्राध्यापक फ़कीरों के अन्दाज़ में चप्पल चटकाते हुए पैदल विश्वविद्यालय क्यों जाता? गुरु जी को पैदल चलते हुए देख छात्र सायकिल से उतरकर गुरु जी के पीछे हो लेते। क्लासरूम तक पहुँचते-पहुँचते उसके पीछे अच्छा-ख़ासा जुलूस

हो जाता। एक दिन ममता को डीपीटी के साथ आये एक छात्र से उसकी पदयात्रा की जानकारी मिली तो ममता ने डीपीटी की जेब में कुछ रुपये ठूँस दिये कि शायरों और छात्रनेताओं की तरह विश्वविद्यालय जाना बन्द करो। डीपीटी ने जेब से नोट निकाले, आँखों के नज़दीक ले जाकर गिने और ममता के वहाँ से हटते ही अपने साथी को बोतल ख़रीद लाने के लिए रवाना कर दिया। ममता के स्नेह से वह इतना विभोर हो गया कि देखते ही देखते नोट बोतल में तब्दील हो गये। ममता नाराज़ होती, इससे पहले ही डीपीटी ने उसे विश्वास दिलाया, ममता जी, बन्दा कल से रिक्शा में विश्वविद्यालय जायेगा, मगर उसके लिए आपको कुछ और पैसों का इन्तज़ाम करना पड़ेगा।

बहरहाल एक ख़ूबसूरत और याद रह जाने वाली शाम भीष्म दम्पती के नाम भी दर्ज़ है। फ़कीरों के डेरे की रौनक देखकर भीष्म दम्पती ने पंजाबी के कुछ टप्पे सुनाये, उसके बाद तो वह शाम लोकजीवन के आँगन, दुआर, ताल-पोखर, खेत-खलिहान, ड्योढ़ी, चौपाल में डूबती-उतराती चली गयी। डीपीटी ने ग़रीबी और अभाव के, विवशता और असमर्थता के, पीड़ा और कसक के ऐसे कारुणिक बिम्ब प्रस्तुत किये कि ख़ुद उसकी आँखें नम हो गयीं :

हेरउं कासी हेरउं बनारस
हेरउं देस सस आरि
तोहईं जोग बेटी सुघर बर नाहीं
अब बेटी रहउ कुँआरि।

डीपीटी ने ढेर सारे लोकगीत सुना डाले और करुणा, अभाव, विरह, शोषण, शृंगार और राग-विराग की अनेक लोक-छवियाँ पेश कर दीं। अमरकान्त जी मदिरापान नहीं करते, मगर नशा सबसे पहले और सबसे अधिक उन्हें ही चढ़ता था। उन्होंने भी एक लोकगीत प्रस्तुत किया, जो आज तक दिमाग़ में दस्तक दिया करता है :

सबका देहलन शिवजी
अन्न, धन-सोनवा
हो हमरा के लरिका भतार
शिवजी लरिका भतार...
लरिका भतार ले के सुतली ओसरवा
जरि गइले एड़ी से कपार...

डीपीटी के अनुरोध पर अमरकान्त ने वह ग़ज़ल भी सुनायी, जो वह आगरा में प्रगतिशील लेखक संघ की गोष्ठियों में सुनाया करते थे, जिसका उल्लेख राजेन्द्र

यादव ने अमरकान्त पर लिखे अपने संस्मरण में किया है :

मुझसे न पूछ मेरा हाल
सुन मेरा हाल कुछ नहीं
मेरे लिए जहान में
माज़ी और हाल कुछ नहीं।

उन दिनों पाकिस्तान की लोकगायिका रेशमा की बहुत धूम थी। अख़बारों में रेशमा की खोज को लेकर तरह-तरह के क़िस्से शाया हो रहे थे। संगीत प्रेमियों के बीच रेशमा की आवाज़ सुनने की होड़ मची थी। इलाहाबाद के विख्यात कथाकार बलवन्त सिंह ने सबसे पहले रेशमा का कैसेट हासिल किया था। उन्होंने श्रीमती शीला सन्धू की मार्फ़त रूस से वह पाकिस्तानी कैसेट मँगवाया था। बलवन्त सिंह वह कैसेट किसी को देते नहीं थे, मगर एक दिन मुझ पर इतने मेहरबान हो गये कि मुझे रिकार्ड करने की इजाज़त दे दी। उस शाम हम लोगों ने रेशमा का पूरा कैसेट सुन डाला। देर रात तक सुरा और संगीत की कॉकटेल बहती रही। टेप डेक में रेशमा के साथ-साथ भीष्म दम्पती, अमरकान्त और डीपीटी के लोक गीत भी रिकार्ड हो गये। रेशमा की तरह वह कैसेट भी माँगे पर जाने लगा और लेखकों के बीच इतना लोकप्रिय हो गया कि दोस्तों के बीच घूमते-घूमते एक असाधारण पुस्तक की तरह या यों कहना चाहिए कि एक दिलफ़रेब माशूक़ा की तरह लापता हो गया, जिसकी आज भी तलाश है। जाने किस ख़ुशनसीब के पास वह खज़ाना गड़ा है, रह-रहकर उसकी हुड़क उठा करती है।

अगले रोज़ भीष्म जी को एक समारोह में अध्यक्षता करनी थी। आयोजक लोग सुबह-सुबह ही उन्हें लिवा ले गये। मुझे और डीपीटी को यह भी ख़बर नहीं थी कि ममता कब कॉलिज गयी और बच्चे स्कूल। हम लोगों ने देर रात तक रेशमा का 'दमादम मस्त कलन्दर' सुना था और कलन्दर की तरह ही मस्ती में झूमते रहे थे। दोपहर को बच्चों ने स्कूल से लौटकर हमें जगाया, मशीनों की गड़गड़ाहट सुनकर मुझे इत्मीनान हुआ कि प्रेस चल रहा है। प्रेस में उन दिनों पाठ्य-पुस्तकों के मुद्रण का काम चल रहा था और एक-एक पुस्तक का प्रिंट आर्डर एकाध लाख से कम न होता था। जब तक बिजली रहती थी, मशीनें चलती थीं। वर्षों के जद्दोजहद के बाद प्रेस की गाड़ी पटरी पर आ गयी थी। मेरी भूमिका केवल कर्मचारियों के वेतन और क़िश्तों की व्यवस्था करने तक सीमित थी। भीष्म जी समारोह से लौट भी आये, हम दोनों कलन्दर उसी हालत में पड़े थे, जिस हालत में वे छोड़ गये थे। उन्हें यक़ीनन जीने का यह ढब अजीब लगा होगा।

मेरे माता-पिता कभी भूले-भटके पंजाब से आ जाते तो उन्हें भी मेरी जीवन

शैली देखकर बहुत तक़लीफ़ होती, जबकि उनकी उपस्थिति में मैंने न कभी सिगरेट फूँका था और न कभी मदिरा पी थी। उनके आने की सूचना मिलते ही सबसे पहले मैं घर से ख़ाली बोतलें हटाता। प्रेस का कोई कर्मचारी बोरे में भरकर बोतलें ले जाता तो मुझे बहुत शर्म आती कि श्रमिक सोचते होंगे कि उनके परिश्रम के बल पर मैं गुलछर्रे उड़ा रहा हूँ। इस उम्र में मेरे माता-पिता मुझे डाँट भी न सकते थे, जबकि मेरे माता-पिता के आते ही ममता, बच्चों और माता-पिता का मेरे ख़िलाफ़ संयुक्त मोर्चा खुल जाता। दुनिया-जहान का अनुशासन मुझ पर लागू हो जाता। सुई की नोक पर सोना, उठना, नहाना और खाना पड़ता। इससे बच्चों का बहुत मनोरंजन होता। शराबी को इससे बड़ी सज़ा नहीं दी जा सकती कि उसे सूरज डूबते ही खाना खिला दिया जाये। मुझे खाने के बाद पीने का अभ्यास ही न था। गुनाह बेल्लज़त हो जाता।

मेरे पिता उस ज़माने के अध्यापक थे जब यह सोचा जाता था कि केवल सख़्ती से, ख़ास तौर पर पिटाई से बच्चों को सुधारा जा सकता है। लिहाज़ा बचपन में मेरी जमकर धुनाई होती थी और शायद ही कोई ऐसा दिन निकलता होगा कि मुझे टाँगों के भीतर से कान पकड़कर दीवार की तरफ़ मुँह कर मुर्गा न बनना पड़ा हो। अब इस उम्र में मेरे माता-पिता मुझे पीट तो न सकते थे, वह अपने मौन से बहुत कुछ स्पष्ट कर देते। मेरे साथ बचपन में भी उनका यह प्रयोग असफल रहा था। घर में मेरे साथ जितनी सख़्ती की जाती, मुझ पर जितना अनुशासन लागू किया जाता, मैं उसी अनुपात में अधिक ज़िद्दी, ढीठ और गुस्ताख़ होता चला गया था। अवज्ञा का प्रथम पाठ मैंने उन्हीं दिनों सीखा था। पिता ने तो आजिज़ आकर मुझे मेरे हाल पर छोड़ दिया था, मगर मेरी माँ ने डाँट-फटकार का क्रम अन्त तक जारी रखा। पिता जीवन भर डीएवी शिक्षण संस्थाओं से जुड़े रहे। जब तक उनका बस चला, उन्होंने घर में शुद्धतावादी आर्यसमाजी अनुशासन क़ायम रखने की भरपूर कोशिश की, मगर मुझे उस माहौल में वैसी ही घुटन महसूस होती जो हवन की गीली लकड़ी के ठीक से आग न पकड़ने पर उसके धुएँ से होती है। इस उलझन से बचने के लिए मैं बहुत कम पिता के सामने पड़ता था। वह नीचे आते तो मैं ऊपर चला जाता, वह ऊपर बैठते तो मैं नीचे। सिगरेट की लत ने भी मुझे परिवार से दूर कर दिया था।

एक दिन डीपीटी अपनी नादानी से मेरे पिता के हत्थे चढ़ गया, जबकि मैंने उसे आगाह कर रखा था कि जब तक माता-पिता शहर में हैं वह ज़रा बचकर रहे। वह मेरी बात नहीं माना। रात को मैं तो खा-पीकर ऊपर जाकर सो गया था, देवीप्रसाद को ऐसी 'कूकी' चढ़ी कि वह दोपहर तक सोता रह गया। दोपहर को किसी काम से फ़ोरमैन कमरे में गया तो उसने लौटकर पिता को बताया कि कमरे में कोई सो

रहा है। दिन के बारह बजे का समय होगा। मेरे पिता सशंकित हो गये कि मेरे किसी और दोस्त ने तो आत्महत्या नहीं कर ली! उन्होंने ऊपर जाकर देवीप्रसाद की नाक पर हाथ रखकर महसूस किया कि साँस चल रही है या नहीं। इससे पूर्व जालन्धर और दिल्ली में मेरे क़रीब आधा दर्ज़न दोस्त इस प्रकार की नादानियों का शिकार हो चुके थे। कोई मजाज़ की तरह सर्दी में अकड़ गया था और किसी ने नींद की इतनी गोलियाँ खा लीं कि उसकी शाम की सुबह नहीं हुई। पिता ग़ुस्से में तमतमाये हुए नीचे आ गये और फोरमैन से कहा कि देवीप्रसाद को उठाकर नीचे लाओ। फोरमैन ने देवीप्रसाद को जगाया तो उसने चाय की फ़रमाइश की। चाय पीकर डीपीटी दाढ़ी पर हाथ फेरते हुए मुँह धोने के लिए नीचे उतरे। तौलिये की जगह तकिये का गिलाफ़ उनके हाथ में था। पिता ने डीपीटी को आसन ग्रहण करने को कहा और उसकी क्लास ले ली, "सुनो बरख़ुरदार, मैंने सुना है, तुम विश्वविद्यालय में पढ़ाते हो।"

"जी," डीपीटी ने आँखें मलते हुए जवाब दिया, "बन्दा यूनिवर्सिटी में मुदर्रिस है।"

"आज छुट्टी है क्या?"

"जी नहीं, छुट्टी तो नहीं है। रात देर से सोया, सुबह नींद नहीं खुली।"

"आपने छुट्टी ले रखी है?"

"जी नहीं, छुट्टी तो नहीं ली, मगर विश्वविद्यालय में चलता है।"

"क्या चलता है?"

"छात्र मुझे बहुत चाहते हैं, वे इसके आदी हो चुके हैं।"

"आप बहुत ग़ैर ज़िम्मेदार उस्ताद हैं। आप अपने छात्रों के जीवन के साथ खिलवाड़ कर रहे हैं।"

डीपीटी हक्का-बक्का उनकी तरफ़ देखने लगा। पिता ने अपना उपदेश जारी रखा। "जब उस्ताद इतना क़ाबिल होगा तो छात्र कैसे निकलेंगे? कभी सोचा आपने, आप अपने समाज के साथ कितना बड़ा विश्वासघात कर रहे हैं?"

डीपीटी सुबह-सुबह इस मुठभेड़ के लिए तैयार न था। फ़ोरमैन ऊपर आकर मुझे तफ़सील से बता गया कि बाबूजी त्रिपाठीजी पर बिगड़ रहे हैं। मैं समझ रहा था, मेरी नालायकियों की सज़ा भी डीपीटी को मिल रही होगी। मैंने नीचे उतरना मुनासिब न समझा। चुपचाप नहाने चला गया। जब तक डीपीटी मुँह-हाथ धोकर तैयार होते, पिताजी ने यूनिवर्सिटी के लिए रिक्शा मँगवा दिया था। देवीप्रसाद चुपचाप रिक्शा में बैठकर रवाना हो गया। शाम को फ़ोन पर उसने मुझे सुबह के हादसे के बारे में बताया और कहा कि जब तक आपके पिता शहर में हैं, रानीमंडी आने की हिम्मत न पड़ेगी। और सचमुच डीपीटी तब तक हमारे यहाँ नहीं आया, जब तक उसे इसकी

प्रामाणिक जानकारी न मिल गयी कि मेरे माता-पिता पंजाब लौट चुके हैं।

डीपीटी का बृहस्पति बहुत बलवान है और वह उसकी कुंडली में ज़रूर केन्द्र में पड़ा होगा। उसके जीवन में कोई और अभाव रहा हो तो रहा हो, मदिरा का कभी अभाव नहीं रहा। महीने के पहले सप्ताह तो वह किसी का मुखापेक्षी ही न रहता था, उसके साथ उसका मोबाइल बार चलता था। इस मामले में उसे मुक़द्दर का सिकन्दर कहा जा सकता था, मगर वह इतनी तेज़ी से अपने खज़ाने ख़ाली कर देता कि बाक़ी तीन सप्ताह मुक़द्दर के पोरस की तरह बिताता। उसका अच्छा-ख़ासा वेतन एक हफ़्ते में खलास हो जाता। वह शौक़ से पीता और फ़राख़दिली से पिलाता। जेब इजाज़त दे या न दे। वह हर शाम ग़ालिब की पंक्तियाँ चरितार्थ कर दिखाता कि 'हर शब पिया ही करते हैं मय जिस क़दर मिले।' कई बार तो लगता था मदिरा उसकी चेरी है, गर्लफ्रेंड है, कॉल गर्ल है, जो उसके एक ही फ़ोन पर कच्चे धागे से बँधी चली आती है, आने में असमर्थ हो तो उसे बुलवा भेजती है। वह अपनी बातों की दौलत से उसकी झोली भर देता। बातों का सौदागर है वह। अकसर नशे के आलम में वह बुदबुदाया करता है :

कभी तेरा दर कभी दरबदर
कभी अर्श पर कभी फर्श पर

मैंने उसे अर्श पर भी देखा है और फर्श पर भी। रानीमंडी उसका फर्श था तो दिल्ली अर्श। उसके साथ मैंने जी भर कर अर्श की सैर भी की है। दिल्ली का शायद ही ऐसा कोई पाँच सितारा होटल होगा जहाँ डीपीटी की बदौलत इस ख़ाकसार के क़दम न पड़े हों। अर्श के तमाम बैरों से भी उसकी पहचान हो चुकी थी। वे उसे सूरत से नहीं, सीरत से भी पहचानते थे। उसके बैठते ही सागरो मीना ख़ुद-ब-ख़ुद चले आते। खाने-पीने का बिल अदा करने का भी उसका अपना अन्दाज़ था। नोट गिनने में उसे आलस आता था, वह पूरी गड्डी की बलि दे देता, प्रसाद के रूप में अगर कुछ रकम लौटती तो वह बेन्याज़ी से उसे जेब के हवाले कर देता। उसके अर्श में ट्रेन चलती थी न बस, सिर्फ़ विमान चलते थे। इलाहाबाद हवाई नक़्शे से ग़ायब हो गया तो वह लखनऊ से लौट जाता। नीतीश कुमार रेल मन्त्री हुए तो उन्होंने उसे अर्श से उतारने की कोशिश की। मुझे इसका एहसास तब हुआ जब पिछली मुलाक़ात में एक कार्ड उसकी जेब से फिसलकर नीचे गिर गया। यह वातानुकूलित श्रेणी का एक रेल पास था, जो रेलमन्त्री ने 'गुरुजी' को दिया था। यह कोई अनहोनी घटना नहीं है, प्रत्येक पार्टी में उसके नीतीश कुमार हैं। आपात्काल में वह मधु लिमए, चन्द्रशेखर, जार्ज फर्नांडीज़ के साथ बन्दी बना लिया गया था। चन्द्रशेखर की भारत यात्रा में वह भी सहयात्री था। राजीव गाँधी की ज्योति बसु से मुलाक़ात उसी के घर

पर तय हुई थी। उसके ड्राइंगरूम में झरने फूटते थे। बेनज़ीर भुट्टो की शादी में वह शामिल था, मालूम नहीं बाराती की हैसियत से या बतौर घराती। सुबह वह लखनऊ में रमेश भंडारी के साथ नाश्ता कर सकता है, भोपाल में दिग्गी राजा के साथ लंच और पटना में लालू प्रसाद यादव के साथ डिनर। वह शीला दीक्षित को डॉ. रामविलास शर्मा के यहाँ ले जा सकता है और अशोक वाजपेयी की अध्यक्षता में फ़हमीदा रियाज़ का काव्यपाठ करा सकता है। उसके शब्दकोश में सबकुछ सम्भव है। ताज्जुब न होगा, किसी दिन ख़बर मिले डीपीटी संसद में पहुँच गया है, निमाड़ में विश्राम कर रहा है या तिहाड़ में। वह कभी अर्श पर है कभी फर्श पर। कई बार तो लगता है डीपीटी हमारा चन्द्रास्वामी है, हमारा सुब्रह्मण्यम स्वामी है। वह विचारधारा से ऊपर उठ चुका है, विचारधारा की संकीर्ण दीवारें उसने तहस-नहस कर डाली हैं और अकबर इलाहाबादी के इस चलते-फिरते शे'र में तब्दील हो चुका है :

मेरा ईमान क्या पूछती हो मुन्नी
शिया के साथ शिया सुन्नी के साथ सुन्नी

ऐसा जादूगर शाम को तश्नःलब नहीं रह सकता, यह दूसरी बात है कि 'कब तश्नःलब की प्यास बुझी है शराब से।' फ़ैज़ अहमद 'फ़ैज़' इलाहाबाद आये और आकर लौट गये, मगर डीपीटी की तश्नगी ख़त्म न हुई। उसकी तश्नगी का आलम फ़ैज़ के शब्दों में यों बयान किया जा सकता है :

न गुल खिले हैं,
न उनसे मिले,
न मय पी है,
अजीब रंग में अब के बहार गुज़री है

यह अकारण नहीं है कि अगले रोज़ जब महादेवी जी की अध्यक्षता में फ़ैज़ का नागरिक अभिनन्दन और विदाई समारोह हो रहा था तो डीपीटी ने मंच से शुभा मुद्गल को फ़ैज़ की यही ग़ज़ल पेश करने की दावत दी थी। उन दिनों शुभा मुद्गल शुभा गुप्ता थीं और इलाहाबाद विश्वविद्यालय की छात्रा थीं—अत्यन्त दुबली-पतली और छरहरे बदन की छुईमुई-सी युवती। तब तक इलाहाबाद इस प्रतिभा से नितान्त अपरिचित था। शुभा मुद्गल ने जब अपने सधे कंठ से फ़ैज़ की ग़ज़ल पेश की तो हाल में सन्नाटा खिंच गया। उनकी अदायगी में शास्त्रीय संगीत का पुट और ग़ज़ब का कसाव था। फ़ैज़ ख़ुद दाद देने लगे। उनकी गायी हुई एक ग़ज़ल आज भी स्मृतियों में कौंध रही है :

गुलों में रंग भरे बादा-ए-नौ बहार चले
चले भी आओ कि गुलशन का कारोबार चले।

बहुत कम लोग जानते होंगे, शुभा मुद्गल हिन्दी के प्रख्यात प्रगतिशील समीक्षक प्रकाशचन्द्र गुप्त की पौत्री हैं। इस बात का उल्लेख करना भी ग़ैरज़रूरी न होगा कि शुभा के पिता स्कन्दगुप्त फ़ैज़ के ज़बरदस्त फैन थे और पिता की तरह इलाहाबाद विश्वविद्यालय के अँग्रेज़ी विभाग से सम्बद्ध थे। उन्होंने फ़ैज़ के कार्यक्रमों पर मूवी कैमरे से फ़िल्म बनाई थी। और फ़ैज़ की हर गुफ़्तगू और तक़रीर का टेप तैयार किया था। वह भारत के मान्यता प्राप्त क्रिकेट कमेंटिटर भी थे। आज वे हमारे बीच नहीं हैं। वह फ़िल्म और वह दुर्लभ टेप कहाँ है, नहीं कहा जा सकता।

आज टी.वी. के प्रत्येक चैनल पर शुभा मुद्गल की धूम है। 'आली मेरे अँगना' के बाद उन्होंने पीछे मुड़कर नहीं देखा। आज इंटरनेट पर शुभा मुद्गल का अपना वेबसाइट है और वह शास्त्रीय संगीत से पॉप संगीत की ओर मुड़ गयी हैं। 'अब के सावन' तमाम चैनलों पर उनके पॉप संगीत ने कहर ढा रखा है :

अब के सावन ऐसे बरसे
भीगे तन-मन
जिया न तरसे।

पन्द्रह

वास्तव में बाहर से हमारे गोत्र का कोई रचनाकार इलाहाबाद आता तो यकायक माहौल बदल जाता। छोटा-मोटा साहित्यिक समारोह हो जाता। देश के अनेक नामी-गिरामी रचनाकारों ने इन महफ़िलों की शोभा बढ़ायी है। कुछ शामें तो दिमाग़ में गहरे नक़्श छोड़ गयी हैं। पंजाबी के कथाकार हरनामदास सहराई शहर में नमूदार होते थे तो शाम का हुलिया बिगड़ जाता। वह 'बहूशों' (वहशियों) की तरह पीते थे। पंजाबी साहित्य में उनका क्या स्थान था, इसे हम लोगों में से सही-सही कोई नहीं जानता था, इतना ज़रूर मालूम था कि उनके दर्ज़नों उपन्यास छप चुके थे। कुछ उपन्यासों का हिन्दी व अन्य भारतीय भाषाओं में भी अनुवाद हो चुका था। एक ऐतिहासिक उपन्यास 'सभराओं' का तो मैंने ही गाढ़े दिनों में अनुवाद किया था। सहराई से मेरा परिचय पंजाब में उतना नहीं था, जितना मुम्बई और इलाहाबाद में हुआ। पंजाब में तो मात्र दुआ-सलाम का रिश्ता था। उस समय हमारी साहित्य में कोई भी स्थिति नहीं थी, मगर हम लोग उन दिनों भी सहराई को सेटते नहीं थे। वह ठर्रा चढ़ाकर कभी-कभी कॉफी हाउस में नमूदार होते थे और गाली-गलौज करने के बाद लौट जाते। उम्र में वह हम लोगों से दसेक वर्ष बड़े होंगे। सहराई के साथ मेरी पीने की कई स्मृतियाँ जुड़ी हुई हैं।

पीते-पीते अचानक सो जाने वाले बहुत कम लोग होंगे। उनमें से एक तो उमेशनारायण शर्मा ही हैं। महफ़िल के दौरान वह आराम से बाक़ायदा एक छोटी-सी नींद ले सकते हैं। वह रात को कितनी भी देर से सोएँ सुबह साढ़े चार-पाँच तक उनकी आँख ज़रूर खुल जाती है और वह अपने कुत्तों को दौड़ाते हुए सैर पर निकल जाते हैं। उनके घर पर पार्टी हो तो उनकी कोशिश रहती है कि दस बजे तक खाना लग जाये। वह समय शराबियों के लिए बड़ा नाज़ुक समय होता है, चरमोत्कर्ष जैसा। असमय ही खाना सिर पर तलवार की तरह लटकने लगता है। मजबूरी में तमाम शराबी हाथ में जाम लिये या एक घूँट में खेल ख़त्म कर डाइनिंग टेबिल की ओर सरकने को मजबूर हो जाते हैं। जो उठने में आनाकानी करते हैं, उनके लिए खाना ख़ुद ही

प्लेट में सजकर चला आता है। जिन लोगों को खाना रास नहीं आता था, खाने की रस्म अदायगी के बाद घर लौट कर दुबारा मद्यपान में जुट जाते। साथ देने वाला कोई-न-कोई ज़रूर मिल ही जाता। यह जोख़िम कोई पत्रकार या लेखक ही उठा सकता था।

कुछ लोग ऐसे भी मिले, जो पीकर बीच में सो जाते थे। पुस्तक का यह अध्याय उन्हीं मित्रों को समर्पित है। यहीं मस्त-मस्त नींद का एक दिलचस्प प्रसंग याद आ रहा है। मैं नया-नया मुम्बई गया था। दिल्ली-मुम्बई में गाहे-ब-गाहे विदेशी दूतावास पत्रकारों को आमन्त्रित करते रहते हैं। वे कोई-न-कोई बहाना तलाश ही लेते हैं। कभी किसी साहित्यिक सांस्कृतिक समारोह का आयोजन तो कभी किसी फ़िल्म की स्क्रीनिंग का अवसर तो कभी यों ही चिटचैट यानी गपशप। 'धर्मयुग' में सब सूफ़ी और आज्ञाकारी उपसम्पादक एवं पति थे। पाँच बजे के बाद तमाम लोग छोटे बच्चों की तरह छुट्टी होते ही घर की ओर भागते थे। दूतावास से आये दिन निमन्त्रण पत्र अस्वीकृत और लावारिस रचनाओं या देश भर से आयी समीक्षार्थ पुस्तकों की तरह दर-दर की ठोकरें खाते रहते थे। दूसरे विभागों में इन निमन्त्रण-पत्रों की बहुत माँग रहती थी। दूसरी पत्रिकाओं के सम्पादकीय कर्मी कुछ इस प्रकार 'धर्मयुग' की रद्दी टटोलते जैसे सुनारों के कार्यस्थलों के बाहर बहने वाली नालियों में लोग सुबह-सुबह तसले में स्वर्णकणों की तलाश में कीचड़ छाना करते हैं। पत्रकार दिन भर इसी प्रकार के निमन्त्रणों की टोह में रहते थे। इस मामले में सिने-पत्रिकाओं के पत्रकारों की चाँदी रहती थी। उनकी शामें प्राय: किसी पाँच सितारा होटल में गुज़रती थीं। फ़िल्मी सितारों के जनसम्पर्क अधिकारी सानुरोध इन लोगों को आमन्त्रित करते। अन्धे के हाथ जैसे बटेर लगता है, एक दिन ऐसे ही मेरे हाथ चैक दूतावास का निमन्त्रण लग गया। दूतावास की ओर से अन्तर्राष्ट्रीय ख्यातिप्राप्त किसी चैक फ़िल्म के प्रदर्शन का निमन्त्रण था। साथ में कॉकटेल की व्यवस्था थी। मैंने फ़ोन कर के ममता को भी बुलवा लिया और दफ़्तर के बाद पैडर रोड पर हम दोनों फ़िल्म देखने पहुँच गये। बहुत चुनिन्दा लोग आमन्त्रित थे। उस समूह में हिन्दी का मैं अकेला पत्रकार था।

उस दिन पंजाबी के उपन्यासकार हरनामदास सहराई भी मुम्बई आये हुए थे। जालन्धर में उनका नल की टोंटियाँ वग़ैरह बनाने का कारख़ाना था। वह देश भर में घूम-घूम कर टोंटियों का ऑर्डर लिया करते थे और कारख़ाने का कारोबार परिवार के अन्य लोग देखते थे। वह जब भी मिलते अपनी नयी किताब ज़रूर भेंट करते। उनके अधिसंख्य उपन्यास सिख इतिहास पर केन्द्रित थे। वे जिस भी शहर में होते, शाम को अपने काम से फ़ुर्सत पाकर स्थानीय लेखकों से सम्पर्क करते। ह्विस्की की बोतल हमेशा उनके ब्रीफ़केस में रहती। वह ढीला-ढीला कुर्ता- पायजामा पहनते थे और पंजाबी तलफ़्फ़ुज़ में पंजाबी साहित्य में अपने मूल्यवान योगदान पर धाराप्रवाह

बोला करते थे। उनके बोलने की टोंटी खुल जाती तो आसानी से बन्द न होती। उन्हें कहीं से ख़बर लग गयी थी कि उनका एक हमवतनी 'धर्मयुग' में पहुँच गया है। वह अगली बार मुम्बई आये तो मुझसे मिलने दफ़्तर चले आये। मिलते ही वह बगलग़ीर हुए और चाय की फ़रमाइश की। उन्होंने बताया कि मेरे मुम्बई आने की ख़ुशी में उन्होंने एरिस्टोक्रेट की बोतल ख़रीद ली है, जिसका सेवन शाम को दफ़्तर के बाद किया जायेगा। फिलहाल उनका इरादा धर्मवीर भारती से मिलने का था।

"भारती को पता चला कि मैं बग़ैर मिले लौट गया तो नाराज़ होगा।" सहराई ने अपनी समस्या बतायी।

"क्या आप धर्मवीर भारती से परिचित हैं?" मैंने पूछा।

"बल्ली, कैसी बच्चों जैसी बात करते हो! वह 'धर्मयुग' का सम्पादक है। यह हो ही नहीं सकता कि वह मेरे नाम से परिचित न हो।"

"तुम नहीं जानते सहराई, वह बहुत घमंडी क़िस्म का शख़्स है।" मैंने धीरे से उसके कान में कहा। मैं चाहता था वह भारती जी से भेंट करने का इरादा फौरन तर्क कर दे। मैं आश्वस्त नहीं था कि भारती उससे मिलेंगे भी या नहीं। देश के कोने-कोने से आये अनेक लेखक अपने नाम की चिट भिजवाकर घंटों चातक की तरह प्रतीक्षा किया करते थे। भारती जी का मन होता या फ़ुर्सत में होते तो बुलाते वर्ना चुप्पी साध लेते, अगर शिष्टाचार का तकाज़ा होता तो कहलवा देते आज व्यस्त हैं, मिलना सम्भव न होगा। कब सम्भव होगा, यह कोई नहीं जानता था। ऐसे यश:प्रार्थी लेखक नन्दन, सरल अथवा स्टाफ़ के किसी अन्य सदस्य के साथ थोड़ा समय बिता कर लौट जाते। सहराई का भी यही हश्र होता, मैं उसको इस ज़िल्लत से बचाना चाहता था और टालमटोल करता रहा। मेरा रुख़ देखकर उसने हिन्दी वालों को एक भारी भरकम गाली दी और धड़धड़ाते हुए खुशवन्त सिंह के कैबिन में घुस गया, जो नये-नये इलस्ट्रेटेड वीकली के सम्पादक होकर आये थे।

ठीक पाँच बजे वह खुशवन्त सिंह के कन्धे पर हाथ रखे हुए उनके कमरे से निकला। दोनों किसी बात पर ठहाका लगा रहे थे, लग रहा था वे जैसे युगों-युगों से एक-दूसरे के दोस्त हों। खुशवन्त सिंह से विदा लेकर वह मेरे पास चला आया। खुशवन्त सिंह से मिलकर मेरे सहकर्मियों की नज़र में उसका क़द बढ़ गया था। खुशवन्त सिंह से बेतक़ल्लुफ़ी से बतिया कर उसने अनायास ही विश्वसनीयता अर्जित कर ली थी। मैंने नन्दन जी, मनमोहन सरल, गणेश मन्त्री आदि अपने सहकर्मियों से उसका परिचय करवाया। सहराई ने सब लोगों को शराब का निमन्त्रण दिया, जिसे किसी ने क़ुबूल नहीं किया। मैंने अत्यन्त कठोर परिश्रम करके लोगों को चाय पीने का चस्का लगाया था, वह अभी तक इसी अपराधबोध से न उबरे थे। सहराई हिन्दी

पत्रकारों के इस शाकाहारी रवैये से बहुत क्षुब्ध हो गया, यह तो ग़नीमत थी कि उसने तैश में आकर माँ-बहन एक न कर दी। उसने कहा कि अब उसकी समझ में आ रहा है कि हिन्दी में अब तक कोई बड़ा लेखक क्यों नहीं पैदा हुआ! उसने ब्रीफ़केस से दारू की बोतल निकालकर मेरी मेज़ पर रख दी और खुली चुनौती दे डाली है कोई माई का लाल, जो उसका साथ दे सके। सहराई की बातचीत से सबका मनोरंजन हो रहा था। उन्होंने सपने में भी ऐसा धाकड़ लेखक न देखा था। मनमोहन सरल कभी-कभार चख लिया करते थे, मगर एक अनजान उपन्यासकार की चुनौती स्वीकार करने में उन्हें संकोच हो रहा था। मनमोहन सरल ने उनसे वादा किया कि आज तो पाँच बज चुके हैं, वह अगले रोज़ उन्हें भारती जी से अवश्य मिला देंगे। सहराई ने हामी भरी और अगले रोज़ चार बजे आने का वादा करके लौट गया। अगले दिन ठीक चार बजे वह मुझे नहीं, मनमोहन सरल को ढूँढ़ रहा था। मुझसे वह एकदम निराश हो चुका था।

''कहाँ है सर्ल का पुत्तर?'' उसने विभाग में क़दम रखते ही दरियाफ़्त किया, ''भूतनी का भारती से मिलवाने का वादा करके कहाँ जा छिपा?''

मनमोहन सरल भारती के कमरे में ही थे। उन्होंने लौट कर अपनी सीट पर सहराई को पसरे देखा तो उनका माथा ठनका। सहराई आज आक्रामक मूड में था। उसके तेवर देखकर मनमोहन सरल भी टालमटोल करने लगे।

''तुम साले सब नपुंसक हो।'' सहराई ने पूछा, ''कहाँ बैठता है वह धर्मवीर का पुत्तर? प्रीत लड़ी के सम्पादक नवतेज सिंह का नाम सुना है तुम लोगों ने? वह जालन्धर आता है और घर आकर मुझसे मिलता है।''

हरनाम दास सहराई अचानक उठा, जैसे उसका धैर्य जवाब दे गया हो। वह देखते ही देखते भारती जी के कैबिन की तरफ़ बढ़ गया। रामजी ने उससे विज़िटिंग कार्ड माँगा तो उसने जेब से टोंटी निकालकर दिखा दी और उसके रोकते-रोकते भारती जी के कैबिन में घुस गया। मेरा चिन्तित होना स्वाभाविक था। चूँकि वह मेरा मित्र था और यों बग़ैर किसी पूर्व सूचना के भारती जी के कैबिन में घुस गया था, मैं भी उसके पीछे लपककर कैबिन में पहुँचा। सहराई ने तब तक भारती जी को खड़ा होने को मजबूर कर दिया था और मैं पहुँचा तो वह उनसे गले मिल रहा था। भारती जी का चेहरा मेरी तरफ़ था। उनकी खिसियाहट से साफ़ झलक रहा था कि वह मजबूरी में ही बगलग़ीर हो रहे हैं।

''वाह भारती, तूने 'गुनाहों का देवता' लिख के कलम तोड़ दी। मैंने सोचा था, तू हिन्दी को और उपनियास देगा, तेरी तो एक ही उपनियास से टैं बोल गयी। ज़रा फिर से मैदान में उतरो तो मुक़ाबला हो। यह भूतनीदा रविन्दर मुझे तुमसे मिलाने में हिचकिचा रहा था, मैंनूँ बिचौलिए दी की लोड़, मैं ख़ुद ही चला आया। चाय-

वाय पिलवाओगे या यों ही बिज्जू की माफ़िक देखते रहोगे?''

भारती हतप्रभ थे। ऐसा अजूबा लेखक आज तक उनसे न मिला था। मैं भारती जी की उलझन समझ रहा था। मैंने सहराई से कहा कि भारती जी इस समय व्यस्त हैं, आओ बाहर जाकर चाय पीते हैं। मगर सहराई ने भारती जी के सामने ही बाहर चलने का प्रस्ताव रख दिया, ''आज शाम का क्या परोगराम है। दारू-शारू पीते हो या अभी दूध पर ही चल रहे हो? आज शाम को हो जाये कुछ जश्न, मैं गुलाबदास बरोकर को भी बुलवा लूँगा। भागता हुआ चला आयेगा मेरा नाम सुनकर।''

सहराई मराठी, गुजराती, उर्दू, तमिल, तेलुगु, कन्नड़; गर्ज़ यह कि देशभर की भाषाओं के प्रमुख उपन्यासकारों का नाम कुछ इस अन्दाज़ से ले रहा था जैसे सब उसके हमप्याला और हमनिवाला दोस्त हों। उसके सामान्य ज्ञान से मैं भी प्रभावित हो रहा था। मुझे लगा, उसकी टोंटियों का कारोबार पूरे देश में फैल चुका है। वह एस.के. पोट्टेकाटु और विमल मित्र के नाम ऐसे ले रहा था जैसे बचपन में उनके साथ पतंग उड़ा चुके हों। भारती जी ने इस बीच सिगार सुलगा लिया था और कौतूहल से उसकी तरफ़ देख रहे थे।

''आज का दिन अच्छा था, मुम्बई से बहुत-सी रुकी हुई रकम वसूल हो गयी, ऑर्डर भी ख़ूब मिले। चलो आज की दावत मेरी तरफ़ से ताज में। हमसे दोस्ती करके तो देखो, बाश्शाओ सब कुछ लुटा देयाँगे तुहाड़े उप्पर।''

''आज तो मुमकिन न होगा।'' भारती जी ने खड़े होकर हाथ जोड़ दिये, ''अच्छा नमस्कार।''

''तुम्हारी क़िस्मत।'' सहराई उठा, ''कल किसने देखा है!''

मैं सहराई को किसी तरह पकड़कर भारती जी के कैबिन से बाहर लाया। कैबिन से बाहर निकलते ही भारती जी के कैबिन के दरवाज़े बन्द हो गये। सहराई का मूड बिगड़ गया था, उसने मुँह बिचकाया, ''ऐ ताँ जनाना क़िस्म का आदमी निकलिया। मुझसे नहीं निभ सकती ऐसे लोगों की। बहुत नाम सुनते थे इसका। समरेश बसु की इससे कम हैसियत नहीं, मैं कहूँ तो मेरे साथ सोनागाछी भी चल पड़े और यह भूतनी दा गरूर नाल मरया जा रिया है।'' उसने वहीं बरामदे में थूक दिया। मुझे उसके साथ चलना बहुत नागवार लग रहा था, आख़िर यह दफ़्तर था, कोई हार्डवेयर की दुकान नहीं।

जब तक मैं मुम्बई में रहा, सहराई ने मुझे कई झटके दिये। हम लोग उन दिनों शीतलादेवी रोड पर रहते थे। छुट्टी के एक दिन सहराई अपने दोनों हाथों में बियर की दो बोतलें थामे अचानक नमूदार हुआ। उसके साथ गुजराती के सुप्रसिद्ध कथाकार गुलाबदास ब्रोकर थे। उसने यह जानने की भी ज़हमत न उठायी कि मैं अग्रज रचनाकार

की उपस्थिति में बियर पीने की गुस्ताख़ी करना चाहता हूँ अथवा नहीं। अभिवादन की प्रक्रिया ख़त्म होती, इससे पहले ही वह रसोईघर से जैसे भी गिलास मिले, उठा लाया और चीयर्स बोल दिया। उसने छोटे से कमरे का मुआयना किया और बोला, ''इस दड़बे में रहते हुए तुम्हारा दम नहीं घुटता? चलो, पंजाब लौट चलो। वहाँ न सही 'धर्मयुग' तुम्हारे बाप का खुला हवादार मकान तो है। कितनी तनख़्वाह पाते हो? उससे ज़्यादा तो टोंटियाँ बेचकर पैदा कर लोगे। और कुछ नहीं तो पंजाब में बैठ कर मेरे उपन्यासों का अनुवाद करना। मैं लिखता रहूँगा तुम अनुवाद करते जाना। आज ही वोरा ऐंड कम्पनी ने मेरा उपन्यास हिन्दी में छापने का अनुबन्ध किया है। उसका हिन्दी में अनुवाद करोगे, बोलो क्या लोगे? कल ही तुम्हें अग्रिम मुआवजा दिलवा देता हूँ।''

मैंने सोचा, उसे दारू चढ़ गयी है। वोरा ऐंड कम्पनी मुम्बई का एक प्रतिष्ठित प्रकाशन-प्रतिष्ठान था। वह लोग ज़्यादातर गुजराती पुस्तकों का ही प्रकाशन करते थे। जब से इलाहाबाद में शाखा खोली थी, हिन्दी पुस्तकों का प्रकाशन भी प्रारम्भ कर दिया था। उन्होंने हिन्दी में कई प्रतिष्ठित लेखकों के उपन्यासों का प्रकाशन किया था।

''कल दोपहर को वोरा साहब से मिलवा दूँगा। तुम्हारी नयी-नयी शादी हुई है, कुछ रकम एडवांस दिलवा दूँगा। एक हज़ार चलेगा?''

उन दिनों एक हज़ार एक बड़ी रकम थी। टैक्सी का न्यूनतम भाड़ा मात्र साठ पैसे था। एक कमरे के फ़्लैट का किराया माहिम जैसी जगह में मात्र डेढ़ सौ रुपये था। आज पाँच हज़ार में वैसा फ़्लैट न मिलेगा। मैंने उसकी बात पर विशेष ग़ौर नहीं किया। वह बात-बात पर ब्रोकर जी के कन्धे पर धौल जमा देता, मुझे बहुत अटपटा लगता। वह भारती जी की तरह शान्त थे। सहराई उनके बहू-बेटों और बच्चों का ज़िक्र जिस आत्मीयता और अनौपचारिकता से कर रहा था, उससे लगता था उसका उनसे गहरा आत्मीय रिश्ता है।

अगले रोज़ वह लंच के समय दफ़्तर आया और मुझे लिवाकर वोरा साहब से मिलवा दिया। अनुबन्ध पत्र तैयार रखा था, मैंने हस्ताक्षर किये और अग्रिम पारिश्रमिक तुरन्त मिल गया। मेरे पास सूट लैंग्थ रखी थी, मगर सिलाई के पैसे का जुगाड़ नहीं हो रहा था। मेरी कई तात्कालिक समस्याएँ क्षण भर में दूर हो गयीं।

दूतावास के टैरेस पर अन्तर्राष्ट्रीय ख़्याति प्राप्त फ़िल्म के प्रदर्शन का आयोजन था। पास ही एक लम्बी-सी मेज़ पर बार सजी थी। छोटे-छोटे गिलासों में मोमबत्तियों की तरह स्कॉच के पेग कतार में जगमगा रहे थे। आमन्त्रित अतिथियों ने वहीं खड़े-खड़े एक-एक पेग लिया और दूसरा पेग थामकर कुर्सियों पर बैठकर स्कॉच की चुस्कियों के बीच फ़िल्म का आनन्द लेने लगे। फ़िल्म अत्यन्त भावप्रवण लम्हों से गुज़र रही थी और आसपास सन्नाटा खिंचा था कि लिफ़्ट के पास एक आकृति प्रकट

हुई और उस सन्नाटे में किसी आहत परिन्दे की तरह गश्त करने लगी—"ओ कालिया, कहाँ हो भई।...कालिया भाई, कालिया।"

मेरा माथा ठनका। मुझे समझते एक पल न लगा कि यह सहराई की आवाज़ है। मैंने ममता को आसन्न संकट की जानकारी दी। शान्त सरोवर में जैसे किसी ने कंकड़ फेंक दिया था। दर्शकों में मुम्बई के तमाम सिने-समीक्षक और सिने- जगत के प्रतिष्ठित लोग थे। दूतावास का स्टाफ़ लिफ़्ट की तरफ़ लपका। सहराई इस सबसे बेख़बर प्यासे कौवे की तरह चिल्ला रहा था—ओ कालिए दे पुत्तर कहाँ बैठे हो?

मैं हड़बड़ाकर उठा और पास जाकर देखा सहराई अँधेरे में मुझे ही टटोल रहा था। मैंने उसे चुप रहने को कहा और टैरेस के एक कोने में ले गया। उसने बताया कि वह मनमोहन सरल से जानकारी लेकर बड़ी मुश्किलों से यहाँ तक पहुँचा है। मैं उस क्षण को कोसने लगा, जब मैंने मनमोहन सरल को अपनी शाम का कार्यक्रम बताकर यह मुसीबत मोल ले ली थी। सहराई ने मेज़ पर करीने से लगे स्कॉच के गिलास देखे तो उसकी बाछें खिल गयीं। वह अपनी तमाम परेशानियाँ, शिक़ायतें और टोंटियाँ भूल गया। मुझे वहीं छोड़कर वह किसी स्वचालित खिलौने की तरह मेज़ की तरफ़ बढ़ा। उसने एक-एक घूँट में यके बाद दीगरे कई गिलास उदरस्थ कर लिये। वह एक गिलास ख़त्म करते न करते दूसरा उठा लेता। वह कुछ इस रफ़्तार से पी रहा था जैसे युगों-युगों के प्यासे किसी राहगीर को रेगिस्तान में अचानक पानी का झरना मिल गया हो। जब उसने पाँच-छह गिलास गटक लिये तो मैंने उसकी बाँह थामकर उसे कुर्सी की ओर ले जाना चाहा। उसने मेरा हाथ झटक दिया, "तुम्हें जाना हो जाओ, मुझे डिस्टर्ब मत करो।"

"मुझ पर रहम करो मेरे बाप।" मैंने धीरे से सहराई से कहा, "कोई नया तमाशा न खड़ा कर देना।"

"यहाँ से हट जाओ, वर्ना मुझसे बुरा कोई न होगा।" सहराई ने गिलास उठाया और मुझसे पिंड छुड़ाने की गरज़ से अँधेरे में कहीं अप्रकट हो गया। मैं सशंकित मन से अपनी सीट पर आ बैठा। मेरी निगाहें उसी को अँधेरे में तलाश रही थीं। फ़िल्म देखने का सारा आनन्द काफ़ूर हो गया। मुझे लग रहा था, यहाँ से ग़ायब हो जाने में ही भलाई है, मगर ममता पूरी संलग्नता के साथ फ़िल्म देख रही थी। मुझे इसकी भी आशंका थी कि कहीं ममता ही न भड़क जाये कि मेरे कैसे-कैसे फूहड़ दोस्त हैं। मैं मन-ही-मन 'जल तू जलाल तू आयी बला को टाल तू' का अनवरत स्मरण करता रहा।

फ़िल्म डेढ़ घंटे में समाप्त हो गयी। लाइट्स ऑन हो गयीं। सब लोग फ़िल्म पर बातचीत करते हुए मेज़ की तरफ़ बढ़े। मैंने चारों ओर नज़र दौड़ायी, सहराई दूर-

दूर तक दिखायी न दे रहा था। जाने दर्ज़नों गिलास ख़ाली करके कहाँ ग़ायब हो गया था। अचानक एक तरफ़ लोगों की भीड़ दिखायी दी। हम लोग भी उधर बढ़े। छत के एक कोने में सहराई लेटा हुआ था, नंगे फर्श पर, खुली छत पर। वह गहरी नींद में था। वह दीन-दुनिया से बेख़बर एक लय में खर्राटे भर रहा था। किसी ने आगे बढ़कर उसकी नब्ज़ टटोली, ''ही इज़ डैड ड्रंक।'' मेहमान विदा होने लगे। दूतावास के वरिष्ठ अधिकारी भी विदा हो गये। अब मैं था, ममता थी और दूतावास के कुछ कनिष्ठ अधिकारी। चाँदनी रात थी, आसमान में चाँद दौड़ रहा था और दर्ज़न भर उपन्यासों का रचनाकार पैडर रोड की एक इमारत की चौदहवीं मंजिल की छत पर फ़कीरों की तरह बेफ़िक्र और निश्चिन्त सो रहा था।

मैं इलाहाबाद चला आया तो सहराई ने मुझे इलाहाबाद में भी खोज निकाला। इलाहाबाद में उसके और भी दोस्त थे। उसके दो-एक उपन्यास 'लोकभारती' ने भी प्रकाशित किये। इलाहाबाद में अकसर वह सतीश जमाली के साथ नज़र आता। कभी-कभी 'लोकभारती' में उससे भेंट हो जाती। उन दिनों सुदीप उसके उपन्यासों का हिन्दी अनुवाद कर रहे थे। भाषा के स्तर पर ये उपन्यास मूल उपन्यासों से कहीं अधिक प्रौढ़ और पठनीय थे। सहराई टोंटियों की ही नहीं, अपनी रचनाओं की मार्केटिंग में भी माहिर था। अपनी ग़लत-सलत हिन्दी में ही वह प्रकाशक पटा लेता था। ममता सहराई के तौर-तरीक़ों को पसन्द न करती थी। इलाहाबाद में मैं उससे कन्नी काटने लगा। पंजाबी स्पष्टवादिता और खुलापन ममता को अटपटा लगता था। दूसरे, मैं अपनी व्यक्तिगत समस्याओं में इतना उलझा हुआ था कि सहराई के उपन्यास का अनुवाद करने के लिए समय नहीं निकाल पा रहा था, जिसका अग्रिम पारिश्रमिक मेरे लिए सिरदर्द बना हुआ था। मेरे ऊपर प्रेस की मशीनों का इतना कर्ज़ था कि मेरे लिए वोरा ऐंड कम्पनी का कर्ज़ कोई विशेष महत्त्व न रखता था, उस पर सूद भी देय न था, मगर ममता ने मेरे पीछे पड़कर अनुवाद करवा ही लिया। कर्ज़ के मामले में वह बहुत भीरू थी, जबकि मैंने ज़िन्दगी में जो कुछ हासिल किया था, कर्ज़ से ही किया था। एक कर्ज़ की अदायगी होते न होते मैं दूसरा कर्ज़ उठा लेता। उन दिनों इतना भ्रष्टाचार नहीं था और सरकारी एजेंसियाँ और बैंक लघु-उद्योगों को प्रोत्साहित करने के लिए कर्ज़ देने के लिए मारे-मारे फिरते थे। जब तक मैंने सहराई के उपन्यास 'सभराओं' का अनुवाद न कर लिया, मैं उसके साथ लुकाछिपी का खेल खेलता रहा। वह इलाहाबाद आता तो ख़बर लगते ही मैं उसके लिए अनुपलब्ध हो जाता। भूले-भटके मुलाक़ात हो भी जाती तो उसके सामने उपन्यास नहीं, शराब प्रथम प्राथमिकता पर होती। अकेले पीना उसने सीखा ही न था। जो लोग अकेले पीते थे, सहराई को उनसे चिढ़ थी। ऐसे लोगों के लिए वह कहता—साले हस्तमैथुन करते हैं।

एक दिन सुबह-सुबह ख़बर मिली कि सहराई गम्भीर रूप से घायल हो गया है और अस्पताल में भर्ती है। इसकी जानकारी किसी को नहीं थी कि वह कैसे घायल हुआ और किस अस्पताल में भर्ती है! वह इलाहाबाद आता तो रेलवे स्टेशन के रिटायरिंगरूम में रुकता था। उसका पता-ठिकाना जानने मैं उसी समय रेलवे स्टेशन पहुँचा। डारमेट्री में उसे खोज निकालने में ज़्यादा देर न लगी। डारमेट्री का हॉल अस्पताल का वार्ड लग रहा था। हॉल में दसियों बिस्तर लगे थे। कोई दातौन कर रहा था, तो कोई शेव बना रहा था। सिर्फ़ सहराई था जो चादर ओढ़े सो रहा था। चादर पर ख़ून के धब्बे थे। मुझे समझते देर न लगी कि यही सहराई का बेड है। चादर उठाकर देखा तो सहराई ही था। उसके सिर पर पट्टी बँधी थी। पट्टी ही नहीं; उसका तकिया, कमीज़ भी ख़ून से लथपथ थे। रातभर में ख़ून की पपड़ियाँ जम गयी थीं। मैंने उसके पड़ोसी यात्रियों से दरियाफ़्त किया मगर किसी को ख़बर न थी कि वह कब आया और कैसे घायल हुआ! मैं नीचे प्लेटफॉर्म से उसके लिए गर्म-गर्म चाय का कुल्हड़ लेकर आया। उसे जगाया तो वह हमेशा की तरह तपाक से मिला। वह अपनी चोट से बेख़बर था। वह चाय सुड़कते हुए मुझे गालियाँ देने लगा। पंजाब में गालियों से ही आत्मीयता प्रदर्शित की जाती है। मैंने उससे पूछा कि उसकी यह हालत कैसे हो गयी तो उसे कुछ याद न था। उसे यह भी याद न था कि कैसे घायल हुआ और बिस्तर तक कैसे पहुँचा। वह ख़ून से रँगे कपड़ों का निरीक्षण कुछ इस तरह कर रहा था जैसे किसी दूसरे के कपड़े देख रहा हो।

"लगता है, रात को कहीं पैर फिसल गया होगा।" उसने आश्चर्य प्रकट किया, "पर यह पट्टी किसने बाँध दी?"

इलाहाबाद अफ़सानानिगारों का शहर है। दोपहर को 'लोकभारती' से फ़ोन आया कि कल रात शराब के नशे में सतीश जमाली ने सहराई को रेलवे स्टेशन के पुल से धक्का दे दिया था और वह किसी फ़िल्मी नायिका की तरह लुढ़कते हुए नीचे आ गिरा था। किसी रहमदिल यात्री ने उसे 'फर्स्ट-एड' दिलवायी और कमरे तक पहुँचाया। दरअसल 'लोकभारती' इलाहाबाद के लेखकों का थाना था। प्रथम दृष्टया रिपोर्ट इसी थाने में दर्ज़ होती थी। थाने में यह भी ख़बर थी कि रात को ही फ़ोन पर जालन्धर में उसके लड़कों को सूचना दी जा चुकी है, वे उसे लेने इलाहाबाद पहुँच रहे हैं। यह भी हवा में था कि उसके लड़के सतीश जमाली से बेहद ख़फ़ा हैं और उसे सबक सिखा कर ही जालन्धर लौटेंगे। मैंने 'सरस्वती प्रेस' फ़ोन मिलाया तो मालूम हुआ जमाली भी छुट्टी पर है।

सतीश जमाली की स्थिति भी सहराई से भिन्न न थी। उसे भी कुछ याद न था। दिमाग़ पर दबाव देकर वह सिर्फ़ इतना बता पाया कि दोनों ने एक ढाबे में गटागट

पूरी बोतल ख़ाली कर दी थी और शराब पीकर कॉफी हाउस पहुँचे थे। वहाँ जमाली ने भगवतीचरण वर्मा से बदतमीज़ी की थी, जो साही, लक्ष्मीकान्त वर्मा और विश्वम्भर मानव के साथ कॉफी पी रहे थे। उसने भगवती बाबू को देखते ही गुस्ताख़ी कर दी, ''आप यहाँ क्या कर रहे हैं? आपको कॉफी हाउस में घुसने की इजाज़त किसने दी?'' उत्तेजना में भगवती बाबू का चेहरा सुर्ख़ हो गया था और वह खड़े हो गये थे। साही वग़ैरह ने आदरपूर्वक भगवती बाबू को बैठाया और कहा, ''भगवती बाबू छोड़िए, शराबी है।'' यह भी पता चला कि रात को नशे में वे लोग दारू की तलाश में दूधनाथ सिंह के यहाँ भी गये थे। दूधनाथ ने स्थिति को भाँप कर दरवाज़ा ही न खोला था। अन्तिम बात जमाली को यह याद आयी कि वह सहराई को छोड़ने स्टेशन जा रहा था कि पुल पर सीढ़ियाँ उतरते हुए सहराई लड़खड़ा गया और गेंद की तरह लुढ़कते हुए नीचे जा गिरा। यहीं पर जमाली का बल्ब फ्यूज़ हो गया था। उसे भी याद न पड़ रहा था, वह भी कैसे घर पहुँचा! यह भी हो सकता है कि वह इस डर से भाग निकला हो कि कहीं पुसिल केस न हो जाये!

सहराई पर इस घटना का कोई असर नहीं हुआ। कुछ ही महीनों बाद मैंने देखा, दोनों दारू की जुगाड़ में साथ-साथ टहल रहे थे। एक शाम वह रानीमंडी में भी प्रकट हुआ था। उस शाम मेरा इरादा अरविन्दकृष्ण मेहरोत्रा के साथ बैठने का था। याद पड़ रहा है, उस शाम हम लोगों ने न पीना ही मुनासिब समझा था। बाद में मैंने शराब छोड़ दी तो सहराई ने मुझे छोड़ दिया। इसी तर्क से जमाली से भी उसका तर्के ताल्लुक़ात हो गया। मुझे उम्मीद है हम लोगों की तरह अब तक सहराई का घड़ा भी भर चुका होगा।

सोलह

इलाहाबाद में मेरे पास अपना कुछ भी नहीं था, जो कुछ था कर्ज़ का था। यही ग़नीमत थी कि मैं कर्ज़ की मय नहीं पीता था। इलाहाबाद आये एक वर्ष भी न हुआ था कि मेरा पहला कथा-संग्रह 'नौ साल छोटी पत्नी' प्रकाशित हुआ। उसमें लेखक परिचय कुछ इस प्रकार दिया हुआ था—रवीन्द्र कालिया, उम्र तीस साल, कर्ज़ पैंतीस हज़ार। इस परिचय के बावजूद यहाँ के लेखक बन्धु मुझे धन्ना सेठ समझते थे, जबकि मैं बीड़ी-सिगरेट को मोहताज था। मुझमें एक ख़ामी यही थी कि मैं अपनी ग़ुरबत का बखान नहीं करता था। इसका नतीज़ा यह निकला कि वक़्त-ज़रूरत बिरादरी के लोग प्राय: संकट में डाल देते। मेरी स्थिति का अनुमान इससे लगाया जा सकता है कि शादी के बाद हम मियाँ-बीवी अलग-अलग रहने को मजबूर थे। ममता उन दिनों मुम्बई के एस.एन.डी.टी. महिला विश्वविद्यालय में अँग्रेज़ी की प्राध्यापिका थी। वह होस्टल में अकेले रह रही थी, मैंने अश्क जी के यहाँ तम्बू गाड़े हुए थे। मैं अश्क जी के भरे-पूरे परिवार के साथ रह रहा था। आवास और भोजन की कोई समस्या नहीं थी, जेब ख़र्च के लिए ममता मनीआर्डर भिजवा देती थी, मगर मेरी मुफ़लिसी का एहसास किसी को नहीं था। मुम्बई से मैं अपने साथ रेफ्रिजरेटर और कुकिंग गैस का कनेक्शन लाया था। इलाहाबाद में उन दिनों इन दोनों उपकरणों का ज़्यादा प्रचलन नहीं था। अश्क जी के यहाँ भी चूल्हे पर खाना बनता था। कौशल्याजी को गैस काफ़ी सुविधाजनक लगी। रेफ्रिजरेटर सीधा रानीमंडी पहुँच गया था। घड़े का ठंडा पानी पीने वाले रेफ्रिजरेटर का पानी पीकर मुझे कोई रईसज़ादा समझ लेते, जबकि मुम्बई के जीवन में कामकाजी दम्पती के लिए रेफ्रिजरेटर ऐय्याशी नहीं बुनियादी ज़रूरत थी। यह विरोधाभास ही था कि मुम्बई का एक ग़रीब लेखक इलाहाबाद का संघर्षशील लेखक नहीं दिखायी दे रहा था। दोनों शहरों की जीवन-शैली और मूल्यों में इतना अन्तर था कि जब आकाशवाणी ने मेरे प्रसारण शुरू किये तो पाया कि मेरी फीस इलाहाबाद के वरिष्ठ लेखकों के बराबर थी। इलाहाबाद में लेखकों को जितनी फीस मिलती थी उससे मुम्बई में तो लेखकों का टैक्सी भाड़ा न निकलता।

बाहर से कोई लेखक इलाहाबाद पधारता तो कई मेज़बान अपने मेहमान को लेकर इस अपेक्षा से मेरे यहाँ चले आते कि शाम अच्छी गुज़र जायेगी, मगर जल्द ही लोगों का मोहभंग होने लगा. मुझे तो सिगरेट के लाले पड़े हुए थे। मैंने कभी घटिया ब्रांड की सिगरेट न पी थी। एक बार तलब लगी तो सिगरेट वाले से उधार माँगने की मूर्खता कर बैठा। उसने स्पष्ट रूप से मना कर दिया। मुझे हमेशा के लिए एक सबक मिल गया। यह दूसरी बात है कि बाद के वर्षों में सिगरेट वाले को ज़रूरत पड़ती तो मुझसे उधार ले जाता। उसे याद भी न होगा कि शुरू के दिनों में उसी ने मुझे एक सबक सिखाया था। अपनी तंगदस्ती की एक घटना तो भुलाये नहीं भूलती। इलाहाबाद के लिए यह कोई अनूठा अनुभव नहीं था। प्राय: सभी लेखक संघर्षरत थे। उन दिनों शराब का भी इतना रिवाज नहीं था। शायद ही कोई लेखक नियमित रूप से मदिरापान करता हो। ज़्यादातर लेखक पैदल टहलते हुए ही मिलते थे, जबकि चौक से स्टेशन तक का रिक्शा भाड़ा मात्र दस नये पैसे था। शायद यही कारण था कि आर्थिक संघर्ष में भी वे मस्त रहते। धनोपार्जन किसी की प्राथमिकता में ही नहीं था। एक सिगरेट चार-छह लोग पी जाते थे।

छुट्टी के एक दिन दोपहर को किसी ने दरवाज़ा खटखटाया। मैं शहर में नया-नया आया था, किसी की प्रतीक्षा भी न थी। ऊपर से झाँक कर देखा, हिन्दी के एक अत्यन्त प्रतिष्ठित और बुज़ुर्ग रचनाकार दरवाज़ा पीट रहे थे। मैं भाग कर नीचे पहुँचा, उन्हें दफ़्तर में बैठाया। आदर-सत्कार क्या करता, घर में चाय बनाने की भी सुविधा न थी और सर्वेश्वर के शब्दों में कहूँ तो जीवन 'ख़ाली जेबें पागल कुत्ते और बासी कविताएँ' था। खाने-पीने की व्यवस्था अश्क जी के यहाँ थी, इसलिए निश्चिन्त था। मुझसे अश्क जी की एक ही अपेक्षा थी कि वे दिन भर जितना लिखें, मैं शाम को सुन लूँ। शुरू में तो यह बहुत सम्मानजनक लगता था कि एक अत्यन्त वरिष्ठ लेखक मुझे इस लायक़ समझ रहा है कि मैं उनकी रचना पर कोई राय दे सकूँ। मगर कुछ दिनों बाद मैं इससे ऊबने लगा।

"आज बहुत मुसीबत में तुम्हारे पास आया हूँ।" उन बुज़ुर्ग रचनाकार ने बताया कि उनकी पत्नी को 'हार्ट अटैक' हो गया है और उन्हें किसी भी तरह सौ रुपये तुरन्त चाहिए।

सौ रुपये उन दिनों एक बड़ी रकम थी और मैंने दिनभर के लिए किसी तरह एक अठन्नी बचाकर रखी हुई थी। मेरे लिए अचानक एक संकट खड़ा हो गया। चाहकर भी मैं उनकी कोई मदद नहीं कर सकता था। मैंने अत्यन्त सकुचाते हुए उन्हें बताया कि उन्हें यक़ीन तो न आयेगा मगर सचाई यही है कि मेरे पास इस समय सिर्फ़ एक अठन्नी है। वह हैरत और अविश्वास से मेरी ओर देखने लगे। उनके चेहरे के

आईने में मेरा ग़ैरलेखकीय महाजनी चेहरा मुझे ही चिढ़ा रहा था। मुझे लगा, मेरी बात सुनकर वह सन्तप्त ही नहीं, आहत भी हुए हैं। उन्होंने नज़र उठाकर प्रेस का जायज़ा लिया और लम्बी साँस भरते हुए बोले, "जो ईश्वर को मंजूर है। कहीं और जाकर हाथ फैलाता हूँ।" यह देखकर मुझे भी मर्मान्तक पीड़ा हो रही थी कि इतने वर्ष घोर तपस्या करने का समाज ने उन्हें यह पुरस्कार दिया है कि वह अपनी पत्नी के इलाज को मुहताज हैं। वह कुछ देर तक चिन्तामग्न बैठे रहे, पानी पिया और बोले, "आप वह अठन्नी ही दे दीजिए ताकि रिक्शा करके दौड़-भाग कर सकूँ।" मैंने ख़ुशी-ख़ुशी अपनी अन्तिम पूँजी उन्हें सौंप दी। यह दूसरी बात है कि मैं अब सिगरेट के लिए भी मोहताज हो गया था।

हिन्दी के वह मूर्द्धन्य साहित्य-साधक चले गये। मुझे भी कोई काम नहीं था, मैं भी उनके पीछे-पीछे चल दिया, यह सोचकर कि देखते हैं इस विषम परिस्थिति से वह कैसे निपटते हैं! वह लोकनाथ की तंग गलियों में ख़रामा-खरामा बढ़ने लगे। चौराहे पर एक पान की दुकान पर उन्होंने एक जोड़ा पान लिया और कुछ दूर जाकर रिक्शा में बैठकर कहीं रवाना हो गये। मैं पैदल ही लूकरगंज की तरफ़ चल दिया, ज्ञान के यहाँ। ज्ञान को बताया कि अमुक लेखक की पत्नी को हार्ट अटैक हो गया है और वह बहुत परेशान थे। ज्ञान पर मेरी बात का कोई असर न हुआ, बोला, "भैया यह इलाहाबाद है। इसकी लीला न्यारी है। तुम अपना ख़ून मत सुखाओ। उनकी पत्नी स्वस्थ प्रसन्न हैं और संगम पर एक आश्रम में कल्पवास कर रही हैं। यकीन न हो तो चलो मेरे साथ अपनी आँखों से देख लो।"

ज्ञान ने लोकनाथ जाकर नाश्ता कराया और फिर हम लोग सचमुच संगम की तरफ़ चल दिये। जब तक हम सच्चा बाबा आश्रम पहुँचे दोपहर ढल चुकी थी। सच्चा बाबा के आश्रम में प्रवचन-कीर्तन का माहौल था। हमने देखा लेखक दम्पती तन्मयता से कीर्तन भजन में संलग्न थे।

मेरे लिए यह सन्तोष का विषय है कि तीस वर्ष बाद भी वह लेखक उसी प्रकार साहित्य-साधना में लीन हैं, सपत्नीक स्वस्थ-प्रसन्न हैं। उनकी गर्दिश का दौर अभी तक जारी है और प्रयाग की तपोभूमि पर वह अपनी अलख जगाये हुए हैं। प्रयाग का यह फक्कड़ अन्दाज़ आज भी रचनाकारों को आकर्षित करता है। मुफ़लिसी यहाँ अभिशाप नहीं, सहज स्वीकार्य है। सुविधाओं, पुरस्कारों और सम्मानों की अन्धी दौड़ यहाँ के माहौल से एकदम नदारद है।

ज़िन्दगी तमाम लोगों के साथ धूप-छाँह का खेल खेला करती है। मैं भी अपवाद नहीं

था। बहुत बार ऐसा हुआ कि जी-तोड़ मेहनत करने के बावजूद स्थितियाँ नहीं बदलीं और ऐसा भी हुआ कि टाँग पर टाँग धरे बैठे रहे और स्थितियाँ अनुकूल होती चली गयीं। महीने की पहली तारीख़ मेरे लिए सबसे ज़्यादा तंगदस्ती का पैग़ाम लेकर आती। श्रमिकों का वेतन, प्रेस की किस्तें और दूसरी देनदारियों का इन्तज़ाम करते-करते पसीने छूट जाते। कर्ज़ का ज़रा-सा बोझ कम हो जाता, मगर जेब और पेट में चूहे दौड़ते। ऐसी एक शाम भी चूहों ने इतना उत्पात मचा रखा था कि जेब में मूँगफली खाने तक के लिए पैसे न थे। अचानक कॉलबेल सुनायी दी। बेमन से दरवाज़ा खोला। सामने एक नयी उम्र का लड़का खड़ा था, हाथ में ब्रीफकेस लिये।

"रवीन्द्र कालिया यहीं रहते हैं?" उसने पूछा।

"अन्दर तशरीफ़ लाइए।" मैंने कहा, "खाकसार को ही रवीन्द्र कालिया कहते हैं।"

उसने बताया कि वह मेरी कहानियों का प्रशंसक है और उसे ख़बर लगी थी कि मैं इलाहाबाद में प्रेस का कारोबार कर रहा हूँ। वह मध्य प्रदेश के किसी मेडिकल कॉलिज का साहित्यानुरागी छात्र था। कॉलिज की रजत जयन्ती के अवसर पर एक भव्य स्मारिका प्रकाशित कराने का दायित्व उसे सौंपा गया था। उसने ब्रीफकेस खोल कर नमूने के तौर पर अन्य कॉलिजों की कुछ स्मारिकाएँ एवं पत्रिकाएँ दिखायीं। वे सब दिल्ली-मुम्बई के प्रेसों में छपी हुई थीं। ब्रीफकेस में मुझे पीटर स्कॉट की बोतल भी अपनी झलक दिख गयी। बोतल देखते ही मेरे चेहरे की मनहूसियत ग़ायब हो गयी। मुझे विश्वास हो गया कि स्मारिका का काम मिले न मिले, आज की शाम ज़रूर गुलज़ार हो जायेगी। उसने बताया कि स्मारिका की मद में कॉलिज पन्द्रह हज़ार रुपये तक खर्च करना चाहता है। वह इसी समय मेरे प्रेस का कोटेशन चाहता है और मुझे काम दिलाकर ही दम लेगा। वह बहुत भटकते और पता लगाते हुए मुझ तक पहुँचा है और चौक मीरगंज में ही कथाकार बलवन्त सिंह के होटल में ठहरा है।

उन दिनों पन्द्रह हज़ार रुपये एक बहुत बड़ी रकम थी। उन दिनों जो काग़ज़ तीस-चालीस रुपये रीम मिलता था, आज तीन-चार सौ रुपये रीम में भी उपलब्ध न होगा।

"इलाहाबाद में छपाई की दरें मध्य प्रदेश से आधी हैं। इलाहाबाद के हिसाब से यह पाँच-छह हज़ार का काम है, मगर मैं आपको पन्द्रह हज़ार रुपये दिलवाऊँगा। मुझे उनमें से सिर्फ़ चार हज़ार रुपये चाहिए। दो हज़ार रुपये नकद और दो हज़ार में आप एक कथा संकलन तैयार करवा दीजिए, जिसमें मेरी तथा मेरे दो-एक मित्रों की कहानियाँ भी रहें।" उसने दो टूक शब्दों में अपनी शर्तें रखीं।

"लेकिन मेरे पास तो आपको देने के लिए फूटी कौड़ी भी नहीं है।" मैंने उसे

बताया कि "हमारे यहाँ हिन्दी का काम होता है, अँग्रेजी का टाइप ही नहीं है प्रेस में।"

"अँग्रेज़ी टाइप नहीं है तो ख़रीद लीजिए। अँग्रेज़ी का टाइप होगा तो और काम भी मिलेगा। प्रेस के लिए यह एक अच्छा निवेश है। नये टाइप से छपाई भी अच्छी होगी।" उसने कहा।

"मैं शहर में नया हूँ, मुझे कौन उधार देगा! पहले ही कर्ज़ से दबा हूँ।"

"चिन्ता मत कीजिए, कुछ राशि अग्रिम दिलवा दूँगा।" लगा वह मेरी कोई समस्या सुनना ही नहीं चाहता, उसने सुझाव दिया, "चलिए होटल चलते हैं। खाने-पीने की भी सुविधा रहेगी। मैं मीरगंज में ठहरा हूँ। बलवन्त सिंह आपको कैसे लेखक लगते हैं? मैं तो फ़िदा हूँ 'कालेकोस' पर। सोचा था, बलवन्त सिंह के होटल में रुकूँगा और रवीन्द्र कालिया के प्रेस में पत्रिका छपवाऊँगा।"

मैंने ताला ठोंका और उसके साथ चल दिया। हम लोग होटल पहुँचे। मामूली-सा होटल था जैसे उस रेड लाइट क्षेत्र में हो सकता था। चादर पर दाग़- धब्बे। उसने बताया कि वह अनेक चादरें बदलवा चुका है, मगर हर चादर पर न मिटने वाले अश्लील दाग़-धब्बे हैं। उसने अपने ब्रीफकेस से एक नयी चादर निकाली और बिछा दी। बगल की इमारत से सारंगी तबले के स्वर उठ रहे थे। "कोई अच्छी नाचने-गाने वाली हो तो दारू पीकर सुना जाये।" उसने सुझाव रखा और अपना मयख़ाना सजाने लगा। वह उम्र में मुझसे आठ-दस वर्ष छोटा था, मगर पीने में तेज़। जब तक मैं एक पेग समाप्त करता वह दूसरा भी हलक़ में उतार लेता।

"मेरे पास दो कोटेशन्स हैं। एक सोलह हज़ार का और एक अठारह हज़ार का। आप चौदह हज़ार का कोटेशन भरिए। मैं सप्ताह भर में पाँच हज़ार अग्रिम दिलवा दूँगा। मेरे दो हज़ार आपको उसी में से देने होंगे।"

मेरी उसके काम में दिलचस्पी ही न थी। प्रेस में 'हिन्दी भवन' का ही इतना काम था कि बाहर के काम की ज़रूरत ही महसूस न होती थी। मुझे उसका प्रस्ताव भी हवाई लग रहा था। शराब जितनी बढ़िया थी, माहौल उतना ही मनहूस। मुझे घुटन महसूस हो रही थी। उसने बताया कि वह भोजन करके रात की गाड़ी से लौट जायेगा। मैंने उसे प्रेस का कोटेशन दिया और उसे अपने साथ 'नानकिंग' ले गया। कई दिनों से 'नानकिंग' के भोजन की तारीफ़ सुन रहा था, आज आकस्मिक रूप से वहाँ का भोजन चखने का अवसर मिल गया। भोजन करते हुए वह सहसा भावुक हो गया और अपनी प्रेमिका पर लिखी कविताएँ सुनाने लगा। उसने वादा किया कि अगली बार वह अपनी प्रेमिका को लेकर आयेगा और इलाहाबाद के सबसे बढ़िया होटल में ठहरेगा।

लौटते समय मैं चौक में ही उसके रिक्शे से उतर गया और पैदल रानीमंडी

की ओर चल दिया। सुबह तक मैं इस प्रसंग को भूल चुका था। मेरी शाम अच्छी कट गयी थी, बढ़िया दारू नसीब हो गयी थी और 'नानकिंग' का भोजन।

ज़िन्दगी हस्बेमामूल चलने लगी। गाड़ी पुरानी पटरी पर दौड़ने लगी। मेरी स्थिति कोल्हू के बैल जैसी थी। सुबह-सुबह काम में जुट जाता और रोज़मर्रा के झंझटों में उलझ जाता। कोई कर्मचारी अग्रिम माँग लेता तो मेरा सारा गणित बिगड़ जाता। काम चलाने भर की पूँजी थी। कोई सप्ताह भर बाद वही नवयुवक सिगरेट का धुआँ उगलते हुए दफ़्तर में प्रकट हुआ। उसने तुरन्त ब्रीफकेस खोला और पाँच हज़ार का ड्राफ़्ट मेरे हवाले कर दिया।

मैंने ड्राफ़्ट भरकर तुरन्त आदमी बैंक दौड़ा दिया।

"आज दारू आप पिलाएँगे, मगर मेरे हिसाब में।" उसने कहा, "बैंक मैनेज़र से बात करते हैं।"

आश्चर्यजनक रूप से बैंक के मैनेज़र ने ड्राफ़्ट के एवज में दो हज़ार रुपये नकद दे दिये। दो हज़ार रुपये का मतलब आप इस तरह से लगा सकते हैं कि आज उतने पैसे नकद देकर एकाध लाख का सामान ख़रीदा जा सकता है।

दो हज़ार रुपये मैंने उस युवक को सौंप दिये। वह मुझे सीधे 'नानकिंग' ही ले गया। वहाँ हम लोगों ने जमकर बियर पी और पेट भर कर भोजन किया। अग्रिम धनराशि मिलने से मेरी कई तात्कालिक समस्याएँ हल हो गयीं। काम पूरे होने पर शेष धनराशि का भी निर्विघ्न भुगतान हो गया। मेरे लिए आज तक यह कौतुक का विषय बना हुआ है कि उस युवक ने बहुत परिश्रम और रुचि लेकर जो कहानी-संग्रह सम्पादित कर छपवाया था, वह आज की तारीख़ तक उसे लेने ही नहीं आया। इस घटना को तीस वर्ष हो चुके हैं, कई बार उस लड़के का ध्यान आया है। उसकी पुस्तक की प्रतियाँ तो वर्षों पहले दफ़्तरी ने रद्दी में बेच दी थीं। कई बार जानने की जिज्ञासा होती है कि क्या वह डॉक्टर बन पाया? उसके प्रेम का क्या हश्र हुआ? वह कहाँ चला गया? मेरे लिए तो वह देवदूत बनकर आया था। ऐसा मेरे जीवन में बार-बार हुआ है। संकट की घड़ी में अचानक किसी ने कन्धे पर हाथ धर दिया है। क्या यह मात्र एक संयोग है, विश्वास ही नहीं होता।

इस बीच मेरी पहचान और व्यवसाय का दायरा अप्रत्याशित रूप से बढ़ने लगा। देश के दूरवर्ती इलाक़ों से साहित्यप्रेमी प्रकाशक इलाहाबाद प्रेस में काम करवाने इलाहाबाद आने लगे। उन दिनों इलाहाबाद उत्तर भारत में मुद्रण का सबसे बड़ा केन्द्र था। इलाहाबाद में गृह उद्योग की तरह प्रेस व्यवसाय विकसित हुआ था। गली-गली में प्रेस थे या कम्पोज़िंग यूनिट। छपाई की दरें भी देश में सबसे कम थीं। हमारे यहाँ महाराष्ट्र,

मध्यप्रदेश, बिहार, हिमाचल यहाँ तक कि दिल्ली तक से काम आने लगा। मुम्बई से हिन्दी ग्रन्थ रत्नाकर के मोदी, जबलपुर से नर्मदाप्रसाद खरे, भोपाल से हिन्दी ग्रन्थ अकादमी अपने-अपने प्रकाशनों का मुद्रण कार्य देने लगे। मुझे 'हिन्दी भवन' के काम से ही फ़ुर्सत न थी। लिहाज़ा प्रेस का विस्तार करने की सोची, जबकि अभी नारंग जी की क़िस्तें बाक़ी थीं। मैंने एन.एस.एस.ई. से मशीन ख़रीदने के लिए ऋण के लिए प्रार्थना पत्र दिया, वहाँ से सन्तोषजनक उत्तर न मिला तो बैंक से ऋण लेकर स्वचालित मशीन क़िस्तों पर ले लीं। अभी दो कर्ज़े सिर पर थे कि अचानक चुनाव की घोषणा हो गयी और एन.एस.एस.ई. ने भी ऋण मंजूर कर लिया। मैंने एक और मशीन ले ली। अब पाँच हज़ार रुपये महीने की देनदारी हो गयी। उस समय सत्तर के दशक में यह एक बड़ी रकम थी। इस ऋण के दबाव में मैं कथा कहानी की दुनिया से भटकने लगा। श्रम, तनाव और कार्यभार से राहत पाने के लिए सूरज डूबते ही गिलास लेकर बैठ जाता। स्टीरियो पर अपनी पसन्द का संगीत सुनता। उन दिनों बेग़म अख़्तर का मैं इतना दीवाना हो गया था कि उनका शायद ही कोई एल.पी. होगा जो मेरे पास न हो। बेग़म अख़्तर ने अपने जीवन के अन्तिम दिनों में मेरे मित्र सुदर्शन फ़ाकिर की ग़ज़लें सबसे ज़्यादा गायी थीं। दूसरी तरफ़ हमारा पुराना साथी जगजीत सिंह भी ग़ज़ल की दुनिया में तेज़ी से उभर रहा था। इसी प्रकार सहगल के तमाम उपलब्ध रिकार्ड मैंने ख़रीद लिये। सहगल भी जालन्धर के थे। वतन को याद करने का यह भी एक तरीक़ा था।

मुद्रण कार्य के सिलसिले में ही जगदीश पीयूष से परिचय हुआ। वह जायसी की मजार पर एक भव्य आयोजन कराना चाहते थे और इस अवसर पर अवध की लोक संस्कृति पर एक स्मारिका प्रकाशित करना चाहते थे। मेरे यहाँ लोग इसलिए भी आते थे कि मुद्रण के अलावा सम्पादन, संयोजन, प्रोडक्शन, ले-आउट, साज-सज्जा की मुझे अच्छी जानकारी थी। प्रकाशकों को जगह-जगह भटकना नहीं पड़ता था। पांडुलिपि देकर वह निश्चिन्त हो जाते थे। पीयूष जी की स्मारिका और आयोजन के लिए वित्तीय सहायता का आश्वासन अमेठी के राजकुमार संजय सिंह ने दिया था। अमेठी के राजा रणंजय सिंह भी साहित्यानुरागी थे, मगर जायसी के प्रति उतने सहिष्णु नहीं थे जितने कि राजकुमार संजय सिंह। पीयूष ने संजय सिंह को किसी प्रकार इस सहयोग के लिए राज़ी कर लिया था। पीयूष ने आयोजन की ज़िम्मेदारी भी मुझे सौंप दी और इलाहाबाद के अनेक लेखक अमेठी चलने को राज़ी हो गये, मार्कण्डेय, सत्यप्रकाश मिश्र, मटियानी आदि। मार्ग व्यय के नाम पर सौ-सौ रुपये भी मिल रहे थे, जबकि वाहन की व्यवस्था पीयूष जी ने कर दी थी। जायसी की मजार पर एक भव्य समारोह का आयोजन हुआ। चित्र भी खींचे गये, लेखकों का आदर-सत्कार भी हुआ।

इस आयोजन के दो नतीज़े निकले। पहला तो यही कि संजय सिंह से मेरी मित्रता हो गयी। स्मारिका के बिल का भुगतान भी उन्होंने पीयूष जी को न देकर इलाहाबाद आकर स्वयं मुझे दिया। पूरी शाम हम लोगों ने जी भर कर ग़ज़लें सुनीं। संजय सिंह के पिता ने उन्हें घोर अनुशासन में रखा था। कुश्ती, वैदिक साहित्य के अध्ययन तथा घुड़सवारी वग़ैरह पर ज़्यादा तवज्जो दी थी। सामन्ती संस्कार उनमें कूट-कूट कर भरे जा रहे थे, उर्दू ग़ज़ल से उनका यह प्रथम साक्षात्कार था। मुझे ताज़्ज़ुब तो इस बात पर हुआ कि यह कैसा राजकुमार है जो 'हम तो समझे थे कि बरसात में बरसेगी शराब, आयी बरसात तो बरसात ने दिल तोड़ दिया' सुन कर भी बियर तक पीने को प्रेरित नहीं हुआ। इस शाम के बाद हमारी कुछ ऐसी मित्रता हो गयी कि संजय सिंह जब-जब इलाहाबाद आये, हमारे यहाँ ज़रूर आये। हमारे सम्बन्ध प्रगाढ़ होते चले गये। वह घुड़सवारी करते-करते अचानक कारों में दिलचस्पी लेने लगे। उन दिनों नवयुवकों में यकायक 'मेटाडोर' लोकप्रिय हो गयी थी। एक बार हम लोग इलाहाबाद से मात्र ढाई घंटे में लखनऊ पहुँच गये, मैटाडोर में। दो सौ किलोमीटर की इस यात्रा के दौरान रायबरेली में चाय भी पी। बाद में संजय सिंह को पायलेट बनने का शौक़ चर्राया तो किसी भी समय छोटे से विमान में इलाहाबाद चले आते। इलाहाबाद में थोड़ी गप्पबाज़ी होती और सूर्यास्त से पूर्व उसी विमान से लखनऊ लौट जाते। एक बार तो अपने साथ अपने छोटे से बेटे को भी साथ में ले आये थे। उनके साथ मैंने भी अनेक बार आकाशभ्रमण किया। ख़ासतौर पर हेलीकॉप्टर से लखनऊ, अमेठी और इलाहाबाद की कई यात्राएँ की थीं। पहली बार जब मैं लखनऊ से इलाहाबाद के लिए हेलीकॉप्टर से उड़ा तो मेरी घिग्घी बँध गयी। ज्यों-ज्यों हेलीकॉप्टर आकाश में उठ रहा था, मेरा दिल बैठ रहा था। मेरी घबराहट देखकर उनके इशारे से पायलट ने आकाश में कई करतब दिखा दिये। कुछ देर बाद मैं संयत हो गया और प्रकृति की छटा देखने लगा। नीचे धान की फ़सल और सड़कों का जाल बिछा था। इलाहाबाद अत्यन्त सुरम्य नज़र आया, गंगा और यमुना का मिलन स्पष्ट नज़र आ रहा था। एक शहर हरियाली से ढँका हुआ।

इसे विरोधाभास ही कहा जायेगा कि इलाहाबाद में नयी कविता के तमाम कवि और प्रवक्ता शराब नहीं, कॉफी पीते थे। ज़्यादातर लेखक तो इस स्थिति में ही न थे कि मद्यपान की ऐय्याशी कर सकें। दो-एक क्रान्तिकारी कवि ठर्रा पीते-पीते भाँग पर उतर आये थे। तम्बाकू का सेवन कोई-कोई रचनाकार कर लेता था, पाइप में, सिगरेट रोल करके या बीड़ी फूँककर। फ़िराक़ साहब के यहाँ ज़रूर रम बहती थी। मैं दो-एक

बार गुड्डे (नीलाभ) के साथ उनके यहाँ गया। हमेशा बोतल सामने थी और पायजामा ढीला। वह शायद नाड़ा बाँधने में आलस करते थे। फ़िराक़ साहब की शख़्सीयत जितनी बुलन्द थी, वह उतनी ही बुलन्दी से बात करते। एक बार उन्होंने नीलाभ से कहा, तुम्हारा बाप कब तक घटिया अफ़साने लिखता रहेगा? फ़िराक़ साहब की किसी बात का कोई बुरा नहीं मानता था। उनकी मयनोशी उनके व्यक्तित्व का हिस्सा बन चुकी थी, वर्ना हिन्दी में दारू पीने वाले को आवारा, चरित्रहीन, ग़ैरज़िम्मेदार और भ्रष्ट लेखक समझा जाता था, जैसा राजकमल चौधरी के साथ हुआ था।

बुध की महादशा चलती है तो लेखक प्रकाशक बनने का हसीन सपना देखने लगता है। वह जैनेन्द्र, यशपाल और अश्क बनना चाहता है। मगर ज़्यादातर लेखकों को यह धन्धा रास नहीं आता। वे शहर में प्रेस मालिकों, दफ़्तरियों और काग़ज़ियों से आँख चुराते घूमते हैं। इसी चक्कर में अनेक लेखकों का लेखन चौपट हो जाता है। कमलेश्वर जैसे चतुर लेखक समय रहते अपना पलड़ा झाड़ कर इस व्यवसाय से अलग हो गये। सतीश जमाली उन दिनों 'कहानी' के सहायक सम्पादक थे। सिविल लाइन्स में 'सरस्वती प्रेस' का कार्यालय था, 'कहानी' का सम्पादकीय कार्यालय भी वहीं था। सतीश जमाली ने भी नौकरी के साथ-साथ अपने प्रकाशन की बुनियाद रख दी थी। उसकी पुस्तक का एकाध संस्करण तो नये, उदीयमान और यश:प्रार्थी कथाकारों में खप जाता था।

दोपहर को जब वीपीपी से भेजी गयी पुस्तकों का पैसा लेकर डाकिया सरस्वती प्रेस में नमूदार होता तो जमाली के इर्द-गिर्द बैठे चिरपिपासु लेखकों की आँखों में अलौकिक चमक आ जाती। पुस्तक अथवा प्रकाशन व्यवसाय की यह विशेषता है कि पुस्तक बिक जाये तो सोना है, न बिके तो रद्दी। उन दिनों जमाली के प्रकाशन पर सोने की बूँदाबाँदी होने लगी थी और वह इसी में टुन्न रहने लगा। किसी दिन जमकर बरसात हो जाती तो लेखकों को दावत दे देता। जमाली की मेज़बानी में पीने के दो लाभ थे। उसके यहाँ दारू के साथ-साथ मांस-मछली के लज़ीज़ व्यंजनों की भी व्यवस्था रहती। उसकी पत्नी के हाथ में ऐसा जादू था कि लोग अँगुलियाँ चाटते हुए खाने पर से उठते।

जमाली की शादी में मैंने जमाली के बड़े भाई की भूमिका अदा की थी। ज्ञानरंजन, दूधनाथ, नीलाभ और मैंने जमकर रम पी थी और यह सोचकर आज भी शर्मिन्दगी का एहसास होता है कि खाने के समय जब मैंने जमाली की साली से पानी मँगवाया तो गिलास की जगह उसका हाथ थाम लिया था। गिलास छन्न से फर्श पर फूट गया। वह शरीफ़ लड़की थी, हाथ छुड़ाकर भीड़ में खो गयी। कथाकारों के बारे में उसके मन में बहुत आवारा छवि बनी होगी और उसने सोचा होगा, उसके जीजा जी भी ऐसे ही निकलेंगे। अब वही जाने, उसके जीजा जी कैसे निकले!

जिन दिनों जमाली का तन और प्रकाशन शबाब पर था, उसने अपने यहाँ एक बढ़िया दावत का आयोजन किया। उन दिनों भैरवप्रसाद गुप्त, मार्कण्डेय और शेखर जोशी इस गिरोह के स्थायी सदस्य थे। यह उन दिनों की बात है जब अमरकान्त हिन्दी कहानी की प्रत्येक त्रयी को कहानी के कफ, पित्त और वात के नाम से पुकारा करते थे। अमरकान्त सूफ़ी महात्माओं की तरह सब व्यसनों से दूर थे, इसलिए अपने मित्रों की डार (पंक्ति) से बिछुड़ गये थे। शराब-कबाब की पार्टियों में न वह जाते थे, न कोई उन्हें बुलाता था। जमाली की दोस्ती फ़ुरसत पसन्द बुज़ुर्गों से ज़्यादा थी। बलवन्त सिंह 'सरस्वती प्रेस' में अकसर दिखाई देते, मगर सूरज ढलने के बाद परिन्दों के साथ-साथ घर लौट जाते।

जमाली से मेरा बहुत पुराना परिचय था। मैं उसे उन दिनों से जानता था, जब वह प्रिंस सतीश के नाम से कविताएँ लिखा करता था। बाद में वह सोनीपत में एटलस साइकिल फैक्टरी में काम करने लगा और बीच-बीच में दिल्ली आया करता था। साइकिल बनाने वाली कम्पनी से वह अचानक 'कहानी' में कैसे पहुँच गया, इसकी जानकारी मुझे आज तक नहीं है। यकायक उसने अपना चोला बदल लिया और प्रिंस सतीश से सतीश जमाली हो गया। भैरव जी की सोहबत का उस पर इतना असर हुआ कि अपनी एक कहानी में उसने छात्रों द्वारा पूरी सिविल लाइन्स जलवा कर राख कर दी थी। इस दंगे-फ़साद में 'सरस्वती प्रेस' का कार्यालय बच गया था या उसने किसी युक्ति से बचा लिया था। भला अपनी रोज़ी-रोटी पर कौन लात मारता है! जेठ की दुपहरी में वह 'सरस्वती प्रेस' के कार्यालय में मक्खी की तरह प्रूफ़ की ग़लतियाँ मारा करता था। वक़्त-ज़रूरत वह अनुवाद का काम भी करता था। उन दिनों उसने उर्दू के अनेक महत्त्वपूर्ण उपन्यासों का हिन्दी में अनुवाद किया था। वह प्रकाशक की हैसियत देखकर अनुवाद का पारिश्रमिक तय करता था। पारिश्रमिक के अनुरूप अनुवाद का स्तर रहता। एक बार किसी प्रकाशक ने उससे आठ आने प्रति पृष्ठ की दर से अनुवाद कराया, जमाली ने अनुवाद भी अठन्नी छाप किया। उसकी एक बानगी देखिए : अहमद की आँखों से आँसू बहने लगे का उसने अनुवाद किया—अहमद के नयनों से अश्रु बहने लगे। कुत्ते के पिल्ले का उसने तर्ज़ुमा किया, कुत्ते का पुत्र।

उस दिन जमाली के यहाँ अच्छा-ख़ासा जमघट था। पोलित ब्यूरो के सभी स्थायी सदस्य तो उपस्थित थे ही, मुझ जैसे दो-एक कथाकार विशेष अतिथि के रूप में आमन्त्रित थे। आमन्त्रित सदस्यों को देखकर पोलित ब्यूरो बहुत नाख़ुश हुआ। ले-देकर रम की एक ठो बोतल थी और प्यासों की संख्या बढ़ती जा रही थी। ग़नीमत यही थी कि मैं घर से ख़ाली पेट नहीं निकला था। मेरी माँ ने मुझे बचपन से ही सिखाया था कि किसी के भी घर ख़ाली पेट और ख़ाली जेब नहीं जाना चाहिए। उनकी

नसीहत में मैंने सुविधानुसार थोड़ी तरमीम कर ली थी। मैं दावत में भी ख़ाली पेट नहीं जाता था, उसमें अन्न के स्थान पर दारू ही क्यों न हो! मैं पहुँचा, तो महफ़िल उरूज पर थी।

उन दिनों भैरव जी का बहुत दबदबा था। अभी हाल में डॉ. विश्वनाथ त्रिपाठी ने उन्हें 'सोंटा गुरु' के नाम से याद किया है। भैरव जी नयी कहानी आन्दोलन के प्रमुख सम्पादक रहे थे और नये कथाकारों की एक समर्थ पीढ़ी उन्होंने तैयार की थी। भैरव जी कथाकारों के बीच उठते-बैठते तो उनकी क्लास ले लेते। विश्वनाथ त्रिपाठी ने ठीक ही लिखा है कि ''सोंटा गुरु की बात का कोई बुरा नहीं मानता था और पलटकर जवाब या तो नहीं देता था या जवाब देते समय खिसियानी मुद्रा बना लेता था—भैरव जी आप हैं, अब क्या कहूँ कोई दूसरा होता तो जवाब देता।''

सच तो यह है कि साठोत्तरी पीढ़ी ही एक ऐसी पीढ़ी थी, जो भैरव जी को न केवल पलट कर जवाब दे देती थी बल्कि वक़्त आने पर उनका विरोध भी दर्ज़ कराती रहती थी। वास्तव में साठोत्तरी पीढ़ी के प्रति भैरव जी एक विमाता की तरह व्यवहार करते थे। भैरव जी साठोत्तरी पीढ़ी को उच्छृंखल, व्यक्तिनिष्ठ और आधुनिकता से त्रस्त कुंठित एवं अमूर्त रचनाकारों की पीढ़ी मानते थे। हम लोगों ने भी भैरव जी के सामने कभी घुटने नहीं टेके। उनका डटकर मुक़ाबला किया। एक बार तो हम लोगों ने रातभर उनके घर के सामने धरना दिया था। इस घटना का मैंने ज्ञानरंजन पर संस्मरण लिखते हुए ज़िक्र किया था :

मैं और ज्ञान सिविल लाइन्स में टहल रहे थे कि अचानक दूधनाथ नमूदार हुआ। भैरव जी ने साठोत्तरी पीढ़ी के कथाकारों को हरामियों की पीढ़ी कह दिया था और वह इस बात से उत्तेजित था। वह ग़ुस्से में पत्ते की तरह काँप रहा था। उसने बताया कि अभी अमरकान्त, शेखर जोशी और मार्कण्डेय के साथ टहलते हुए भैरवप्रसाद गुप्त ने यह घोषणा की है।

''हम लोगों को फौरन से पेश्तर इस बात का माकूल जवाब देना चाहिए।'' दूधनाथ ने कहा, ''पूरी पीढ़ी का स्वाभिमान और अस्मिता दाँव पर लग गयी है। मैं अकेला पड़ गया वरना वहीं गिरेबान पकड़ लेता।''

ज्ञान हँसा, उसने कहा, ''दूधनाथ तुम संघर्ष करो, हम तुम्हारे साथ हैं।''

दूधनाथ इस प्रतिक्रिया से सन्तुष्ट नहीं हुआ। उसने कहा, ''इसका मुँहतोड़ जवाब देना चाहिए। आप लोग इस बात की गम्भीरता को नहीं समझ रहे हैं।''

''क्या करना चाहिए?'' ज्ञान ने पूछा।

''फ़ासिस्ट शक्तियों का डटकर मुक़ाबला करना चाहिए।'' ग़ुस्से में दूधनाथ का ख़ून खौल रहा था।

''क्या करना चाहिए?'' ज्ञान ने पूछा।

''माकूल जवाब देना चाहिए।''

ज्ञान ने दूधनाथ की शोचनीय स्थिति देखी तो तुरन्त नेतृत्व सँभाल लिया और बोला, ''चलो, ढूँढ़ते हैं उन लोगों को। अभी निपट लेते हैं।''

हम लोगों ने सिविल लाइन्स की तमाम सड़कें छान मारीं, लेकिन भैरव ऐंड पार्टी कहीं नज़र न आयी।

''मैं तो रातभर सो न पाऊँगा, अपमान की ज्वाला में जलकर राख हो जाऊँगा।'' दूधनाथ ने कहा।

''चलो भैरव का घेराव करते हैं।'' ज्ञान ने अपना फ़ैसला सुनाया, ''उन्हें अपने शब्द वापस लेने होंगे।''

तय पाया गया कि वहीं सिविल लाइन्स में भोजन किया जाये, उसके बाद हम तीन यानी ज्ञान, दूधनाथ और मैं भैरव का घेराव करें। रात के लगभग दस बज चुके थे जब हम लोग लूकरगंज स्थित भैरव दादा के निवास पर पहुँचे।

''कहानी के स्तालिन को जगाओ। कुछ हरामी उनसे मिलने आये हैं।'' ज्ञान ने ललकारा।

जवाब में घर की सारी बत्तियाँ गुल हो गयीं। हम लोग बाहर मैदान में घास पर बैठ गये और तय किया कि रात भर न सोएँगे न भैरव दादा को सोने देंगे। बीच-बीच में हम तीनों में से कोई-न-कोई पुकार उठता, ''भैरव प्रसाद गुप्त बाहर आओ।'' या ''हिम्मत हो तो बाहर आओ।''

लेकिन भैरव जी बाहर नहीं निकले। उनकी नींद में ख़लल ज़रूर पड़ा होगा। सुबह जब पेड़ों पर परिन्दे चहचहाने लगे तो हम लोगों ने अपना विरोध दर्ज़ कराते हुए धरना उठा लिया। मुझे याद नहीं उस रात हम लोगों ने धरना देने से पहले मद्यपान किया था या नहीं। नहीं किया होगा, क्योंकि उन दिनों एक दिन पीकर कई दिनों तक नशा रहता था। भैरव जी के लूकरगंज वाले घर की आज भी याद है। कुछ-कुछ मुम्बई के वर्सोवा और जुहू की तटवर्ती झुग्गी-झोंपड़ियाँ जैसा जहाँ देसी शराब की भट्ठियाँ पायी जाती थीं। जाने मेरे दिमाग़ में घर की ऐसी छवि क्यों बनी हुई है, जबकि लूकरगंज में समुद्र था, न नारियल के ऊँचे-ऊँचे पेड़।

जब मैं जमाली के यहाँ दावत में पहुँचा तो भैरव जी का प्रवचन चल रहा था। मेरे पहुँचने पर बातचीत में ख़लल पैदा हो गया। भैरव जी ने हिक़ारत से मेरी तरफ़ देखा, जैसे कट्टर मार्क्सवादी किसी घोर प्रतिक्रियावादी की तरफ़ देखता है। उन्होंने एक लम्बा घूँट भरा और मेज़ पर गिलास रखकर क्षणभर के लिए आँखें मूँद लीं। मेरा परिचय तो वह अपनी निगाहों से ही दे चुके थे। उसमें जो कसर रह गयी थी, उसकी भी क्षतिपूर्ति कर दी, ''देखो जी, यह हैं रवीन्द्र कालिया। मैं जब तक सम्पादक

रहा, इनकी एक कहानी न छपने दी। मैं इनका नाम देखते ही कहानी लौटा देता था।''

भैरव जी की बात सही थी। मैंने पंजाब से उनके पास अपनी दो-तीन कहानियाँ भिजवाई थीं। कहानी लौटने में उतना ही समय लगता था, जितना डाक को आने-जाने में लगता है। जब तक भैरव जी सम्पादक रहे, मेरी कहानियाँ नॉटी बाल (रबर का गेंद जो फेंकने पर दोगुने वेग से लौटता है) की तरह वापस आ जातीं। बाद में जब मैं अपनी उन्हीं दो-तीन अस्वीकृत कहानियों की पूँजी के साथ दिल्ली पहुँचा तो भैरव जी 'नयी कहानियाँ' से अलविदा होकर इलाहाबाद लौट चुके थे। भैरव जी के स्थान पर कमलेश्वर ने 'नयी कहानियाँ' की बाग़डोर सँभाल ली थी। मैंने अपनी तमाम अस्वीकृत कहानियाँ कमलेश्वर को सौंप दीं। कमलेश्वर ने सबसे पहले भैरव जी द्वारा अस्वीकृत मेरी कहानी 'नौ साल छोटी पत्नी' प्रकाशित की। वह 'नयी कहानियाँ' के उस अंक की प्रथम कहानी थी। उस कहानी के छपते ही मैं रातोरात नये कथाकार के रूप में स्थापित हो गया। देखते-ही-देखते अनेक भाषाओं में उसका अनुवाद हो गया। मैं उन दिनों 'भाषा' के सम्पादकीय विभाग से सम्बद्ध था, दरियागंज में दफ़्तर था। राजकमल प्रकाशन का कार्यालय भी वहीं दफ़्तर के पास था। अकसर कमलेश्वर बुलवा भेजते कि भोपाल से दुष्यन्त कुमार आये हैं या इलाहाबाद से लक्ष्मीनारायण लाल या गाज़ियाबाद से से.रा. यात्री, ये लोग आपसे मिलना चाहते हैं। ये लोग मेरी कहानी की चर्चा करते तो मुझे विश्वास न होता। भैरव जी की अस्वीकृति के सदमे से मैं जल्दी ही उबर गया। सबसे अधिक आश्चर्य तो तब हुआ जब रविवार की एक सुबह डॉ. देवीशंकर अवस्थी, अजित कुमार, विश्वनाथ त्रिपाठी, मलयज आदि 'नयी कहानियाँ' में छपा मेरा मॉडल टाउन का पता देखकर मिलने चले आये। मैं कभी उनको और कभी अपने को देखता। मालूम हुआ, विश्वनाथ त्रिपाठी पड़ोस में ही रहते हैं, उनकी और हमारे घर की दीवार मिली हुई थी। मेरे लिए वे अविस्मरणीय क्षण थे। सबसे ज़्यादा तो मार्कण्डेय के पत्र ने अचम्भे में डाल दिया जो उन्होंने 'माया' के बृहत् कथा विशेषांक के लिए कहानी आमन्त्रित करते हुए लिखा था। मुझे मालूम था मार्कण्डेय भैरव जी के गिरोह के सिपहसालार हैं। आज के कथाकार उस माहौल की कल्पना ही नहीं कर सकते। वह तो जैसे कहानी का स्वर्णयुग था—ज्ञान, दूधनाथ, काशी और मैंने दो-एक कहानियों से पहचान बना ली थी।

इलाहाबाद आने से पूर्व ही साठोत्तरी कथाकार के रूप में मेरी पहचान बन चुकी थी। मगर भैरव जी इतने वर्षों बाद भी मुझे कथाकार के रूप में स्वीकार न कर रहे थे। जमाली ने जल्दी से उनके लिए पेग तैयार किया कि कहीं बातचीत में कोई व्यवधान न आ जाये। भैरव जी ने अपनी बात जारी रखी, ''यह महाशय, उन दिनों

लुधियाना से कहानी भेजा करते थे।''

''लुधियाना से नहीं, जालन्धर से।'' मैंने उन्हें बीच में टोका।

''मोहन राकेश भी उन दिनों वहीं था। मैंने सोचा, यह उसी का कोई दुमछल्ला है।'' भैरव जी ने प्रश्नवाचक दृष्टि से मेरी ओर देखते हुए पूछा, ''कहोजी, मैं गलत कह रहा हूँ?''

''आप एकदम सही फ़रमा रहे हैं।'' मैंने जमाली से अपना पेग थामते हुए कहा, ''आप मेरी कहानियाँ लौटा देते थे, क्योंकि आप तब तक अप्रासंगिक हो चुके थे। मुआफ़ कीजिएगा, इसी वजह से आपकी नौकरी छूट गयी थी।''

महफ़िल में सन्नाटा खिंच गया। भैरव जी को चुनौती देने का साहस किसी में नहीं था और न ही भैरव जी ऐसा जवाब सुनने के अभ्यस्त थे। इलाहाबाद में अपनी लेखकीय उपस्थिति दर्ज़ कराने के लिए मुझे इलाहाबादी तेवर में इस नाज़ुक स्थिति से निपटना था। मुझे आशा थी कि मेरी बात सुनकर भैरव जी के झंडाबरदार मुझे दबोच लेंगे। मगर मार्कण्डेय ने मुँह पर हाथ रख लिया और बीच-बीच में कनखियों से मेरी तरफ़ देख लेते। बाक़ी लोग 'मज़ा तत्त्व' का रसपान कर रहे थे।

माहौल को अपने अनुकूल पाकर मैंने अपना हमला ज़ारी रखा, ''आप अपने-आपको बहुत बड़े प्रगतिशील चिन्तक, रचनाकार और सम्पादक मानते हैं, मगर आपकी कथनी और करनी में ज़मीन-आसमान का फ़र्क़ है। आप राशन का अमरीकी गेहूँ खाते हैं और कहानी लिखते हैं—''मैं पी.एल. 480 नहीं खाऊँगा'', ख़ुद भरपेट खाते हैं और अपने पात्रों को भूखा मार रहे हैं।''

मैंने देखा, मेरी बातों से लोगों का काफी मनोरंजन हो रहा था। भैरव जी भी इस आकस्मिक विस्फोट के लिए तैयार नहीं थे। वह सिगरेट का लम्बा क़श भरते हुए बोले, ''रुक क्यों गये जी, बकते जाइए।'' जमाली ने फौरन भैरव जी का पेग तैयार किया और उन्हें थमा दिया। भाई लोगों की कोशिश थी कि संवाद जारी रहना चाहिए। मैंने भी मन-ही-मन तय कर लिया था कि आज भीतर की सारी भड़ास निकाल दूँगा मैंने अपना लक्ष्य निर्धारित किया—'न डरौं अरि सौं, जब जाये लरौं, निश्चय कर अपनी जीत करौं।'

भैरव जी घूँट भर रहे थे और शेर की तरह गुर्रा रहे थे। उन्होंने सोचा होगा, उनके सिपहसालार थोड़ी ही देर में मुझे दबोच लेंगे और मैं दुम हिलाने लगूँगा। मगर सिपहसालार ख़ामोश थे, मेरी स्थिति भिन्न थी। मुझे इलाहाबाद में रहना था और इसी बिरादरी में रहना था और स्वाभिमानपूर्वक रहना था। मैंने मेज़ पर से रम की बोतल उठा ली और रैपर पढ़ते हुए बोला, ''किसी भी ज़िम्मेदार नागरिक का सिर शर्म से झुक जायेगा, जब उसे पता चलेगा कि हिन्दी कहानी का स्वनामधन्य शीर्ष सम्पादक मिलेट्री की कैंटीन से स्मगल की हुई रम पीता है। 'गंगा मैया' का प्रगतिशील लेखक

देश की बर्फ़ीली सीमाओं पर तैनात जवानों के हिस्से की रम पी जायेगा, मैं तो इसकी कल्पना भी नहीं कर सकता।''

मुझ पर झक सवार हो गयी थी। शराब मेरे सिर पर चढ़कर बोलने लगी थी। यह इलाहाबाद की ख़ासियत है कि यहाँ सबको सबके बारे में सबकुछ मालूम रहता है। बतरस यहाँ का मूल रस है। विश्वनाथ त्रिपाठी के शब्दों में इस बात को यों कहा जा सकता है कि 'जैसे घर में छोटे भाई की बहुत दिनों के बाद औलाद होने पर मनोरंजक बातें, खुसुर-पुसुर होती हैं, वैसे ही इलाहाबादी मित्र करते थे।' इसी खुसुर-पुसुर से मुझे पता चला था कि भैरव जी जितने प्रगतिशील हैं, उससे बड़े स्वर्ण प्रेमी हैं। वह हर माह सोना ज़रूर ख़रीदते हैं, चाहे एक ग्राम ही क्यों न ख़रीदें! भैरव जी के स्वर्ण प्रेम के बारे में स्वर्गीय वाचस्पति पाठक बहुत विस्तार से बताया करते थे। सुनारों के यहाँ मँडराते हुए उन्हें मैंने भी देखा था। रानी मंडी इलाहाबाद का झवेरी बाज़ार है, यहाँ छोटे-बड़े ज्वैलर्स के दसियों शो-रूम हैं और रानीमंडी में सोने के ज़ेवर बनाने वाले कारीगरों की दसियों दुकानें हैं। वे दिनभर राख फूँकते, जेवर बनाते और शाम को राख तक बेच देते। सुबह-सुबह बहुत से जमादार रानीमंडी की नालियों में स्वर्णकण ढूँढ़ते हुए मिल जायेंगे। चलनी में राख बीनने का काम दिन चढ़े तक चलता है। भैरव जी जब 'माया' के सम्पादक थे तो मुट्ठीगंज से सीधे साइकिल पर रानीमंडी की ओर चल देते। साइकिल पर ताला ठोंकते और किसी सुनार के स्टूल पर बैठकर घंटों बतियाते।

कई बार हम दोनों की देखा-देखी हो जाती, मगर दोनों देखकर भी अनदेखा कर जाते। वे सुनारों के यहाँ इतना छिपकर जाते, जैसे किसी तवायफ़ के यहाँ जा रहे हों। हमारी दुआ-सलाम भी न होती। कोठे का यही दस्तूर होता है। मुझे लगता है कि लगातार संघर्ष करते-करते असुरक्षा की भावना ने उन्हें स्वर्ण प्रेमी बना दिया था। शायद इसी असुरक्षा की भावना के तहत वह छद्‌म नाम से 'उसकी अँगड़ाई' जैसे फुटपाथी उपन्यास भी लिख दिया करते थे। ये तमाम बातें मुझे भैरव जी की शिष्यमंडली ने ही बताई थीं, मगर भैरव जी के सामने इन बातों का खुलासा करने का साहस किसी में नहीं था। अगर कभी भैरव जी रॉयल्टी के प्रश्न पर अपने प्रकाशक से भिड़ जाते तो उनके रवाना होते ही उनका प्रकाशक अत्यन्त रस लेकर वह क़िस्सा बयान करने लगता जब भारत-चीन युद्ध के दौरान भैरव जी ने अपना तमाम सोना उसके लॉकर में रखवा दिया था। इस बात की भनक पाठकजी को लगी तो उन्होंने प्रकाशक को सुझाव दिया कि जब शान्ति स्थापित होने पर भैरव जी अपना सोना माँगें तो मुकर जाना।

इस बात का इतना प्रचार हो गया कि यह नाटक देखने के लिए प्रकाशक के यहाँ लेखकों की भीड़ जमी रहती। भैरव जी आते और लेखकों के सामने अपनी

पोटली न माँग पाते। बैंक बन्द होने का समय होता तो लौट जाते। एक दिन वह घर से तय करके आये कि आज तो अमानत वापस लेकर ही लौटेंगे। वह प्रकाशक को अलग ले गये। योजना के अनुसार प्रकाशक ने वही किया जो पाठकजी के साथ तय था। "भैरव जी आप क्या कह रहे हैं, कौन-सा सोना? कैसा सोना?" भैरव जी लाल-पीला होते रहे और लेखक बन्धु इसका आनन्द लेते रहे।

शराब के नशे में मैंने यह प्रसंग भी खोलना शुरू कर दिया, मार-पिटाई शुरू हो, इससे पहले ही सतीश जमाली ने फौरन खाना परोस दिया। बोतल पहले ही दम तोड़ चुकी थी। हस्बेमामूल जमाली की पत्नी ने बहुत लज़ीज भोजन तैयार किया था। कमरे में देशी घी की सुगन्ध चुगली खा रही थी कि आज दिन में वीपीपी से काफी रकम घर में आयी है। साहित्य-चर्चा और चख-चख पर विराम लग गया। भैरव जी चुपचाप खाना खाते रहे। कमरे में ख़ामोशी थी।

दूसरे दिन सुबह-सुबह भैरव जी ने ममता को फ़ोन किया कि कालिया पर कुछ लगाम लगाओ, वह बहुत पीने लगा है। यह अच्छा लक्षण नहीं है। इसका सेहत पर बुरा असर पड़ेगा। सबसे बुरी बात तो यह कि वह पीकर बदतमीज़ी पर उतर आता है और छोटे-बड़े का भी लिहाज़ नहीं करता।

आज सोचता हूँ, भैरव जी ने सही सलाह दी थी। पीने के बाद मैं किसी गुस्सैल साँड की तरह बेक़ाबू हो जाता था। किसी से कुछ भी कह देता। लोग मेरी इस कमज़ोरी का फ़ायदा उठाने लगे। किसी दूसरे लेखक को सबक सिखाना होता तो मुझे मोहरा बना लेते। मैं बख़ूबी अपना फ़र्ज़ सरअंजाम देता।

इसी दौर में अमरकान्तजी के सम्पर्क में आया। यह कहना ग़लत न होगा कि गहन सम्पर्क में। वह उन दिनों 'मनोरमा' के संयुक्त सम्पादक थे और मित्र प्रकाशन का कार्यालय रानीमंडी से ज़्यादा दूर नहीं था। वह दफ़्तर से सीधे हमारे यहाँ चले आते और उनके साथ घंटों की नशिस्त होती। ममता और मैं इन्तज़ार करते कि अमरकान्त जी आएँ और हम लोग चाय पिएँ। सूर्यास्त के बाद मैं चाय नहीं पीता था। अमरकान्तजी टी-टोटलर थे। पीते नहीं थे, मगर पीने वालों के बीच सबसे ज़्यादा नशे में नज़र आते थे। धीरे-धीरे ये सम्बन्ध प्रगाढ़ होते चले गये। मैं सार्त्र, कामू, बैकेट आदि के प्रभाव में इलाहाबाद आया था, मैं अस्तित्व के बुनियादी दार्शनिक पहलू के बारे में ज़्यादा चिन्तित रहता था, अमरकान्त जी ने धीरे-धीरे मेरे हवाई क़िलों को ध्वस्त करना शुरू किया और मेरा विमान ज़मीन पर उतारने लगे। प्रगतिशील जीवन मूल्यों के प्रति उनकी गहरी आस्था थी, मगर मैं यह भी देख रहा था, कि उनके इन कामरेड साथियों ने संकट में कभी उनका साथ नहीं दिया था। उन लोगों ने भी नहीं, जिन्होंने उनकी

प्रारम्भिक पुस्तकें प्रकाशित की थीं। अमरकान्त जी में सन्तोष और धैर्य का समुद्र ठाठें मारा करता है। वे उन लोगों के बारे में भी कोई टिप्पणी नहीं करते थे, जिन्होंने उनकी पुस्तकें प्रकाशित की थीं और कभी रॉयल्टी नहीं दी थी। यहाँ तक की पीपुल्स पब्लिशिंग हाउस ने भी, जो भारतीय कम्युनिस्ट पार्टी का मुख्य प्रकाशन-गृह था, उनके प्रथम उपन्यास 'सूखा पत्ता' की रॉयल्टी न दी थी, प्रगतिशील मित्रों की बात तो दरकिनार। उन्हीं दिनों मैंने उन पर एक ग्रन्थ सम्पादित किया—अमरकान्त। वह इतना 'लो' की में रहते थे कि उनको हाशिये में डाल दिया था। अमरकान्त को लेकर अकसर मेरा अश्क जी से विवाद हो जाता। अश्क जी का मत था कि अमरकान्त संकोची, संकुल, संकुचित और संशयालु व्यक्तित्व के स्वामी हैं, मगर वह उनकी कहानियों के मुरीद थे। मुझे अमरकान्त हमेशा एक सन्त की तरह लगते—न काहू से दोस्ती, न काहू से बैर। रानीमंडी चौक में था, कोई लेखक चौक आता तो हमारे यहाँ ज़रूर चला आता। शाम को अकसर महफ़िलें सजतीं। बाहर से कोई लेखक आता तो वह भी रानीमंडी में ज़रूर दिखायी देता।

इसी प्रकार एक बार राजेन्द्र यादव अपनी किसी महिला मित्र के साथ इलाहाबाद पधारे। वह कुछ इस अन्दाज़ में आये थे जैसे इस क्षेत्र में भी उन्होंने मोहन राकेश और कमलेश्वर को मात दे दी है। अमरकान्त ने बातचीत के केन्द्र में केवल मन्नू भंडारी को ही रखा और राजेन्द्र को किसी दूसरे विषय पर आने ही नहीं दिया। इलाहाबाद के तौर-तरीक़े धीरे-धीरे मेरी समझ में भी आने लगे थे। अगर शाम को कोई लेखक रानीमंडी में नमूदार हो जाता तो अमरकान्त की वाग्विदग्धता का प्रमाण ज़रूर मिल जाता। इलाहाबाद की एक और ख़ासियत थी। बड़े से बड़ा लेखक भी निरभिमान रूप से नये लेखकों के यहाँ जाने-आने में संकोच न करता। अश्क जी तो अकसर हमारे यहाँ या दूधनाथ सिंह के यहाँ दिखायी देते। अश्क जी खुसरो बाग़ से पैदल ही चले आते। नरेश मेहता भी कभी-कभार आते। उन्होंने मार्क्सवादी चोला उतार फेंका था और वैष्णवी रंग में अपना चोला रँग लिया था। इसके बावजूद उन्हें मदिरापान में संकोच नहीं था। हम लोग कई बार पूरी शाम उनकी कविताएँ सुनते। प्रेम का ऐन्द्रिक स्पर्श भी उनकी कविताओं में रहता। दो-एक पेग के बाद तो नरेश जी का व्यक्तित्व प्रेम में सिक्त हो जाता। उनकी कविताओं से प्रेम की अनुभूतियाँ चूने लगतीं—टप-टप। एक बार नन्दनजी ने 'सारिका' के लिए उनका इंटरव्यू लेने को कहा। मैंने उन्हें आमन्त्रित किया। ह्विस्की की चुस्कियों के बीच उनसे बातचीत टेप कर ली गयी। उस शाम भी अमरकान्त उपस्थित थे। वह भी बीच-बीच में प्रश्न दाग़ देते। 'सारिका' में वह इंटरव्यू छपा तो उसकी व्यापक प्रतिक्रिया हुई। उस इंटरव्यू से नरेश जी के कोमल शान्त व्यक्तित्व की कई पर्तें अपने आप खुलती चली गयीं। कई लोग आहत भी

हुए, क्योंकि नरेश जी की वैष्णव छवि कहीं-कहीं खंडित होती थी।

यहाँ उस नशीले इंटरव्यू की एक बानगी पेश करना अप्रासंगिक न होगा :

कालिया : *नरेश जी, यह बताइए, इस उम्र में आपने जो प्रेम कविताएँ लिखी हैं, इसके पीछे क्या राज़ है?*

नरेश मेहता : कोई राज़ नहीं, (हँसते हुए) वैसे एक राज़ है इसमें। जैसे मरने से पहले या बुझने से पहले दिया भभकता है...

कालिया : *इतनी इंटेस प्रेम कविताएँ तो आपने युवावस्था में भी नहीं लिखी थीं?*

नरेश मेहता : युवावस्था में आदमी प्रेम करता है, प्रेम लिखता नहीं।

कालिया : *इन कविताओं को पढ़कर एक ख़ूबसूरत बंगाली महिला का चेहरा उभरता है?*

नरेश मेहता : मेरे सम्पूर्ण लेखन में एक बंगाली गन्ध ही तो है। और क्या है?

कालिया : *मत्स्यगन्धा?*

नरेश मेहता : हाँ, यह ठीक है। मत्स्यगन्धा। मैं एक बात बताता हूँ। देयर वाज़ अॅ लेडी। शी वाज़ बंगाली। मेरी दुर्भाग्य यह है कि...

कालिया : *कि बंगाल ही आकर्षित करता है?*

नरेश मेहता : ज़रूर, नॉन बंगाली शायद ही कोई महिला मेरे सम्पर्क में आयी हो।

कालिया : *आपकी पत्नी भी बंगाली है?*

नरेश मेहता : नहीं।

कालिया : *यह बताइए, पहला प्रेम आपने कब किया? उसका आपके साहित्य पर क्या प्रभाव पड़ा?*

(एक लम्बी आह भरते हैं।)

: *संकोच मत कीजिए। इस उम्र में आप उत्तर देंगे तो आपकी पत्नी नाराज़ नहीं होंगी।*

नरेश मेहता : मैं इस प्रश्न को यों कहना चाहूँगा कि पहला दूसरा कुछ नहीं होता। बस, सम लेडीज़ डिड ओब्लाइज मी। दे रियली एंरिच्ड मी आलसो।

कालिया : *कविताएँ पढ़कर यही लगता है कि कोई महिला है जो आज भी आपको उसी प्रकार हांट करती है।*

नरेश मेहता : आप स्वयं ही सोचिए, यदि आपने प्रेम के संगीत को समस्त

इन्द्रियों के साथ जिया है, तो क्या वह हांट नहीं करेगा?

कालिया : *प्रेम को सेक्स से आप कितना अलग मानते हैं?*

नरेश मेहता : मैं बिलकुल अलग नहीं मानता। अगर सेक्स नहीं है तो प्रेम नहीं है।

कालिया : *लेकिन शादी के बाद तो कठिनाई आ जाती है। सेक्स का ऐसा इस्तेमाल जो आप कह रहे हैं, क्या सम्भव है?*

नरेश मेहता : शादी के बाद अगर आप सेक्स के लिए किसी के पास जाते हैं तो आपसे बड़ा मूर्ख कोई नहीं, क्योंकि सेक्स का सुख स्त्री में नहीं है, आपमें है।

कालिया : *अच्छा?*

नरेश मेहता : प्यारे, सेक्स के स्तर पर वुमन इज़ मीनिंगलेस।

कालिया : *स्त्री अर्थहीन है। तब तो इसे आत्मरति ही कहा जायेगा?*

नरेश मेहता : तुम कुछ भी कहो, मुझे कोई आपत्ति नहीं, लेकिन यह सच है कि आई हैव टू वीकनेसेज़। वन इज़ म्यूजिक ऐंड द अदर इज़ बंगाली।...

कालिया : *हाँ तो आप एक बंगाली महिला के बारे में बता रहे थे?*

नरेश मेहता : शी वाज़ रीयली अॅ नाइस वुमन। शी वाज़ अॅ फ्रेंड ऑव माई वाइफ। बल्कि एक ज़माना तो यह था कि मैं और मेरी पत्नी अकसर उसके यहाँ जाते थे। मगर बाद में जब कभी मैं कलकत्ता गया, उसके यहाँ नहीं गया (थोड़ा रुककर) उस फूल को देखकर जो आनन्द प्राप्त होना था, हो गया। अब उसे क्यों तोड़ा जाये!

कालिया : *अब तो वह फूल मुर्झा चुका होगा।...तोड़ने से आपका क्या अभिप्राय है?*

नरेश मेहता : टु प्लक द वुमन इज़ सेक्स, टु रिस्पेक्ट द वुमन इज़ लव। स्त्री को आप आदर नहीं देते तो आपका सेक्स मैथुन होगा, सम्भोग नहीं।

कालिया : *सम्भोग से भी तो प्रेम उत्पन्न हो सकता है?*

नरेश मेहता : सम्भोग, प्रेम, कला, साहित्य, संस्कृति अगर आपको किसी तरीक़े से उदात्त नहीं बनाते, विराट नहीं बनाते, तो बकवास है। मेरी

पत्नी ने एक चीज़ को छोड़कर—संगीत को—मेरी समस्त लालसाएँ पूरी की हैं। फार मी वुमेन एज़ सेक्स हैज़ नो मीनिंग। मेरे बारे में मेरी पत्नी जानती है कि मैं कई लोगों के सम्पर्क में आता हूँ। बट शी नेवर डाउटिड मी। अब तो यह स्थिति आ गयी है कि...

कालिया : *कि आप सुरक्षित रूप से प्रेम कविताएँ लिख सकते हैं?*

नरेश मेहता : शी नोज़ एवरीथिंग।

कालिया : *लेकिन यह बहुत ख़तरनाक स्थिति है कि आप एक ओर पत्नी को पूरा आदर देते रहें, दूसरी ओर किसी अन्य महिला के बारे में भी अत्यन्त भावुकता से सोचते रहें और उसकी स्मृति में कविताएँ लिखते रहें?*

नरेश मेहता : मेरी पत्नी मुझ पर पूरा विश्वास करती है। (अपूर्ण)

नरेश जी के बारे में यह बताना भी ज़रूरी है कि वह अत्यन्त सात्विक जीवन जीते थे। लूकरगंज में उनका छोटा-सा आश्रमनुमा घर था। महिमा जी घर की इतनी साफ़-सफ़ाई रखती थीं कि वहाँ सिगरेट तक फूँकने में संकोच होता था। कुछ-कुछ ऐसा माहौल था जैसे किसी मन्दिर का होता है—उनके घर का नाम ही होना चाहिए था 'घर एक मन्दिर'। उनके यहाँ जाने पर लगता जैसे अभी-अभी नरेशजी पूजा से उठे हैं। उस माहौल में मद्यपान की तो कल्पना भी नहीं की जा सकती थी, जबकि लूकरगंज में ही भैरव जी का भी घर था। उनका घर भी सुव्यवस्थित था, मगर वहाँ अध्यात्म की धूपबत्ती नहीं जलती थी।

सत्रह

मुझे शराब ने ही नहीं, पत्रकारिता और साहित्य ने भी जंगल-भ्रमण करवाया। अशोक वाजपेयी से आप समहत हों या नहीं, मगर यह सच है कि उन्होंने बीच-बीच में जंगलों में भी साहित्य की धूनी रमाई है। सिविल सेवा के प्रारम्भिक वर्षों में उनकी तैनाती मध्यप्रदेश के दूर-दराज इलाक़ों में होती रही। आज से लगभग तीस वर्ष पूर्व उन्होंने लेखकों की प्रथम गोष्ठी सीधी के जंगलों में आयोजित की थी। वह उन दिनों सीधी के कलेक्टर थे। किसी अफ़सर को वनवास लेना हो तो इससे बढ़िया जगह नहीं हो सकती। मध्यप्रदेश के बहुत से इलाक़े आज भी रेलमार्ग से कटे हुए हैं, राष्ट्र की मुख्यधारा से अलग-थलग पड़े हैं। सीधी भी ऐसी ही एक वन्यस्थली थी। सीधी रीवाँ से लगा है और रीवाँ इलाहाबाद का पड़ोसी, मगर मध्यप्रदेश का नगर है। अशोक वाजपेयी की जंगल से निकलने की इच्छा होती तो वह इलाहाबाद चले आते। मेरा अशोक से कौटुम्बिक क़िस्म का रिश्ता कभी नहीं रहा, साहित्यिक सम्बन्ध शुरू से था, हालाँकि हम लोगों की दिशाएँ अलग-अलग थीं। वह आलोचना और काव्य के वृत्त से ताल्लुक़ रखते थे और मैं कहानी तक सीमित था। उन दिनों साहित्य में वैचारिक मतभेद ज़रूर थे, मगर इस तरह की ख़ेमेबाज़ी न थी। उन दिनों दिल्ली में तमाम लेखक वैचारिक मतभेद के बावजूद आपस में मेलजोल रखते थे। अशोक ज़्यादातर श्रीकान्त वर्मा, निर्मल, अशोक सेक्सरिया, महेन्द्र भल्ला, प्रयाग के साथ नज़र आते। ये लोग पढ़ाकू क़िस्म के अन्तर्मुखी लोग थे और मेरी आमदोरफ़्त राकेश, कमलेश्वर के यहाँ ज़्यादा थी। नामवर भी रूपवादियों के बीच ज़्यादा राहत महसूस करते थे। नेमिजी, सुरेश अवस्थी, नामवर सिंह में मित्रता थी।

उन दिनों निर्मल वर्मा, श्रीकान्त वर्मा, महेन्द्र भल्ला, प्रयाग शुक्ल आदि लड़कियों के झुंड की तरह सटकर चलते और बिरादरी से अलग-थलग रहने की कोशिश करते। निर्मल वर्मा की दुनिया बहुत मायावी थी, वह राकेश, कमलेश्वर के गद्य से भिन्न एक जादुई संगीतमयी भाषा और हिन्दी के लिए नितान्त नया सिंटेक्स विकसित कर रहे थे। श्रीकान्त वर्मा और महेन्द्र भल्ला भी प्रचलित रूढ़ियों से हट कर लिख रहे

थे। महेन्द्र भल्ला की कहानी 'एक पति के नोट्स' उन दिनों ख़ूब चर्चित हुई थी। राकेश, कमलेश्वर को इन लेखकों की एकान्तिक दुनिया से सख़्त एतराज़ था, उनका मत था कि ये लेखक बृहत्तर सामाजिक सन्दर्भों की अवहेलना कर जीवन से असम्पृक्त लेखन कर रहे हैं, जिनकी रचनाओं में सामाजिक सरोकार नहीं के बराबर हैं। उन दिनों अशोक अधिक लचीले थे, उतने पूर्वग्रही भी नहीं थे।

अशोक इलाहाबाद आते तो हम लोगों की भेंट होती, मिलकर मौज-मस्ती करते। बाद के वर्षों में अशोक वाजपेयी ने जम कर साहित्यिक राजनीति और ख़ेमेबाज़ी की। मैं कभी उनके खेमे में नहीं रहा, कहानी अथवा कथा साहित्य कभी उनकी चिन्ता का विषय नहीं रहा था, मगर इसके बावजूद हम दोनों के बीच कुछ ऐसा अदृश्य रिश्ता रहा कि कभी संवादहीनता की स्थिति नहीं आयी। सन् साठ के बाद हमारी दिल्ली में भेंट हुई थी और आज लगभग चालीस बरस के बाद भी हम पहले की तरह ही गर्मजोशी से मिलते हैं। सीधी में जब उन्होंने प्रथम आयोजन किया तो मुझे उनका निमन्त्रित करना अत्यन्त स्वाभाविक लगा। ममता उन दिनों मुम्बई में थी, उसे भी निमन्त्रण मिला। वह उन दिनों एस.एन.डी.टी. विश्वविद्यालय में पढ़ाती थी। होस्टल में रहती थी और ख़ूब ऊबती थी। अशोक की गोष्ठी का निमन्त्रण मिला तो बोरिया-बिस्तर उठाकर हमेशा के लिए इलाहाबाद चली आयी। तय हुआ था कि वह मुम्बई से सतना आयेगी, सतना स्टेशन पर मैं उसे मिलूँगा और हम दोनों को लेकर एक जीप सीधी पहुँचेगी।

अलग-अलग रमणीक स्थानों पर गोष्ठियों का आयोजन किया गया था। कहीं इन्तज़ाम में कोई त्रुटि न थी। कहा जा सकता है कि अशोक वाजपेयी शुरू से ही इन्तज़ामे आली थे। कहीं नाश्ता, कहीं बियर, कहीं लंच, कहीं मदिरापान तो कहीं डिनर। हम लोग जहाँ भी जाते, साये की तरह साहित्य साथ-साथ चलता। इस मंडली में नामवर सिंह, भारतभूषण अग्रवाल, नेमिचन्द्र जैन, श्रीकान्त वर्मा, कमलेश, धूमिल, काशीनाथ सरीखे लेखक थे। कहीं भी उबाऊ क़िस्म के लम्बे-चौड़े लेख नहीं पढ़े गये। अत्यन्त अनौपचारिक रूप से बातचीत चलती रही, साहित्य में विकसित हो रही नयी संवेदनाओं को रेखांकित किया गया। इसी शिविर में नये कवियों की रचनाओं के छोटे-छोटे संकलन प्रकाशित करने की योजना बनी। इस शृंखला का नाम खोजने में ही कई दर्ज़न बियर की बोतलें ख़ाली हो गयीं। अन्ततः 'पहचान' नाम पर सबकी सहमति हो गयी। अगर मैं ग़लत नहीं हूँ तो यह नाम मैंने ही सुझाया था। बाद में सीरीज़ ने सप्तक शृंखला की तरह ध्यान आकर्षित किया था और अनेक कवि इस शृंखला में शामिल होने के लिए लालायित रहते थे।

इसी शिविर में कमलेश जी से परिचय हुआ। एक ग़ायबाना परिचय पहले से

था। कमलेश जी लोहिया जी के निकटतम सहयोगियों में से रहे थे। कहीं-कहीं तो हम लोगों का काफ़िला रोककर लोहियावादी-समाजवादी युवजन उनका अभिनन्दन व माल्यार्पण करते थे। पूरे क्षेत्र में उनके आने की ख़बर फैल चुकी थी। कमलेश अत्यन्त साधारण रूप से रहते थे, लगभग फ़कीराना अन्दाज़ में चप्पल चटकाते हुए। एक दिन शाम को टहलते हुए मैंने उनसे पूछा,. "चिति की लीला में प्रतीक का प्रकार्य क्या होता है?"

"यह क्या है?" कमलेश जी ने पूछा।

मैंने बताया कि यह 'आलोचना' में प्रकाशित डॉ. रमेशकुन्तल मेघ के लेख का शीर्षक है। यह सुनकर कमलेश ने जो हँसना शुरू किया कि हम दोनों के पेट में बल पड़ गये। हम लोगों की जब भी आँखें मिलतीं, हँसी फूट निकलती। धूमिल से भी इस शिविर में पहली बार मुलाक़ात हुई, काशीनाथ सिंह से मैं इससे पूर्व मिल चुका था। भारत जी तो मेरे चचिया ससुर थे, मगर हम दोनों एक-दूसरे के सामने निस्संकोच धूम्रपान और मद्यपान करते। इस शिविर के दौरान हम लोगों ने जंगल का चप्पा-चप्पा छान मारा। कहीं किसी भटकी हुई नदी के किनारे बैठक हुई और कहीं किसी दूर-दराज डाक बँगले में। हर जगह पहले से प्रबन्धकों का अग्रिम दल मौजूद रहता।

उन दिनों अशोक वाजपेयी 'जगंल-जंगल पर्वत-पर्वत गाता जाये बनजारा' की स्थिति में थे। जब-जब प्रशासनिक स्तर पर उन्होंने यथास्थितिवाद और अनियमितताओं से लोहा लिया, स्थानान्तरण हो गया। उन दिनों अशोक प्रशासनिक अधिकारी के अकेलेपन की बात किया करते थे। एक सीमा तक व्यवस्था साथ देती, बाद में अकेला छोड़ देती, जूझ मरने के लिए। इसी क्रम में वह सीधी से टेढ़ी यानी सरगुजा भेज दिये गये। इस उठा-पटक से साहित्य में उनका अनुराग और भी गहरा हो गया था।

सरगुजा पहुँचते ही उन्होंने 'सन्तन' को सरगुजा आमन्त्रित किया। लगभग वही टीम वहाँ पहुँची। सरगुजा और भी दूरवर्ती क्षेत्र था। रेल की पहुँच वहाँ तक भी नहीं थी। एक लिहाज़ से अच्छा ही था। कच्चा जीवन यानी प्रकृति का आत्मीय साह्चर्य। यह सन् सत्तर के आस-पास की बात है। सरगुजा अत्यन्त दुर्गम स्थान था। किसी तरह हम लोग अम्बिकापुर पहुँचे। पहुँचने के बाद कोई समस्या नहीं। खाने-पीने और साहित्यिक जुगाली की उत्तम व्यवस्था। सरगुजा में उन दिनों छोटा-मोटा तिब्बत भी बसा था। तिब्बती शरणार्थियों के बीच भी हम लोगों ने एक भरपूर दिन बिताया।

उस शिविर में नेमिजी भी थे। उनके मुक़ाबले भारत जी कहीं अधिक देशज थे। नेमिजी विशिष्ट अतिथि थे, साहित्यिक और पारिवारिक दोनों दृष्टियों से। यहाँ वे रचनाकार के साथ-साथ मेज़बान के ससुर भी थे। उन दिनों निर्मल वर्मा की भाषा का जादू सिर चढ़ कर बोलता था। निर्मल ने हिन्दी को एक नया गद्य दिया था, नया

मुहावरा दिया था, रागात्मकता की नयी परिभाषा प्रस्तुत की थी। भाषा और गद्य के स्तर पर जितना परिष्कार और तोड़फोड़ निर्मल और श्रीकान्त वर्मा ने की थी, उससे गद्य में एक ताज़गी आ गयी थी। भाषा और संवेदना के स्तर पर एक नये संस्कार की सृष्टि हो रही थी। निर्मल वर्मा हिन्दी के पहले कथाकार थे जिनकी कहानियों के कई अंश मुझे लड़कपन में ग़ज़ल की तरह कंठस्थ थे। श्रीकान्त तो चलते-फिरते ज्वालामुखी थे, उनके भीतर से लावा की तरह कविता फूटती थी। वह देखने में जितने चुप्पे और अन्तर्मुखी लगते थे, अभिव्यक्ति में उतने ही प्रखर, बल्कि कभी-कभी उद्दंड हो जाते थे।

उन दिनों श्रीकान्त वर्मा 'दिनमान' के सम्पादकीय विभाग से सम्बद्ध थे और मैं भी उसी प्रतिष्ठान से लौटा था। एक गोष्ठी में श्रीकान्तजी ने बग़ावती क़िस्म का वक्तव्य दिया। उन्होंने धर्मवीर भारती पर भी कुछ आक्षेप किये। जब तक मैं 'धर्मयुग' में रहा, साहित्य और कला के पृष्ठ मैं ही देखा करता था। रचनाओं के साथ लेखकों के पत्र पढ़ने का अवसर भी अनायास मिल जाता था। श्रीकान्त ने अत्यन्त सधे ढंग से समकालीन परिदृश्य पर अपने विचार रखे थे, मगर मुझे उनके वक्तव्य और उनके भारती के नाम लिखे पत्रों में स्पष्ट विरोधाभास दिखाई दिया। नशे की झोंक में उनके वक्तव्य के बाद मैंने कह दिया कि श्रीकान्त जी की कथनी और करनी में बड़ा अन्तर है। लेखक से एक विषयगत ईमानदारी की अपेक्षा तो करनी ही चाहिए। श्रीकान्त जी ने गोष्ठी में जो विचार व्यक्त किये हैं, वह उनके उन विचारों से भिन्न हैं जो वह भारती जी को लिखते रहे हैं। गोष्ठी में सन्नाटा खिंच गया। भद्र समाज में जैसे मुझ जैसा कोई मूढ़ और गँवार अनधिकृत रूप से प्रवेश पा गया हो। श्रीकान्त का बहुत दबदबा था। श्रीकान्त जी ने मेरी बात का कोई उत्तर नहीं दिया, नेमि जी उनके बचाव के लिए सामने आये और उन्होंने मेरी स्थापना पर गम्भीर असहमति दर्ज कराते हुए इसे अत्यन्त दुर्भाग्यपूर्ण कहा। श्रीकान्त ऐसे श्रीहीन हो गये जैसे किसी ने छुई-मुई का पौधा छू दिया हो। अचानक वह उठे और बहिर्गमन कर गये, उससे अभिजात वर्ग के लेखकों के बीच मेरी स्थिति और भी दयनीय हो गयी। श्रीकान्त जी अपने कमरे में बन्द हो गये और अन्दर से सिटकनी भी लगा ली। कमरे की बत्ती भी बुझा दी। मुझे नेमिजी का हस्तक्षेप नागवार गुज़रा। बाद में इलाहाबाद लौटकर मैंने पत्र में अशोक से अपनी असहमति और नाराज़गी भी व्यक्त की। अशोक ने लिखा था कि मेरी शिक़ायत उन्होंने नेमिजी तक पहुँचा दी है।

कमलेश और श्रीकान्त वर्मा एक ही कमरे में ठहरे थे। कमलेश भी श्रीकान्त जी से ऐसे व्यवहार की अपेक्षा न कर रहे थे। मेरी तरह वह भी हतप्रभ थे। मुझे बहुत ग्लानि हुई कि मैंने बेवजह माहौल को बेमज़ा कर दिया। श्रीकान्त जी से मेरा पुराना

रिश्ता था। कई बार मैं उनके यहाँ नार्थ एवेन्यू में भी गया था। ये स्वयं बहुत तीखी टिप्पणियाँ करते थे। एक बार मैंने डॉ. मदान के हवाले से कहीं लिख दिया था कि श्रीकान्त बहुत अच्छे रचनाकार हैं, मगर बालों में इतना तेल क्यों चुपड़ लेते हैं! तब उन्होंने बुरा नहीं माना था। उनसे हल्की-हल्की छूट न मिली होती तो मैं अनौपचारिक रूप से कुछ भी कहने में संकोच करता।

श्रीकान्त जी के कमरे की बगल में ही हमारा कमरा था। कमलेश हमारे यहाँ बैठे रहे। उन दिनों कमलेश को पीने में संकोच नहीं था, बाद में तो सुना अत्यन्त शुचितावादी हो गये थे, खाना तक ख़ुद बनाने लगे थे। पहली ही मुलाक़ात में हमारी दोस्ती हो गयी थी। जब खाने की मेज़ पर भी श्रीकान्त न आये तो मुझे बहुत अपराधबोध हुआ। मैंने कमलेश से अनुरोध किया कि श्रीकान्त जी को खाने पर ले आयें, मगर उन्होंने कहा कि वह जोख़िम नहीं उठा सकते। हाथ में गिलास थामे मैं अपने को काफ़ी अटपटी स्थिति में पा रहा था, श्रीकान्त जी ठीक बच्चों की तरह रूठ गये थे। रूठे हुए बीवी-बच्चों को मनाना मुझे आज तक नहीं आया। आख़िर मैंने तय किया कि स्वयं जाकर उनसे भोजन करने का अनुरोध करूँगा। मैंने गिलास से ही उनका दरवाज़ा खटखटाया। भीतर कोई हलचल न हुई। मैंने दुबारा दरवाज़ा खटखटाया। इस बार अन्दर की बत्ती जली। कुछ देर बार श्रीकान्त जी ने दरवाज़ा खोला। वह शायद मुँह धोकर आये थे और तौलिये से पोंछ रहे थे। बिस्तर के पास ही उनका गिलास पड़ा था, जस का तस। मैं बिस्तर के पास पड़ी कुर्सी पर बैठ गया।

''मुझे अफ़सोस है कि मेरी बात से आपको तक़लीफ़ हुई।'' मैंने कहा।

श्रीकान्त जी ने अपनी उनींदी आँखों से मेरी ओर देखा। मैंने गिलास उठाते हुए उन्हें चियर अप किया—'चियर्स।' उन्होंने बेमन से गिलास उठाया और दो- एक घूँट लेकर रख दिया।

''चलिए, बाहर सब लोग भोजन पर आपकी प्रतीक्षा कर रहे हैं।'' मैंने कहा।

''चलिए।'' श्रीकान्त जी ने कहा और हम लोग खाने के कमरे में पहुँचे। तमाम लोग हम दोनों को सामान्य और साथ-साथ देखकर हैरान रह गये। मैंने श्रीकान्त जी को उनके मित्रों के हवाले किया और ख़ुद अपनी थाली लेकर वहाँ से हट गया। मुझे श्रीकान्त जी से कोई गिला नहीं था मगर नेमि जी का हस्तक्षेप बहुत खल गया था। दरअसल मैं दो-एक पेग के बाद प्राय: उन्मुक्त हो जाया करता था और ज़बान पर कभी सेंसर नहीं लगाया था। मगर किसी प्रकार का दुर्भाव मन में नहीं रहता था, शराबी के मन में रहता भी नहीं। शराब पीकर वह मुक्त हो जाता है—बेफ़िक्र। मैंने इस स्थिति का सदैव आनन्द ही उठाया, अगर तीर छोड़े तो सीने पर बर्दाश्त भी किये। मगर इस भद्र समाज का दस्तूर दूसरा था। जो मेरी फ़कीर तबीयत को रास नहीं आ रहा था।

शायद यही कारण है कि मैंने अपने जैसे फ़क्कड़ और मलंग दोस्तों के साथ ही अच्छी शामें बितायी हैं। बातचीत में कोई ऊँच-नीच हो गयी तो सुबह तक स्लेट साफ़। पिछली शाम का कोई हैंग-ओवर नहीं।

मैंने पाया था इन जंगल गोष्ठियों में मैं, काशी और धूमिल अपने को काफी कटा हुआ महसूस करते थे। अवकाश मिलते ही हम लोगों की अलग अन्तरंग बैठकें होती थीं। धूमिल से मेरा प्रथम परिचय इन्हीं जंगलों में हुआ था। उसके स्वभाव में भी एक फ़क्कड़पन था, जो बहुत अपना लगता था। बहुत सलीक़ेके बीच मैं रह ही नहीं सकता, बेचैन होने लगता हूँ। अकसर जब भी मैं किसी पाँच सितारा होटल में गया हूँ, सबसे पहले मेज़ पर से छुरी-काँटे ही हटवाये हैं और वह भी इस अन्दाज़ में कि आसपास की मेज़ों पर डटे सम्भ्रान्त लोग भी छुरी-काँटे का उपयोग करने में संकोच करने लगें। मेरी हरक़तों से कई बार तो मेरा मेज़बान भी परेशान हो उठा है। यहाँ पर अपनी अरुचियों और विकषर्णों यानी नादानियों का ज़िक्र करना अप्रासंगिक न होगा। इसकी मेरे पास ढेरों मिसालें हैं, मगर दो-एक की झलक पेश करने में हर्ज़ न होगा। क़ायदे क़ानून, सलीक़े और शिष्ट क़िस्म के लोगों से मेरी अन्तरंग मित्रता कम ही हो पाती है। अशोक वाजपेयी जैसे धाकड़ मित्र अपवाद हैं। उनमें राजा बेटा के ज़्यादा गुण नहीं, कुछ दुर्गुण भी हैं यानी वह डाइनिंग टेबिल पर भोजन करवाएँगे तो दरी पर बैठ कर दारू भी पिला सकते हैं। रश्मिी जी बहुत सुरुचिपूर्वक भोजन परोसती थीं। उनकी कोशिश रहती थी, खाने में कोई कमी न रह जाये। बग़ैर किसी चूक के स्वीट डिश की भी व्यवस्था रहती। जिन्होंने जीवन भर स्वीट डिश के नाम पर केवल गुड़ खाया हो उनके लिए उम्दा साज-सज्जा के साथ कस्टर्ड की भव्य उपस्थिति केवल कौतुक जगा सकती है। रश्मि जी ने एक बार कस्टर्ड को नन्ही बच्ची की तरह सजाया था। उसके ऊपर सुर्ख चैरी की टोपी रिबन की तरह आकर्षित कर रही थी। मैं कस्टर्ड के रूप लावण्य पर मुग्ध हो गया। इसे संयोग ही कहा जायेगा कि सबसे पहले मुझे ही स्वीट डिश पेश की गयी। मैंने कस्टर्ड तो लिया ही, तश्तरी में इठला रही चैरी का भी हरण कर लिया। कस्टर्ड की तश्तरी एकदम बेरौनक हो गयी। रश्मि जी का चेहरा उतर गया। मुझे बहुत अफ़सोस हुआ। अब मैं अपनी तश्तरी से उठाकर उसे दुबारा ट्रे में भी नहीं रख सकता था।

श्रीकान्त अपने लेखन में जितना दबंग और आक्रामक लगते थे, उनसे मिलकर विपरीत प्रभाव पड़ता था। मैंने उन्हें हमेशा अत्यन्त संकोचशील, दब्बू और विनम्र ही पाया। उत्तेजित होते तो बच्चों की तरह उनके गाल सुर्ख़ हो जाते। शुरू में मैं दिल्ली गया तो नार्थ एवेन्यू में उनकी बरसाती में बहुत समय बिताया करता था। उनकी रचना में उनका जो तेवर नज़र आता, वह मिलने पर दूर-दूर तक दिखायी न देता। अकसर वह अपने से ही जूझते दिखायी देते। मेरा उनसे गहन सम्पर्क कभी नहीं रहा, मगर

मैंने जब-जब संवाद किया, वह गर्मजोशी से मिले। आपात्काल में मैं ज्ञान की सलामती को लेकर चिन्तित था। मध्यप्रदेश का एक वर्ग इस कोशिश में था कि किसी तरह ज्ञान आपात्काल की चपेट में आ जाये। उसके ख़िलाफ़ सरकार के पास आये दिन अभियोग पत्र भेजे जा रहे थे। मैं दिल्ली गया तो हिमांशु जोशी से श्रीकान्त का फ़ोन नम्बर ले कर मिलाया। उन्होंने मश्वरा दिया कि 'पहल' का प्रकाशन स्थगित रखा जाये, क्योंकि दुश्मनों की निगाहें नये अंक पर टिकी हैं। 'पहल' उन दिनों मेरे प्रेस से ही मुद्रित होता था। सामग्री में ऐसा कुछ नहीं था, जो सत्ता की नज़र में आपत्तिजनक हो, मगर मैंने श्रीकान्त जी की राय मानकर 'पहल' का मुद्रण स्थगित कर दिया। ज्ञान ज़रूर भड़क गया, मगर मैंने इसकी चिन्ता न की। सुनयना जी को मैंने सारी स्थिति से ज़रूर अवगत करा दिया था।

इसके बाद मेरी श्रीकान्त जी से दो मुलाक़ातें हुईं। तब तक वह राजनीति के शिखर पर पहुँच चुके थे। इन्दिरा जी उन्हें पसन्द करती थीं और वह उन्हें राज्यसभा ले गयी थीं। वह मन्त्रिपरिषद् में भी शामिल हो गये होते, अगर एक ग़लतफ़हमी न पैदा हो गयी होती। इस बात को मेरे अलावा बहुत कम साहित्यिक बन्धु जानते होंगे। श्रीकान्त जी को भी इसकी जानकारी न होगी कि उनसे क्या ख़ता हो गयी कि उनको मन्त्रिपरिषद् में स्थान न मिला। वह पर्यटन और संस्कृति विभाग में राज्यमन्त्री होना चाहते थे। हो भी गये होते, मगर इस बीच किसी ने संजय गाँधी को ग़लत सूचना दे दी कि श्रीकान्त वर्मा न्यायमूर्ति जगमोहन सिन्हा के जाति भाई हैं। जब से इलाहाबाद उच्च न्यायालय के न्यायमूर्ति जगमोहन सिन्हा ने इन्दिरा जी के ख़िलाफ़ फ़ैसला सुनाया था, संजय गाँधी उनके समूचे समाज के विरुद्ध हो गये थे और इसके पीछे एक गहरा षड्यन्त्र देख रहे थे। मुझे इस बात की भनक जे.एन. मिश्र से लगी थी, जो उन दिनों संजय गाँधी के सबसे विश्वस्त व्यक्ति थे।

ए.आई.सी.सी में श्रीकान्त के निजी सचिव ओझा मेरे अज़ीज़ थे। उन्हीं दिनों कमलेश जी के माध्यम से श्रीकान्त जी ने मुझे बुलवाया था। उनसे मिलने के लिए मैंने ओझा को फ़ोन किया तो उसने बताया कि श्रीकान्त ने उसे पहले से ही आगाह कर रखा था कि मुझे इन्तज़ार न कराया जाये कि मैं बहुत पिनकू क़िस्म का आदमी हूँ। वह मीटिंग में भी हों तो मुझे भीतर भिजवा दें। मैं पहुँचा तो ओझा ने मुझे ठीक मीटिंग में भेज दिया। उस समय वह प्रेस को ब्रीफ़ कर रहे थे। सीताराम केसरी उनकी बगल में बैठे थे। संयोग से ज़्यादातर संवाददाता मेरे मित्र निकले और प्रेस क्लब में मेरे हमप्याला रहे थे। मुझे देखते ही तमाम पत्रकारों ने मेरा गर्मजोशी से स्वागत किया। श्रीकान्त थोड़ा सकते में आ गये कि मैं इन तमाम पत्रकारों को इतने अभिन्न और आत्मीय रूप से कैसे जानता हूँ! वह मुझे अलग ले जाकर बात करना चाहते थे, उन्होंने

दूसरे कमरे में चलने को भी कहा, मैंने उन्हें चिढ़ाने के लिए वहीं बैठना मुनासिब समझा। मैं जानता था, वह मुझसे क्या बात करना चाहते हैं। यह अन्दर की बात है, इसका खुलासा फिर कभी।

बाद में तो एक ऐसा भी अवसर आया कि जंगल में शराब का मंगल हो गया। हुआ यह कि एक दिन लखनऊ से अचानक संजय सिंह का फ़ोन आया कि शाम आठ बजे अमेठी से चलकर दस बजे तक इलाहाबाद पहुँचेंगे। दो पत्रकार भी साथ होंगे। भोजन हमारे यहाँ होगा। क़रीब दस बजे ये लोग पहुँचे। लखनऊ के दो पत्रकार थे—ओसामा तलहा और जगत वाजपेयी। दोनों के साथ उनकी 'बार' भी चल रही थी। उन्होंने बैग से बोतल निकाली और हम लोग चालू हो गये। हम लोग ठुमरी, दादरा और दारू में गर्क़ होते चले गये। सामन्ती पृष्ठभूमि के बावजूद संजय सिंह की तीनों में दिलचस्पी न थी—न दारू में, न ठुमरी में, न दादरा में। आधी रात को संजय सिंह अपने दोनों मित्रों को मेरे हवाले छोड़कर अपने ससुराल चले गये।

हम लोग रात भर सुरा और संगीत में धुत्त रहे। मालूम हुआ वे लोग संजय सिंह के साथ शिकार खेलने जा रहे हैं। बात-बात में उन पत्रकारों ने बताया कि अच्छा हुआ आपसे भेंट हो गयी, वरना हम किसी को संजय सिंह के नज़दीक नहीं होने देते। राज़ की ऐसी बात कोई शराबी ही दूसरे शराबी को बता सकता है। और रात भर में शराबियों की इतनी मित्रता हो गयी जैसे जन्म-जन्मान्तरों का साथ हो। सुबह जब संजय सिंह अपने मेहमानों को लेने आये तो उन्होंने घोषणा कर दी, अगर कालिया जी शिकार पर नहीं जाएँगे तो वे भी नहीं जाएँगे। बाद में तीनों का ऐसा दबाव पड़ा कि मुझे अपना पूरा काम अधूरा छोड़कर ममता को कॉलिज से छुट्टी दिलवाकर ज़िन्दगी की पहली और अन्तिम शिकार यात्रा पर निकलना पड़ा। चलने से पहले बियर, रम और ह्विस्की के क्रेट गाड़ियों में रखवाये गये, थोक में नमकीन ख़रीदा गया, येरा के गिलास और आइस बकेट से लैस होकर हम लोग शिकार अभियान पर निकल पड़े।

रात हम लोगों ने जंगल में टेंट लगाकर बितायी। सुबह उठे तो पानी का दूर-दूर तक नामोनिशान तक नहीं था। जाड़े के दिन थे, दाँत किटकिटा रहे थे। आख़िर तलहा ने ब्रश करने के लिए एक नायाब तरीक़ा निकाला। उसने बियर की एक बोतल खोली और हम लोगों ने बियर से ब्रश किया, बियर के कुल्ले किये। किसी को ध्यान ही नहीं आया कि गाड़ी में मिनरल वाटर का क्रेट भी रखा है। हम लोग जितने दिन शिकार पर रहे, यही क्रम चलता रहा। रात जहाँ कहीं भी पड़ाव पड़ता, पुआल के गद्दे बिछा कर सो जाते या बाहर खुले में अलाव जला कर अग्नि उत्सव मनाया जाता। रात को दो-तीन तेज़ हेडलाइट वाली जीपों के काफ़िले के साथ शिकार पर

निकलते। हिरण-हिरणियों और हिरण शावकों के झुंड के झुंड दिखायी देते। तेज़ रोशनी में वे ठगे से चित्रलिखित से ठिठककर खड़े हो जाते। कई जोड़ा स्वर्णजटित बिल्लौरी आँखें नन्हे-नन्हे हीरों की तरह जगमगातीं। कौन करता होगा प्रकृति के इस अनोखे चमत्कार का हनन, इन दिव्य आँखों का शिकार? हम तीनों अनाड़ी थे। जब भी किसी ने निशाना साधा, चूक गया। हिरणों का समूह सपरट भाग निकलता, जीप से भी तेज़ रफ़्तार से, कुलाँचे भरते हुए। शिकार सम्भव न हुआ, सम्भव ही नहीं था। उस रूपराशि को देखने में ज़्यादा सुख था। वे हिरण हमारे दोस्त हो गये थे। रात को कई बार मुलाक़ातें हो जातीं।

तय पाया गया कि हिरण का शिकार कायर लोग यानी संवेदनहीन शिकारी ही कर सकते हैं। हम लोग चीते का शिकार करेंगे। चीते के शिकार के लिए ऊपर पहाड़ी पर जाना था। अगले दिन हमारा लाव-लश्कर हथियारों और दारू से लैस होकर पहाड़ी पर पहुँचा। गाँव वालों की मदद से 'हाँका' का इन्तज़ाम किया गया। गाँव वालों ने चारों ओर से पहाड़ी को घेर रखा था और ढोल, कनस्तर, मंजीरा बजाते हुए पहाड़ी की घेराबन्दी कर ली गयी। हम लोगों ने शिकारियों की देख-रेख में हथियारों से लैस होकर मोर्चा सँभाल लिया था। शोर सुनकर पेड़ों पर कुहराम मच गया। परिन्दे जंगल में सन्नाटे की जगह कोलाहल सुनकर आकाश में भटकने लगे। पहाड़ी के बीचोबीच एक चश्मा था। ख़बर थी कि दोपहर को जंगल का राजा यहाँ पानी पीने आता है। आज जंगल के राजा का घिराव कर लिया गया था, वह न जाने कहाँ छिपकर बैठा था! मालूम नहीं पहाड़ी पर शेर था भी कि नहीं, था तो उस शान्तिप्रिय राजा ने उस रोज़ अपनी खोह में हुक़्क़ा गुड़गुड़ाना ही बेहतर समझा। थक-हार कर हम लोग अपने टेंट में लौट आये और बियर पीकर शिकार की क्षतिपूर्ति की।

सूर्यास्त से पूर्व हम लोग जब ख़रामा-ख़रामा पहाड़ी से उतर रहे थे कि ऊपर से शेर की दहाड़ सुनाई दी, जैसे चुनौती दे रहा हो। हवा में दो एक फायर किये गये। मगर शिकार का जोश ठंडा पड़ चुका था। शेर को प्राणदान देकर हम लोग उतर आये। अगले रोज़ फिर यही क्रम शुरू हुआ। शेर और हम लोगों के बीच लुकाछिपी का खेल चलता रहा। हफ़्ता-दस दिन हम जंगलों में भटकते रहे। जमकर तफ़रीह की। हम लोगों का स्कोर सिफ़र रहा, जबकि शिकारियों ने इस बीच कुछ हिरण और अन्य जंगली जानवरों का शिकार कर डाला था। हम लोगों के सूरमाओं ने मात्र एक साही का शिकार किया था। उसे तड़पता देख हम पश्चात्ताप करते रहे।

तमाम लोग फ़ुर्सत में निकले थे, मुझे एक-एक दिन भारी पड़ रहा था। मुझे अपनी क़िस्तों की चिन्ता थी, कर्मचारियों के वेतन का जुगाड़ करना था। ये

लोग थे कि मुझे छोड़ ही नहीं रहे थे। एक दिन मैंने तय कर लिया कि आज तो ज़रूर ही लौट जाऊँगा। शाम को सिर्फ़ एक बस जाती थी, जिससे जंगल से निकलकर मुख्यालय तक जाया जा सकता था। आठ-दस किलोमीटर की दूरी पर बस स्टॉप था। मेरे बहुत चिरौरी करने पर ये लोग मुझे बस स्टॉप पर छोड़ आये। बस स्टॉप भी क्या था, जंगल के एक छोर पर एक छोटी-सी पान तम्बाकू की दुकान थी, जिसमें मद्धिम-सी ढिबरी जल रही थी। भीतर एक बूढ़ा कम्बल ओढ़े अलाव ताप रहा था। उसने भी बस की प्रतीक्षा में दुकान खोल रखी थी। दुकान क्या थी; पान, बीड़ी, सिगरेट, कुछ नमकीन और गुड़ के मिष्ठान्न। रात हो गयी, मगर बस नहीं आयी।

"लगता है आज बस नहीं आयेगी।" अचानक बूढ़े ने सामान समेटना शुरू कर दिया और ताला ठोंक कर लाठी टेकते हुए अँधेरे में विलीन हो गया। अब उस निविड़ अन्धकार और साँय-साँय करते जंगल में मैं अकेला खड़ा था। वहाँ खड़ा रहना मुझे बहुत असुरक्षित लगा। मैंने अपना अटैची उठाया और बूढ़े के पीछे-पीछे चल दिया। अभी एकाध फर्लांग ही तय किया होगा कि अचानक किसी वाहन की तेज़ रोशनी दिखायी दी। मेरी जान में जान आयी कि बस तो आयी। मगर वह बस नहीं, जीप थी। अगली सीट पर तीनों यार बैठे थे, "कहिए मान्यवर, कहाँ की तैयारी है?" तलहा ने अपने सुपरिचित अन्दाज़ में पूछा। मैंने जीप में अपनी अटैची फेंकी और उनके साथ हो लिया। पता चला, आज कोई सवारी ही नहीं थी, बस कैंसिल हो गयी।

"हमारी इजाज़त के बग़ैर आप जंगल नहीं छोड़ सकते। साथ आये थे और साथ ही लौटेंगे।" संजय सिंह ने कहा।

अगले रोज़ फिर वही क्रम शुरू हुआ। बियर से मंजन और जिन से नाश्ता। शे'रो-शायरी, गाना बजाना, लतीफ़े और छींटाकशी। राजकुमार के सम्पर्क में राजयोग चल रहा था। अभी तक नपी-तुली दारू पी थी, यहाँ कोई बन्धन, कोई अभाव, कोई सीमा न थी। न बच्चों की शर्म, न बीवी का भय।

इसी यात्रा में हम लोगों को संजय सिंह के साथ उनकी ससुराल के फॉर्म पर जाने का इत्तिफ़ाक़ हुआ। रीवाँ और मिर्ज़ापुर की पहाड़ियों को छूता इलाहाबाद जिले का ही एक रम्य क्षेत्र। मुझे इससे पूर्व एहसास नहीं था, बहुत से लोगों को आज भी न होगा, कि इलाहाबाद में मेजा-पसना की तरफ़ ऐसा इलाक़ा भी है जहाँ प्राकृतिक निर्झर बहते हैं, चश्मे फूटते हैं। वहाँ फॉर्म हाउस पर हम लोगों ने डेरा डाला था। जाड़े के दिन थे। विशाल फॉर्म हाउस, पुआल के आठ इंची गद्दे। वहाँ पहुँचते ही सब लोगों ने अपने साथियों की नज़र से बचाकर पुआल के गद्दों के नीचे दारू की कुछ बोतलें आड़े वक़्त के लिए छिपा दीं।

एक दिन संजय सिंह के ससुर भी आ गये। फॉर्म हाउस में एक बड़ा-सा तालाब था। तालाब में मछलियाँ थीं। एक ख़ास प्रजाति की। उस दिन डिनर में वह विशिष्ट अतिथियों के लिए अपने तालाब की मछलियों के कुछ व्यंजन बनवाना चाहते थे। उनका आदेश मिलते ही दो-तीन सेवक उस कड़ाके की ठंड में तालाब में उतर गये। उन्हें नंगे बदन तालाब में जाल बिछाते देख हम लोगों की कँपकँपी छूट रही थी। उस दिन मछलियाँ ऐसे ग़ायब हुईं जैसे शादी में दामाद के जूते ग़ायब होते हैं। बहुत जुगत लगाने पर भी जाल में एक मछली भी नहीं फँसी। ठाकुर साहब को लगा, मछलियाँ उनकी अवज्ञा कर रही हैं। उनकी भृकुटि तनने लगी। उन्होंने आदेश दिया कि पम्प से तालाब का सारा पानी निकाल दिया जाये। हम लोग तालाब के किनारे अलाव सेंक रहे थे। देखते-देखते तालाब ख़ाली होने लगा। जब पानी एकदम कम रह गया तो देखा दर्जनों मछलियाँ पानी में उछल रही थीं। मनपसन्द मछलियाँ पकड़ ली गयीं, जो हाथों से छिटक-छिटक जा रही थीं। भोजन में उनका सालन परोसा गया। मुझसे खाया न गया। एक बेवक़ूफ़ भावुक ब्राह्मण की तरह दिमाग़ में तड़पती हुई मछलियाँ कूद-फाँद करती रहीं। दिन भर तो हम लोग पिकनिक में बिता देते, शाम को जब बावर्ची से पूछा जाता कि क्या बना है तो वह भी टके-सा जवाब देता, "सिकार बा।" तीतर-बटेर जो भी पक्षी फॉर्म हाउस की सरहद में घुसता, दुश्मन के विमान की तरह मार गिरा दिया जाता।

जब भी लखनऊ जाता, तलहा और जगत से भेंट होती। हम लोग प्रेस क्लब में बैठकर इन दिनों की याद किया करते। कुछ ही वर्षों बाद खुशवन्त सिंह के कॉलम में अचानक पढ़ा कि तलहा नहीं रहा। मेरे हाथ से गिलास छूट गया। वह पीलिया से चल बसा, उसका लिवर जवाब दे गया। मुझे भी ख़तरे की घंटी सुनायी दी। तलहा की तरह मेरी भूख भी मर चुकी थी। भूख न लगती तो तलहा कोई-न-कोई दवा तजवीज़ कर देता था और बेशर्मी से हँसा करता था कि आगे ख़तरा है। वह ख़तरे को जानते-बूझते भी उसकी चपेट में आ गया। यही हश्र जगत वाजपेयी का हुआ। दो वर्ष पहले 'कथाक्रम' के कार्यक्रम में गया था—लिवर बढ़ जाने की लम्बी यन्त्रणा झेल कर—कि ख़बर मिली जगत भी इस जगत से विदा हो चुका है। मेरे दो साथी शराब की नदी में बह गये थे। मैं भी बह गया होता मगर जैसे बहते को तिनके का सहारा मिल जाता है, किसी तरह बच गया। मरहूम दोस्तों की सूची में दो नामों का और इज़ाफ़ा हो गया। शराब से मैं वैसे ही भय खाने लगा जैसे रैबीज़ का रोगी पानी से भय खाता है। मुझे लगता

था अब मेरी बारी है। मेरे ज़ेहन में एक शे'र कौंध-कौंध जाता :

इक सवारी आयेगी, इक सवारी जायेगी,
बारी-बारी सबकी बारी आयेगी।

सचमुच आख़िर मेरी बारी भी आ गयी—और मौत दरवाज़ा खटखटाने लगी। उसकी आहट मैं स्पष्ट सुन रहा था। मेरी बूढ़ी माँ जब निरीह भाव से मेरे सूखते जा रहे बदन को देखती तो रीढ़ की हड्डी के नीचे सिरहन-सी दौड़ जाती।

मैंने अपनी आँखों से बहुत लोगों को शराब से तबाह होते देखा था, तिल-तिल कर मरते देखा था, मेरे तो बहुत से मित्र शराब में बह गये थे, बहुत से दोस्त नशे की गोलियाँ खाकर मौत की आगोश में सो चुके थे। इन मित्रों में लेखकों-पत्रकारों की संख्या अधिक थी। रचनाकारों को अगर शराब ने तबाह किया तो पत्रकारों को फोकट की शराब ने। फोकट की शराब ज़्यादा ख़तरनाक होती है, बेफिक्र करती है, निस्सीम बनाती है। प्रशासन, राजनीति और उद्योग जगत पत्रकारों के लिए ऐसी कारा बन जाता है कि वह इसी क़ैद में घुटकर रह जाते हैं। प्रशासन राजनीतिज्ञ और उद्योगपति पत्रकारों के आगे शराब का चारा परोसते रहते हैं। एक-से-एक प्रखर और प्रतिभासम्पन्न युवा पत्रकारों को मैंने इसका शिकार होते देखा है। लेखकों, पत्रकारों और बुद्धिजीवियों को धनपशुओं का आतिथ्य भी आसानी से उपलब्ध हो जाता है।

अठारह

अपने सम्पर्कों की दुहाई देने से भी आदमी कभी-कभी कीचड़ और दलदल में फँस जाता है। मैं तो कई बार फँसा हूँ, डीपीटी मुझसे भी ज़्यादा। डीपीटी तो ऐसी स्थितियों को भुना भी लेता था। एक बार एक अत्यन्त वरिष्ठ एवं विशिष्ट अधिकारी ने मुझे और डीपीटी को डिनर पर आमन्त्रित किया। उसे ख़बर लगी थी कि उनके विभाग के मन्त्री से हम लोगों की दोस्ती है। उन लोगों के यहाँ हमारा बहुत आदर-सत्कार हुआ। विश्व की उम्दा शराब पीने को मिली। वहाँ का माहौल बहुत औपचारिक और छुरी-काँटे वाला था। अफ़सरों की सुन्दर ख़ुशबूदार बीवियाँ अँग्रेज़ी हाँक रही थीं। इस माहौल में मुझे अपनी मौजूदगी अटपटी और सर्कस के जानवरों सरीखी लग रही थी। किसी से हँसी-मज़ाक भी नहीं किया जा सकता था। हम लोगों ने छककर मद्यपान किया, मगर सरूर का दूर-दूर तक अता-पता न चल रहा था, इससे ज़्यादा आनन्द तो किसी ढाबे पर हिन्दुस्तानी शराब पीने से आ जाता था। स्कॉच के नशे के थर्मामीटर का पारा बहुत मन्द गति से ऊपर चढ़ता है और उसी गति से नीचे आता है। तमाम अफ़सरों ने दो-दो तीन-तीन पेग पी कर डाइनिंग टेबिल के आसपास मँडराने लगे। मैंने सरूर महसूस होते ही उन लोगों को अपने मित्र नरेश कुमार शाद का शे'र सुनाया :

शाद वो लोग मय नहीं पीते
जो बग़र्ज़े सरूर पीते हैं
हम तो पीते हैं अपने अश्कों को
जामे मय तो हुजूर पीते हैं।

कुछ अफ़सरानियों ने शे'र में दिलचस्पी दिखायी तो डीपीटी ने शे'रों के ढेर लगा दिये। मेज़बान विचलित हो रहे थे कि भोजन के लिए विलम्ब हो रहा है। हम लोगों को बार-बार भोजन के लिए आमन्त्रित किया जा रहा था। डीपीटी झुँझला गया। उसने कहा, "आप लोगों को शायद मालूम नहीं, हम खाते-पीते

लोग नहीं, पीते-पीते लोग हैं।''

''आप भोजन करें, हमें अभी पीने दें।'' मैंने डीपीटी की हाँ में हाँ मिलायी। मेज़बान हतप्रभ। रात के ग्यारह बज रहे थे। मेस के बन्द होने का समय हो रहा था। डीपीटी गाने लगा :

ले उठ रहा हूँ बज़्म से मैं तिश्नगी के साथ
साक़ी मगर ये ज़ुल्म न हो अब किसी के साथ

लोगों ने घड़ी देखी और सब्र कर लिया। डीपीटी ने एक लोकधुन छेड़ दी, जिसे मैं सुन रहा था और भरपूर दाद दे रहा था। महिलाएँ बेचैन हो रही थीं, किसी की दिलचस्पी उस लोकगीत में न थी। किसी तरह हम लोगों को डाइनिंग टेबिल पर जाने के लिए तैयार किया गया।

''आप खाना खिलाना चाहते हैं तो पहले छुरी-काँटे उठवा दीजिए।'' डीपीटी ने कहा, ''कालिया जी को छुरी-काँटे से नफ़रत है।''

सफ़ेदपोश बैरों ने हाथों में दस्ताने पहन रखे थे। वे जल्दी-जल्दी छुरी-काँटे उठाने लगे। तमाम लोग कौतुक से हम लोगों को देख रहे थे। डीपीटी कुर्सी पर पसर गये थे मगर हाथों से नियन्त्रण छूट चुका था। उनकी हालत देखकर मेज़बान के बेटे ने उनके लिए खाना परोसा और अपने हाथ से खिलाने लगा। डीपीटी को भोजन स्वादिष्ट लगा। वह सिर हिलाते हुए भोजन का आनन्द लेने लगा। मेज़ पर दसियों पकवान लगे थे। मैंने एक तश्तरी में थोड़ी-सी सब्ज़ी ली, सलाद उठाया और कुर्सी पर बैठ कर खाने लगा। हम लोगों ने जी भर कर स्कॉच पी ली थी और स्कॉच का नशा मुझे हमेशा सुस्त छोड़ जाता था। मेरी तश्तरी देखकर मेज़बान की पत्नी सक्रिय हो गयीं, ''आप और क्या लीजिएगा?''

''और कुछ नहीं लूँगा।'' मैंने कहा, ''मैं एक ग़रीब मास्टर का बेटा हूँ, एक सब्ज़ी से ही खाना खाता हूँ। हमारे घर में बचपन से एक सब्ज़ी ही बनती थी।''

डीपीटी ने मेरी बात सुनी तो उसने भी घोषणा कर दी, ''मेरा बाप भी बहुत ग़रीब था। कलकत्ता में चाय का ढाबा चलाता था। मैंने बर्षों सिर्फ़ अचार से ही खाना खाया है। भई मुझे अचार से ही खाना खिलाओ। यह चिकेन-विकेन हम नहीं खाएँगे।''

वहाँ उपस्थित तमाम अधिकारीगण हतप्रभ होकर हमारी तरफ़ देखने लगे। उन्होंने लारेल हार्डी की ऐसी जोड़ी सिर्फ़ फ़िल्मों में देखी थी। महिलाएँ खी-खी कर हँसने लगीं।

''मेरा बचपन बहुत गुरबत में बीता है। हमारा और आपका क्या रिश्ता?''

डीपीटी बोला?

"ये महफ़िलें आपको मुबारक।" मैंने कहा।

अचानक डीपीटी अपनी आँखें पोंछने लगा। उसे किसी बात पर रुलाई आ गयी थी।

"क्या हुआ? वाट मेक्स यू क्राई।" एक सुन्दरी द्रवित हो गयी।

"मुझे अपनी बहन की याद आ रही है। मेरी बदक़िस्मत बहन। उसकी आँखें भी मेरी तरह बुझ चुकी हैं।"

मुझे भी पहली बार पता चला था कि डीपीटी की कोई बहन है और उसकी तरह आँखों से लाचार है। जाने डीपीटी को क्या सूझा कि अचानक अँग्रेज़ी पर उतर आया और ज़ोर-ज़ोर से एज़रा पाउंड की कविता का पाठ करने लगा :

वॉट दाउ लवेस्ट, वैल रिमेन्स,
द रेस्ट इज़ ड्रास,
वॉट दाउ लवेस्ट वैल
इज़ दाई ट्रू हेरिटेज
वॉट दाई लवेस्ट वैल
कैन नॉट बी बिरेफ़्ट फ्राम दी।
(जो कुछ चाहा, भली-भाँति
बस वही रहेगा,
शेष व्यर्थ है,
जो भी चाहा भली-भाँति
बस वही विरासत
जो कुछ चाहा भली-भाँति
वह चाव तुम्हारा चुरा नहीं सकता कोई।)

उस अधिकारी ने ज़िन्दगी में दुबारा ऐसे मेहमान न देखे होंगे। हम लोग कब और कैसे घर पहुँचे, इसका कोई इल्म नहीं। सुबह उठकर मैंने अपने को और डीपीटी को ख़ूब फटकारा कि हम लोग इस तरह की मेज़बानी के लायक़ नहीं हैं और क़सम खायी कि अपने सम्पर्कों की डुगडुगी नहीं बजानी चाहिए। न चाहते हुए भी लोग आपको अपने फन्दे में फाँस लेते हैं। मगर किसी ने ठीक ही कहा है कि आदतों से छुटकारा पाना आसान नहीं होता।

मैं ख़ुद ही अपने जाल में कई बार फँसा हूँ। जाल भी ख़ुद ही बुन लेता था। मेरी क़ुव्वते हज़्म, यानी हाज़मा शुरू से ही कमज़ोर रहा है। गरिष्ठ-से-गरिष्ठ भोजन तो पच भी जाता था, मगर बात नहीं पचती थी। आज भी नहीं पचती। ममता

इस लिहाज़ से शुरू से कहीं अधिक चुप्पी है। मैं मूर्खता की हद तक पारदर्शी हूँ। जब-जब बात पचाने की कोशिश की तो कब्ज़ हो गयी, जी मिचलाने लगा। जो मेरे दिल में है, उसे ज़ुबान पर आने में देर नहीं लगती। बहुत कोशिश करने पर एकाध घंटा ही बात पचा सकता हूँ और जब कोई बात नाक़ाबिले बर्दाश्त होने लगती है तो ममता से छुपकर किसी को फ़ोन घुमा देता हूँ। प्रायः सबको मालूम रहता है, मैं किसका मित्र हूँ और किसका अमित्र। यहीं जगजीत सिंह का प्रसंग याद आ रहा है।

इलाहाबाद में पहली बार जगजीत सिंह (सुप्रसिद्ध ग़ज़ल गायक) को आमन्त्रित किया गया था। सारा शहर आन्दोलित था। कार्यक्रम का पास प्राप्त करने की होड़ मची थी। कार्यक्रम का आयोजन 'प्रयाग महोत्सव' के नाम पर प्रशासन की तरफ़ से हो रहा था। लगता है अफ़सरों की बीवियों के अनुरोध पर कार्यक्रम का आयोजन किया गया था। तमाम पास प्रशासनिक और पुलिस अधिकारियों के बीच बँट गये थे। इलाहाबाद में पुलिस मुख्यालय, उच्च न्यायालय, शिक्षा निदेशालय आदि अनेक महत्त्वपूर्ण कार्यालय हैं। शहर में अधिकारियों की भरमार है। ऐसे में किसी भी महत्त्वपूर्ण कार्यक्रम के लिए प्रवेश-पत्र प्राप्त करने की मारा-मारी मची रहती है। कार्यक्रम का आयोजन मेहता संगीत समिति के हाल में किया गया था। हाल की क्षमता सीमित थी, मगर जगजीत के प्रशंसकों की संख्या असीमित। कार्यक्रम घोषित होते ही जगजीत के रिकार्डों और कैसेटों की बिक्री अचानक बढ़ गयी थी। वह ग़ज़ल गायकी की लोकप्रियता का प्रथम दौर था। हर कोई इस जुगाड़ में था कि किसी तरह जगजीत सिंह को रूबरू सुनने का अवसर प्राप्त हो जाये। जिन्होंने कभी ज़िन्दगी में ग़ज़ल न सुनी थी वह भी जगजीत को सुनने व देखने को आतुर थे। मेरे तमाम मित्र मेरे यहाँ जगजीत की ग़ज़लें और पंजाबी गीत सुन चुके थे। और मैं भी जगजीत के प्रति लोगों का अतिरिक्त उत्साह देखकर अपनी मित्रता की दुहाई देने लगा था। इलाहाबाद में जगजीत का कार्यक्रम घोषित हुआ तो सिर्फ़ दोस्त नहीं, उनकी पत्नियाँ, प्रेमिकाएँ और भौजाइयाँ भी समारोह में प्रवेश पाने के लिए मुझसे सम्पर्क करने लगीं। अब मैं किसी को क्या बताता कि जब से इलाहाबाद आया हूँ, मेरा जगजीत से सम्पर्क नहीं है। जगजीत का सबसे अधिक आग्रह साउंड सिस्टम पर रहता है, उसके प्रति आश्वस्त होने के बाद ही वह कार्यक्रम स्वीकार करता था। कुछ ऐसी ही तकनीकी विवशताओं के कारण कार्यक्रम हाल में रखा गया था, वर्ना श्रोताओं में इतना उत्साह था कि संगीत समिति का मुक्तांगन भर जाता, जिसमें हज़ारों लोग समा सकते थे। प्रवेश केवल आमन्त्रित लोगों के लिए खुला था और शहर के बहुत से रईसज़ादे पैसे खर्च करके भी प्रवेश-पत्र प्राप्त नहीं कर पा रहे थे, ज़्यादातर पास प्रशासन, पुलिस और पत्रकारों

और उनके चहेतों में ही बँट गये थे।

जगजीत मेरा कॉलिज के दिनों का साथी था। मुझसे एक-दो बरस जूनियर ही रहा होगा, मगर मैं तमाम लोगों को यही बताता था कि मेरा सहपाठी था। संगीत का शौक़ उसे कॉलिज के दिनों से था। मैं डी.ए.वी. कॉलिज स्टूडेंट्स काउंसिल का अध्यक्ष निर्वाचित हो गया तो अकसर अन्तर्विश्वविद्यालयीय संगीत प्रतियोगिताओं में भाग लेने के लिए वह मुझसे सम्पर्क करता। वह दूर-दूर से कॉलिज के लिए संगीत प्रतियोगिताओं से ट्रॉफी जीतकर लाता। अर्द्धशास्त्रीय संगीत के क्षेत्र में उसने प्रदेश के तमाम संस्थानों पर अपने और कॉलिज के झंडे फहरा दिये थे। कॉलिज के दिनों से ही वह संगीत को समर्पित हो गया था। शहर के पत्रकारों, कवियों और शायरों से उसकी मित्रता होना स्वाभाविक था। शाम को सब लोग कॉफी हाउस में इकट्ठा होते। पंजाबी कवियों और शायरों की कोशिश रहती कि जगजीत उनका कोई गीत और ग़ज़ल गा दे। सुदर्शन फ़ाकिर भी डी.ए.वी. कॉलिज का ही छात्र था। कृष्ण अदीब, शिवकुमार बटालवी, कुमार विकल, नरेश कुमार शाद, प्रेम बारबटनी वग़ैरह जालन्धर आते तो शाम को कॉफी हाउस में महफ़िल जमती। बाद में सुदर्शन फ़ाकिर और कृष्ण अदीब की कई ग़ज़लें बेग़म अख़्तर, रफी आदि विख़्यात कलाकारों ने भी गायीं। प्रेम बारबटनी ने फ़िल्मों के लिए भी गीत लिखे। बेग़म अख़्तर ने तो अपने अन्तिम दिनों में ज़्यादातर फ़ाकिर की ही ग़ज़लें गायीं। ये तमाम लोग कॉफ़ी हाउस जालन्धर की ही पैदावार थे। तब किसी ने कल्पना न की होगी कि ये लोग इतनी ऊँची उड़ान भरेंगे। उन दिनों तो हम सभी लोग साथ-साथ चप्पल चटकाते हुए आवारगी करते थे। फ़ाकिर का कमरा एक मुसाफ़िरख़ाने की तरह था, बाहर से आने वाले शायर लोग भी उसी में पनाह लेते थे। वहाँ हर वक़्त लंगर खुला रहता था, नीचे ढाबा था, कोई भी सीढ़ियाँ चढ़ने से पहले मनमुआफ़िक भोजन का आदेश कर आता था।

बाद में जब कई वर्ष बाद मैं मुम्बई से शादी के बाद जालन्धर पहुँचा तो पाया फ़ाकिर की जीवन-शैली में ज़्यादा परिवर्तन नहीं आया था। वह आकाशवाणी जालन्धर से स्क्रिप्ट राइटर के रूप में सम्बद्ध हो गया था। वह राजनीतिशास्त्र का विद्यार्थी था, मगर उसकी दिलचस्पी सिर्फ़ साहित्य में थी, साहित्य में कम सिर्फ़ ग़ज़ल में। उन्हीं दिनों हिन्दी के विख्यात कवि गिरिजाकुमार माथुर आकाशवाणी के केन्द्र निदेशक होकर जालन्धर आ गये थे। जिन दिनों मैं जालन्धर पहुँचा माथुर साहब और फ़ाकिर में ऐसी ठन चुकी थी कि दोनों एक-दूसरे के ख़ून के प्यासे हो गये थे। माथुर केन्द्र निदेशक थे और फ़ाकिर फ़कत स्क्रिप्ट राइटर। दोनों ने एक-दूसरे का जीना हराम कर रखा था। फ़ाकिर से ही मालूम पड़ा कि केन्द्र निदेशक उसे नौकरी से निकलवाने पर आमादा हैं। गिरिजाकुमार माथुर की भारती जी से बहुत पटती थी और भारती जी

ने मुझे उनसे मिलकर आने को कहा था। मैंने फ़ोन पर उनसे समय लिया। माथुर साहब ने उसी शाम मिलने की इच्छा प्रकट की, डिनर पर। मैं और ममता उनके यहाँ पहुँचे। सोचा, वक़्त मिलते ही फ़ाकिर की बात करूँगा और दोनों में सुलह सफ़ाई करवा दूँगा। हम लोग पहुँचे तो उनके बँगले की बत्ती गुल थी। उन्होंने बाहर लॉन में कुर्सियाँ डलवायीं और हम लोग बाहर आ बैठे। इस बीच उन्होंने कुछ कविताएँ लिखी थीं और वह एक नवोदित कवि की तरह कविताएँ सुनाने को मचलने लगे। उन्होंने अत्यन्त स्नेहपूर्वक शकुन्तला माथुर को बाहर मेज़ पर मोमबत्ती जलाने को कहा और वह टॉर्च की रोशनी में भीतर गयीं और मोमबत्ती का स्टैंड उठा लाईं। साथ में वह अपनी कविताओं की भी कापी उठा लायीं। मुझे मच्छर बहुत काटते हैं, अभी काव्यपाठ शुरू नहीं हुआ था कि मुझे मच्छरों ने सताना शुरू कर दिया। कभी बाँह पर काट जायें और कभी पैरों पर। माथुर जी अत्यन्त तन्मयता से काव्य पाठ करने लगे मगर मेरे कान में मच्छर भिनभिना रहे थे। मैं कभी बाँह पर हाथ मारता, कभी पैर पर, कभी कान पर से मच्छर उड़ाता। उस दिन मच्छर भी जैसे मेरे पीछे पड़ गये थे। माथुरजी को इसकी परवाह नहीं थी, वह धाराप्रवाह एक के बाद दूसरी कविता सुनाते रहे। कैंडिल लाइट जब मद्धम पड़ने लगी, माथुर जी ने टॉर्च जलाकर कविताएँ पढ़ना जारी रखा। हम लोगों ने जी भर कर कविताएँ सुनीं। माथुर साहब ने इतनी कविताएँ सुना दीं कि शकुंतला जी ने अपनी कविताएँ सुनाने का इरादा तर्क कर दिया। अच्छा ही किया। मैंने मन-ही-मन उनके निर्णय की दाद दी। इस बीच बत्ती आ गयी थी और वह डाइनिंग टेबिल पर भोजन परोसने लगीं। मुझे लगा, वह गृहिणी पहले हैं और कवयित्री बाद में। हो सकता है उन्होंने लक्षित कर लिया हो कि मेरा ध्यान कविताओं पर कम मच्छरों पर ज़्यादा था। माथुर साहब तरंग में थे। काव्य पाठ के बाद वह सस्वर गीत सुनाने लगे। इस बीच मोमबत्ती जमकर मोम हो चुकी थी, मगर माथुर साहब की कविताओं का क्रम भंग न हुआ।

बीच में मौक़ा पाते ही मैंने फ़ाकिर का ज़िक्र किया तो वह तमाम शायरी भूलकर उसका कच्चा, चिट्ठा खोलने लगे कि वह तो शराब पीकर स्टूडियो में चला जाता है। उसने और उसके कुछ आवारा साथियों ने आकाशवाणी का माहौल दूषित कर रखा है, मगर वह भी उसे सबक सिखा कर ही रहेंगे। तभी उन्हें अपनी कुछ भूली-बिसरी पंक्तियाँ याद आ जातीं हैं तो वह फ़ाकिर को भूल जाते हैं। मैंने अनेक बार कोशिश की कि उन्हें फ़ाकिर के बारे में बताऊँ कि वह एक फ़कीर आदमी है, नौकरी भी उसके लिए महज़ शगल है। नौकरी उसकी प्राथमिकता रही है न आवश्यकता। वह एक अत्यन्त समृद्ध परिवार से ताल्लुक़ रखता था। जालन्धर में ही उसकी बहन की आलीशान कोठी थी, पिक्चर हाउस था, फॉर्म था। उसके पिता फ़ीरोज़पुर के जाने-

माने डॉक्टर थे और सिविल सर्जन थे। समूचा परिवार उसकी शायरी से परेशान रहता था, मगर माथुर साहब की निगाह में वह फ़कत स्क्रिप्ट राइटर था। उन्हें शायद यह भी मालूम नहीं था कि वह उर्दू का एक उभरता हुआ शायर था। शायर भी ऐसा जो न अपनी रचनाएँ कहीं छपने भेजता था और न किसी मुशायरे में जाता था, मगर पंजाब भर के शायरों का वह चहेता शायर था। उन्होंने भी उस समय कल्पना न की होगी कि एक दिन देश के मूर्द्धन्य गायक उसकी ग़ज़लों को अपनी आवाज़ देंगे। मैंने खाने की टेबिल पर भी दो-एक बार फ़ाकिर का ज़िक्र किया, मगर माथुर साहब उसका नाम सुनते ही भड़क जाते। अन्त में शाायद उन्होंने फ़ाकिर को नौकरी से निलम्बित भी करा दिया था। एक लिहाज़ से यह फ़ाकिर के लिए अच्छा ही हुआ और वह आकाशवाणी की टुच्ची राजनीति और संकीर्ण दुनिया से बदज़न हो कर मुम्बई रवाना हो गया। जब तक फ़ाक़िर मुम्बई पहुँचता, मैं वहाँ से इलाहाबाद के लिए रवाना हो चुका था। वह दिन और आज का दिन, फ़ाकिर की मुझसे फिर भेंट न हुई।

मुम्बई में मेरी जगजीत से अकसर कहीं-न-कहीं भेंट हो जाती। वह उसके संघर्ष का दौर था। मुम्बई में रोज़ देश भर से सैकड़ों कलाकार आते हैं, मगर सफलता कुछ एक को ही हासिल होती है। ज़्यादातर लोग बर्बाद होकर या टूटकर वापस लौट जाते हैं या वहीं संघर्ष करते हुए तबाह हो जाते हैं। जगजीत सिंह के लिए वे परीक्षा के दिन थे। एक दिन लोकल में उससे भेंट हो गयी। वह बहुत परेशान दिखायी दे रहा था। उसके पास आवास की सन्तोषजनक व्यवस्था न थी। उसने कहा कि मैं किसी लॉज में उसे जगह दिलवा दूँ। तब तक मुम्बई में मेरे पैर जम चुके थे। शिवाजी पार्क में रानडे रोड पर हमारे घर के सामने ही एक लॉज थी। मेरे दोस्त ओबी का उस लॉज के मालिक से दोस्ताना था। मैंने वादा किया कि उसके आवास की व्यवस्था कर दूँगा। ओबी ने चुटकियों में उसकी समस्या हल कर दी। तब तक न मुझे और न ओबी और न उस लॉज मालिक को एहसास था कि यही जगजीत एक दिन मुम्बई क्या, पूरे देश का लाडला बन जायेगा। मुम्बई में ट्रेन में ही उससे कभी-कभार मुलाक़ात हो जाती और उसकी ख़ैरियत मिल जाती।

इलाहाबाद में जगजीत का कोई नया रिकार्ड आता तो रेखी साहब फ़ोन पर मुझे इसकी सूचना देते। मैं उसी समय सब कामकाज बीच में छोड़कर जानसेनगंज 'रेखी ब्रदर्स' के शो-रूम में पहुँच जाता। रेखी साहब ने मुझे अनेक दुर्लभ रिकार्ड उपलब्ध करवाये थे, उनमें फ़ैज़ अहमद 'फ़ैज़' के भी रिकार्ड थे। वह शहर के सबसे प्रतिष्ठित संगीत विक्रेता थे। सन् चौरासी के दंगों में दंगाइयों ने उनकी दुकान को आग लगा दी और दुकान पर लूट-पाट भी हो गयी। मैं उन दिनों दिल्ली में था, लौटकर आया तो ग्लानि हुई और सदमा लगा कि साम्प्रदायिकता की आग में संगीत के एक पारखी

को भी साम्प्रदायिक जुनून का शिकार होना पड़ा। रेखी साहब का मन इस धन्धे से उचट गया और उन्होंने इस व्यवसाय को ही छोड़ दिया। रेखी साहब की मदद से मैंने बेग़म अख़्तर, सहगल, जगजीत सिंह वग़ैरह के तमाम रिकार्ड हासिल कर लिये थे। उन दिनों स्टीरियो सिस्टम नया-नया बाज़ार में आया था। रेखी साहब ने मुझे 'गेरर्ड' का चेंजर और 'सोनोडाइन' के स्पीकर दिलवाये थे। जगजीत का रिकार्ड बजता तो तमाम कमरे में धुएँ की तरह उसकी आवाज़ भर जाती। मैं हर मिलने-जुलने वाले को ध्वनि का यह अद्‌भुत चमत्कार दिखाता। एक स्पीकर पर आवाज़ आती और दूसरे से वाद्ययन्त्रों की धुनें उठतीं। उन दिनों स्टीरियो पर ग़ज़ल सुनने का आनन्द ही दूसरा था। अब तो ख़ैर वह सिस्टम पुराना पड़ चुका है, लुप्तप्राय हो चुका है, उसका स्थान सीडी सिस्टम ने ले लिया है, और मेरी मेहनत से तैयार की गयी संगीत की लायब्रेरी अप्रासंगिक हो चुकी है और वे रिकार्ड अलमारी में धूल चाट रहे हैं, जिन्हें मैं किसी को छूने भी न देता था। अब डिज़िटल रिकार्डिंग का ज़माना है।

शहर में जगजीत सिंह के कार्यक्रम का प्रवेश-पत्र प्राप्त करने की होड़ मच गयी थी, मगर मेरे मित्र आश्वस्त थे कि मेरे रहते उन्हें कार्यक्रम में प्रवेश पाने में कोई दिक़्क़त न होगी। अब तक मैं अपने और जगजीत के सम्बन्धों की इतनी डुगडुगी पीट चुका था कि मेरे लिए भी हामी भरने के अलावा कोई चारा न था। एक सोये हुए निश्चेष्ट सम्बन्ध को यकायक सक्रिय करना मुझे अटपटा व दुःसाध्य कार्य लग रहा था, मगर मेरे सामने कोई दूसरा विकल्प न बचा था। मैंने ख़ुद ही अपना सिर ओखली में दिया था।

मैंने अपने पत्रकार मित्रों को ताक़ीद कर दी कि वह जगजीत के शहर में उतरते ही सूचना दें कि वह किस होटल में रुका है। दोपहर बाद सूचना मिली कि उसके ठहरने की व्यवस्था हाईकोर्ट के सामने एक होटल में की गयी है। उसके दल-बल सहित होटल में पहुँचते ही मैंने अधिकारपूर्वक होटल का फ़ोन मिलाया। होटल के जितने नम्बर थे, सब व्यस्त हो गये थे। फ़ोन घुमाते-घुमाते अँगुलियाँ थक गयीं। घंटी जाती भी तो पता चलता ग़लत नम्बर मिल गया है। कोई आध घंटे के संघर्ष के बाद होटल का फ़ोन मिला।

''हैलो, होटल विश्रान्त।''

''जगजीत सिंह यहीं ठहरे हैं?'' मैंने पूछा।

''हाँ, अभी आराम फरमा रहे हैं।''

''मैं रवीन्द्र कालिया बोल रहा हूँ, उनका दोस्त। उन्हें फ़ोन दीजिए।''

''इस समय मुमकिन नहीं।'' उधर से बेरुख़ी से किसी ने कहा।

मुझे बहुत तेज़ गुस्सा आया, ''आप समझ नहीं रहे हैं। मैं उसका बचपन का

दोस्त हूँ। उसे फ़ोन दीजिए।''

''सॉरी सर।'' उसने कहा और फ़ोन रख दिया।

मैं दुबारा फ़ोन मिलाने में जुट गया। इस बार बहुत आसानी से फ़ोन मिल गया। देर तक घंटी जाती रही, किसी ने फ़ोन नहीं उठाया। बहुत देर बाद किसी ने जैसे अनिच्छापूर्वक फ़ोन उठाया, ''होटल विश्रान्त।''

''फ़ोन पर आने के लिए शुक्रिया।'' मैंने कहा, ''ज़रा जगजीत सिंह को फ़ोन दीजिए।''

''आप कौन साहब बोल रहे हैं?'' किसी ने तमीज़ से पूछा।

''रवीन्द्र कालिया।'' मैंने संक्षिप्त जवाब दिया, जैसे यह किसी तोप का नाम हो, जो इसे नहीं जानता वह महामूर्ख है।

''उनसे क्या कहना होगा?''

''नाम बताना काफी होगा।''

''मुआफ़ कीजिए आप कौन हैं?''

''मैं उनका दोस्त हूँ।''

''अब तक उनके बीसियों दोस्तों, अंकलों, आंटियों के फ़ोन आ चुके हैं। शहर में उनकी कोई रिश्तेदारी नहीं।''

''मैं रिश्तेदार नहीं, दोस्त हूँ, उन्हें फ़ोन दीजिए, वर्ना...।''

''वर्ना क्या?''

''अपना नाम बताइए।''

''क्या कर लेंगे आप। कह दिया न कि वह किसी से बात नहीं करेंगे।'' मेरा जवाब सुने बग़ैर उसने फ़ोन रख दिया।

मैंने बहुत बेबसी से ममता की तरफ़ देखा। वह भी मेरी विडम्बना समझ रही थी।

''बोतल लाओ।'' मैंने कहा। हर शिक़स्त के बाद मुझे बोतल ही सहारा देती थी। जब तक मैं पेग ढालता फ़ोन बजता रहा। मेरे मित्र लोग मुझसे ज़्यादा बेचैन हो रहे थे। हर कोई यह पूछता, ''कब चलेंगे?''

मेरी स्थिति अत्यन्त हास्यास्पद होती जा रही थी। सूरज डूब चुका था। वैसे भी यह मेरा कारसेवा का समय होता है। ऐसे में मैं किसी भी बाह्य हस्तक्षेप से गुरेज़ करता था। लग रहा था, आज की शाम बर्बाद हो जायेगी। मैंने ममता से कहा, सबसे संगीत समिति के गेट पर मिलने को कहो। दूसरों की बात दरकिनार वह ख़ुद चलने के लिए बेक़रार हो रही थी। मैंने जल्दी से दो-एक पेग चढ़ाये और ममता से कहा, ''वहीं होटल में जाकर मिलते हैं।''

होटल पहुँचे तो बाहर लोगों का भारी हुजूम था। पुलिस लग गयी थी और

भीड़ को नियन्त्रित कर रही थी। गेट के पास ही पुलिस की एक जीप खड़ी थी। संयोग से उपनगर अधीक्षक उसमें बैठे थे, जो मेरी पहचान के निकल आये। उन्होंने एक सिपाही साथ कर दिया, जिसने होटल का गेट खुलवाकर हमें भीतर कर दिया। भीतर भी लोगों की अच्छी-ख़ासी भीड़ थी। भीतर पहुँचकर लगा जैसे कोई क़िला फ़तेह करके यहाँ तक पहुँचे हैं। भीतर लड़के-लड़कियों और शहर के प्रभावशाली लोगों की भीड़ थी। अफ़सरों की बीवियाँ, उनके चमचे और अख़बारों के संवाददाता और छायाकार मुस्तैद नज़र आ रहे थे। एक कमरे के सामने छायाकारों की भीड़ देखकर सहज ही अनुमान हो गया कि वी.आई.पी. उसी कमरे में हैं। कमरे के किवाड़ बन्द थे। मुझे एक प्रशंसक की तरह वहाँ लाइन में लगना बहुत अपमानजनक लग रहा था। मगर इसके अलावा और कोई चारा भी न था। मुझे यह एहसास होते देर न लगी कि वह अब पुराना जगजीत सिंह नहीं रहा, वह एक स्टार बन चुका है। उसके कमरे के किवाड़ ऐसे बन्द थे कि वह कभी खुलेंगे ही नहीं और वह छत फाड़कर संगीत समिति पहुँच जायेगा। दीवानों की इस भीड़ में मैं अपने को बहुत निरुपाय, अटपटा और अनुपयुक्त अनुभव कर रहा था कि अचानक दरवाज़ा खुला। कमरे से कुछ साज़िन्दे निकले और पोर्च में खड़ी कार में बैठ गये। एक बैरा ट्रे में मिनरल वाटर की बोतलें और गिलास लिये कमरे में घुस गया। उसके वापस आते ही किवाड़ फिर बन्द हो गये। दरवाज़े पर एक सिपाही तैनात हो गया।

अँधेरा घिरने लगा था और मेरा हलक़ सूख रहा था। एक बार तो जी में आया, चुपचाप घर लौट चलूँ, यह खेल तमाशा मेरे वश का नहीं है, मगर मैंने अपने गले में ख़ुद ही एक फन्दा लगा लिया था और अब उससे मुक्ति सम्भव न थी। जाने कितने मित्र संगीत समिति के बाहर जगजीत सिंह से ज़्यादा मेरी प्रतीक्षा कर रहे होंगे। तभी एक लाल बत्ती वाली एम्बेसडर पोर्च में आकर रुकी। ए.डी.एम. सिटी कैप्टन द्विवेदी उसमें से उतरे। संयोग से वह भी मेरे मित्र थे। गाड़ी से उतरकर उन्होंने चारों तरफ़ नज़र दौड़ायी। मुझे देखकर हाथ हिलाया और जगजीत सिंह के कमरे में घुस गये। मैं दूर खड़ा था, वर्ना उनके साथ हो लेता। कमरे के किवाड़ एक बार फिर खुले। इस बार जगजीत सिंह और चित्रा नमूदार हुए। लोगों में हलचल मच गयी। ऑटोग्राफ़ लेने वालों की भीड़ आगे बढ़ी। जगजीत और चित्रा गाड़ी की तरफ़ क़दम बढ़ाते हुए ऑटोग्राफ़ देने लगे। मैंने यही वक़्त मुनासिब समझा और वहीं खड़े-खड़े पंजाबी की एक भारी भरकम गाली के साथ चिल्लाते हुए आवाज़ दी, "जगजीत।" जगजीत ने मेरी तरफ़ देखा और मुस्कराते हुए हाथ हिलाया। मैं और ममता भीड़ को चीरते हुए गाड़ी तक पहुँचे। जगजीत ने हम दोनों को गाड़ी में घुसने का इशारा किया। साथ में चित्रा जी थीं। हम चारों पिछली सीट पर बैठ गये। अगली सीट पर गार्ड बैठा था।

कैप्टन द्विवेदी ने उसे पीछे की गाड़ी में आने का संकेत दिया और ख़ुद ड्राइवर की बगल में बैठ गये। गाड़ी भीड़ को चीरती हुई फुर्र से संगीत समिति की तरफ़ दौड़ने लगी। समय बहुत कम था, फ़िजूल की औपचारिकता में पड़ने की बजाय मैंने जगजीत को अपनी विडम्बना बतायी। उसने तुरन्त आश्वासन दिया कि इन्तज़ाम हो जायेगा। जगजीत ने कन्सर्ट के बाद साथ चलने और साथ में भोजन करने का निमन्त्रण भी दिया। मेरी जान में जान आयी। किसी तरह लाज बची। संगीत समिति के गेट पर ही हम लोग उतर गये। मेरे दोस्तों के चेहरे पर छायी निराशा मुझे जगजीत के साथ उतरते देख आशा में तब्दील हो गयी। मैं तमाम दोस्तों को भीतर ले जाने में सफल हो गया, मगर इस दौरान जिस तनाव, यन्त्रणा और पीड़ा से गुज़रा था, उसे देखते हुए एक बार फिर तीसरी क़सम खायी कि मेरा कोई मित्र कभी ग़लती से प्रधानमन्त्री भी हो गया तो कानोकान किसी को इसकी भनक न लगने दूँगा। मैंने कहाँ तक इस क़सम का पालन किया, कह नहीं सकता, मगर इतना ज़रूर हुआ कि अपने अतिरिक्त उत्साह पर अंकुश लगाना सीख गया। इस सारी दौड़धूप में मैं इतना निढाल हो गया था कि जगजीत ने क्या सुनाया, कुछ याद नहीं रहा।

होटल लौटकर हम लोगों ने साथ-साथ भोजन किया। जगजीत ने विधिवत् चित्रा व साज़िन्दों से हमारा परिचय करवाया। नशे में मैंने जाने किस झोंक में चित्रा को सलाह दे डाली कि वह ग़ज़ल गाना बन्द कर दें और रवीन्द्र संगीत गाया करें। मेरी बात से चित्रा तो मुस्कराने लगीं, मगर साज़िन्दे मुझसे ख़फ़ा हो गये। उन्हें जानते देर न लगी होगी कि यह मेरी अनधिकार चेष्टा थी। हम लोग ख़ुशी-ख़ुशी घर लौटे, ख़ुशी की एक वजह यह भी थी कि मैं पीकर इससे भी ज़्यादा गुस्ताख़ हो सकता था। ममता सन्तुष्ट थी कि मैं ज़्यादा अनियन्त्रित नहीं हुआ।

उन्नीस

शहर में हमारे मित्र उमेशनारायण शर्मा के बहुत सारे दोस्त थे। जो उनका दोस्त था, वह हमारा दोस्त हो गया और जो हमारा दोस्त था, वह उनका। उन्होंने छात्र राजनीति से जीवन शुरू किया था और राजनीति के प्रारम्भिक वर्षों में शहर की दो-चार इमारतों को आग लगा दी थी और उनकी ख्याति दूर-दूर तक फैल चुकी थी। उनकी शिक्षा-दीक्षा इलाहाबाद में हुई थी, शहर में उनके बीसियों सहपाठी थे। कोई डॉक्टर बन चुका था तो कोई इंजीनियर। यही नहीं, हर राजनीतिक दल में उनके नुमायन्दे थे। वह सुबह का नाश्ता लोहियावादियों के साथ करते तो लंच भाजपाइयों के संग। रात का भोजन प्रायः कांग्रेसियों के साथ ही रहता। नौजवानों में वह अत्यन्त लोकप्रिय थे। पेशे से वह वकील थे। और वकालत की सीढ़ियाँ चढ़ते-चढ़ते इलाहाबाद उच्च-न्यायालय में भारत सरकार के वरिष्ठ स्थायी अधिवक्ता के पद पर आसीन हो चुके थे। यह भी एक क़ारण था कि उनकी जान-पहचान का दायरा बहुत वसीह था। समाज के प्रत्येक वर्ग में उनका दख़ल था। देश के चोटी के माफ़िया उनके मुवक्किल थे। वह पद देखकर मित्रता नहीं करते थे, मन्त्रियों से दोस्ती थी तो सन्तरियों से भी। पुलिस अधिकारियों के साथ उनका उठना-बैठना था तो अधिकारियों के स्टाफ़ का उमेश जी के साथ। उनकी महफ़िल में शायर भी नज़र आते और पत्रकार भी। मन में आता तो तरन्नुम में ग़ज़ल भी सुना देते, गोरख पांडे की कविताएँ उनकी ज़ुबान पर रहतीं। उनके यहाँ कभी-कभार काव्यपाठ का ऐसा वातावरण बन जाता कि दिल का डॉक्टर फ़ैज़ अहमद 'फ़ैज़' की ग़ज़ल सुनाता तो दाँत का डॉक्टर फ़िराक़ गोरखपुरी की। जगजीत सिंह की गायी ग़ज़लें तो होम्योपैथ डॉक्टर भी सुना देता। उच्च-न्यायालय के निबन्धक गिरीश वर्मा तरन्नुम में ग़ज़लों का पाठ शुरू करते तो महफ़िल देर रात तक खिंच जाती। ऐसी महफ़िलों में ही आभास मिलता कि साहित्य जनमानस से उतना दूर नहीं गया है, जितना लोग समझ बैठे हैं। उमेश जी के साथ मैं ऐसे लोगों के यहाँ दावत में शरीक़ हो आया, जिनसे

दूर-दूर तक परिचय होने के इम्क़ानात न थे। यह कहना भी ग़लत न होगा कि वह हमारे शाम के गिरोह के सरगना थे।

उमेश जी को अपने यहाँ पार्टियाँ फेंकने का शौक़ था। उनके घर की व्यवस्था इतनी चुस्त-दुरुस्त रहती कि उनके यहाँ दो-तीन दर्ज़न लोग भी आराम से भोजन कर लेते। बाटी-चोखा का स्वाद मैंने पहली बार उनके यहाँ ही चखा था। उन दिनों वह खुसरोबाग़ रोड पर अश्क जी के पड़ोस में रहते थे। व्यापक परिसर के बीच में उनकी छोटी-सी कुटिया थी। परिसर में आम, बेल आदि के बीसियों पेड़ थे। जाड़े के दिनों में उन्हीं पेड़ों के नीचे लकड़ियाँ जलायी जातीं और कैम्पफायर के माहौल में मदिरापान होता और बाटी-चोखा का डिनर। अकसर वह बहुत कम नोटिस पर पार्टी की सूचना देते या पिकनिक की। रात को अचानक फ़ोन मिलता कि मूरतगंज नौटंकी देखने चलना है या अमरीकी दूतावास की किसी वरिष्ठ राजनयिक के साथ शाम बिताने का कार्यक्रम है। छुट्टी के किसी रोज़ किसी पार्क का मुक्तांगन अचानक मधुशाला में तब्दील हो जाता। इलाहाबाद के तमाम क्लबों में भी उमेश जी के साथ ही मदिरापान का अवसर मिला। उन्हें जानकारी रहती कि कौन बावर्ची कबाब बनाने में पारंगत है और कौन मछली के व्यंजन खिला सकता है। यह उन दिनों की बात है जब हमारा जिगर दुरुस्त था, लक्कड़ हज़म और पत्थर हज़म करने में सक्षम था। दोपहर में बियर और जिन और शाम को ह्विस्की का वजन बर्दाश्त कर सकता था। मायावती के तथाकथित भाई हों या मुलायम सिंह के बाल सखा, नेहरू जी के चुनाव के प्रभारी या अमिताभ बच्चन के मामा, उमेश जी किसी से भी अचानक मिला देते।

इस गिरोह में हर तरह के लोग आते और आकर चले जाते, मगर स्थायी सदस्य वही रहते। इसमें डॉक्टर थे, वकील थे, पत्रकार थे, प्रशासनिक अधिकारी थे, दबंग थे, ज्वैलर्स थे, ट्रेडर्स थे, चीनी मिल के मालिक थे तो शीरे के व्यापारी भी। ऐसे-ऐसे लोगों से मुलाक़ात हो जाती जो रात के बारह बजे मुख्यमन्त्री से फ़ोन पर बतिया लेते। 'वर्तमान साहित्य' के महाविशेषांक की योजना उनके यहाँ ऐसी ही एक पार्टी में बनी थी। विभूतिनारायण राय को साहित्य का कीड़ा काटा हुआ था और वह एक बृहत् विशेषांक प्रकाशित करना चाहते थे, मगर वित्त की व्यवस्था न हो पा रही थी। उमेशनारायण शर्मा ने एक लाख के विज्ञापन की ज़िम्मेदारी ले ली और देखते-ही-देखते एक पखवारे में व्यवस्था भी कर दी। हम लोगों की छोटी-मोटी समस्या का यों ही चुटकियों में समाधान हो जाता। बच्चों के किसी अच्छे नामी स्कूल में दाख़िले की समस्या उठती तो उमेश जी गंगा तट पर किसी स्वप्निल फॉर्म हाउस में पार्टी का आयोजन करते कि उस स्कूल का प्रिंसिपल ही नहीं, पूरा प्रशासन चला आता। हम लोगों को बच्चों के

दाख़िले के लिए दर-दर भटकना न पड़ा, ऐसी ही पार्टियों में दाख़िले की व्यवस्था हो गयी और उस ज़हमत से बचाव हो गया, जो इन स्कूलों में दाख़िले के लिए उठानी पड़ती है। वर्ना दाख़िले के लिए परेशान बड़े-बड़े लोगों को लम्बी-लम्बी कतारों की शोभा बढ़ाते देखा जा सकता है।

हमारी मंडली में होम्योपैथ डॉक्टर भी थे। डॉ. एस.एम. सिंह। वह इलाहाबाद के सबसे महँगे और आधुनिक होम्योपैथ थे। उनके क्लीनिक में सबसे पहले कम्प्यूटर लगा था। वह दोस्तों और अफ़सरों का इलाज मुफ़्त करते थे। अफ़सरों के इलाज में उन्हें महारत हासिल थी, अफ़सरों का इलाज करते-करते उनकी आत्मा कृतकृत्य हो जाती। तमाम अधिकारियों का रक्तचाप उन्हें ज़ुबानी याद रहता। किसी दोस्त के घर में 'नक्सवोमिका' देखकर सहज ही अनुमान लगा लेता कि आजकल वह डॉ. एस.एम. सिंह से कब्ज़ का इलाज करा रहा है।

डॉक्टरों, वकीलों के अलावा इन पार्टियों में पत्रकारों और शायरों की आम्दोरफ़्त रहती। उनके यहाँ इंजीनियर दिखायी देते तो ठेकेदार भी। उनके यहाँ सर्वधर्म समभाव नहीं तो सर्वदिल समभाव अवश्य देखा जा सकता था। जिस प्रकार शाम को मटके का नम्बर घोषित होता है, इसी शैली में शाम को पार्टी के स्थान की घोषणा होती। आठ बजे तक एक-एक कर सब कारसेवक निर्धारित स्थान पर पहुँच जाते। इन पार्टियों में गर्मागर्म राजनीतिक चर्चाएँ होतीं, शे'रो-शायरी होती, चुटकलेबाज़ी होती और अगली पार्टी की भूमिका तैयार हो जाती। नदी के किनारे किसी रईस की ऐशगाह में बाटी-चोखा का कार्यक्रम बन जाता अथवा छुट्टी की किसी गुनगुनी दोपहर में किसी पार्क या क्लब के कोने में बियर, जिन और चाट की काकटेल हो जाती।

मेरे तो ऐसे कई मित्र बन गये, जिनके अतीत की जानकारी थी न वर्तमान की। डॉ. सुशील यादव से भी ऐसी ही किसी पार्टी में मुलाक़ात हुई थी। अब यह याद नहीं पड़ रहा कि उन्हें मैं गिरोह में ले गया था या विभूतिनारायण राय। वह मेरे पड़ोसी, 'स्वतन्त्र-भारत' के संवाददाता, प्रदीप भटनागर के मित्र थे। शायद वह ही उन्हें मिलाने ले आये थे। डॉक्टर यादव पेशे से डॉक्टर थे, मगर ऊपर से नीचे तक राजनीति में पगे थे। झूँसी में उनका नर्सिंगहोम था। उनकी महत्त्वाकांक्षाएँ अपने पेशे में कम, राजनीति में अधिक थीं। वह एक लम्बे अरसे तक मुलायम सिंह यादव की राजनीति से जुड़े रहे। मुलायम सिंह झूँसी स्थित उनके नर्सिंगहोम भी आते, मगर डॉ. यादव सपा की इलाहाबाद इकाई से तालमेल स्थापित न कर पाये। एक बार लखनऊ में मैंने 'गंगा-यमुना' के लिए इंटरव्यू के दौरान मुलायम सिंह यादव से डॉक्टर सुशील यादव का एक से अधिक बार जिक्र किया, मगर मुलायम सिंह ने उन पर कोई भी टिप्पणी न की। मुझे समझते देर न लगी कि

सपा में उनकी दाल न गलेगी। डॉ. यादव को भी इसका आभास हो गया होगा। शायद यही कारण था कि कुछ दिनों बाद अजीत सिंह इलाहाबाद आये तो वह डॉ. सुशील यादव की गाड़ी में घूम रहे थे। डॉ. यादव का एक ही पुत्र था, उत्सव। वह स्कूल में पढ़ता था। वह रोज़ झूँसी से उसे स्कूल छोड़ने और लेने आते। उसके जन्मदिन पर अपने यहाँ तमाम मित्रों को आमन्त्रित करते और देर रात तक मौज-मस्ती होती। उनकी पत्नी भी डॉक्टर थीं, नर्सिंगहोम उन्हीं के बल पर चलता था। डॉक्टर यादव झूँसी को अपने निर्वाचन क्षेत्र के रूप में विकसित करना चाहते थे और अकसर साधनहीन लोगों का मुफ़्त इलाज करते। चुनाव से पूर्व टिकिट वितरण के समय वह लखनऊ में डेरा डाल देते मगर हर बार ख़ाली हाथ ही लौटते।

मेरे डॉक्टर मित्रों में डॉ. खोपरजी भी एक विलक्षण व्यक्ति थे। जब मैं उनसे प्रथम बार मिला तो वह पैथोलोजिस्ट थे। कुछ दिनों बाद उन्होंने अल्ट्रासाउंड में विशेषज्ञता हासिल कर ली और इलाहाबाद में पहला 'डाप्लर' सिस्टम स्थापित किया। बीच में वह कई देशों का भ्रमण कर आये और उन्होंने बाँझपन और पुंसत्वहीनता पर कई कार्यशालाओं में भाग लिया। जब मैं 'गंगा-यमुना' का सम्पादन कर रहा था तो वह हमारे लिए यौन रोगों का कॉलम लिखने लगे। इधर उन्होंने कृत्रिम गर्भाधान पर व्यावहारिक प्रशिक्षण प्राप्त करने के बाद अपनी पत्नी के सहयोग से अभिलाषा बाँझपन उपचार एवं अनुसन्धान केन्द्र की स्थापना की है। ऐसे ग़ैरमामूली आदमी का हमारे गिरोह में शामिल होना लाज़िमी था। गिरोह में शामिल होने की तमाम अर्हताएँ उनके पास थीं। इस गिरोह के सदस्य शायद ही दिन में कभी मिले हों, मगर सूरज गुरूब होते ही टेलीफ़ोन की घंटियाँ टनटनाने लगतीं और देखते-ही-देखते आठ बजे तक महफ़िल जम जाती।

नरेन्द्र खोपरजी और मैं अलग-अलग पेशे में थे, मगर हम लोगों में कुछ समानताएँ थीं। एक समानता तो यही थी कि दोनों मद्यप्रेमी थे। पेशे से छुट्टी मिलते ही तमाम लोग बिलकुल दूसरे इंसान हो जाते थे, फक्कड़, मलंग और मुँहफट। यह डॉ. नरेन्द्र खोपरजी के लिए ही सम्भव था कि अपनी पत्नी की उपस्थिति में अपने प्रेम-प्रसंगों का सजीव वर्णन कर सकते थे। दूसरा कोई होता तो उसकी घिग्घी बँध जाती। अभिलाषा जी हमारी तरह उतने ही कौतुक और उत्सुकता से उनकी बातें सुनतीं, खोपरजी कोई ग़लती करते तो सुधार देतीं, "अरे यह प्रभा की नहीं विभा की बात है।" अगर खोपरजी कुछ भूल जाते तो वह कहतीं, "अब मंजू का क़िस्सा भी सुना दो।" पति-पत्नी के बीच ऐसा खुला संवाद कम ही देखने को मिलता है।

एक बार खोपरजी के साथ एक सांसद की बिटिया की शादी में जाने का अवसर मिला। सांसद मेरे भी मित्र थे, खोपरजी की मित्रता उस लड़की से थी, जिसकी शादी

थी। अच्छी दावत की अपेक्षा में हम घर से जी भर कर कारसेवा (मद्यपान) करके निकले। लड़की ने कभी लड़कपन में प्रेम में निराश हो कर भावुकता के आवेश में ख़ुदकुशी का प्रयास किया था और ढेरों नींद की गोलियाँ निगल ली थीं। उस आड़े वक़्त में डॉ. खोपरजी ने ही उसे बचाया था। उस मुस्लिम परिवार में वह घर के सदस्य की तरह घुल-मिल गये थे। हम लोग भीड़ में राह बनाते हुए सीधे दूल्हा-दुल्हन के पास पहुँचे। खोपरजी ने पहुँचते ही दूल्हे पर एक धौल जमाया और बोले, "कस बे, हमारी दुल्हनियाँ को ही भगाये लिये जा रहे हो?" दूल्हा इस हमले के लिए तैयार नहीं था, उसका चेहरा उतर गया। मैंने तुरन्त खुलासा किया कि डॉक्टर बचपन से ही हर दुल्हन को अपनी दुल्हन समझने की भूल करते आ रहे हैं, आप इत्मीनान रखें। आज तो खैर यह नशे में हैं। डॉक्टर ने मेरी बात का तुरन्त प्रतिवाद किया, "कौन कहता हैं, मैं नशे में हूँ, मियाँ मैं होशो-हवास में कह रहा हूँ कि यह मेरी दुल्हन है।" परिवार के तमाम सदस्य डॉक्टर की बात पर हँस रहे थे, दूल्हा भी हँसने लगा। यह सब देखकर मैंने भी एक ज़ोरदार ठहाका बुलन्द किया।

एक डॉ. गौड़ थे, हड्डी के डॉक्टर। उनसे भी मेरा परिचय इन्हीं महफ़िलों में हुआ था। एक बार मैं नशे में सीढ़ियाँ उतरते हुए ऐसा फिसला कि पैर में चोट लग गयी और ऐड़ी में ऐसा दर्द बैठ गया जैसे हड्डी टूट गयी हो। कई दिनों के घरेलू इलाज से भी आराम न मिला तो एक रोज़ सुबह-सुबह मन्नू और ममता मुझे घेर कर डॉ. गौड़ के यहाँ ले गयीं। घेर-घार कर इसलिए कि थोड़े-बहुत दर्द के साथ जीने में मुझे कोई ज़्यादा परेशानी नहीं होती। बरामदे में बहुत से मरीज़ बैठे थे, हम लोग भी कतार में लग गये। गौड़ साहब का कम्पाउंडर एक-एक कर मरीज़ों को भीतर भेज रहा था। डॉ. गौड़ के क्लीनिक के बाहर ऊँचा-सा परदा लटका था। हम लोग अभी बैठे ही थे कि डॉ. गौड़ ने आवाज़ दी, "कालिया जी बाहर क्यों बैठे हो, भीतर चले आइए।" हम लोग भीतर पहुँचे तो उन्होंने बताया, वह मेरी चप्पल से मुझे पहचान गये थे। उन दिनों चप्पल ही मेरा ट्रेडमार्क थी। मेरा क्या, सन् साठ के बाद की पीढ़ी का चप्पल में अटूट विश्वास था। ज्ञानरंजन चप्पल पहने राहेताँग पास तक हो आया था तो मैं चप्पल पहने ही कई मुख्यमन्त्रियों का अपने साप्ताहिक के लिए इंटरव्यू ले आता था। काशीनाथ सिंह आज भी आपको काशी की गलियों में चप्पल चटकाते मिल जायेगा। वह हमप्याला दोस्त ही क्या हुआ, जो आपको चप्पल से न पहचान ले। लक्ष्मण देवर से एक क़दम आगे ही होते हैं हमप्याला दोस्त।

डॉ. सुशील यादव की देश की राजनीति में ही दिलचस्पी नहीं थी, वह देश के भविष्य, इंजीनियरों, डॉक्टरों की लूटखसोट और भ्रष्टाचार के प्रश्न पर आन्दोलित रहते। खोपरजी जितने ही खुले थे, डॉ. सुशील उतने ही बन्द। उनके व्यक्तित्व की

खिड़कियाँ राजनीति की तरफ़ खुलती थीं या ज्योतिष और तन्त्र-मन्त्र की तरफ़। अपने मरीज़ों के इलाज के साथ-साथ वह उनके लिए थाना, कोर्ट, कचहरी भी करते। उन्हें विश्वास था कि झूँसी की यह महान जनता एक दिन उन्हें विधानसभा तक पहुँचा देगी। उनसे सम्पर्क होता तो लगता इस बार वह टिकट लेकर ही लौटेंगे, मगर हर बार उन्हें ख़ाली हाथ ही लौटना पड़ता। लखनऊ से निराश लौटने के बाद वह नये सिरे से ज्योतिषियों से सम्पर्क साधते। बाहर से भी कोई ज्योतिषी आता तो डॉ. यादव को इसकी ख़बर रहती। वह किसी तान्त्रिक से कोई अनुष्ठान करवाते और नये सिरे से राजनीति में सक्रिय हो जाते। धीरे-धीरे वह इस निष्कर्ष पर पहुँच गये थे कि राजनीति में बुद्धिजीवियों और ईमानदार लोगों का कोई भविष्य नहीं है। महफ़िल में राजनीति पर बात होती तो वह हिस्सा लेते, इश्क़-माशूक़ और सेक्स-वेक्स में उनकी कोई दिलचस्पी न थी। मुझे वह हमेशा 'दिल-विल प्यार-व्यार मैं क्या जानू रे' क़िस्म के शख़्स लगते थे।

एक दौर ऐसा भी आया, डॉ. यादव की दिलचस्पी राजनीति में कम ज्योतिष और तन्त्र में अधिक नज़र आने लगी। बैहना का एक छोटा-सा कृशकाय ज्योतिषी प्रायः उनके साथ देखा जाता। वह प्रदेश और केन्द्र सरकार के भविष्य पर अटकलें लगाता रहता, "डॉक्टर साहब उनतीस तक सरकार ज़रूर गिर जायेगी, बस ज़रा शनि में शुक्र चलने दीजिए।" वह सिगरेट पीता था न शराब। एक रोज़ हम लोग अपनी कमज़ोरियों पर चर्चा कर रहे थे, कोई अपनी शराब की लत से परेशान था तो कोई तम्बाकू की आदत से। मैंने चुटकी ली कि हम सब में द्विवेदी जी सबसे सुखी आदमी हैं, इन्हें शराब की तलब होती है न तम्बाकू की। मेरी बात से द्विवेदी जी जैसे आहत हो गये। उन्होंने कहा, "ऐसी बात नहीं है भाई साहब, मैं भी बहुत परेशान रहता हूँ।"

"आपकी क्या परेशानी है?" डॉक्टर साहब ने पूछा। द्विवेदी जी ने झेंपते हुए कहा, "मुझमें भी एक कमज़ोरी है। दरअसल, मैं बहुत कामुक हूँ।" पंडित जी की बात सुनकर सब लोगों का बहुत मनोरंजन हुआ। डेढ़ पसली के उस पंडित ने बताया कि वह भी क्या करे, उसका शुक्र बारहवें में पड़ा हुआ है। यह उसकी नियति है।

"ऐसी कामुकता भी किस काम की!" डॉ. यादव ने बताया, पंडित जी की शादी को तीन बरस हो गये मगर अभी तक सन्तान का सुख नहीं मिला। डॉक्टर यादव अपनी पहचान की राजनीतिक हस्तियों से भी ज्योतिषियों को मिलाते रहते थे। इससे बड़े-से-बड़े नेता के यहाँ उनको आसानी से प्रवेश मिल जाता था। एक बार डॉक्टर यादव ने एक मन्त्री से द्विवेदी जी को मिला दिया। मन्त्री जी की पत्नी हमेशा गहरे अवसाद में रहती थीं, बहुत इलाज करने पर भी वह ठीक न हुईं, तो डॉक्टर यादव ने द्विवेदी जी की सेवाएँ प्रस्तुत कीं। द्विवेदी जी

ने मन्त्री जी की कुंडली का देर तक अध्ययन किया और बोले, ''मन्त्री जी, आपकी पत्नी को कटि के नीचे के रोग हैं।'' यह सुनकर मन्त्री जी की पत्नी आगबबूला हो गयीं और उसने द्विवेदीजी को ऐसी फटकार लगायी कि उसके बाद डॉक्टर यादव का भी मन्त्री से सम्पर्क करने का दुबारा साहस न हुआ। इस प्रकरण में पंडित द्विवेदी का अधिक दोष नहीं था। हमेशा की तरह घबराहट में उन्हें सही समय पर सही शब्द नहीं मिला था। वह कहना चाहते थे कि जातक को कब्ज़ की शिक़ायत है। कब्ज़ का सही इलाज हो जायेगा तो अवसाद की शिक़ायत भी न रहेगी। कटि के नीचे का यह प्रसंग 'चिकुरजाल' की तरह लोकप्रिय हो गया था और उनके तमाम यजमानों को इसकी ख़बर लग चुकी थी।

डॉ. यादव कई बार ऐसे बीहड़ क़िस्म के भविष्यवक्ताओं को लेकर चले आते कि उन लोगों से डर लगने लगता। ऐसा ही एक ज्योतिषी पश्चिमी उत्तर प्रदेश से आया था। मैं पहली बार किसी ग़ैरब्राह्मण ज्योतिषी से मिला था, जो जाति से गुप्ता था। ममता को देखते हुए उन्होंने बताया कि आप वृष लगन में पैदा हुई हैं। शनि और बृहस्पति आपके बारहवें घर में पड़े हैं। देखते-ही-देखते उन्होंने ममता की जन्मकुंडली बना दी, जो वर्षों पहले कम्प्यूटर से बनवायी गयी कुंडली की हू-ब-हू प्रतिलिपि थी। किसी ज़माने में यह सज्जन उत्तर प्रदेश के पूर्व मुख्यमन्त्री चन्द्रभानु गुप्त के पारिवारिक ज्योतिषी थे। चन्द्रभानु गुप्त उनके मश्वरे से ही महत्त्वपूर्ण निर्णय लिया करते थे। चन्द्रभानु गुप्त बीमार पड़े तो गुप्ता जी को बुलवा भेजा। गुप्ता जी ने उन्हें लेटे देखा तो बोले, ''गुप्त जी, अपने तमाम चाहने वालों को बुलवा लीजिए, आपका आख़िरी वक़्त आ गया है।'' यह घटना बताकर वह हो-हो कर हँसने लगे। मुझे उनसे बहुत भय लगा, जाने यह कब क्या कह दें!

बीच में एक ऐसा दौर आया था कि मेरी भी ज्योतिष में गहरी दिलचस्पी हो गयी थी। मैंने जयोतिष के ग्रन्थों का विपुल भंडार इकट्ठा कर लिया था। और सोलह-सोलह घंटे उनके पारायण में व्यस्त रहने लगा था। अमरकान्त जी ने मेरा जुनून देखकर मश्वरा दिया कि मैं अपने क्षेत्र में इतना समय दूँ तो ज़्यादा सार्थक होगा। लगता है यह शौक़ भी मुझे विरासत में ही मिला था। मेरे नाना अपने इलाक़े के प्रख्यात ज्योतिषी थे। ननिहाल में यजमानों का ताँता लगा रहता था। मेरे सामने एक नये जगत के द्वार अनायास खुल रहे थे। मैंने अमरकान्त जी की राय पर अमल किया और इस अनुशासन से समय रहते मुक्ति पा ली। मुझे लगा, यह एक ऐसा रहस्यमय एवं गोपन संसार है, इसमें वही पारंगत हो सकता है, जो पूर्णरूप से इसी विद्या को समर्पित हो जाये। मैं जितना अध्ययन करता, उतना ही अपनी अल्पज्ञता का आभास होता। इस सागर को वही पार कर सकता था, जो इसी में डूब जाये।

ज्योतिष के प्रति मेरा लगाव अचानक नहीं विकसित हो गया था। एक बार मेरे मित्र जगदीश पीयूष ने सुलतानपुर में मुझे पं. रामचन्द्र शुक्ल से मिलवाया। पंडित जी ने अत्यन्त सहज रूप से कुछ बातें बतायीं, जो इतनी सही निकलीं कि मेरी तमाम धारणाएँ ध्वस्त हो गयीं। पंडित जी ने सहज ही संजय गाँधी की मृत्यु, राजीव के सक्रिय राजनीति में आने और विश्वनाथ प्रताप सिंह के मुख्यमन्त्री बनने और चन्द्रशेखर के प्रधानमन्त्री के पद पर आसीन होने की भविष्यवाणी कर दी थी। उन्होंने वर्षों पूर्व मुझे चन्द्रशेखर के प्रधानमन्त्री बनने की तिथि तक बता दी थी। उन्होंने शायद 12 नवम्बर की तिथि बतायी थी और चन्द्रशेखर ने 11 नवंबर को ही शपथ ग्रहण कर ली थी। पंडित जी ने मेरी धारणाओं, विश्वासों और मान्यताओं की चूलें हिला दी थीं। वह कुंडली देखते थे न हाथ, चेहरा देखकर ही भविष्यवाणी कर देते थे। इसे ज्योतिष तो नहीं कहा जा सकता, इलहाम ही कहा जा जायेगा। एक बार मेरे मित्र ने पंडित जी से पूछा कि उसकी शादी कब होगी, पंडित जी ने उसकी तरफ़ ग़ौर से देखा और बोले, ''आज ही तय हो जायेगी।'' दोपहर तक उसकी शादी सचमुच तय हो गयी। एक बार अमरकान्त जी ने पंडित जी से कहा कि आप सबको कुछ न कुछ बताते रहते हैं, मुझे बताइए कि कुछ धन की प्राप्ति होगी कि नहीं। पंडित जी ने बताया कि बाईस तारीख़ को उनके पास कहीं से अचानक धन आएगा। इक्कीस तारीख़ तक अमरकान्त जी पंडित जी की बात का उपहास उड़ाते रहे, बाईस को वह दफ़्तर से एक लिफ़ाफ़ा लिये हुए प्रकट हुए, हिन्द पाकिट बुक की तरफ़ से उनके पास तीन हज़ार रुपये का ड्राफ़्ट आया था।

शराबी बीमार पड़ता है तो शराब की बहुत फ़जीहत होती है। मैं बीमार पड़ा तो शराब मुफ़्त में बदनाम होने लगी। मुझे इस बात की बहुत पीड़ा होती, कुछ-कुछ वैसी, जो आपके प्रेम में पड़ने पर आपकी माशूक़ा की होती है, जब लोग उसे आवारा समझने लगते हों। कुछ लोग प्रेम को चरित्र का दोष मान लेते हैं। शराब तो इतनी बदनाम हो चुकी है कि शराबी को मलेरिया भी हो जाये तो लोग सारा दोष शराब के मत्थे मढ़ देंगे। मेरी बीमारी का यही हश्र हुआ। लोगों की समझ में सहसा अनेक बातें स्पष्ट हो गयीं। एक तो यही कि मैं जीवन भर घटिया लेखन क्यों करता रहा हूँ या मैंने महल क्यों नहीं खड़े कर लिये, संसद में क्यों नहीं पहुँच पाया। शराबी बीमार पड़ता है तो सबसे पहले वह बिरादरी से बाहर हो जाता है। दरअसल वह बिरादरी के काम का ही नहीं रहता। बिरादरी को उसके चेहरे पर बहुत जल्दी अपना भविष्य नज़र आने लगता है, ऐसा भविष्य जिसे कोई देखना नहीं चाहता। डॉक्टर मित्रों ने भी मुझे बट्टे खाते डाल दिया। हड्डी का डॉक्टर कह सकता था, मुझे फ्रेक्चर नहीं हुआ, इसलिए नहीं आया।

दाँत का डॉक्टर जानता था मेरे दाँत सही सलामत हैं, दिल के डॉक्टर ने मुझे जिगर के डॉक्टर का फ़ोन नम्बर बता दिया।

बीमारी के दौरान मैं अकसर कहा करता था—सारियाँ बीबियाँ आइयाँ, हरनाम कौर न आयी। यानी सब डॉक्टर मित्र आकर देख गये, हरनाम कौर देखने नहीं आयी थी। मेरी एक नहीं दो-दो हरनाम कौरें थीं—डॉ. एस.एम. सिंह और डॉ. सुशील यादव। डॉ. सिंह शहर के नामी होम्योपैथ थे, उनकी पत्नी पार्टी में नहीं होती थीं तो वह शराब भी चख लेते थे और पीकर बहुत भावुक हो जाते थे। मैं भी झोलाछाप होम्योपैथ था और वक़्त-ज़रूरत उनसे राय-मश्वरा किया करता था। मैं चाहता था, वह आकर मुझे देख जायें और इसकी तस्दीक कर दें कि मैं अपना सही इलाज कर रहा हूँ। डॉक्टर एस.एम. सिंह वादा करके भी नहीं आये। मैं उनकी प्रतीक्षा करते-करते स्वस्थ होने लगा। इसमें डॉक्टर सिंह को दोष नहीं दिया जा सकता, हो सकता है उन दिनों कोई उच्च अधिकारी बीमार पड़ा हो। ज़िला प्रशासन के वह सबसे चहेते डॉक्टर थे। वह व्यक्ति नहीं, पद के डॉक्टर थे। आयुक्त पुलिस महानिरीक्षक और महापौर अब हो या स ही क्यों न हो, वह डॉक्टर एस.एम. सिंह से बच नहीं सकता। अफ़सर को बवासीर हो या कोई गुप्त रोग, हमारे डॉक्टर उसे अपना मरीज़ बना ही लेते थे। कुछ दिनों बाद वह उनकी शरणागत हो जाता। आज डॉक्टर एस.एम. सिंह मिलते हैं तो यह ज़रूर पूछ लेते हैं, मैं उनसे नाराज़ तो नहीं हूँ!

मेरी दूसरी हरनाम कौर डॉक्टर डॉ. सुशील यादव थे। मैं बीमार पड़ा तो उन्होंने भी मुझसे अफ़सानानिगारी और बेन्याज़ी शुरू कर दी। वह झूँसी में रहते थे, उन दिनों झूँसी का फ़ोन बहुत मुश्किल से मिलता था, अकसर यही सुनने को मिलता कि इस रूट की सभी लाइनें व्यस्त हैं। खाट पर लेटे-लेटे मैं उनसे रूठ गया था। वह विभूतिनारायण राय के भी मित्र थे। विभूति उन दिनों श्रीनगर में थे, वह भी मुझे आकर देख गये थे। विभूति अकसर डॉ. सुशील की गाड़ी में ही आते थे, डॉ. सुशील उपलब्ध न होते तो हरिश्चन्द्र अग्रवाल के साथ। दोनों न मिलते तो वह विनोद शुक्ल के स्कूटर के पीछे बैठकर चले आते। स्कूटर पर बैठने में भी संकोच न करने वाले वह देश के प्रथम आई.जी. या डी.आई.जी. होंगे। एक वे भी दिन थे डॉ. सुशील से हम लोगों का सम्पर्क न हो पाता तो, वह शाम तक सूँघते-सूँघते हम लोगों को खोज निकालते थे। वह एलोपैथी के डॉक्टर थे, ख़ुद बीमार पड़ते तो होम्योपैथी की दवाएँ लेने में भी संकोच न करते।

एक बार दिल्ली में उनसे भेंट हो गयी थी। उनकी पत्नी उन दिनों नर्सिंगहोम के अलावा 'इफ़्को' में भी काम करती थीं। डॉ. सुशील यादव पत्नी के ही किसी काम के सिलसिले में दिल्ली आये हुए थे। वह अशोक यात्री निवास में ठहरे थे और मैं

बगल के एक पाँच या तीन सितारा होटल में अपने मित्र दीपक दत्ता का अतिथि था।

दीपक दत्ता इलाहाबाद का उभरता हुआ लघु उद्योगपति था। नैनी औद्योगिक क्षेत्र में उसके पास एक व्यापक भूखंड था, जिसमें उसका साफ्टड्रिंक्स का प्लांट था। उन दिनों उसके पास कैम्पा कोला का फ्रेंचाइज़ी थी। जब तक इस देश की धरती पर कोका कोला और पैप्सी के क़दम नहीं पड़े थे, उसका प्लांट तीन-तीन शिफ़्टों में चलता था और थोड़ी-थोड़ी देर के अन्तराल के बाद उसके प्लांट से कैम्पा कोला से लदे ट्रक रवाना होते रहते थे। देश के तापमान के साथ-साथ उसका टर्न-ओवर बढ़ता जाता और उसे अपने व्यवसाय के सिलसिले में अकसर दिल्ली जाना पड़ता। कभी क्राउन ख़त्म हो जाते और कभी कन्सेन्ट्रेट। उसके पास जितना पैसा आता उसी अनुपात में वह कर्मकांडी होता जाता। वह सुबह जम कर पूजा-पाठ करता और उन दिनों उसने ललिता देवी के मन्दिर के जीर्णोद्धार का बीड़ा भी उठा रखा था।

वसन्त पंचमी के आसपास प्रतिवर्ष उसके प्लांट की ओवर हालिंग होती और शुभ मुहूर्त में सत्रारम्भ होता। दो-एक बार मैंने उसके प्लांट का उद्घाटन किया था। मेरी उससे मित्रता हो गयी और हमारे घर में सालभर कैम्पा और सोडा की अबाधित आपूर्ति होती रहती। सोडा मिलाकर ह्विस्की पीने का आनन्द ही दूसरा था, तब तो और भी ज़्यादा, अगर कम-से-कम सोडा तो मुफ़्त का मिले। कभी-कभी दीपक अनुरोध करके मुझे भी अपने साथ दिल्ली ले जाता। दिल्ली पहुँचते ही उसका कायाकल्प हो जाता। होटल में 'चैक इन' करते ही वह सैलून में घुस जाता और दो-चार सौ रुपये खर्च करके बाल कटवाता, शेव बनवाता। होटल का एक-एक कर्मचारी उससे परिचित था। सब लोग उसकी सेवा में जुट जाते और वह फ़राख़दिली से बख़्शीश बाँटता हुआ अपने 'स्यूट' में पहुँचता। शाम को कैम्पा कोला के अधिकारियों का जमघट लग जाता। उसके सभी काम होटल में बैठे-बैठे हो जाते। इस जनसम्पर्क से ही उसकी अनेक व्यावसायिक कठिनाइयाँ दूर हो जातीं। उसके होटल के कमरे में रात देर तक पार्टी चलती और स्कॉच बहती।

एक दिन शाम को दीपक, डॉ. यादव और मैं होटल में बैठे कारसेवा कर रहे थे कि एक सरदार जी दीपक से मिलने आये। वह कम्पनी के वरिष्ठ मार्केटिंग अधिकारी थे। उनके साथ एक महिला थीं। वह महिला अलग-थलग एक ओर सोफ़े पर बैठ गयीं। दीपक ने सरदार जी से पूछा कि यह साफ़्ट ड्रिंक लेंगी या जिन वग़ैरह मँगवायी जाये! सरदार जी ने कहा कि इन्हीं से क्यों नहीं पूछ लेते! दीपक पूछता, इससे पहले ही उस महिला ने बताया कि वह रम ले लेगी। दीपक ने उनके लिए एक रम का पेग बना दिया। उसने 'चीयर्स' कहा और दो-चार घूँट में ही गिलास ख़ाली कर दिया।

इससे इतना स्पष्ट हो गया कि वह महिला सरदार जी की पत्नी नहीं थी। आख़िर मैंने सरदार जी से पूछा कि उन्होंने अपनी महिला मित्र का परिचय नहीं करवाया। सरदार जी खीसें निपोरने लगे। पता चला सरदार जी का भी उनसे परिचय नहीं है। बाद में पता चला सरदार जी लिफ़्ट की तरफ़ बढ़ रहे थे कि अचानक उनकी नज़र लॉबी में बैठे लोगों पर पड़ी तो इस महिला से आँखें चार होते ही वह क्षण भर को ठिठक गये थे। सरदार जी की आँखों में निमन्त्रण का एक ऐसा भाव था कि वह उठ कर कच्चे धागे से बँधी इनके साथ कमरे तक चली आयीं। उस महिला ने रम का एक और पेग लिया और इस कमरे में ज़्यादा समय नष्ट करना मुनासिब न समझा। वह शायद यह सोचकर चली आयी थीं कि सरदार जी अपने कमरे में जा रहे हैं। उसे अगर यह आभास होता, वह किसी दूसरे से मिलने जा रहे हैं तो शायद उनके साथ न आतीं। उस महिला ने सरदार जी को अपना विज़िटिंग कार्ड दिया और विदा लेकर खट-खट करते हुए दरवाज़ा खोलकर निकल गयीं। दरवाज़ा उनके पीछे धीरे-धीरे बन्द हो गया।

हम लोग देर तक सरदार जी की पारखी निगाह की दाद देते रहे। सरदार जी ने इस तरह के कई क़िस्से सुनाये। हम तीनों इलाहाबादियों की इस घटना पर अलग-अलग प्रतिक्रिया थी। दीपक के लिए यह सामान्य घटना थी, मैं बच्चों की तरह जिज्ञासु हो रहा था, डॉ. यादव इस घटना के प्रति उदासीन थे। वह एक तटस्थ तमाशबीन की तरह चुपचाप सिगरेट फूँकते रहे। हम सब लोगों ने महिला के विज़िटिंग कार्ड का सूक्ष्म निरीक्षण विश्लेषण किया। डॉ. यादव ने कार्ड छूने में भी कोई दिलचस्पी न दिखायी। वह उम्र में मुझसे बीस वर्ष छोटे होंगे, मगर अपनी उम्र से कहीं अधिक धीर-गम्भीर थे, दिल्ली में दिन भर वह अपने परिचित सांसदों और मन्त्रियों से सम्पर्क करते, उनकी जीवन-शैली से प्रभावित होकर लौटते। वह भी उन्हीं की तरह जनता और सुरक्षाकर्मियों से घिरे रहना चाहते। उन्हें लगता, वह कहीं अधिक निस्स्वार्थ भाव से जनता की सेवा कर सकते हैं। बाद में जब इलाहाबाद में उनके पिता डॉ. रामलाल सिंह के एक शिष्य सतीशचन्द्र यादव वरिष्ठ पुलिस अधीक्षक नियुक्त हुए तो डॉ. यादव ने सबसे पहले अपने लिए एक सुरक्षा गार्ड की माँग की, जो उन्हें मिल भी गया। उन दिनों उनका आत्मविश्वास देखने लायक़ था।

मेरे बीमार पड़ते ही गिरोह छिन्न-भिन्न होने लगा। गिरोह के कुछ स्थायी सदस्यों का इलाहाबाद से स्थानान्तरण भी हो गया। जब तक मेरी जाँच चलती रही, मैं दफ़्तर भी जाता रहा। जाँच की रिपोर्ट आते ही मेरा मनोबल टूट गया और मैं खटिया से जा लगा। गिरोह के सदस्यों के मैं किसी काम का न रहा था। यह गिरोह का अघोषित नियम था कि जो मतवाला महफ़िल से उठ गया, वह उसके लिए जैसे दुनिया

से उठ गया। दोस्तों ने एक तरह से मेरा भी सामाजिक बहिष्कार कर दिया। वहाँ केवल स्वस्थ सदस्यों के लिए स्थान था। शराब के अतिचार से बीमार पड़ना गिरोह के लिए शर्म की बात थी। जो शख़्स बीमार पड़ता, वह इसी प्रकार निर्वासन में चला जाता। गिरोह का ध्यान आकर्षित करने के लिए गम्भीर रूप से बीमार पड़ना ज़रूरी था। साल में एक बार उमेशनारायण शर्मा यह काम किया करते थे। जाने उन पर किस ग्रह की छाया थी कि हर वर्ष नवरात्रि के दिनों में गम्भीर रूप से बीमार पड़ते। यह क्रम कई वर्षों तक चला। जाने उनकी नाक से कितना ख़ून बहा होगा! वह किसी नर्सिंगहोम में भरती हो जाते और बाहर दोस्तों का ताँता लगा रहता। स्वास्थ्य लाभ कर वह कुछ सप्ताह बाद पहले की तरह जाम टकराते नज़र आते।

माँ अभी जीवित थीं और मेरे स्वास्थ्य में लगातार सुधार हो रहा था कि एक दिन आख़िर डॉ. सुशील यादव भी रात को अचानक मुझे देखने चले आये। उस रोज़ उन्होंने माँ का हालचाल भी न पूछा था, माँ का रक्तचाप भी नहीं लिया, सीधा ऊपर चले आये। मैं पीठ पर तकिया लगाकर लेटा था और 'आज तक' की प्रतीक्षा कर रहा था। 'आज तक' के समाचार सुनकर मैं सोने चला जाता था। वर्षों बाद ऐसा हुआ था कि डॉक्टर साहब आये और हम लोगों ने मदिरापान न किया। मेरी मेज़ साफ़ थी, उस पर बोतल के स्थान पर ग्लूकोज़ और दीगर दवाएँ पड़ी हुई थीं। डॉक्टर ने मेरी जाँच की विभिन्न रपटें देखीं। उनका चेहरा सामान्यतया कठोर रहता था, रिपोर्ट वग़ैरह देखकर वह और गम्भीर हो गये। मैं ही नहीं, मेरे डॉक्टर भी मेरे स्वास्थ्यलाभ से सन्तुष्ट थे, मगर डॉ. यादव इस निष्कर्ष पर पहुँचे कि मैं अभी खतरे से बाहर नहीं हूँ। उन्होंने बताया कि उनके कई मित्र लिवर सिरोसिस की चपेट में आकर प्राण गँवा चुके हैं, मेरी रिपोर्ट देखकर भी वह आश्वस्त नहीं लग रहे थे। उन्होंने देर तक मेरे अल्ट्रासाउंड का भी अध्ययन किया। तब तक अपने रोग के बारे में मैं भी पर्याप्त जानकारी हासिल कर चुका था। वह तालीमयाफ़्ता डॉक्टर थे, मैं उनसे बहस में नहीं पड़ना चाहता था। मुझे लग रहा था, आज वह प्रचंड मनःस्थिति में हैं। मैंने देश के सूरते हाल पर चर्चा करने की कोशिश की, उन्होंने उसमें कोई रुचि न ली। वह उखड़े हुए लग रहे थे, किसी भी विषय पर जमकर चर्चा नहीं कर पा रहे थे। थोड़ी देर में मैं भी थकान महसूस करने लगा, मेरे सोने का समय भी हो गया था। उन्होंने बहुत बेमन से 'आज तक' सुना। वह फ़ुर्सत में आये थे, मगर कुछ उद्विग्न लग रहे थे। उन्होंने बताया कि जल्दी ही उनका भी ऑपरेशन होने वाला है और उससे पहले वह तमाम मित्रों से मिल लेना चाहते हैं। इसी क्रम में वह मुझ से मिलने आये थे। इस प्रश्न को भी वह टाल गये कि उन्हें क्या तक़लीफ़ है और उनका

कैसा ऑपरेशन होना है! मैंने ग्लूकोज़ पिया और वह ममता से अंग्रेज़ी में व्याप्त भ्रष्टाचार पर बात करने लगे। देर तक वह अपने बेटे उत्सव की बात करते रहे कि आजकल वह अपनी गन से उड़ती चिड़िया मार गिराता है और फिर उस चिड़िया के उपचार में जुट जाता है। मैं नींद, थकान और ऊब में निष्क्रिय लेटा था। मेरी आँखें मुँदी जा रही थीं, मगर वह उठने का नाम नहीं ले रहे थे। वह जैसे अपना समय गुज़ार रहे थे। नीचे खाना लग गया था, पता चला, वह भोजन नहीं करेंगे। वह बार-बार अपनी घड़ी देखते। आख़िर वह उठे। हम लोग नीचे गये। नीचे भी वह कुछ देर बैठे। माता जी तब तक नींद की गोली खाकर सो चुकी थीं। यह उनका रोज़ का नियम था। वह जाने लगे तो ममता ने कहा, "आज बहुत देर हो गयी है और आपको बहुत दूर जाना है।" वह फीकी-सी हँसी हँसे। हम लोग उन्हें गेट तक छोड़ने गये। गेट पर भी वह कुछ देर बतियाते रहे। लग रहा था, वह जा ज़रूर रहे हैं, मगर जाने की जल्दी में नहीं हैं।

अलस्सुबह पहला फ़ोन श्रीमती अलका यादव का था। उन्होंने बताया कि डॉक्टर साहब कल रात घर ही नहीं लौटे। उनकी कार उनके टैगोर टाउन के घर पर खड़ी मिली है। उनकी घड़ी और उनका पर्स वग़ैरह भी कार में मिले हैं। मैं हड़बड़ाकर उठ बैठा। अचानक बहुत कमज़ोरी और बेचैनी महसूस हुई। कहाँ ग़ायब हो गये डॉक्टर? चुनाव का समय भी नहीं था कि वह अचानक टिकट के जुगाड़ में लखनऊ रवाना हो जाते। उमेशनारायण शर्मा को फ़ोन किया तो उन्होंने कार, पर्स और घड़ी वग़ैरह मिलने पर गहरी चिन्ता प्रकट की। वे वकील थे और क़ानूनी पहलू से सोच रहे थे और मैं नितान्त भावनात्मक स्तर पर सोच रहा था कि पत्नी से मनमुटाव हो गया होगा और वह रूठ कर कहीं चले गये होंगे। इसका हल्का-सा आभास था कि ऐसा वह पहले भी कर चुके हैं।

दोपहर बाद ख़बर मिली कि डॉक्टर का बेटा उत्सव, उसके चाचा और एक पुलिस इंस्पेक्टर आये हैं। मैं नीचे पहुँचा तो देखा पुलिस को देखकर मेरी माँ बहुत डर गयी थीं। वह पंजाबी में ही पुलिस इंस्पेक्टर से दरख़्वास्त कर रही थीं कि उनके बेटे को परेशान न किया जाये, वह बहुत बीमार और कमज़ोर है। माँ बार-बार हाथ जोड़ रही थीं। यह देखकर मुझे बहुत बुरा और अटपटा लगा। माँ पर लाड़ भी बहुत आया।

"मेरी भोली माँ।" मैंने माँ को अपनी बाँहों में समेट लिया, "माँ इन्हें अपना काम करने दो।"

उस समय मेरी तबीयत ऐसी नहीं थी कि ज़्यादा बोल पाता। थोड़ा उद्योग करने पर भी साँस फूलने लगती थी और अचानक बहुत कमज़ोरी महसूस होती। दिन में उमेश जी ने भी यही मश्वरा दिया था कि मुझसे जो पूछा जाये, सही-सही बता दूँ।

मेरे पास बताने को कुछ ज़्यादा था भी नहीं। अगले रोज़ अख़बारों में डॉ. यादव के लापता होने की ख़बरें प्रमुखता से छपी थीं। समाचार कुछ इस अन्दाज़ में छपे थे :

'सन्दिग्ध हालात में डॉ. सुशील यादव लापता। अपहरण की आशंका। रवीन्द्र कालिया से मिलने के बाद लापता', 'रवीन्द्र कालिया के यहाँ फ़ोन करने वाली महिला कौन है?', 'पुलिस कहती है ख़ुद कहीं गये होंगे, वापस लौट आएँगे।'

अगले रोज़ डी.आई.जी. (रेंज) का फ़ोन आया कि वह मुझसे मिलना चाहते हैं। वह दो इंस्पेक्टरों के साथ मिलने आये तो पुलिस की गाड़ियाँ हमारे घर से दूर पिछली लेन में छोड़ आये थे। उनके लिए मेरे पास कोई नयी जानकारी नहीं थी। अगले कुछ दिनों तक समाचार-पत्रों में इस प्रकार के समाचार प्रकाशित होते रहे— 'डॉ. सुशील का 48 घंटे बाद भी कोई अता-पता नहीं', 'डॉ. सुशील की गुमशुदगी का रहस्य और गहराया', 'डॉ. सुशील यादव को धरती लील गयी या आसमान?' 'तान्त्रिक का सहारा लेकर भी गुत्थी सुलझाने में असफल रही पुलिस।' इन तमाम समाचारों के बावजूद मुझे आशा की एक किरण दिखायी दे रही थी, शायद यह मेरी ख़ुशफ़हमी थी। एक दिन शाम को 'माया' के सम्पादक बाबूलाल शर्मा का फ़ोन मिला कि इलाहाबाद प्रतापगढ़ की सीमा पर डॉ. सुशील यादव की लाश मिली है। पुलिस ने लावारिस समझकर उनकी अन्त्येष्टि भी कर दी थी। पुलिस के अनुसार उनकी हत्या का मामला अवैध सम्बन्ध से था। यह समाचार सुनकर मैं जैसे सुन्न हो गया। नींद की गोली खाने के बावजूद मेरी वह रात बहुत बुरी गुज़री। उम्मीद का आख़िरी चिराग़ भी बुझ गया था। उमेश जी का अनुमान सही साबित हुआ कि कार, डायरी और घड़ी का बरामद होना अच्छे संकेत नहीं हैं। इस बीच अफ़वाहों का बाज़ार और गर्म हो गया, मगर मुझे पुलिस ने अनावश्यक रूप से पूछताछ करके परेशान नहीं किया। मेरे ज़ेहन में डॉ. सुशील के साथ बितायी वह अन्तिम शाम कौंध-कौंध जाती थी। डॉक्टर द्वारा लिखे गये मेरे नुस्खे पर उन्होंने पेंसिल से चिह्न बनाया था और एकाध दवा न लेने की राय दी थी। मुझे वह दृश्य भी बार-बार याद आ रहा था, जब वह अन्तिम बार कार में बैठे थे और हाथ हिलाते हुए विदा हो गये थे।

बीस

पीने के सफ़र में बहुत से साथी मिलते हैं, फ़िल्मी भाषा में कहूँ तो मिलते हैं बिछुड़ जाने को। कई तो हमेशा के लिए बिछुड़ जाते हैं। जो बीच सफ़र में पीना छोड़ देता है, दूसरे शराबियों की निगाह में वह उनके लिए सिधार जाता है। इस लम्बे सफ़र में बहुत-सी खाइयाँ आती हैं, किसी का यकृत यानी जिगर जवाब दे जाता और किसी का दिल। बहुत से मित्र तय करके आते हैं कि आउट होने के बाद ही पेवेलियन लौटेंगे। उन्होंने अवकाश प्राप्त करना सीखा ही नहीं होता। वह एक ऐसी निर्णायक पारी खेलते हैं और इस दुनिया से ही कूच कर जाते हैं। मित्रों में ज्ञानरंजन ने सबसे पहले बहिर्गमन किया। उसका मेदा कुछ ऐसा गड़बड़ाया कि उसकी दिलचस्पी शराब में कम, अनारदाना चूर्ण में ज़्यादा हो गयी। वह कभी आयुर्वेद की शरण में जाता कभी होम्योपैथी की। अभी हाल में उसे एंजियोप्लास्टी करानी पड़ी। दूधनाथ और काशीनाथ हमेशा राजा बेटों की तरह पीते थे। दूधनाथ के स्वास्थ्य ने उसे कभी ज़्यादा छूट नहीं दी और काशी की ज़िम्मेदारियों ने। दोनों हमेशा अतिचार से बचते रहे। इस समय अकेले विजयमोहन सिंह मैदान में डटा है। अभी हाल में इन्दौर में उसे परमावस्था में देखकर जी बहुत खुश हुआ। अब हमारी पीढ़ी की सब उम्मीदें उसी पर टिकी हैं।

डॉ. शुकदेव सिंह के साथ बैठने के बहुत कम अवसर मिले। पहली निशस्त में ही मैं उनका क़ायल हो गया था। मौक़ा था काशीनाथ सिंह की बिटिया के विवाह का। यह तय ही नहीं हो पाया कि हम लोग बाराती थे या घराती। वर था दूधनाथ सिंह का बेटा अनिमेश और वधू काशी की बिटिया रचना। ज्ञान, सुनयना, ममता और मैं वाराणसी पहुँचे। साँझ घिरते ही नामवरजी मुझे अलग ले गये और स्कॉच की एक बोतल मुझे थमा दी, जाओ मस्ती करो। कारसेवा की व्यवस्था डॉ. शुकदेव सिंह के यहाँ की गयी थी।

अभी बोतल की सील भी न टूटी थी कि एक हादसा हो गया। शुकदेवजी का बेटा बाँसुरी बजाते हुए घर में दौड़ रहा था कि अचानक दीवार से टकरा गया। बाँसुरी तालू में धँस गयी और वह मूर्च्छित हो गया। हम सब लोग बहुत परेशान हो उठे,

मगर शुकदेव सिंह शान्त और नितान्त संयत थे। वह ज़रा भी विचलित न हुए। उन्होंने अपनी पत्नी और शिष्यों के साथ बेटे को अस्पताल रवाना कर दिया और ख़ुद गिलास वग़ैरह की व्यवस्था में मशगूल हो गये। हम लोग अपराधबोध से दबे जा रहे थे। बच्चा बुरी तरह से घायल हो गया था और शुकदेव एक अवधूत की तरह सांसारिक सम्बन्धों से निरपेक्ष होकर कारसेवा में संलग्न थे। ममता और सुनयना अस्पताल जाने की ज़िद करने लगीं तो शुकदेव सिंह ने उन्हें समझाया, ''बच्चे गिरते पड़ते रहते हैं, यह कोई अनहोनी घटना नहीं है। मेरी पत्नी होशियार है, आप लोग चिन्ता न करें, सब ठीक हो जायेगा।''

महिलाओं का दिल न माना। ममता और सुनयना ज़िद करके नर्सिंगहोम चली गयीं। मगर शुकदेव सिंह सांसारिक मोहमाया से सर्वथा उन्मुक्त थे। हम लोगों ने मदिरापान ज़रूर किया, मगर ध्यान बच्चे में ही लगा रहा। आज सोचता हूँ कि उस समय स्कॉच की बोतल सामने न होती तो हम लोगों की प्रतिक्रिया भिन्न होती। मदिरा का जुनून भी क्या जुनून होता है! आदमी औघड़ बन जाता है। बच्चे का कुशलक्षेम मिला तो जान में जान आयी। सही मायने में पीने का दौर तो तभी शुरू हुआ था। यह सोचकर शर्म भी आई कि इस हादसे के बावजूद हम लोग मदिरापान करते रहे थे।

शराब से तो मैंने आख़िरकार मुक्ति पा ही ली, मगर अब लगता है कि मुक्ति पराधीनता का ही दूसरा पहलू है। चार–पाँच पेग दारू पीकर जो आज़ादी महसूस होती थी, वर्जनाओं से मुक्ति का जो दिव्य अनुभव होता था, उसके लिए अब तरस जाता हूँ। भीतर–ही–भीतर होशोहवास का एक ऐसा सेंसरबोर्ड जन्म ले चुका है कि मुँह से बात निकलने से पहले ही दफ़्न हो जाती है। यह शराब की झोंक में सम्भव था कि बग़ैर किसी रोकटोक के बात गोली की तरह दनदनाती हुई निकलती थी। अपनी बात पर मैंने कई दोस्तियाँ न्योछावर कर दी थीं। वैसे शराबी की कड़वी बात को लोग नज़रअन्दाज़ कर देते या हँस कर टाल देते थे, मगर होशमन्द को कोई मुआफ़ नहीं करता। एक ज़माना था जहाँ कहीं भी सौन्दर्य की छटा देखता था, तहेदिल से तारीफ़ करता था, निर्भय और निःकुंठ भाव से।

एक बार किसी महफ़िल में मैंने अपने आगे बैठी एक जुल्फ़ेदराज़ महिला की लम्बी घनी जुल्फ़ों को पीठ से रेंगते हुए किसी अजगर की तरह घास पर अपने पाँव के पास फुफकारी छोड़ते देखा तो मेरा जी मचलने लगा। इच्छा हुई कि अंजुरी में अर्घ्य की तरह भरकर यह केशराशि उसकी स्वामिनी को लौटा दूँ। ज़ेहन में फ़िल्मी क़िस्म के संवाद कौंधने लगे—'जुल्फ़ों को यों ज़मीन पर न रखिए, मैली हो जाएँगी।' नशे में भी मैंने इस सिनेमाई संवाद को खारिज कर दिया और देर तक अपने पाँव के पास अठखेलियाँ खा रही उस नागिन का नृत्य देखता रहा। अगले ही पेग के बाद मेरे धीरज का बाँध भरभराकर टूट गया। मैंने ज़मीन पर मोतियों की तरह बिखरी उस

केशराशि को बटोरा और अपनी ओक में भर कर उसकी बगल में बैठे उस महिला के पति को सम्मानपूर्वक सौंप दिया, ''बहुत बेक़द्री हो गयी हुजूर। अपनी दौलत सहेजकर रखा करें।'' पति के हाथ में भी गिलास था। उसने कुछ बेबसी, कुछ आभार, कुछ असमंजस से मेरी तरफ़ देखा। उसने वह केश राशि अपनी गोद में रख ली और मेरे गिलास से अपना गिलास टकराया—'चीयर्स।' इस बार मैंने ज़रा ऊँची आवाज़ में अपनी बात रखी ताकि उसकी पत्नी भी सुन ले। मैंने कहा, ''यही है इसकी सही जगह। जब ये उठें तो आप इनकी जुल्फें समेट कर पीछे-पीछे चला करें। इनके नाज़ुक कन्धे कब तक ढोते रहेंगे इन जुल्फ़ों का वजन?'' उन लोगों ने मुझे अपने पास बैठा लिया और हम लोगों की दोस्ती हो गयी, जो आज तक बरक़रार है। इसे मेरी ख़ुशक़िस्मती ही कहा जा सकता है, वरना मेरी हरक़त ऐसी थी कि अच्छा-ख़ासा हंगामा खड़ा हो सकता था। ऐसे नाज़ुक मौक़ों पर दो में से एक ही काम हो सकता है—दोस्ती या पिटाई। मेरी हरक़तें ऐसी थीं कि हर रोज़ मैं उसी दिशा में बढ़ रहा था जिस पर मेरे बहुत से साथी बढ़ चुके थे। पीने वाले भी उनके साथ पीने में गुरेज़ करने लगे थे। हर शहर में ऐसे दीवाने मिल जाएँगे जो पीकर सामान्य रह ही नहीं पाते, अशालीन हो जाते हैं या अतिरिक्त शालीन। उनकी शालीनता बर्दाश्त होती है न अशालीनता।

मैंने ऐसे-ऐसे मित्रों को देखा था, जो पीकर महिलाओं पर फ़ब्तियाँ कसने लगते थे, मगर कुछ देर बाद उन्हीं महिलाओं के क़दमों में लोटकर फ़रियाद करते नज़र आते—आप तो मेरी माँ हैं। मुझे अपना बच्चा समझकर मुआफ़ कर दें। एक बार मेरे ही यहाँ एक पार्टी में कुछ दोस्त सपत्नीक आमन्त्रित थे। वे साहित्य के वृत्त के बाहर के मित्र थे। मुझसे नादानी यह हो गयी कि अपने कुछ रचनाकार मित्रों को भी उस पार्टी में आमन्त्रित कर लिया। एक साथी रचनाकार जो पीकर बहकने के लिए काफी विख्यात हो चुके थे, उस रोज़ भी बहक गये और उन पर गाने की धुन सवार हो गयी। वह ऐसे-ऐसे फ़िल्मी गीत गुनगुनाने लगे जो महिलाओं की उपस्थिति में खटक रहे थे। जैसे—'हमें तो लूट लिया मिल के हुस्न वालों ने।' मैंने किसी तरह स्थिति को नियन्त्रण में रखा, वरना एकाध मित्र ने तो जूते के फीते खोलना शुरू कर दिया था। वहाँ अच्छा-ख़ासा दृश्य उपस्थित हो जाता अगर विभूतिनारायण राय अपनी गाड़ी में समय रहते लेखक मित्र को रवाना न कर देते। हमारे हमप्याला मित्र को ख़ाली पेट ही लौट जाना पड़ा, जबकि उन्होंने ही पार्टी के लिए पूरी शाम रोग़नजोश तैयार किया था।

अपने मित्र की क्या आलोचना करूँ, मेरे अपने क़दम मित्र की दिशा में ही बढ़ रहे थे। तीन-चार पेग के बाद मैं भी बहक जाता। सुबह तक याद भी न रहता और अगर कुछ याद आ भी जाता तो सिवाय पछतावे के कुछ हाथ न लगता। ग़नीमत यही रही कि पीकर कभी नालियों में लोटने की नौबत नहीं आयी। मेरे मित्र प्रसिद्ध रंगकर्मी

डॉ. बालकृष्ण मालवीय पीने के बाद अकसर खेद प्रकट किया करते थे कि उनकी एक ही इच्छा अपूर्ण रह गयी, वह यह कि पीकर नाली में नहीं लोटे। हर शराबी जानता है, मयनोशी का यही चरम उत्कर्ष है। कुछ बिरले ही इस तूरीय अवस्था को प्राप्त कर पाते हैं। इस अवस्था तक पहुँचने के लिए कितनी साधना, कितनी विस्मृति, कितनी निश्चिन्तता की आवश्यकता है। मालवीय जी मूलत: विज्ञान के प्राध्यापक थे, मगर रंगमंच उनका पहला प्यार था। हम लोग इलाहाबाद आये तो रंगकर्म में उनकी तूती बोलती थी। उन दिनों इलाहाबाद में 'घासीराम कोतवाल' की धूम थी और मेहता प्रेक्षागृह में उसका मंचन हो रहा था। तब मालवीय जी से परिचय नहीं था, हम लोगों ने कतार में लगकर टिकट ख़रीदे थे और नाटक देखा था। इससे पूर्व मैं दिल्ली और मुम्बई में भी 'घासीराम कोतवाल' की प्रस्तुतियाँ देख चुका था, मगर इस मंचन में जो कसाव और निर्देशन का अनुशासन था, वह अन्यत्र दुर्लभ था। इतने वर्षों बाद आज तक नाटक के कई दृश्य जस के तस साकार हो जाते हैं। इस नाट्य प्रस्तुति के दसियों वर्ष बाद मालवीय जी से मित्रता हुई, जब हम नये घर में मेंहदौरी चले आये। मालवीय जी भी इसी कॉलोनी में रहते थे और हमारे मित्र डॉ. नरेन्द्र खोपरजी गाहे-बगाहे उनके यहाँ आया करते थे। 'घासीराम कोतवाल' में डॉ. खोपरजी ने साउंड रिकार्डिस्ट के रूप में काम किया था। डॉ. खोपरजी से भी 'घासीराम कोतवाल' की एक अभिनेत्री शशि शर्मा ने परिचय करवाया था। भानुमति का पिटारा थी इस नाटक की टीम। नाटक के निर्देशक बालकृष्ण मालवीय विश्वविद्यालय में बॉटनी के प्राध्यापक थे, खोपरजी पेशे से डॉक्टर, शशि शर्मा बैंककर्मी। एक पात्र एजी ऑफ़िस का तो दूसरा शिक्षा विभाग का। जाने कैसे मालवीय जी ने यह टीम जुटाई थी!

अभिलाषा-नरेन्द्र परिवार से हम लोगों का इतना घनिष्ठ सम्बन्ध था कि वे लोग घर के सदस्य की तरह हो गये थे। नरेन्द्र मेरी तरह मुँहफट और स्पष्टवादी थे, मेरी ही तरह बेलग़ाम हो जाते थे। औपचारिक सम्बन्ध वह स्थापित ही न कर सकते थे। कई बार तो हम लोगों को काम पर से लौटने पर मालूम पड़ता था कि आज शाम वे लोग आने वाले हैं। डॉ. नरेन्द्र हमारे घर पहुँचने से पहले ही फ़ोन कर देते थे कि आज शाम खाना हमारे यहाँ होगा और मेनू यह होगा। हम लोग घर लौटते तो कभी घर में मछली का सालन तैयार हो रहा होता तो कभी रोग़नजोश। डॉक्टर को भी बहाना मिलना चाहिए था अपने यहाँ पार्टी रखने का। बच्चों के जन्मदिवस, न्यू ईयर ईव, ईद, जन्माष्टमी, किसी दोस्त की शादी की सालगिरह, कोई भी अवसर वह तलाश लेते। उनके यहाँ से अकसर मैं धुत्त ही लौटता।

ऐसे ही किसी अवसर पर उन्होंने दावत दी थी। मालवीयजी और हम लोगों ने जी भर कर कारसेवा की। जब तक डॉक्टर लोग अपने काम से फ़ुर्सत पाते हम लोग ज़मीन से दो इंच ऊपर उठ चुके थे। उस दिन उन लोगों को किसी एमरजेंसी

केस में उलझ जाना पड़ा। वे लोग भोजन की व्यवस्था न कर पाये। हम लोगों ने दारू से पेट भर लिया। लौटते समय सड़क के लिए भी पेग तैयार किया गया। अभी हम लोग गाड़ी में सवार हुए ही थे कि मेरे हाथ में गिलास देखकर अभिलाषा जी कुछ असमंजस में आ गयीं। पता चला, मेरे हाथ में उनके किसी बेशकीमती सेट का गिलास था। अभिलाषा जी के मुँह से बेसाख़्ता निकल गया कि यह गिलास तो सेट का है। मैंने उसका मूल्य जानना चाहा, उन्होंने बता दिया कि साठ रुपये से कम का न होगा। मैंने जेबें टटोलीं। पता चला, हमेशा की तरह पर्स घर में भूल आया था। मैंने मालवीय जी से कहा कि उनके पास पैसे हों तो तुरन्त ज़मानत राशि जमा कर दें। मालवीय जी भी घोड़े पर सवार थे, उन्होंने तुरन्त सौ का नोट थमा दिया। अभिलाषा जी की बहन ने हँसते हुए आगे बढ़कर ले लिया। बात आयी-गयी हो गयी। हम लोग पीते हुए घर से आये थे और पीते हुए लौट गये।

कुछ दिनों बाद मालवीय जी के यहाँ महफ़िल जमी। हस्बेमामूल डॉक्टर लोगों को आने में देर हो गयी। तब तक हम लोग अपनी क्षमता के अनुसार कारसेवा कर चुके थे। उन लोगों के आने पर दूसरा दौर शुरू हो गया। अभिलाषा जी ने मेरी आवाज़ को लटपटाते देखा तो बोलीं, "कालिया जी, अब आप और न लें।" वह एक सही मश्वरा था।

"आप तो मुझे ऐसा मश्वरा न दें, आपको यह अधिकार नहीं है। एक तो आप लोग इतनी देर से आये हैं, जब हमारा कोटा पूरा हो चुका है। दूसरे आप मुझे कैसे कोई सलाह दे सकती हैं, आपको तो मेज़बानी का तमीज़ है न मेहमानी की। आप खाने पर बुलाती हैं और ख़ाली पेट लौटा देती हैं।"

अभिलाषा जी बेचारगी से मेरी तरफ़ देखने लगीं। मैंने अपना प्रलाप जारी रखा, "आपको अपने बेशक़ीमती गिलासों पर बहुत नाज़ है। उन्हें काँच वाली पारदर्शी अलमारी में बन्द कर के शोभा के लिए सजा दें और अगली बार हम आयें तो बरायमेहरबानी हम लोगों के लिए कुल्हड़ की व्यवस्था कर दें।" मैं देख रहा था, खोपरजी का मेरी बात से बहुत मनोरंजन हो रहा था। कोई मुझे टोक भी नहीं रहा था, बीच-बीच में ममता ने ज़रूर कोशिश की, मैंने उसे भी डपट दिया। मालवीय दम्पती आतिथ्य में व्यस्त थे।

"पिछली बार आपने घर बुलाकर हम लोगों का जो तिरस्कार किया, हम उसे कभी न भूल पाएँगे। एक तो आपने खाने पर बुलाकर खाना नहीं खिलाया, और दूसरे लौटते समय पठान की तरह गिलास की ज़मानत वसूल कर ली।"

जुनून में और भी न जाने मैं क्या-क्या बक गया! इतना याद है कि अभिलाषा जी रुआँसी हो गयी थीं। उसके बाद का मुझे कुछ याद नहीं है, दिमाग़ का जैसे

ब्लैक आउट हो गया। कैसे घर पहुँचा, यह भी याद नहीं कर सकता। इतना ज़रूर याद है कि सुबह उठा तो लग रहा था, रात को मैंने कोई गुल ज़रूर खिलाया है। ममता भी घर में ऐंठी हुई घूम रही थी। मुझसे बात नहीं कर रही थी। सुबह की चाय भी उसने साथ नहीं पी। बिना बात किये कॉलिज चली गयी। मुझे लग रहा था, मुझसे जैसे घर की कोई क़ीमती चीज़ टूट गयी है। मुझे विश्वास था कि ममता लौटेगी तो घर में ज़रूर जमकर दाँताकिलकिल होगी। तूफ़ान के पहले का सन्नाटा मेरे भीतर भर गया था।

बीमार पड़ने से पहले मैं शाम को अकसर बहकने लगता था। यह शायद बीमारी का पहला लक्षण था। मुझे लग रहा था, लिवर ने मुझे चेतावनी देना शुरू कर दिया था। अब तो विश्वास हो चुका है कि दिमाग़ का सन्तुलन बनाये रखने में लिवर की अहम भूमिका रहती है। मयनोशी के अन्तिम दौर में मैं कुछ ज़्यादा ही बहकने लगा था। घर में भी मेरा व्यवहार असामान्य हो जाता। यह एक नयी बात थी। पीकर मैं जैसे बिजली का नंगा तार हो जाता। नशे में कुछ भी हो सकता है, आप क्षुद्रताओं से मुक्त हो सकते हैं अथवा क्षुद्रता के शिखर पर आसीन हो सकते हैं। नशे में मैं दोनों स्थितियों से गुज़रा हूँ।

एक बार जाड़े के मौसम में मैं पटना से लौट रहा था। शराब के नशे में मैंने पटना रेलवे स्टेशन पर वातानुकूलित यान में घुसने से पहले एक परिचित के कन्धों पर अपना क़ीमती पशमीने का शॉल डाल दिया था। ऐसी ठंड भी नहीं थी और दोस्त को शॉल की ज़रूरत भी न थी। वह ठंड में मुझे विदा करने आया था, इसी बात से प्रभावित होकर मैं अपने कीमती शॉल से वंचित हो गया। ऐसा भी नहीं है कि नशे में मैंने अपनी क्षुद्रताओं का परिचय न दिया हो। पीने के बाद मेरे ऊपर क्षुद्रताओं के भी दौरे पड़े हैं। उन्हें लिखने बैठूँ तो लिखता चला जाऊँ। दूधनाथ सिंह भी इसका भुक्तभोगी है। मेरे अनेक आत्मीय जनों ने मेरी बदलग़ामी का स्वाद चखा है, किसी ने कम किसी ने ज़्यादा। इसका प्रसाद सब को मिला है, यह दूसरी बात है हर बार उसकी भारी क़ीमत मुझे ख़ुद ही चुकानी पड़ी है, कभी पछतावे के रूप में और कभी अवसाद के लम्बे दौर से गुज़र कर। अकसर मैं पीकर जितना उत्फुल्ल हो जाता था, उसके बाद उतना ही उदास, तन्हा और निस्पन्द। बिन पिये भी मन की बात ज़ुबान पर लाने में मैंने कभी कोताही न की थी और पीने के बाद तो मैं एकदम निरंकुश और स्वच्छन्द हो जाता था। इससे बड़ा कोई तात्कालिक सुख नज़र नहीं आता था। दो शराबियों के बीच ऐसा व्यवहार खप जाता है, मगर समस्या वहाँ खड़ी हो जाती थी जहाँ दूसरा पक्ष होशोहवास में हो। एक बार मेरी होने वाली बहू भी मेरी इस सनक की ज़द में आ गयी थी। उसे देर रात बेटे ने अहमदाबाद से फ़ोन पर ख़ुशख़बरी दी थी

कि हम लोगों ने इस शादी को हरी झंडी दिखा दी है।

बेटे ने नौकरी पाने के कुछ माह बाद अत्यन्त तर्कपूर्ण ढंग से अपना पक्ष रखा था कि वह अब अपने पाँव पर खड़ा हो गया है और अपनी मनपसन्द लड़की से ही शादी करने का मन बना चुका है। हम लोग एक लम्बे अर्से से उसके इस आशय के पत्र की प्रतीक्षा कर रहे थे। हम लोग इस बात से प्रसन्न थे कि बेटे ने बाप की परम्परा का बख़ूबी निर्वाह किया और हमें दुनियादारी की ज़हमतों से बचा लिया। वह अगर शादी करने के बाद भी सूचित करता तो ज़्यादा हैरानी न होती। हम दोनों मानसिक रूप से इसके लिए भी तैयार बैठे थे। बेटे ने अत्यन्त संकोच से पत्र लिखा था और पत्र पढ़कर उस पर लाड़ भी बहुत आया। वह तब तक सोच रहा था कि हम लोग निहायत बुद्धू क़िस्म के माँ-बाप हैं और उसके प्रेम-प्रसंग के बारे में कुछ नहीं जानते। यह उसका भ्रम था। प्यार की एक ख़ुशबू होती है, जो छिपाये नहीं छिपती। वह अभी विश्वविद्यालय में ही था कि सारे घर में यह ख़ुशबू फैल गयी थी। जाने यह कैसा संकोच था कि बेटे को हम लोगों पर कम, अपनी दादी माँ और मेरे बड़े भाई-भाभी पर ज़्यादा विश्वास था, जबकि उनमें से किसी ने प्रेम विवाह नहीं किया था। मुझे तो वर्षों पहले विश्वास हो गया था कि मेरा बेटा प्रेम में पड़ चुका है, जब एक बार लड़की बीमार पड़ी तो वह अपनी माँ से खिचड़ी बनवाकर या जूस निकलवा कर उसके होस्टल पहुँचाया करता था।

मेरे लिए यह सन्तोष का विषय था कि मेरा बेटा प्रेम के मामले में मुझसे दो क़दम आगे ही रहा है। वह अभी स्कूल में ही था कि मुझे लगने लगा कि बेटा बाप से आगे निकल चुका है। हाईस्कूल में ही वह पड़ोस की एक लड़की के प्रेम में पड़ गया। वह ही नहीं, लड़की भी उसके प्रेम की दीवानी हो गयी थी। रात-रात भर दोनों की फ़ोन पर गुफ़्तगू चलती।

हम लोगों को यह सब नागवार गुज़रा तो उसके कमरे से फ़ोन का एक्सटेंशन हटा लिया। उसने घर में तूफ़ान बरपा कर दिया। ऐसा तूफ़ान तो मैंने शराब के नशे में भी न खड़ा किया होगा। वह अनशन पर बैठ गया। कई दिनों तक उसका होमवर्क ममता को करना पड़ा। छमाही परीक्षा में बैठने से पूर्व वह एक दिन अपनी दादी माँ से बोला, "दादी माँ, मैं सोचता हूँ, अब शादी कर ही लूँ।"

उसकी बात सुनकर मेरी माँ हतप्रभ रह गयीं। उस समय उसकी उम्र मुश्किल से पन्द्रह वर्ष की होगी। उन्होंने उसे प्यार से समझाने की कोशिश की, "पढ़-लिखकर काबिल बन जाओ और जब अपने पाँव पर खड़े हो जाओ तो शादी भी कर लेना।"

"दादी माँ, मैं तुरन्त शादी करना चाहता हूँ, ताकि हम दोनों मन लगाकर

पढ़ाई कर सकें। इधर हम दोनों का मन पढ़ाई में नहीं लग रहा। आप मम्मी-पापा को राज़ी कर लें। प्लीज़!''

''शादी के लिए अभी तुम दोनों बहुत छोटे हो। पहले कुछ बन कर तो दिखाओ।''

''आप जो भी कहेंगी, बनकर दिखा दूँगा, कलक्टर, एस.पी., डॉक्टर; जो भी आप कहेंगी।''

''मगर सोचो बेटा तुम्हारी दुल्हन का खर्चा कौन उठायेगा?''

''उसका ज़्यादा खर्च नहीं है, दादी माँ। शादी के बाद मैं पाकिट मनी लेना भी बन्द कर दूँगा। इससे भी तो बचत होगी।''

''मगर कल तुम्हें आगे की पढ़ाई करनी है, ज्यों-ज्यों बड़ी क्लास में जाओगे, पढ़ाई का खर्च भी बढ़ेगा। हो सकता है तुम्हें होस्टल में रहकर पढ़ना पड़े।''

''दादी माँ, आप फिजूल के बहाने कर रही हैं। आप चाहेंगी तो सब राज़ी हो जाएँगे।''

''मगर बेटा मैं तो वही चाहूँगी, जिसमें तुम्हारा भला हो।'' दादी माँ ने उसे समझाने की कोशिश की।

मेरा बेटा ज़िद ठान चुका था। दादी माँ के किसी तर्क से वह प्रभावित नहीं हो रहा था। उसका विचार था कि जहाँ इतने लोगों का खाना बनता है, उसकी 'स्वीटहार्ट' का भी बन जायेगा। घर में इतनी जगह है, एक कोने में वह भी पड़ी रहेगी। उसके अपने कमरे में ही उसके लिए पर्याप्त जगह थी।

बाद में पता चला, हमारे बेटे ने ही नहीं, लड़की ने भी अपने घर वालों का जीना हराम कर रखा था। एक दिन जब बच्चे स्कूल गये हुए थे तो लड़की की माँ हमारे यहाँ आयीं। वह अपनी बेटी को लेकर बहुत चिन्तित थीं। उनकी चिन्ता जायज़ भी थी। आख़िर उन्होंने रानीमंडी का घर बेच दिया और शहर के दूसरे छोर पर जाकर बस गये। हमारा बेटा कुछ दिन गुमसुम रहा, फिर पूरे जोश से क्रिकेट खेलने लगा। मेरे बेटे की इस प्रथम प्रेम कहानी का अन्त भी अत्यन्त नाटकीय रहा।

जिस रोज़ बेटे की शादी थी और हम लोग विवाहोत्सव में जाने के लिए घर से निकल ही रहे थे कि अचानक टेलीफ़ोन की घंटी बजी। मैंने लपककर फ़ोन उठाया तो वह फ़ोन जो था, लड़के की पहली प्रेमिका का था। वह बंगलौर में एम.बी.ए. कर रही थी और उसी रोज़ इम्तिहान से फ़ारिग होकर लौटी थी। मैं जल्दी में था, मगर वह फ़ुर्सत में थी। वर्षों बाद मैंने उसकी आवाज़ सुनी थी। यह वही आवाज़ थी जिसे सुनकर मैं अकसर क्षुब्ध हो जाया करता था। लड़की ने यह सोचकर फ़ोन किया था कि हो सकता है अन्नू भी छुट्टियों में घर आया हो। वह लगातार बोले जा रही थी और मैं कान पर फ़ोन धरे उसकी आवाज़ में एक नया आत्मविश्वास लक्षित

कर रहा था। वर्षों से उसकी अन्नू से बात नहीं हुई थी और वह शायद सोच रही थी कि बीते हुए दिन पूरे वेग के साथ अब दोबारा लौट आएँगे। माता-पिता भी अब वैसी आपत्तियाँ दर्ज़ नहीं करेंगे। आगामी फरवरी में ही वह एक बहुराष्ट्रीय कम्पनी में नियुक्त होकर मुम्बई जा रही थी। मुझे असमंजस में देख और अपना नाम सुनकर अन्नू ने मेरे हाथ से फ़ोन ले लिया। उसी ने लड़की को समाचार दिया कि वह अभी-अभी शादी के लिए रवाना हो रहा है। लड़की ने उसकी पत्नी का नाम पूछा और बधाई दी और साथ ही ग़लत समय पर फ़ोन करने के लिए उससे मुआफ़ी माँगी।

अन्नू से हम लोगों की सहमति का फ़ोन मिलने पर प्रज्ञा की जिम्मेदारियाँ बढ़ गयी थीं। अब उसे अपने माता-पिता की सहमति हासिल करनी थी। घर में यह प्रस्ताव रखने से पूर्व प्रज्ञा हम लोगों से बात कर आश्वस्त हो जाना चाहती थी। अन्नू से यह समाचार मिलते ही प्रज्ञा ने यह सोचकर हमारा नम्बर घुमा दिया कि हम लोग देर रात तक जगा करते हैं। उसने ठीक ही सोचा था। उसका फ़ोन मिला तो उस समय मैं ज़मीन से दो इंच ऊपर था। दो क्या, ढाई इंच ही कहना चाहिए। कुछ ही समय पूर्व बेटे से फ़ोन कर लाड़-प्यार से बातें हुई थीं। मैं फ़ोन पर उसका ध्यान ई-मेल से प्राप्त उसके पत्र के एक वाक्य की तरफ़ दिलाना चाहता था, जो मेरे मर्म को छू गया था और कई बार ऐसा एहसास दे गया था, जो चोट पर ठोकर लगने से बार-बार होता है। बेटे ने पत्र में चलते-चलते नासूर पर नश्तर लगा दिया था और वह ज़ख्म अभी हरा था। अपने पत्र में उसने मेरी मयनोशी पर टिप्पणी कर दी थी और लिखा था—रिमेम्बर फ़ादर, ह्वाट माई मदर नेवर आब्जेक्टेड टु, माई वाइफ़ मे। आपकी जिन आदतों पर मेरी माँ ने कभी आपत्ति नहीं की, मेरी पत्नी कर सकती है। हर पेग के साथ यह वाक्य मेरे भीतर सुलग रहा था और जब प्रज्ञा का फ़ोन मिला यह वाक्य लपट में तब्दील हो चुका था। मैंने प्रज्ञा के अभिवादन का उत्तर देना भी ज़रूरी नहीं समझा और बेटे के पत्र पर अपनी प्रतिक्रिया देने के लिए संघर्ष करने लगा। मेरी ज़ुबान लटपटा रही थी। मैंने किसी तरह बहुत कोशिश करके एक वाक्य पूरा किया—तुम कब छोड़ोगी मेरे बेटे का पीछा? मेरी बात और बात करने के अन्दाज़ से प्रज्ञा सहम गयी होगी, उसने तुरन्त फ़ोन काट दिया।

प्रज्ञा ने फ़ोन काटकर समझदारी का परिचय दिया था। मेरी ज़ुबान भी साथ नहीं दे रही थी। मैं उस समय कुछ भी कह सकता था, सुबह उठकर चाहे कितना भी पश्चात्ताप कर लेता। अपनी बात से मेरी आत्मा पूरी तरह तृप्त न हुई थी। मैं अभी और भड़ास निकालना चाहता था कि यू हैव नो राइट टु आब्जेक्ट टु माई स्टाइल ऑव लिविंग। कैसे दिन आ गये थे, मैं लगभग रोज़ ही सुबह उठकर शर्मसार होता रहता

था! उस समय भी यह एहसास न हुआ कि मैंने बेवक़ूफ़ी में अपने बेटे के हिस्से की डाँट अपनी होने वाली बहू को पिला दी थी। थोड़ी देर बाद बेटे ने अपनी माँ से शिक़ायत की, पापा ने मेरी वर्षों की मेहनत पर पानी फेर दिया। उसकी चिन्ता जायज़ थी कि प्रज्ञा क्या सोचेगी कि, वह कैसे घर में जा रही है! मैंने उसे अत्यन्त विडम्बनापूर्ण स्थिति में डाल दिया था। रोज़ ही मुझे इस पराजय से दो-चार होना पड़ता था। मैं एक गहरे अपराधबोध में जकड़ गया। वहाँ से हट जाना ही मैंने बेहतर समझा। ममता बेटे की हाँ में हाँ मिला रही थी। मैं दूसरे कमरे में चला गया और सिगरेट सुलगा ली। ऐसे में मैं अकसर धूम्रपान की शरण में ही जाता था। धुआँधार सिगरेट फूँकता और खाँसता। इस समय मुझे सिगरेट से भी नफ़रत हो गयी थी। सच पूछिए तो मैं सिगरेट से भी आजिज़ आ चुका था। सिगरेट पी-पी कर मेरे फेफड़े थक चुके थे।

एक दिन दूधनाथ सिंह ने मुझे ताबड़तोड़ सिगरेट फूँकते देखा तो एक दोस्ताना मश्वरा दिया, ''कालिया, अब वक़्त आ गया है, तुम सिगरेट भी छोड़ दो।''

''देखो दूधनाथ! तुम्हारे कहने से मैंने दारू छोड़ दी, कोठे पर जाना छोड़ दिया, स्मगलिंग छोड़ दी, जुआ छोड़ दिया, यहाँ तक कि तमाम प्रेमिकाओं से भी कन्नी काट ली। अब तुम क्या चाहते हो? जीने के लिए कुछ तो मेरे पास रहने दो भाई।'' मैंने हँसकर उसकी बात टाल दी।

दूधनाथ की बात ग़लत नहीं थी। वह ग़ैरज़िम्मेदार दिखने की कोशिश ज़रूर करता रहता है, जबकि भीतर से वह बहुत ही ज़िम्मेदार शख़्स है। पति मालूम नहीं कैसा रहा है, मगर पिता की ज़िम्मेदारियाँ उसने हम सब लोगों से कहीं बेहतर निभायी हैं। हमारी पीढ़ी के लेखकों में दूधनाथ सिंह ने सबसे ज़्यादा अपने बच्चों की परवरिश की तरफ़ ध्यान दिया था। दूधनाथ सिंह का वश चलता तो वह अपने बच्चों को छाती से चिपकाकर उन्हें दूध भी पिलाता। वह बच्चों की माँ भी था और बाप भी। सही मायने में 'माई-बाप' था। यह सुनकर निर्मला आहत हो जाती हैं और नाक-भौं सिकोड़ा करती हैं। मेरा अभिप्राय उनके मातृत्व को चुनौती देने का कभी नहीं रहा, मगर मेरा निजी अनुभव कुछ ऐसा था कि मैं कामकाजी महिलाओं को माता कम, जननी ज़्यादा माना करता हूँ। कामकाजी महिलाओं का पूरा समय (फुल टाइम) नौकरी में निकल जाता है और शायद यही वजह थी कि मैं उन्हें पार्टटाइम माँ कहा करता था।

ममता कॉलिज चली जाती थी और मैं बच्चों को गोद में लिये प्रूफ़ पढ़ा करता था। बच्चा कितना भी रो रहा हो, मेरी गोद में आते ही चुप हो जाता था। गोद में अजीब

जादू होता है। बच्चों की बात छोड़िए, मैंने बड़े-बड़ों को गोद में चुप होते देखा है। वास्तव में दूधनाथ सिंह फुल टाइम पिता था, बाक़ी सबकुछ पार्टटाइमर। पति। प्रेमी। अध्यापक। लेखक। मित्र। अमित्र। छिनरा। जब तक दूधनाथ सिंह के बच्चे छोटे थे, उसके यहाँ बहुत कम महफ़िल सजती। बच्चे सयाने हो गये तो उसने एक जगह प्रेम की नौकरी कर ली। उसने वर्षों यह नौकरी बजायी, मगर कोई नहीं जानता वह अचानक प्रेम की इस नौकरी से निलम्बित कर दिया गया था या उसने स्वैच्छिक अवकाश ग्रहण कर लिया था। उसकी बाद की कहानियों से यह आभास ज़रूर मिलता है कि दाल में कुछ काला ज़रूर था। उसकी कहानियों पर अँधेरा छा गया।

दूधनाथ बहुत विषम परिस्थितियों में ही मित्रों को घर पर आमन्त्रित करता था। हम लोग इसका एक ही अर्थ निकालते थे, वह आपसे प्रसन्न है या आपको प्रसन्न करना चाहता है। अश्क जी कहा करते थे, दूधनाथ सिंह परम पटाऊ शख़्स है। आप उससे कितना ही ख़फ़ा हों, अगर दूधनाथ तय कर लेगा तो आप पटे बग़ैर रह ही नहीं सकते। यह मैंने भी महसूस किया है, यह दूसरी बात है कि मुझे पटाना बहुत आसान होता है। दूधनाथ सिंह तो नामी लेखक है, नये-से-नये लेखक मुझे आसानी से पटा लेते हैं। मगर अश्क जी कठिन आदमी थे, वह भी दूधनाथ के सामने आसानी से हथियार डाल देते थे। बाद में इस बात का ख़ूब प्रचार करते थे। अपनी इस कमज़ोरी से वह अन्त तक लड़ते रहे। जब अश्क जी की यह औकात थी तो मेरी क्या बिसात! मैं भी कई बार दूधनाथ के सामने लाचार हुआ हूँ। जाने वह क्या जादू डारता था!

काशी का क़िस्सा साढ़े 'चार यार' छपा तो दूधनाथ अपनी तस्वीर से बेहद नाख़ुश हुआ। काशी की दाद देनी पड़ेगी कि वह अपनी बेटी के ससुर की भी ख़बर ले सकता है। मैं अब सोचता हूँ कि काशी का उद्देश्य किसी की छवि को धूमिल करने का नहीं रहा होगा, वह जाने कहाँ चूक गया कि उसके चारों यार आहत हो गये। कई बार अपनी सरलता की भी क़ीमत चुकानी पड़ती है, काशी ने वह क़ीमत चुकायी। काशी को देखकर मुझे हर बार यह एहसास होता है कि वह लेखक कम गाँव का एक सीधा-सादा किसान ज़्यादा है, उर्दू में उसे साद:लौह इंसान कहा जा सकता है। काशी की तुलना में हम लोगों को यानी ज्ञान, दूधनाथ और मुझे शातिर कहा जा सकता है।

जिन दिनों मैं अपने साथियों पर संस्मरण लिख रहा था, अचानक दूधनाथ सिंह मेरे बहुत क़रीब आ गया। वह विश्वविद्यालय से सीधा हमारे यहाँ चला आता। वह अपने झोले से जिन की बोतल निकालता और मैं फ्रिज से गाजर और अदरक का रस। हम लोग जिन पीते और ममता का इन्तज़ार करते। ममता कॉलिज से लौटती तो वह कहता, "ममता, पेट में चूहे दौड़ रहे हैं, जल्दी से खाना लगाओ।"

ममता गद्गद हो जाती कि दूधनाथ कितनी आत्मीयता से खाने की फ़रमाइश कर रहा है! मैं महसूस करता कि दुनिया में अगर कोई सच्चा दोस्त है तो वह दूधनाथ सिंह है, बाक़ी सब ज्ञानरंजन और काशीनाथ सिंह हैं। दूधनाथ मुझे विस्तारपूर्वक अपने संघर्षों के बारे में बताता, उसकी आवाज़ काँपने लगती, उसकी आँखें नम हो जातीं। इसे संयोग ही कहा जाएगा कि मैंने दूधनाथ पर संस्मरण पूरा किया कि अचानक काशी इलाहाबाद में प्रकट हो गया। उस रोज़ वह और दूधनाथ दोनों रानीमंडी आये। दोपहर में जिन पी गयी और दूधनाथ पर लिखे संस्मरण का पाठ हुआ। संस्मरण सुनाने का एक उद्देश्य यह भी था कि काशी को एहसास कराया जाये कि एक उसने अपने दोस्तों का ख़ाका ख़ींचा है और एक ख़ाका यह है। संस्मरण में दूधनाथ के बारे में जितनी भी झूठी-सच्ची जानकारी थी, दूधनाथ की ही दी हुई थी। कुछ-कुछ दिल अपना और प्रीत परायी जैसा था।

संस्मरण लिखते समय एक ख़तरा हमेशा बना रहता है कि किसी मित्र पर लिखते समय आप अपने पर ज़्यादा लिख जाते हैं मित्र पर कम। अश्क जी के संस्मरणों में प्राय: ऐसा ही हो जाता था। वह मंटो पर कम अपने पर ज़्यादा लिख जाते थे। निष्कर्ष यही निकलता था कि बेदी (राजेन्द्र सिंह) मूर्ख हैं और वह बुद्धिमान। वह अपने समकालीन लेखकों की ख़ामियाँ कुछ ज़्यादा ही उजागर कर देते थे। अश्क जी से मैंने यही शिक्षा ली थी कि इन दोनों प्रवृत्तियों से बचना चाहिए। अपने बारे में भी मेरी राय कभी उतनी अच्छी न रही थी। ज़िन्दगी में इतनी बार शिक़स्त का सामना हुआ था कि कभी अपने को मुकद्दर का सिकन्दर नहीं समझ पाया, हमेशा अपने को मुकद्दर का पोरस ही पाया। मुझे हर दूसरा शख़्स सिकन्दर नज़र आता था। उन दिनों दूधनाथ मेरा सिकन्दर था। मैं उत्साहपूर्वक अपना संस्मरण सुना रहा था। दूधनाथ की अधिसंख्य कहानियों में एक विजेता ज़रूर बैठा रहता है। इस संस्मरण में भी एक सिकन्दर विराजमान था। इसके विपरीत काशी के संस्मरण में दूधनाथ सिंह सिकन्दर तो क्या, पोरस का पट्टीदार भी नहीं लगता था। काशी के और मेरे संस्मरण में दूधनाथ सिंह के अलग-अलग चेहरे उभरे थे। वैसे किसी भी शख़्स का एक चेहरा नहीं होता—चेहरे अनेक होते हैं। मगर यहाँ तो दोनों चेहरे एक दूसरे के विलोम थे। मेरा संस्मरण सुनकर काशी भी भावुक और विह्वल हो गया। कुछ जिन का भी चमत्कार था कि काशी की आँखें पहले सुर्ख़ हुईं और बाद में डबडबा आयीं। उसने मुझे और दूधनाथ को अपनी दोनों बाँहों में भर लिया। अब हम तीनों पर जिन सवार थी। उस एक क्षण में हम तीनों अपनी-अपनी क्षुद्रताओं से काफी ऊपर उठ गये। होता है, शराब पीकर ऐसा अकसर होता है!

सच तो यह है, सिगरेट छोड़ने के बारे में मैं वर्षों से सोच रहा था। इस

विषय पर अनेक लेख और पुस्तकें पढ़ चुका था। कहीं यह भी पढ़ा था कि अँगुलियों को सिगरेट थामने का अभ्यास हो जाता है और होठों को सिगरेट दबाने का। होठ और अँगुलियाँ उस आत्मीय स्पर्श के लिए बेक़रार रहने लगती हैं। इस विश्लेषण को मैंने दुरुस्त पाया था। आज स्थिति यह है कि मैं घंटों अँगुलियों या होठों में सिगरेट थाम कर बैठ सकता हूँ, बगैर सुलगाये या धुआँ छोड़े। इसी मुद्रा में मैं बाज़ार का चक्कर भी लगा आता हूँ। ऐसा भी हुआ कि राह चलते लोगों ने माचिस पेश कर दी कि सिगरेट सुलगा लूँ। कुछ लोग यह भी सोचते होंगे कि यह कोई फिलॉसफर अपनी धुन में चला जा रहा है और सिगरेट सुलगाना भूल गया है। अब लोगों को कौन समझाये यह फिलासफर-विलासफर कुछ नहीं, निहायत पाजी क़िस्म का बिगड़ा हुआ लेखक है जो अपने को सुधारना चाहता है।

मैं इंटर में पढ़ता था जब पहली बार सिगरेट का क़श खींचा था। गर्मी की छुट्टियाँ मनाने अपने चाचा के यहाँ शिमला गया हुआ था। वह सुबह पहली चाय के साथ सिगरेट सुलगा लेते। एक दिन शाम को मैं माल पर टहल रहा था कि कुछ लड़के-लड़कियों को आज़ादी से सिगरेट फूँकते हुए देखा। लड़कियों की इस अदा पर मैं फ़िदा हो गया। मैं कुछ दूर तक उनके पीछे चलता रहा। बगल में सिगरेट की दुकान देखकर एक सिगरेट ख़रीद ली, दुकान के बाहर बिजली का लाइटर टँगा था, बटन दबा कर लोग सिगरेट सुलगा रहे थे, मैंने भी सुलगा ली। पहला क़श बहुत नागवार गुज़रा, हलक़ में धुआँ कहीं ऐसी जगह छू गया कि मैं आगे चलती लड़कियों को भूल गया और सड़क किनारे एक पत्थर पर बैठकर देर तक खाँसता रहा। तौबा-तौबा करके किसी तरह आधी चौथाई सिगरेट ख़त्म की और लड़कियों को कोसते हुए घर लौट आया। चाचा को लगा, मैं ठंड खा गया हूँ, उन्होंने कफ़ सिरप पिलाया और हीटर खोल दिया। पहली सिगरेट का अनुभव बहुत ख़राब रहा था, उर्दू में इसी तरह के अनुभव को गुनाह बेज़्ज़त कहा जाता है। मगर मैं इतनी आसानी से हथियार डालने वाला नहीं था। अगले रोज़ मैंने एक और सिगरेट ख़रीदी। कोई सप्ताह भर के संघर्ष के बाद मैं सिगरेट पीने में पारंगत हो गया। बाद में जालन्धर लौट कर मैंने अपने अनेक सहपाठियों को सिगरेट पीना सिखाया। कुछ ही दिनों में हम लोग कॉलिज परिसर में ही खुलेआम सिगरेट फूँकने लगे। बाक़ी लड़के कौतुक से लड़कियों की तरह हमारी तरफ़ देखते। सिगरेट पीते-पीते जब कई वर्ष बीत गये तो यह बात मेरी समझ में आयी कि सिगरेट एक बुरी चीज़ है। इसे मेरा दुर्भाग्य ही कहा जायेगा कि बहुत-सी बातें बहुत देर बाद मेरी समझ में आती हैं। किसी ने ठीक ही कहा था कि लम्बे आदमी की अक्ल टखनों में होती है। मुझे बहुत-सी चीज़ों की समझ तब आयी जब पानी गले तक पहुँच चुका था, जब आसानी से उन्हें यह

कहकर खारिज किया जा सकता था कि आख़िरी उम्र में क्या खाक़ मुसलमाँ होंगे।

वास्तव में सिगरेट के प्रति जो आपका रवैया होता है, वही जीवन के प्रति होता है। यह कोई सूक्त वाक्य नहीं है, मैं कई हज़ार सिगरेट फूँककर इस नतीजे पर पहुँचा हूँ। एक बार मैं कॉलिज परिसर में सिगरेट फूँकते हुए चला जा रहा था कि अचानक ठीक सामने डॉ. इन्द्रनाथ मदान पड़ गये। तब तक मैं उनका विद्यार्थी नहीं था, मगर उन्हें देखते ही मैंने सिगरेट फेंक दी। मदान साहब मेरे पास आकर रुके और कन्धा थपथपाते हुए बोले, ''नौजवान, माना सिगरेट बुरी चीज़ है, मगर चीजों को यों बरबाद नहीं करते। ज़ाया मत करो, उठा लो।'' मदान साहब यह कहकर आगे बढ़ गये और मैंने गिरी हुई सिगरेट उठा ली। डॉ. मदान की बात मैं लगभग भूल चुका था कि वर्षों बाद अचानक एक दिन उनकी बात दिमाग़ में ताज़ा हो गयी।

मोहन राकेश के राजसी ठाठ थे। वह सिगरेट सुलगाने से पहले सामने बैठे व्यक्ति को भी सिगरेट पेश करते। अब सामने वाले व्यक्ति पर मुनहसिर था कि वह क़बूल कर ले या न करे। मैं तो हमेशा क़बूल कर लेता था। मुझे उनका यह शिष्टाचार बहुत शाही लगता था। एक बार मैं उनके साथ कॉफी हाउस जा रहा था। उन दिनों क्नॉट प्लेस में कॉफी हाउस उस स्थान पर था, जिसके नीचे आजकल भूमिगत वातानुकूलित मार्केट है। चलते-चलते अचानक उन्हें सिगरेट की तलब हुई। हस्बेमामूल उन्होंने ख़ुद भी सिगरेट सुलगायी और मुझे भी पेश की। मैंने अभी दो-चार क़श भी न लिये होंगे कि सिगरेट मेरे हाथ से छूट गयी। इससे पहले कि मैं झुककर सिगरेट उठाता, राकेश जी ने सिगरेट अपने क़दमों के नीचे रौंद दी और जेब से पैकेट निकालकर नयी सिगरेट पेश कर दी। वह उन दिनों 'फोर स्क्वायर' नाम की सिगरेट पिया करते थे। अपनी ऐसी ही अदाओं से राकेश मेरे लिए वही बन गये, जिसे अँग्रेज़ी में फ्रेंड, फिलासफर ऐंड गाइड कहा जाता है। मगर समय का चक्का कुछ ऐसे घूमा कि फ्रेंड फ्रेंड न रहा, गाइड गाइड न रहा। उनके फिलासफर ने ज़रूर आज तक साथ निभाया, वक़्त-ज़रूरत आज भी साथ देता है। मोहन राकेश जब तक जीवित रहे, शाही तरीक़े से रहे। जिन दिनों हिन्दी के लेखक चप्पल चटकाते हुए चला करते थे, राकेश टैक्सी से नीचे क़दम नहीं रखते थे, बहुत सुरुचिपूर्ण जीवन-शैली थी उनकी।

सिगरेट या ह्विस्की के ब्रांड से पता चल जाता है कि आदमी की आर्थिक, सामाजिक और मानसिक स्थिति कैसी है। हैसियत की क़लई न खुल जाये, यह सोचकर मैंने हमेशा हैसियत से बेहतर सिगरेट फूँके और हैसियत से कहीं बेहतर दारू पी। इस मध्यवर्गीय कुंठा में ज़िन्दगी में कुछ ज़्यादा ही मेहनत पड़ गयी। कुम्भनदास के शब्दों में कहूँ तो जाको मुख देखे दुख लागे, ताको करन परी परनाम।

सिगरेट ने और भी बहुत से सबक सिखाये। सबसे बड़ा सबक तो यही सीखा कि सिगरेट पीने का आनन्द सिगरेट पीने वालों के बीच ही है, दूसरों के बीच सिगरेट फूँककर आप सिर्फ़ जुल्म ढा सकते हैं। इसका एहसास भी अचानक हो गया था।

जब से नन्दन जी मुम्बई से दिल्ली आये, मैं दिल्ली में उनके यहाँ ही ठहरा करता था। नन्दन जी घर में राजा बेटे की तरह रहते थे, न सिगरेट पिएँ न शराब। रात देर तक हम लोग दुनिया-जहान की बातें करते। इतनी बातें करते कि उनका वातानुकूलित कमरा धुएँ से भर जाता। मुरव्वत में वह मना भी न कर पाते। मैं धुएँ में जीने का आदी था। अपनी मूर्खता का एहसास तब हुआ जब मियाँ-बीवी रात भर खाँसी की जुगलबन्दी करते रहे। वह दिन था और आज का दिन, मेरे भीतर नन्दन जी के यहाँ जाने का नैतिक साहस न हुआ। ऐसे ही कुछ ठोस कारण रहे होंगे कि मैंने बुढ़ापे की जो रोमांटिक परिकल्पना की थी, उसमें सिगरेट के लिए कोई स्थान नहीं था। मेरी कल्पना के बुढ़ापे में धूम्रपान निषेध था। यह ज़रूर सोचा था कि अवकाश ग्रहण करके घर में एक उम्दा बार ज़रूर बनवाऊँगा। मैंने जितनी देशी-विदेशी शराबों के नाम सुने थे या निर्मल वर्मा और श्रीकान्त वर्मा जैसे लोगों की पुस्तकों में पढ़ रखे थे, बहुत पहले उनका संग्रह करने में जुट गया था। मेरे भाई-भाभी, बहन-बहनोई विदेश से आते तो मेरी फ़रमाइश की शराब ज़रूर लाते। अमरकान्त जी मेरे लिए रूस से वोद्का लाये थे। शराब को महक और विशिष्टता प्रदान करने के लिए मैंने विशेष काष्ठ पात्र जुटा लिये थे। मेरी तमाम योजनाएँ धरी की धरी रह गयीं, जब मेरे जिगर ने मेरा साथ छोड़ दिया और टकसाली भाषा में अब सिर्फ़ यही कहा जा सकता है कि मैं मन मसोस कर रह गया। सिगरेट छोड़ने के लिए अपने को तैयार कर रहा था कि मद्यपान छूट गया। जीवन में यह नौबत न आती अगर इस आदर्श वाक्य ने प्रभावित न किया होता—इफ यू लाइक अॅ थिंग ओवर डू इट।

मेरी माँ की चिता जब धू-धू कर जल रही थी, तो मेरी प्रबल इच्छा हुई कि मैं जेब से सिगरेट का नया पैकेट जला कर राख कर दूँ, जो मैंने श्मशान घाट पर जाने से ज़रा पहले मँगवाया था। सिगरेट मँगवाते समय भी मुझे बहुत ग्लानि और गहरा अपराधबोध हुआ था। अवसाद के उन मर्मान्तक क्षणों में भी मैं अपनी क्षुद्र लालसाओं से ऊपर नहीं उठ पाया था। श्मशान घाट पर मेरा हाथ बार-बार उस पैकेट को छू रहा था मगर मेरी इच्छाशक्ति मेरा साथ नहीं दे रही थी। मुझे लग रहा था, आज मुझे इसी की सबसे ज़्यादा ज़रूरत है। वह दिन था और आज का दिन है, मैं धूम्रपान से लगातार जूझ रहा हूँ।

इक्कीस

एक बार मेरे मित्र पंडित रामचन्द्र शुक्ल ने बताया कि अगर मैंने मद्यपान न छोड़ा तो भयंकर रूप से बीमार पड़ जाऊँगा। उन्होंने एक दिन कुछ इतने तामझाम के साथ मुझसे शराब छोड़ने का संकल्प कराया, जैसे संकल्प नहीं मेरा विवाह करा रहे हों। बाक़ायदा हवन हुआ, बगल में ममता को बैठाया गया। मेरी माँ और शायद अमरकान्त जी भी प्रत्यक्षदर्शी और साक्षी थे। इस संकल्प का कई दिन तक जादुई प्रभाव रहा और मैंने अपने पर ज़ब्त रखा और सचमुच शराब से तौबा कर ली। लेकिन मेरे नाख़ुदा को यह गवारा न हुआ। एक दिन काशी और डॉ. नामवर सिंह अचानक रानीमंडी में नमूदार हुए। उन्हें मेरे इस संकल्प की कोई जानकारी न थी। इससे पहले हमारे यहाँ शराब से ही अतिथियों का सत्कार और आतिथ्य किया जाता था। अचानक मैंने अपने को बेहद बेहूदा स्थिति में पाया। बहुत संकोच के साथ मैंने नामवर जी को यह बात बताई। नामवर जी ने मेरी बात को ज़रा भी गम्भीरता से नहीं लिया। उन्होंने सोचा होगा कि पीने वाले शराब से तौबा करते ही रहते हैं और यह भी भावुकता में लिया हुआ कुछ ऐसा ही संकल्प होगा। उन्होंने कहा, ''ऐसे संकल्प लेने से सभा-सोसायटी में कई बार बहुत दिक़्क़त का सामना करना पड़ता है। शराब को लेकर दृढ़ नहीं, लचीले क़िस्म के संकल्प लेने चाहिए।'' नामवर जी की बात मुझे जँच गयी, अचानक शराब की बहुत तेज़ तलब महसूस हुई और बोतल खुल गयी। पंडित जी माँ से मेरे बीमार पड़ने की पेशींगोई कर चुके थे, शायद यही वजह थी कि मेरी माँ पंडित जी से बहुत डरती थीं। उन्हें लगता था पंडित जी को जैसे उनकी मौत की भी तारीख़ मालूम है।

मौत से दो रोज़ पहले तक मेरी माँ सही-सलामत थीं। एक लम्बे अर्से से पंडित जी इलाहाबाद नहीं आये थे। वे अपनी परेशानियों में मुब्तिला थे। पेट्रोलियम मन्त्री कैप्टन सतीश शर्मा ने पंडित जी को दक्षिणास्वरूप एक पेट्रोल पम्प आबंटित कर दिया था जो उनके लिए बवालेजान बन गया था। उच्चतम-न्यायालय ने अन्य आबंटियों के साथ-साथ पंडित जी का एलाटमेंट भी निरस्त कर दिया था। इस बीच वह भारी कर्ज़ उठाकर पम्प की स्थापना कर चुके थे। एक-एक कर तमाम पूर्व

आबंटित पम्प नीलाम हो चुके थे। पंडित जी का पम्प किसी तरह बच गया था और उन्हें उच्च-न्यायालय से कुछ राहत मिल गयी थी। वह कोर्ट कचहरी की सांसारिक औपचारिकताओं में ऐसे उलझे कि उनकी एकाग्रता भंग होने लगी। उच्च-न्यायालय से उन्हें वर्षों की दौड़धूप के बाद कुछ राहत मिली तो वह समय निकालकर मिलने चले आये थे। जाड़े के दिन थे। माता जी उस समय धूप में बैठी थीं। पैरों में थोड़ी सूजन थी और वह गर्म पानी से सिंकाई कर रही थीं। पंडित जी बहुत विस्तार से अपनी परेशानियों का खुलासा कर रहे थे कि मेरा छोटा बेटा घबराहट में ऊपर आया। उसने बताया कि दादी माँ को बहुत तेज़ कँपकँपी छिड़ी है और कम्बल रजाइयाँ ओढ़ाने के बावजूद वह बुरी तरह काँप रही हैं। हम सब लोग नीचे आये। हीटर चलाया, मगर उनके दाँत उसी तरह किटकिटा रहे थे। डॉक्टर को फ़ोन किया। उन्होंने एक इंजेक्शन बताया, जो मन्नू के ही एक दोस्त ने तुरन्त लगा दिया। जब तक डॉक्टर आते उनकी तबीयत कुछ सँभल गयी थी। सामान्य होते ही उन्होंने कहा, वह अब नहीं बचेंगी। पंडित जी देर तक उनकी खाट के पास खड़े रहे। उस नाज़ुक स्थिति में भी वह उन्हें भेंट देना नहीं भूलीं। मुझे लग रहा था कि वह ठीक हो जाएँगी, मगर उनके जीवन की उलटी गिनती शुरू हो चुकी थी। रातभर वह बहुत परेशान रहीं, मैं रातभर उनकी देखभाल में लगा रहा। बीच-बीच में वह टायलट जाने की ज़िद करतीं, मगर उनकी साँस उखड़ रही थी। बैठतीं तो सन्तुलन न रख पातीं। मेरे थामने के बावजूद लुढ़क जातीं। घर में इनहेलर था, मगर मुझे वह इस्तेमाल करना नहीं आता था। ममता को जगाया और उससे इस्तेमाल करने की विधि पूछी। सुबह तक वह कुछ सामान्य हुईं। मुझसे बोलीं, ''तुझे बहुत तंग करती हूँ न, रात को भी सोने नहीं देती।''

''नहीं।'' मैंने कहा, ''ममता आपसे कहीं ज़्यादा तंग करती है।''

उन्होंने मेरी बात की ताईद नहीं की। कुछ इस तरह मुस्करायीं जैसे समझ रही हों मैं उन्हें ख़ुश करने की कोशिश कर रहा हूँ।

दोपहर बाद वह मूर्च्छा में चली गयीं, रात होते-होते उन्हें नर्सिंगहोम में भर्ती कराना पड़ा और अगले रोज़ दोपहर को मूर्च्छावस्था में ही वह चल बसीं।

जिन दिनों मैं बीमार था, वह भोर में उठकर मेरे लिए प्रार्थना किया करतीं। मेरी इतनी देखभाल तो उन्होंने मेरे शैशव में भी न की होगी। मैं जब स्वस्थ हो गया तो वह विदा हो गयीं। उनके अन्तिम संस्कार के समय मैं अपनी एक साध पूरी न कर सका, उनकी याद में सिगरेट का परित्याग करने की साध।

माँ की मृत्यु हुई, तब तक मैं शराब से तौबा कर चुका था। पिता की मृत्यु के सदमे से तो मैं शराब पीकर ही उबर पाया था। उस दिन भी ऐसी ही ग्लानि और अपराध-बोध हुआ था। यह एक ऐसा ग़म था जिसे शराब से ही ग़लत किया जा सकता था।

बाईस

ममता कॉलिज के किसी काम से लखनऊ गयी हुई थी। मैंने सुबह जल्दी उठकर बच्चों को स्कूल रवाना किया और ख़ुद प्रेस के काम में जुट गया। मशीनमैन दो दिन से छुट्टी पर था और भरोसा नहीं था कि उस दिन भी काम पर आयेगा या नहीं। एक ज़रूरी किताब छप रही थी, जिसे उसी दिन खरे जी को देने का वादा किया था। उन दिनों नर्मदाप्रसाद खरे जबलपुर से आकर इलाहाबाद में अपनी कुछ पाठ्यपुस्तकों का मुद्रण करवाया करते थे। जबलपुर में उनका अपना प्रेस था मगर उनके प्रकाशन का काम इतना अधिक था कि उन्हें वर्ष में एक बार इलाहाबाद आकर दूसरे प्रेसों से पुस्तकें छपवानी पड़ती थीं। मेरे ज़्यादातर ग्राहक साहित्यिक अभिरुचि के प्रकाशक थे। कुछ प्रकाशक तो ऐसे थे, जो दो-चार सौ रीम काग़ज़ डलवाकर दौरे पर निकल जाते थे और मैं अपने विवेक से मित्रों की पुस्तकें छापता रहता था। मेरा बृहत् कथा संग्रह 'गली कूचे', ज्ञानरंजन का 'सपना नहीं', दूधनाथ सिंह का 'पहला कदम', काशीनाथ सिंह का 'अपना मोर्चा' आदि पुस्तकें इसी क्रम में प्रकाशित हो गयी थीं। खरे जी से भी मेरे अत्यन्त आत्मीय सम्बन्ध विकसित हो गये थे। वे जबलपुर से फ़ोन कर के पुस्तक छपवा लेते थे, उनके हिसाब में काग़ज़ भी मिल जाता। वह अपनी बात के धनी थे और उन्होंने मुझे अनेक बार संकटों से उबारा था। उनसे पैसा मिल जाता था, मगर तयशुदा शर्तों पर ही। शर्तों का उल्लंघन करके उनसे एक पैसे की मदद नहीं मिल सकती थी। उस रोज़ खरे जी आने वाले थे और उनके आने से पूर्व मुझे उनकी एक पाठ्यपुस्तक के मुद्रण का काम पूरा करना था। उनका काम निपटाने के लिए मैं ख़ुद मशीन पर जुटा था। श्रमिकों को साप्ताहिक भुगतान करना था और घर में एक बूँद दारू न थी। दारू के इन्तज़ाम का आश्वासन हो तो मैं दिन-रात बैल की तरह प्रेस के कोल्हू में जुत सकता था।

बच्चों को स्कूल के लिए रवाना करते ही मैं भूखे पेट काम में जुट गया। उन दिनों मालती रसोई का काम देखती थी। उसने आकर मशीन पर चाय दी। नाश्ता कराया। दोपहर का काम निपटाकर ही मैं मशीन पर से हटा। अभी बाथरूम में ही

था कि कई बार टेलीफ़ोन की घंटी बजी। उन दिनों टेलीफ़ोन उठाने में रूह काँपती थी कि जाने स्याही वाले का तकाजा हो या काग़ज़ वाले का। काग़ज़िए बहुत सख़्ती से वसूली करते थे, वक़्त पर भुगतान न करने पर काग़ज़ की आपूर्ति रोक देते थे। बैंक में पैसे का जुगाड़ न हो तो मैं अनिच्छापूर्वक ही फ़ोन उठाता था। दूसरों को भी फ़ोन उठाने की मनाही थी। उस दिन फ़ोन की कर्कश घंटी इत्मीनान से नहाने का भी अवसर न दे रही थी। कभी ब्लॉक मेकर का ध्यान आता, कभी फाउंड्री के मालिक और कभी काग़ज़िए का। मैं चाहता था खरे जी आ जायें तो विश्वासपूर्वक बात करूँ। स्याही वग़ैरह प्रेस की सामग्री की नगर में अनेक दुकानें थीं, एक का उधार चढ़ जाता तो दूसरे के यहाँ से आपूर्ति हो जाती थी, मगर काग़ज़िए सभी सिड़ी क़िस्म के लोग थे। वे कुछ ऐसे दिन थे, पानी के लिए रोज़ कुआँ खोदना पड़ता था। उस दिन का कुआँ मैं खोद चुका था, इसलिए इत्मीनान से खरामाः खरामाः नहा रहा था। नहा-धोकर मैं खरे जी और बच्चों के स्कूल से लौटने का इन्तज़ार कर रहा था कि फ़ोन दुबारा सक्रिय हो गया। मैंने भी ज़िद ठान ली थी, जब तक खरे जी नहीं आएँगे, फ़ोन नहीं उठाऊँगा। कुछ देर प्रतिरोध के बाद मैंने रिसीवर उठा ही लिया।

फ़ोन जालन्धर से आया था, हमारे पड़ोसी तारासिंह के बेटे का, जो जालन्धर में टेलीफ़ोन विभाग में काम करता था और अकसर फ़ोन पर कुशलक्षेम पूछ लिया करता था। तारासिंह के बेटे ने एक आपरेटर की पेशेवर आवाज़ में बताया कि वह सुबह से यह ख़बर देने के लिए फ़ोन मिला-मिला कर थक चुका है कि मास्टर साब यानी मेरे पिता नहीं रहे। यह शोक समाचार देकर उसने पेशेवर तरीक़े से ही फ़ोन काट दिया।

पिता की बीमारी की मुझे कोई जानकारी न थी। उस आकस्मिक ख़बर के लिए मैं ज़रा भी तैयार न था। सच तो यह है अपने संघर्षों में इस बात को लगभग भूल ही गया था कि मेरे कोई माता-पिता भी हैं। उनसे पत्रों के आदान-प्रदान तक रिश्ता सीमित रह गया था। हम लोग आपस में राज़ी-ख़ुशी के समाचारों का विनिमय करते रहते थे। गर्मियों की छुट्टियों में वह कुछ माह हमारे साथ बिताकर पंजाब लौट जाते। इलाहाबाद ही उनके लिए हिल स्टेशन था। डी.ए.वी. संस्थान से अवकाश ग्रहण करने के बाद उन्होंने पार्वती जैन स्कूल की स्थापना में सक्रिय योगदान दिया था और अपनी मृत्यु के समय तक वह उसके प्रिंसिपल थे। उनका आकस्मिक निधन स्कूल की कुर्सी पर बैठे-बैठे ही स्कूल परिसर में हुआ था। बग़ैर किसी पीड़ा अथवा पूर्व सूचना के। उस समय भी उनके हाथ में क़लम थी। स्टाफ़ उन्हें इसी मुद्रा में बैठे देखता रहा और बहुत देर बाद पता चला कि उनका निधन हो चुका है।

उनके निधन का यों अचानक समाचार पाकर मैं भौंचक रह गया। मुझे अपने माता-पिता की बहुत तेज़ याद आयी। यह सोचकर तो मेरी रुलाई फूट गयी कि अब

मैं अपने पिता से कभी बात न कर सकूँगा और मेरी बूढ़ी माँ संकट की इस घड़ी में नितान्त अकेली होंगी। वह बहुत जल्दी नर्वस हो जाया करती थीं। इस वक़्त न जाने वह किस हालत में होंगी! मैं उड़कर किसी तरह इसी समय उनके पास पहुँच जाना चाहता था। मैं उड़कर तो पहुँचा मगर सिर्फ़ दिल्ली तक। बच्चों को मालती के हवाले कर मैंने किसी तरह बमरौली पहुँचकर दिल्ली का विमान पकड़ लिया था। दिल्ली से जालन्धर पहुँचते-पहुँचते सुबह हो गयी। बीसियों वर्ष बाद एक ऐसी शाम आयी थी कि मुझे शराब का ख़याल भी न आया। मैं अजीब गनूदगी में रातभर यात्रा करते हुए जालन्धर पहुँचा था, लगभग नीमबेहोशी की हालत में। माँ के अकेलेपन की मैं सहज ही कल्पना कर सकता था। उनका जीवन-साथी बीच सफ़र में उन्हें अकेला छोड़ कर चल बसा था। उनका पचास वर्ष से भी अधिक समय का साथ था।

जालन्धर स्टेशन से रिक्शा में चिरपरिचित रास्तों से घर की तरफ़ बढ़ते हुए पिता की अनेक छवियाँ मन में कौंध-कौंध जातीं। कभी इन्हीं रास्तों पर उनके साइकिल के आगे की सीट पर बैठकर मैं बचपन में अनेक बार गुज़रा था। वही सड़कें थीं और वही रास्ते, वैसे ही लोग, वैसी ही सुबह, सिर्फ़ मेरे पिता नहीं थे। एक किसान परिवार में जन्म लेकर उन्होंने अपने पाँव पर खड़े होकर ग्रेजुएशन किया था। शादी बचपन में ही हो गयी थी और वह घर से विद्रोह करके शहर चले आये थे। अनेक कठिनाइयों के बीच ट्यूशन करके और लैम्पपोस्ट के नीचे रात-रात भर पढ़ाई करके उन्होंने अपने को इस क़ाबिल बनाया था। अपने सीमित साधनों और अथक परिश्रम से उन्होंने हम दोनों भाइयों और बहन को पोस्ट ग्रेजुएशन तक शिक्षा दिलवायी थी। मुझे याद आ रहा था, बचपन में जब हम भाई-बहन जाड़े की सर्द रातों को रजाई में दुबके पड़े रहते, वह भोर पाँच बजे उठकर ट्यूशन पढ़ाने निकल जाते। जब तक उनके लौटने का समय होता, हम स्कूल में होते। दिन भर स्कूल में पढ़ाने के बाद उनकी ट्यूशनों की दूसरी पारी शुरू हो जाती। हमारे सोने के बाद ही वह लौटते। उन्हें देखे कई-कई दिन हो जाते। अपनी इसी ख़ून-पसीने की कमाई से उन्होंने जालन्धर में मकान बनवाया था। अब उसी मकान में उनका पार्थिव शरीर पड़ा होगा। मुझे रिक्शे में घर लौटते हुए जीवन में पहली बार उनके संघर्षों की एक-एक शाम याद आने लगी।

घर पहुँचा तो रिश्तेदारों, पिता के शिष्यों, मित्रों की अच्छी-ख़ासी भीड़ थी। मैं सीधा उस कमरे में पहुँचा जहाँ उनका पार्थिव शरीर रखा था। उन्हें देखते ही दिल में एक हूक-सी उठी और रुलाई रोक न पाया। माँ एक कोने में चुपचाप बैठी थीं। मुझे देखकर वह उसी प्रकार जड़वत बैठी रहीं। मेरी आशा के विपरीत वह अपेक्षाकृत संयत दिखायी पड़ रही थीं। लग रहा था, उन्होंने इस कटु सत्य का घूँट पीकर हालात से समझौता कर लिया था। उनकी आँखें सूजी हुई लग रही थीं। मैं उनके पास

सिर झुकाकर देर तक बैठा रहा।

दिन भर कुहराम मचा रहा। जब भी कोई रिश्तेदार परिवार आता, गली के बाहर से विलाप शुरू हो जाता। यशपाल जी के उपन्यासों में मातम के जैसे दृश्य हैं, लगभग वैसा ही वातावरण निर्मित हो जाता। इस विलाप में टीस कम चीत्कार ज़्यादा लक्षित होता। मेरी माँ ने कुछ ही घंटों में ऐसे माहौल में सुस्थिर रहना सीख लिया था। यह शोकसभा का कर्मकांड था। शोक का रिश्ता अन्तरात्मा से होता है, वह जितना मुखर होता है, उसी अनुपात में फूहड़ और हास्यास्पद हो जाता है। शोक प्रदर्शन का यह सबसे आसान और आदर्श तरीक़ा था। शिक्षा के प्रसार के साथ मातम करने के तरीक़े में भी परिवर्तन आया है।

कमरे में पिता का पार्थिव शरीर रखा था और मुझे लग रहा था, उनको शान्ति की ज़रूरत है और ये लोग जैसे उनकी नींद में ख़लल डाल रहे थे। हम इस माहौल के लिए अभिशप्त थे। यह सब अपरिहार्य था। पुश्त-दर-पुश्त चली आ रही इस परिपाटी का निर्वाह करना ही था।

मुझे अधिक समय तक इस यन्त्रणा से न गुज़रना पड़ा। इस बीच पिता के शिष्यों, भाइयों, मित्रों ने उनकी अन्तिम यात्रा का प्रबन्ध कर लिया था। पिता की वह अन्तिम यात्रा अपूर्व थी। उनकी शवयात्रा के साथ एक अपार भीड़ चल रही थी। मुझे इसका एहसास ही नहीं था कि मेरे पिता शहर में इतने लोकप्रिय रहे हैं। मुझे धोती पहनायी गयी थी, जो मैंने जीवन में पहली और अन्तिम बार पहनी थी। मैंने आत्मसमर्पण कर दिया था। समाज जैसा चाहता था, मेरा इस्तेमाल कर रहा था। मुखाग्नि मैंने ही दी। पिता की चिता की परिक्रमा करते हुए जाने कैसे मेरे कपड़ों ने आग पकड़ ली। मेरी धोती धू-धू जलने लगी। क्षण भर के लिए मुझे लगा, जैसे मेरे नहीं किसी दूसरे के कपड़े जल रहे हों। लोगों ने तत्परता से आग बुझाई। कई बाल्टी पानी मेरे ऊपर डाल दिया गया। मुझे ताज़्ज़ुब हो रहा था, मुझे उस आग से न दहशत हो रही थी और न ही मैंने आग बुझाने का कोई उपक्रम किया। पिता की चिता धू-धू कर जल रही थी और मेरे कपड़ों से पानी चू रहा था। मैं भीड़ से हटकर एक चबूतरे पर बैठकर पिता का अन्तिम संस्कार देखता रहा। मुझे लग रहा था, जैसे पिता की चिता के साथ-साथ मेरा बचपन, मेरी स्मृतियाँ, मेरा समूचा अतीत आज जलकर राख हो जाएगा। मैं जैसे मन-ही-मन एक-एक कर पिता की स्मृतियों की आहुति दे रहा था।

पिता से मेरा बहुत कम संवाद रहा था, पत्राचार तो और भी कम हुआ था। मुझे उर्दू में ख़त लिखने में कोफ़्त होती थी और त्रुटिपूर्ण अँग्रेज़ी में पत्र लिखना नहीं चाहता था। पिता से इन्हीं दो भाषाओं में पत्राचार किया जा सकता था। मैं जब अपने पिता के न चाहते हुए भी हिसार से लेक्चररशिप छोड़ कर और दिल्ली से अचानक सरकारी नौकरी को धता बताकर मुम्बई रवाना हो गया तो अपने पिता को प्रभावित

करने के लिए टाइम्स ऑव इंडिया के लैटर हैड पर उन्हें अँग्रेजी में एक लम्बा पत्र लिखा। जवाब में उन्होंने मुझे अपने हिज्जे सुधारने की नेक सलाह दी और उन शब्दों के सही हिज्जे लिखकर भेजे जिनका मैंने ग़लत इस्तेमाल किया था। पत्र के साथ उन्होंने एक सफ़ेद काग़ज़ पर शब्दों के सही स्पेलिंग लिखे और उन्हें बीस-बीस बार लिख कर अभ्यास करने का मश्वरा दिया। उन्होंने यह भी सलाह दी कि मैं लोकल में यात्रा करते समय हिज्जे रटा करूँ। अब बताइए, वह मेरी हिज्जे याद करने की नहीं, शादी करने की उम्र थी और उस उम्र में ख़ाक हिज्जे रटता।

मेरे पिता एक जन्मजात अध्यापक थे, अगले कई पत्रों में वह सिर्फ़ हिज्जे याद करने की ताक़ीद करते रहे। नतीज़ा यह निकला कि मैंने उन्हें पत्र लिखना ही छोड़ दिया और कभी ख़त लिखना ज़रूरी हो गया तो बार-बार शब्दकोश की मदद लेनी पड़ती। उनके आख़िरी दिनों में मैंने उन्हें मुसीबत में एक पत्र लिखा, जब मकान की क़िस्तें समय पर अदा न करने के दंड स्वरूप आवास विकास परिषद ने जिलाधिकारी के माध्यम से मेरे नाम कुर्की के आदेश जारी करवा दिये थे। कुछ ग़फ़लत और कुछ तंगदस्ती की वजह से मैंने मकान की क़िस्तें वक़्त पर जमा न की थीं। उन दिनों मेरे ऊपर प्रेस और मशीनों की क़िस्तों का इतना वजन था कि उन्हें अदा करने में ही पसीने छूट जाते। दूसरे, मकान की क़िस्तें अदा करने से कहीं अधिक तस्कीन मुझे शराब से हासिल होती थी।

मकान मैंने खेल-खेल में ले लिया था। उन दिनों मैं सुबह-सुबह गंगा स्नान करने जाया करता था और गंगा तट पर बसी यह कॉलोनी मुझे बहुत आकर्षित करती थी। बग़ैर किसी ख़ास तरद्दुद के एक भवन आबंटित हो गया था। उन्हीं दिनों कमलेश्वर ने भी इस कॉलोनी में एक भवन लिया था, मार्कण्डेय और शैलेश मटियानी को भी मैंने भवन आबंटित कराने के लिए प्रेरित किया। उमाकान्त मालवीय ने भी कॉलोनी में मकान बनवा लिया था। सप्ताहान्त पर विश्राम करने के लिए यह एक आदर्श स्थान था। सरकार मकान दे कर जैसे भूल चुकी थी, कभी-कभार ख़ानापूर्ति के नाम पर स्मरण-पत्र चला आता था, जिसे मैंने कभी गम्भीरता से नहीं लिया था। सरकार की भी दाद देनी पड़ेगी कि जब तक आध- पौन लाख रुपये का बक़ाया न हो गया, सरकार सोती रही और जब जागी तो कुर्की जारी कर दी।

इस दुश्चक्र से बाहर आने के लिए कोई रास्ता न सूझा तो मैंने पिता से मदद माँगी। उन्होंने पैसा तो भिजवा दिया मगर साथ में बहुत दर्दनाक पत्र भेजा। उन्हीं दिनों उन्होंने नौकरी से अवकाश ग्रहण किया था और उन्हें अपने संचित कोष से यह राशि भेजनी पड़ी थी। उनका पत्र पाकर मेरी तात्कालिक समस्या तो हल हो गयी, मगर मुझे बहुत ग्लानि हुई। उन्होंने अपने पत्र में अनेक शे'र

लिखे थे जो मेरी नालायकियों और ग़ैरज़िम्मेदारियों का भरपूर खुलासा करते थे। पत्र आज मेरे पास नहीं है वरना यहाँ उद्धृत करता। उस पत्र से मुझे दहशत होती थी, मैंने उसे मूल रूप में ही अपने आयकर रिटर्न के साथ दाख़िल कर दिया, ताकि आयकर अधिकारी को भी मेरा कच्चा-चिट्ठा मालूम हो जाये। जब-जब मैं वह पत्र पढ़ता था मेरा कलेजा मुँह को आता था और मैं एक दो पेग ज़्यादा पी जाता था। इसे मेरा दुर्भाग्य ही कहा जाएगा कि मेरे पिता का मेरे नाम वह अन्तिम पत्र था। उसके बाद उनकी मौत की ही ख़बर आयी थी।

अगले रोज़ घर में बहुत भीड़-भाड़ थी, मगर घर सूना हो चुका था। पिता का पार्थिव शरीर भी घर से उठ चुका था। घर में जगह-जगह उनकी चीज़ें बिखरी पड़ी थीं। खूँटियों पर कपड़े टँगे थे। बाथरूम में उनका शेविंग सेट पड़ा था। उनके जूते थे, मोज़े थे, सिर्फ़ वह कहीं नहीं थे। मैं एक अजनबी की तरह घर में मौजूद था। मैं अपने चाचा लोगों और चाचियों को भी ठीक से न पहचानता था, अपने चचेरे भाइयों को पहचानना तो दूर की बात थी। मेरी दादी ने सात बेटे पैदा किये थे। एक चाचा मेरे बड़े भाई से और एक मुझसे छोटे थे। सबकी शादियाँ हम दोनों भाइयों की अनुपस्थिति में हो गयी थीं। मेरी घर में मौज़ूदगी भी अनुपस्थिति के बराबर थी। मैं ही अपने रिश्तेदारों से मुँह छिपाता घूम रहा था। सबसे मेरा परिचय करवाया जा चुका था, मगर संवाद के सूत्र न जुड़ पा रहे थे। मुझे लग रहा था हम लोग दो अलग-अलग ध्रुवों के लोग हैं। इन वर्षों में मेरी भाषा बदल चुकी थी, मेरा लिबास बदल चुका था। मैं एक ऐसा पेड़ था जिसकी जड़ें ग़ायब हो चुकी थीं। एक जड़विहीन वृक्ष की तरह मैं सिर्फ़ काठ का पुतला बनकर रह गया था।

शाम तक मेरे लिए सबकुछ असह्य हो गया। मैं चुपके से घर से निकला और जाकर एक जिन का अद्धा ख़रीद लाया। उसे मैं कमीज़ के भीतर खोंसकर ले आया था। अब मुझे ऐसे कोने की तलाश थी, जहाँ बैठकर मैं अपने संसार में लौट सकूँ। एक दिन पहले श्मशान के जिस कोने में मैं देर तक बैठा था, उस जगह का बार-बार ख़याल आ रहा था। घर के तमाम कमरे मेहमानों से भरे थे, कहीं औरतें बैठी थीं और कहीं बच्चों का साम्राज्य था। बुज़ुर्ग लोग ड्राइंगरूम में पसरे हुए थे। आसपास कोई ऐसा स्थान नहीं दिखायी दे रहा था जहाँ कुछ देर एकान्त में अपने भीतर की ज्वाला शान्त कर सकूँ। अपरिचय के इस माहौल में मेरी एल्कोहल की तलब यकायक बहुत प्रबल हो गयी थी। कुछ और न सूझता तो मैं टायलेट में जाकर अपनी हवस मिटा आता। जेठ के प्यासे की तरह मैं एक बूँद जल के लिए तड़प रहा था। अचानक मैंने पाया, घर में सब से ज़्यादा एकान्त रसोईघर में था। आज चूल्हा नहीं जला था। मैं रसोईघर में घुस गया और अन्दर से चिटखनी लगा ली। एक पटरा पड़ा था जिस

पर बैठकर मेरी माँ रोटियाँ सेंका करती थीं। मैं अपना गिलास थाम कर उसी पटरे पर बैठ गया। मैंने बिजली नहीं जलाई, रोशनदान से रोशनी का एक शहतीर दीवार पर गिर रहा था, मैंने उसी से काम चला लिया। पटरे पर बैठकर मैंने इत्मीनान से कारसेवा की। यहाँ किसी का दख़ल न था। उस मातमी माहौल में चूल्हा-चौका जैसे रो रहा था।

अचानक मुझे अपनी बहन की बहुत तेज़ याद आयी। वह इंग्लैंड में थी और पिता से बेहद लगाव महसूस करती थी। माता-पिता दो-एक बार इंग्लैंड का दौरा कर आये थे। दोनों बार लौट कर झेंपते हुए पिता ने मुझे एक बार दिल्ली में और दूसरी बार मुम्बई में ब्रांडी की एक बोतल दी थी। उनके सामान में सिगरेट का एक कारटन भी था, जो मैंने चुपके से निकाल लिया। मेरी बहन मेरे लिए यही दो चीज़ें भेजा करती थी। वह टाइयाँ भी भेजती थीं, जिन्हें मैं राखी की तरह इस्तेमाल कर लेता था या दोस्तों में बाँट देता था। टाई के फन्दे से मैंने अपने को भरसक बचा कर ही रखा था। बहन का ख़याल आते ही मैं रोने लगा। हो सकता है, उस समय मुझे रोने के किसी बहाने की तलाश थी। मैं जिन पीता जा रहा था और रो रहा था। कुछ जिन से और कुछ रोने से मेरा मन हल्का हुआ। मैंने वाशबेसिन पर अपना चेहरा धोया, आँखों पर पानी के छींटे डाले और रसोई में सौंफ ढूँढ़ने लगा। मुझे एक डिबिया में बड़ी इलायची और लौंग मिल गये। मैंने दो-तीन लौंग इलायची मुँह में रख लीं और ड्राइंगरूम में बुज़ुर्गों से ज़रा हट कर एक कोने में बैठ गया। इस वक़्त चाचा लोग नहीं थे, हो सकता हो वे भी कहीं एकान्त में कारसेवा कर रहे हों। कुछ समय वहाँ बिताकर मैंने दुबारा अपने को रसोईघर में बन्द कर लिया।

तेईस

श्मशान से दो ही रास्ते फूटते हैं, एक अध्यात्म की ओर हरिद्वार जाता है और दूसरा मयख़ाने की तरफ़। मैं दूसरे रास्ते का ही पथिक रहा हूँ। हरिद्वार एक ही बार गया था अपनी माँ और बड़े भाई के साथ, गंगा जी में पिताजी की अस्थियाँ विसर्जित करने। वैसे श्मशान से अकसर मयख़ाने में ही लौटा हूँ। ममता की माँ का निधन हुआ तो मैं घाट से सीधा मयख़ाने ही पहुँचा था। 1991 में ममता की माँ का निधन हुआ था। मैं और ममता उस समय ग़ाज़ियाबाद में ही थे। वह कई दिनों से ग़ाज़ियाबाद के नरेन्द्रमोहन अस्पताल के आईसीयू में अचेत पड़ी थीं। अकसर गम्भीर रूप से अस्वस्थ हो जाया करती थीं, मगर उस वर्ष खाट पर लगीं तो दुबारा उठ नहीं पायीं। वह साल में दो-चार महीने नर्सिंगहोम में ही बिताती थीं। ऐसा कई बार हुआ कि ममता या मैं ग़ाज़ियाबाद गये तो घर पर ताला मिला। बाद में हम पहले नर्सिंगहोम में झाँक आते, घर बाद में जाते।

ममता के माता-पिता शुरू से ही स्वतन्त्र प्रकृति के थे। वे न किसी पर कभी आश्रित रहे और न ही उन्होंने कभी किसी को आश्रय दिया था। मियाँ-बीवी अपने में मस्त रहते। गुड्डे-गुड़िया की तरह हमेशा साथ रहते। कभी तीसरे के मुखापेक्षी न रहे। उनका मेल-मिलाप का दायरा भी बहुत सीमित था। ममता के पिता ने अवकाश ग्रहण किया तो अकेले हो गये। जी हुज़ूरियों की भीड़ छँट गयी। वे लोग जी में आता तो सिनेमा देखने दिल्ली चले जाते, नाटक देखते, कला प्रदर्शनियाँ देखते, पुरानी दिल्ली की याद सताती तो पराँठे वाली गली में नाश्ता कर आते। पुरानी दिल्ली के ज़माने के उनके कुछ दोस्त थे, आख़िरी दिनों में उन्हीं से सम्पर्क रह गया था। सरकार ने नि:शुल्क चिकित्सा की सुविधा दे रखी थी, जिसका उन्होंने भरपूर लाभ उठाया। बीमार पड़ते तो नर्सिंगहोम में बेहिचक भर्ती हो जाते।

उस बार मम्मी बहुत दिनों के लिए बीमार पड़ गयीं। ख़बर मिलते ही हम दोनों ग़ाज़ियाबाद पहुँचे थे। मम्मी अस्पताल में बेसुध पड़ी थीं। वह ऑक्सीजन पर थीं। ऐसी स्थिति में पहले भी कई बार आ चुकी थीं, कुछ दिनों बाद आश्चर्यजनक

रूप से स्वस्थ हो जातीं और रसोई में चाय बनाती नज़र आतीं या पापा के लिए शेव का पानी गर्म कर रही होतीं। ममता के पिता की कचौड़ी खाने की इच्छा होती तो कचौड़ी बनातीं, लड्डू खाना चाहते तो लड्डू बनातीं। पापा की फ़रमाइश भर करने की देर होती, वह काम में जुट जातीं। मैंने उन्हें हमेशा चींटी की तरह व्यस्त ही देखा था। मगर इस बार उन्होंने आँख खोल कर भी न देखा। उनकी चिरनिद्रा में विलीन होने की यात्रा शुरू हो चुकी थी और एक दिन डॉक्टरों ने उनके कमरे से निकल कर घोषणा कर दी कि वह नहीं रहीं।

हम लोग अभी इस सदमे से उबरे भी न थे कि डॉक्टरों ने कमरा ख़ाली करने के लिए दबाव बनाना शुरू कर दिया। मरीज़ में जब तक प्राण शेष था, डॉक्टरों की उसमें दिलचस्पी थी, अब वह उनके लिए एक अतिरिक्त बोझ था, किसी मकान मालिक को घर ख़ाली कराने की उतनी जल्दी न होती होगी, जितनी अस्पताल को मरीज़ की मौत के बाद बेड ख़ाली कराने की होती है। कभी डॉक्टर, कभी नर्स, कभी वार्ड ब्वॉय बार-बार कमरा ख़ाली करने की हिदायत जारी कर जाते। अगले मरीज़ के रिश्तेदार कमरे के लिए दौड़धूप कर रहे थे, सिफ़ारिशें ला रहे थे।

उस समय अस्पताल में कोई एम्बुलेंस भी उपलब्ध नहीं थी। मृतक के शरीर को कन्धे पर लाद कर तो घर तक ले जाया नहीं जा सकता। पापा ने मुझे टैम्पो की व्यवस्था करने के लिए कहा। बहुत चिरौरी और हील हुज्जत करने पर अनाप-शनाप भाड़े पर एक टैम्पो तैयार हुआ। वार्ड ब्वॉय की सहायता से मैंने मम्मी के पार्थिव शरीर को किसी तरह स्ट्रेचर पर डाला और नीचे लाया। कोई कन्धा देने को तैयार नहीं था। पापा भी एक निर्देशक की तरह बगल में बैग दबाये अनुदेश जारी कर रहे थे। मम्मी को टैम्पो में चढ़ाने में काफी दिक़्क़त आयी। किसी के पास फ़ुर्सत नहीं थी। किसी की इस काम में दिलचस्पी भी न थी। यह सेवा भी एक दूसरे बार्ड ब्वॉय से ख़रीदनी पड़ी। मैंने जीवन में पहली बार किसी निष्प्राण शरीर का स्पर्श किया था। मम्मी को टैम्पो में लिटा दिया और मैं उन्हें थाम कर बगल में बैठ गया। पापा उन्हें छूने से भी परहेज़ कर रहे थे। उन्होंने बताया कि उनका छूना वर्जित है। क्यों वर्जित है, मैं जानना चाहता था, मगर चुप रहा। वह तृतीय पुरुष की तरह जैसे छूत से बचते हुए टैम्पों में अलग-थलग और उदास बैठे थे। टैम्पो ने गति पकड़ी तो हवा से मम्मी की टाँगें उघड़ गयीं। पापा ने उन्हें ढँकने की हिदायत दी। मैंने मम्मी के पाँव के पास साड़ी का पल्लू दाब लिया ताकि साड़ी से उनकी टाँगें ढँकी रहें।

घर पहुँचते ही पड़ोस की दो एक बुज़ुर्ग स्त्रियों और से.रा. यात्री ने मोर्चा सँभाल लिया। यात्री के साथ 'वर्तमान साहित्य' से सम्बद्ध तमाम लोग चले आये

थे। सब साथियों ने अरथी वग़ैरह का प्रबन्ध किया और मम्मी के पार्थिव शरीर को अरथी पर रख कर बाँधने लगे। मम्मी बहुत शालीन और भोली-भाली महिला थीं। हर वक़्त गुड़िया की तरह सजी रहतीं। मैंने उन्हें हमेशा अच्छे-अच्छे कपड़े पहने ही देखा था, जबकि उनकी उम्र में ज़्यादातर स्त्रियाँ पेटीकोट-ब्लाउज़ पर ही उतर आती हैं। उनके पार्थिव शरीर से भी जैसे शुआएँ फूट रही थीं। उनके पार्थिव शरीर का एक सुहागिन की तरह शृंगार किया गया और वह मृत्यु शैया पर दुल्हन की तरह लेटी हुई थीं। मेरी तरह यात्री ने भी जीवन में पहली बार किसी शव का स्पर्श किया था। उसकी आँखें भी नम हो रही थीं। यह याद करते हुए वह भी रो पड़ा था कि मम्मी कैसे उसकी ख़ातिरदारी किया करती थीं। कभी ख़ाली पेट नहीं जाने देती थीं, रास्ते में कुत्तों को खिलाने के लिए भी रोटियाँ सेंक देतीं।

मम्मी के अन्तिम संस्कार के बाद हम लोगों ने हिंडन नदी में हाथ-मुँह धोया और चुपचाप अपनी मंज़िल की तरफ़ चल दिये। जैसे मुल्ला की दौड़ मस्जिद तक होती है, हमारी दौड़ मयख़ाने तक थी। बग़ैर आपस में बात किये हम लोग बग़ैर किसी सलाह-मश्वरे के वहीं पहुँचे। पीने के बाद शरीर की थकान कुछ कम हुई और दिमाग़ की नसें ढीली। देर रात को मैं एक चोर की तरह चुपके से घर में घुसा। सब लोग सो चुके थे। घर में मौत का सन्नाटा था। ममता शायद जाग रही थी, मगर उसने पूछा नहीं कि इतनी देर में कहाँ से आ रहा हूँ। उसके पिता भी नहीं सोये होंगे, मगर बत्तियाँ गुल थीं। उन्होंने भी कुछ नहीं पूछा।

सुबह देर से नींद खुली, झाड़न की आवाज़ से। ममता के पिता हस्बेमामूल सुबह उठकर पुस्तकों पर से धूल झाड़ रहे थे। मैं खटिया पर उठकर बैठ गया। एक दिन में पूरे घर का नक़्शा बदल गया था। पूरा घर अजनबी और वीरान हो उठा था, जैसे रात भर में सबकुछ उजड़ गया हो। घर का फर्नीचर तक उदास था, दीवारें सूनी थीं, पंखे जैसे सूली पर लटक रहे थे। भाँय-भाँय कर रहा था पूरा माहौल। जैसे छुट्टी के बाद बच्चों के स्कूल ज़रूरत से कहीं ज़्यादा वीरान लगते हैं। उस माहौल में झाड़न की आवाज़ भुतहा क़िस्म की लग रही थी।

इस उजड़े दयार में कोई भी बीमार पड़ जाता। कुछ दिनों बाद ममता के पिता इस ग़मग़ीन माहौल में तन्हा रह गये। किताबों के निर्जीव ढेर थे और वह थे। दीवारों पर जगह-जगह लटक रहे गीता के सन्देश के कैलेंडर उनके लिए जैसे अर्थहीन हो गये थे। साहित्य, संस्कृति, कला, धर्म, अध्यात्म, दर्शन और इतिहास की पुस्तकों का उनके पास अनमोल ख़ज़ाना था। ऐसा अद्‌भुत संग्रह कम ही लोगों

के पास होगा। यही उनकी जीवन भर की कमाई थी। मम्मी के जाने के बाद किताबों पर धूल की परतें जमने लगी थीं।

सन् 1992 की एक सर्द रात थी। मैं सुबह ही दिल्ली से लौटा था। ग़ाज़ियाबाद के एक नर्सिंगहोम में ममता के पिता भर्ती थे। मम्मी की मौत के बाद वह एकदम अकेले पड़ गये थे। बुढ़ापे में विधुर होना कितना दर्दनाक होता है, यह उन्हें देखकर ही समझा जा सकता था। उनके सीने में दर्द उठा था और मकान मालिक ने उन्हें नर्सिंगहोम में भर्ती कराके दोनों बेटियों को फ़ोन पर सूचना दे दी थी। पड़ोसियों ने बताया था कि आधी रात को जब वह अकेलेपन से घबरा जाते तो बच्चों की तरह दहाड़ मार कर रोया करते थे। सूचना मिलते ही ममता पहली उपलब्ध गाड़ी से ग़ाज़ियाबाद के लिए रवाना हो गयी थी। उनकी तबीयत कुछ सँभली और दीदी-भैया कलकत्ता से आ गये तो पापा को उनके सुपुर्द कर ममता इलाहाबाद लौट आयी।

दोनों बहनें कामकाजी महिलाएँ थीं और बारी-बारी से छुट्टी ले सकती थीं। रस्म अदायगी के लिए मेरा जाना भी ज़रूरी था। रस्म अदायगी इसलिए कि मैं मरीज़ की तीमारदारी करने में सक्षम ही नहीं हूँ। मरीज़ के सीने में दर्द हो तो मेरे सीने में उससे ज़्यादा शूल उठने लगता है। मैं मरीज़ के रोग से अद्भुत तादात्म्य स्थापित कर लेता हूँ। बचपन में घर में कोई बीमार पड़ जाता था तो मैं अपनी खटिया घर से बाहर आँगन में डाल लेता था। दूसरे की कराह मुझसे बर्दाश्त न होती थी। इसे संयोग ही कहा जा सकता है कि जब मैं ग़ाज़ियाबाद पहुँचा, पापा चैतन्य थे। वह पीठ पर तकिया लगाकर कुछ पढ़ रहे थे। पढ़ने और पुस्तकें जुटाने का उन्हें व्यसन था। दैनिक समाचार-पत्र तक वह सहेज कर रखते थे। उनके ट्रांसफ़र के साथ उनकी रद्दी भी ट्रांसफ़र होती रहती थी। हम लोग भी पुरानी पत्रिकाएँ उनके घर में 'डम्प' कर आते। मैंने देखा, शक़्ल-सूरत से वह बहुत कमज़ोर नज़र आ रहे थे। शरीर पर पहने कपड़े मैले हो चुके थे। मम्मी होतीं तो अब तक कई बार कपड़े बदल चुकी होतीं। बीमारी के बावजूद उनके चेहरे पर अफ़सरी भंगिमा बरक़रार थी। वह यद्यपि नौकरी से अवकाश ग्रहण कर चुके थे मगर आगन्तुक को अब भी मातहत की नज़र से देखते थे, आगन्तुक चाहे उनका दामाद ही क्यों न हो! उनके इस रवैये से अस्पताल के डॉक्टर और नर्सें भी त्रस्त रहती होंगी। मातहती मुझे भी रास न आती थी, मैं सविनय अवज्ञा करते हुए सामने पड़ते ही सिगरेट सुलगा लेता। मुझे देखते ही उन्होंने पत्रिका बन्द की, चश्मा उतारा और बहुत कमज़ोर स्वर में मेरा स्वागत किया। मैं मिज़ाजपुर्सी के दो शब्द कहता, इससे पहले ही उन्होंने ममता पर लिखे मेरे संस्मरण पर अपनी प्रतिक्रिया व्यक्त करनी शुरू कर दी :

''ममता पर तुम्हारा संस्मरण पढ़ा। तुमने उसे कुछ ज़्यादा ही सिर चढ़ा रखा

है। ताज़्ज़ुब हुआ, तुम्हें उसकी कोई भी कमज़ोरी नज़र नहीं आती, उसकी कोई भी बात नापसन्द नहीं है तुम्हें! तुमने कहीं नहीं लिखा उसकी भाषा घाव कर सकती है, वह नासमझ है, नादान है, ज़िद्दी है। यही तुम्हारे संस्मरण की कमज़ोरी है। किसी को कभी ऐसे आसन पर मत बैठाओ कि बाद में अपदस्थ करना पड़े। आई एक्सपेक्टेड यू टु बी मोर ऑब्जेक्टिव।''

यह पापा का बिटिया से मुहब्बत करने का तरीक़ा था। मैं उनके स्वभाव से परिचित था। वह उलटबाँसियों में ज़्यादा विश्वास रखते थे। कान्ता उन्हें प्रिय थी तो शान्ता कहकर पुकारते थे ताकि कान्ता कोई भ्रम न पाल ले। मुझे अकसर रवीन्द्र की जगह नरेन्द्र कह जाते थे। नरेन्द्र उनके बड़े दामाद का नाम था। भैया को अवश्य रवीन्द्र के नाम से पुकारते होंगे। इस वक़्त वह मेरे और ममता के सम्बन्धों की गहराई नाप रहे थे, मुझे इसका आभास था। लेटे-लेटे ही उन्होंने मुझे मेरा संस्मरण दिखाया जो उसी सप्ताह छप कर आया था। उन्होंने जगह-जगह नीली लाल रोशनाई से पृष्ठ रँगे थे। एक अध्यापक की तरह उन्होंने मेरा लेख जाँचा था।

इसकी एक वजह यह भी रही होगी कि उस परिवार में लेखकों की विश्वसनीयता ख़तरे के निशान को छू रही थी। उसके कई कारण रहे होंगे। एक कारण तो यही रहा होगा वे लोग एक समय में राजेन्द्र यादव के पड़ोस में रहते थे। ममता के चाचा भारतभूषण अग्रवाल हिन्दी के प्रतिष्ठित कवि थे, मगर वह ख़ुद लेखकों के बारे में कोई बहुत अच्छी राय न रखते थे। ममता और मेरे रिश्तों को भी वह बहुत संशय की दृष्टि से देखते थे। उन्हें लगता था नये कथाकारों की भाँति मैं भी शादी के नाम पर रास रचाऊँगा। उन्होंने बहुत अनिच्छा से इस रिश्ते के लिए हामी भरी थी। मुझसे उनके सम्बन्ध प्रकट रूप से अन्त तक दोस्ताना ही रहे। उनकी उपस्थिति में धूम्रपान या मद्यपान करने में मैंने कभी संकोच न किया था। एक बात मुझे बहुत अच्छी लगती थी, उन्होंने कभी ससुर की तरह व्यवहार नहीं किया। मेरा हाथ ख़ाली देखते तो सिगरेट भी पेश कर देते। अशोक वाजपेयी की और मेरी शादी आगे पीछे ही हुई थी। मेरी तरह अशोक भी टी हाउस अथवा कॉफ़ी हाउस में कम ही दिखायी देते। एक दिन नामवर जी से भनक लगी कि आजकल अशोक रश्मि के साथ टहल रहे हैं।

शादी के तुरन्त बाद ममता ने मेरे ऊपर बहुत-सी पाबन्दियाँ आयद कर दी थीं। मैं किसी लड़की से हँसकर बात कर लेता, वह दो दिन के लिए रूठ जाती। हम लोग दसियों बरस से साथ रह रहे हैं। मगर ममता को मेरे बारे में उलटे-सीधे ख़्वाब आते रहते हैं। ज़्यादा दिन नहीं हुए कि उसने सपने में देखा कि मैंने शबाना आज़मी के साथ रहना शुरू कर दिया है। अब इसे भाग्य की विडम्बना ही कहा जा सकता है कि जो सपने मैंने भी नहीं लिये, वे ममता को आ रहे हैं।

पापा ने मेरे संस्मरण की बहुत बारीक़ी से शल्य-क्रिया कर डाली। उकसाने का यह उनका प्रिय शगल था। मैं उनकी मिजाज़पुर्सी के लिए आया था, विमर्श के लिए नहीं। वह उठे और दीवार के सहारे से बाथरूम चले गये। मैंने सहारा देने की कोशिश की तो उन्होंने मना कर दिया। मुझे लगा, वह बहुत जल्दी स्वस्थ हो जाएँगे।

इलाहाबाद लौटकर मैंने उनके स्वास्थ्य लाभ की कामना का बहाना बनाकर दो-एक पेग और चढ़ा लिये। पिता की हालत में सुधार की बात सुनकर ममता ने भी आपत्ति न की। उसने राहत की साँस ली होगी। मद्यपान मैं पूरे रस्मोरिवाज के साथ करता था और भोजन रस्म अदायगी की तरह। कब नींद की आगोश में मैं चला गया, पता ही न चला। ऐसी नींद और ऐसी मौत भाग्य से ही मिलती है। छक कर पीने और बेसुध सोने के बाद लगता था, आप किसी दूसरे जहान में चले गये हैं। उसके बाद जो वारदात होती है, वह सिर्फ़ सपने में होती है।

देर रात तक मुझे पीना जितना प्रिय था, उससे कम प्रिय नहीं था पीने के बाद सोना। पीने के बाद ग़जब की नींद आती थी। गहरी। निर्विघ्न। अविच्छिन्न। नींद के लिए रात भर करवटें बदलने की नौबत कभी नहीं आयी। यह तो नहीं कहूँगा कि करवटें बदलने की नौबत ही नहीं आयी। करवटें बदली हैं, मगर अन्य कारणों से। हर व्यक्ति की उम्र में ऐसे मराहिल आते हैं जब करवटें बदलने से ही नहीं अंगड़ाई तक लेने से रोमांच हो जाया करता है। शराब पीने के बाद मैं ऐसा घोड़े बेचकर सोता कि दुनिया जहान के ग़म उसी में ग़र्क हो जाते। उस नींद को भावातीत दिव्य नींद की ही संज्ञा दी जा सकती है। घर में नींद का ऐसा लोकतन्त्र विकसित हो गया था कि कोई किसी की नींद के साथ छेड़छाड़ न करता था। बचपन से ही बच्चों को ऐसी आदत पड़ चुकी थी कि जब तक उन्हें इत्मीनान न हो जाये कि माँ-बाप सो चुके हैं, सोने का नाम नहीं लेते थे। अकसर देखा गया है कि माँ-बाप बच्चों को सुलाकर सोते हैं, हमारे यहाँ यह क्रम उलटा था। हमारे बच्चे माँ-बाप को सुलाने के बाद सोते थे। कई बार तो सोने का नाटक करना पड़ता, ताकि बच्चे वक़्त पर सो जाएँ। रात को माँ-बाप जगे रहें तो बच्चों में अजब-सी असुरक्षा की भावना पैदा हो जाती है। बचपन में मेरे भीतर भी यह असुरक्षा की भावना बनी रहती थी। ममता ने इस तवालत से इस तरह मुक्ति पा ली कि रात (की शिफ़्ट) में लिखना शुरू कर दिया। रात के सन्नाटे में पढ़ना-लिखना और हॉरर फ़िल्में देखना उसका प्रिय शगल है।

सपने में टेलीफ़ोन की घंटी बजने लगी तो बजती ही चली गयी। आप किसी दूसरे काम में लगे हों और अचानक टेलीफ़ोन टनटनाने लगे तो एहसास होता है कि टेलीफ़ोन आपको चिढ़ा रहा है। आज भी टेलीफ़ोन ने जैसे तय कर लिया था कि मुझे चैन से सोने नहीं देगा। कई बार अलार्म घड़ी भी इसी तरह से परेशान करती

है, अलार्म चाहे आपने ही भोर में गाड़ी पकड़ने के लिए लगाया हो। शराब छोड़ने के बाद मैं सूर्य से पहले उठने लगा हूँ, वरना उससे पहले तो मुझे कमरे में घड़ी की टिक-टिक भी बर्दाश्त न होती थी। लगता था, यह टिक-टिक नहीं दिमाग़ पर हथौड़े चल रहे हैं।

फ़ोन की कर्कश घंटी की आवाज़ बर्दाश्त न हुई तो मैंने सोते-सोते अँधेरे में ही अन्दाज़ से रिसीवर उठा लिया। फ़ोन ग़ाज़ियाबाद से था, नरेन्द्र भैया की आवाज़ थी, ''रवीन्द्र बहुत बुरी ख़बर है, पापा नहीं रहे।''

''क्या?''

''अभी थोड़ी देर पहले नर्सिंगहोम से फ़ोन आया था कि आकर बॉडी ले जाएँ। अब इस समय आधी रात को बॉडी लाकर क्या होगा।'' भैया की आवाज़ में चिन्ता, खिन्नता, घबराहट और किंकर्तव्यविमूढ़ता थी।

''पापा को आज ही जाना था, आज हमारी शादी की सालगिरह थी।'' भैया ने बताया कि बॉडी मार्च्युरी में रखवा दी है। उनकी आवाज़ से लग रहा था, वह मुझसे बेहतर स्थिति में नहीं हैं। मुझे अचानक नशे में भी लगा जैसे 'कफ़न' के घीसू और माधो आपस में बातचीत कर रहे हों। हम दोनों की ज़ुबान लटपटा रही थी। घीसू ने फ़ोन रख दिया और माधो ने रजाई ओढ़ ली।

दीदी और भैया हर वर्ष बहुत तामझाम के साथ अपनी शादी की सालगिरह मनाया करते थे। कुछ ही वर्ष पूर्व दीदी को शादी की सालगिरह के दिन दफ़्तर के काम से दिल्ली जाना पड़ा था। इलाहाबाद स्टेशन पर हम लोग गाड़ी पर दीदी से मिलने गये तो देखा 'कूपे' को उन्होंने मंडप की तरह सजा रखा था। कम्पार्टमेंट फूलों से महक रहा था और रंग-बिरंगी झंडियों से सजा था, जैसे कोई सुहाग शैया हो। मेज़नुमा टिकटी पर भैया और दीदी की शादी की तस्वीरें प्रदर्शित थीं। मुझे पहली बार पता चला कि शादी की सालगिरह एक स्पेशल अवसर होता है। इसके बरअक्स हमारी शादी की सालगिरह भी आती थी और आकर चुपचाप चली जाती थी। अकसर तो शादी की सालगिरह सिर के ऊपर से गुज़र जाती और अगर ख़ुशक़िस्मती से वह मुबारक दिन पकड़ में आ जाता तो इसी ख़ुशी में एक पेग दारू ज़्यादा हो जाता और उसके बाद सस्ती और टिकाऊ मध्यवर्गीय शैली में जश्न हो जाता। शुरू-शुरू में ममता भी शादी की सालगिरह को लेकर बहुत उत्तेजित रहा करती थी।

जिस वर्ष मैं मुम्बई से उखड़कर इलाहाबाद आया था, सालगिरह के रोज़ ममता को मुम्बई फ़ोन करना भूल गया। ममता ने तूफ़ान बर्पा कर दिया। उसने मुझे बहुत सख़्त पत्र लिखा। उसे लगा कि मैं उसके प्रति निरपेक्ष हो गया हूँ और इलाहाबाद में अपनी नयी प्रेमिका के साथ गुलछर्रे उड़ा रहा हूँ। उसने दो- एक बार फ़ोन भी किया होगा, मगर मैं घर पर नहीं था। मैंने उन दिनों अश्क जी के यहाँ डेरा जमाया

हुआ था और प्रेस सम्बन्धी औपचारिकताएँ पूरी करने में व्यस्त था। ज्ञानरंजन और नीलाभ इसमें मेरी मदद कर रहे थे। ममता का पत्र पढ़कर मैं बहुत उदास हो गया। मेरी क़िस्मत ख़राब थी कि वह पत्र जाने कैसे अश्क जी के हाथ लग गया। अश्क जी जिन दिनों लेखन नहीं करते थे, दिन भर पत्र लिखा करते थे। उन दिनों वह मोहन राकेश को रोज़ एक पत्र लिखा करते थे। पहली फ़ुर्सत में उन्होंने ममता को भी एक लम्बा पत्र लिख डाला। पत्र क्या, हिदायतनामा बीवी का एक पूरा अध्याय था। अश्क जी की पुस्तक में वह पत्र संकलित है। उन्होंने लिखा था :

इलाहाबाद
दिसम्बर, 1969

प्रिय ममता,

गुड्डे (नीलाभ) की शादी है—27, 28, 29 को। कालिया यहाँ है, तुम भी आ जातीं तो हमारी ख़ुशी द्विगुणित हो जाती। फिर तुम आकर उसे तसल्ली भी दे जातीं और उत्साह भी बढ़ा जातीं। जब से वह आया है, उसने और नीलाभ ने दसियों मकान देख डाले हैं और कई बार एक-एक जगह दिन में तीन-तीन बार जाते हैं। कालिया तो कभी-कभी उखड़ जाता है और जैसा कि मैं उसके स्वभाव से परिचित हो गया हूँ, जैसे वह बिना कोई नोटिस दिये बोरिया-बँधना उठाकर आया है, वैसे ही परेशान होकर वापस चल देगा। लेकिन मैं इसे नापसन्द नहीं करता, इसलिए देर-सबेर जगह उसे मिल जाएगी, और प्रेस लगा लेगा तो सफल भी हो जायेगा, अगर तुम्हारे प्रोत्साहन ने उसका साथ दिया।

मैं दिल्ली गया हुआ था, जब वह यहाँ पहुँचा। दिल्ली में हम दोनों मियाँ-बीवी बहुत बीमार हो गये। आये तो थके और परेशान, लेकिन पिछले चार-पाँच दिन में बिना एक बार भी कॉफ़ी हाउस गये, उसने जिस तरह हमें सहारा दिया है, उससे बड़ी राहत मिली है।

रात कौशल्या ने तुम्हें पत्र लिखा है, मैं लिखने ही जा रहा था कि तुम्हारा आक्रोश-भरा पत्र मिला है। तुमने लिखा है कि 'शायद तुम्हें दो-चार आवारा दोस्त मिल गये हैं...' पिछले एक हफ़्ते से लगभग दिन-रात जिन आवारा दोस्तों के साथ वह रहा है; वे मैं, मेरी पत्नी और नीलाभ तथा उमेश ही हैं...पत्नियों की यह आम आदत होती है कि वे कभी भला नहीं सोचतीं। मैं कभी घर से बाहर नहीं जाता, पर यदि कभी चला जाऊँ और मुझे कहीं देर हो जाये तो मेरी पत्नी सदा यही सोचेगी, कि मैं किसी ट्रक या मोटर के नीचे आ गया हूँ। वह कभी कोई अच्छी बात नहीं सोचेगी, इस मामले में तुम भिन्न नहीं हो, हालाँकि तुम

बहुत पढ़ी-लिखी हो और कहानीकार हो और तुम्हें केवल अपनी तक़लीफ़ की बात सोचने के बदले अपने पति की तक़लीफ़ की बात भी सोचनी चाहिए। जो आदमी दिन-रात खट रहा हो, उसकी पत्नी यदि कोई ऐसी वाहियात बात लिख दे तो उसे कितनी तक़लीफ़ पहुँचेगी, यह भी सोचना चाहिए।

मैं स्वयं जालन्धर का रहने वाला हूँ और वहाँ के लोग प्रायः व्यर्थ का औपचारिक पत्र-व्यवहार नहीं करते। पत्र न आये तो समझो सब ठीक है। औपचारिक पत्र आने लगे तो सन्देह करना चाहिए कि कहीं कुछ गड़बड़ है।

दूसरी बात यह है कि शादी के दिन की याद पत्नियाँ रखती हैं, पति नहीं रखा करते। उन्हें उस दिन की याद दिलाते रहना चाहिए, पर बदले में वे भी याद दिलाएँ, ऐसी आशा नहीं रखनी चाहिए। यदि वे भी याद दिलाने लगें तो समझना चाहिए कि कहीं घपला है। नॉर्मल स्थिति नहीं है।

ज़रा-ज़रा सी बात पर अपने अहं को स्टेक पर नहीं लगाना चाहिए। हम दो-तीन दिन से तुम्हें फ़ोन करने की सोच रहे थे। फ़ोन नम्बर होता तो अब तक तुम्हें यहाँ की सारी गतिविधि का पता मिल चुका होता।

बहरहाल, कालिया ठीक है। मेरे ही पास है। जब तक उसकी ठीक व्यवस्था नहीं जो जाती, मैं उसे यहीं रखूँगा, सो तुम चिन्ता न करो। हिम्मत कर सकती हो तो दो-तीन दिन के लिए आ जाओ, उसका हौसला बढ़ा जाओ और हमारी ख़ुशी भी।

मेरी किसी बात का बुरा न मानना। अपनी बच्ची समझकर मैंने ये चन्द पंक्तियाँ लिख दी हैं।

सस्नेह
उपेन्द्रनाथ अश्क

अश्क जी के पत्र ने आग में घी का काम किया। उन दिनों अश्क जी ने राकेश वग़ैरह अनेक लेखकों के तलाक़ में महत्त्वपूर्ण भूमिका निभायी थी, उनका बस चलता तो राजेन्द्र और मन्नू का भी तलाक़ करवा देते। ममता को अश्क जी की इस सलाहियत की भारती जी ने भरपूर जानकारी दे रखी थी। उसे विश्वास हो गया कि अश्क जी के अगले निशाने पर अब हमारा ही दाम्पत्य है। ममता नादानी में जाने क्या-क्या सोच गयी थी!

दीदी भैया की शादी की यह कैसी सालगिरह थी कि मैं फ़ोन पर भी बधाई न दे पाया। अचानक मैंने पाया कि मैं दिल्ली की गाड़ी में लेटा हूँ और गाड़ी अँधेरे को चीरती हुई दिल्ली की तरफ़ बढ़ रही है। हमेशा की तरह दिल्ली स्टेशन पर नींद खुली। भागमभाग किसी तरह ग़ाज़ियाबाद पहुँचा तो घर पर ताला मिला।

श्मशान मेरा जाना-पहचाना था। अभी छह महीने पहले ही ममता की मम्मी के अन्तिम संस्कार में मैं शामिल हुआ था। घाट पर पहुँचा तो चिता अभी जल रही थी। मातमी जा चुके थे। केवल भैया रह गये थे। वह धूप के एक चौखटे पर बैठे मूँगफली खा रहे थे। उन्होंने मुझे देखकर थोड़ी मूँगफली मेरी हथेली पर रख दी।

"मूँगफली नहीं सिगरेट।" मैंने कहा। भैया ने जेब से पैकेट निकालकर एक सिगरेट पेश की। मैं जेब में माचिस टटोलने लगा। माचिस भैया के पास भी नहीं थी। उन्होंने आगे बढ़कर चिता से जलती हुई लकड़ी उठायी और मेरी सिगरेट सुलगा दी। लकड़ी के ताप से मेरा चेहरा जैसे झुलस गया। मैं हड़बड़ाकर उठ बैठा। धूप की पहली किरणें रजाई पर पड़ रही थीं।

कैसा भयानक सपना था! सपना था या सच था, मुझे सही-सही कुछ भी याद नहीं पड़ रहा था। जैसे चेतन-अवचेतन के बीच की रेखा मिट गयी थी। शराब पीकर मुझे हैंग-ओवर नहीं होता था, कभी नहीं हुआ, मगर 'जाने क्या याद था, भूल गया' होता रहता था। सपने में डरावने दृश्य देखने का मुझे अच्छा-ख़ासा अनुभव था। एक दौर ऐसा भी था कि सिर्फ़ डरावने सपने आया करते थे, मगर नींद खुलते ही एकदम यकायक राहत मिल जाती थी। आज सपने में ऐसा कहर टूटा था कि नींद खुलने पर भी राहत महसूस न हो रही थी। आँगन में चिरपरिचित सुबह पसरी हुई थी। पड़ोस की नीम हमारे आँगन पर झुक आई थी, सुबह-सुबह उस पर चिड़ियों के झुंड चहचहाते थे। सिर में हल्का-सा सुरूर था। ऐसे आलम में सुबह-सुबह रिन्द लोग एक पेग और पीते थे। उस पेग का बहुत प्यारा-सा नाम है—सुबूही। मेरे जैसे मेहनतक़श लोगों के लिए सुबूही के बारे में सोचना भी ऐय्याशी थी। ऊहापोह की स्थिति में घिरा रहा। अपने ऊपर बहुत ग़ुस्सा आ रहा था, ग्लानि भी हो रही थी, अपराधबोध भी। क्या मैं अल्कोहॉलिक होता जा रहा हूँ या स्मृति लोप की तरफ़ बढ़ रहा हूँ। यह जानने के लिए मैंने दिमाग़ पर बहुत दबाव डाला कि रात को भैया का फ़ोन आया था कि नहीं। दिमाग़ में सबकुछ गड्डमड्ड हो गया था।

अचानक मुझे दीदी की शादी की सालगिरह की बात याद आई। मैंने एक तरक़ीब निकाल ली। अगर आज उन लोगों की शादी की सालगिरह है तो इसकी सूचना मुझे भैया ने ही दी होगी, मुझे तो अपनी सालगिरह की तारीख़ याद नहीं रहती, साली की कैसे याद रह जाएगी! इस मामले में ममता की याददाश्त बहुत अच्छी है। उसे इस तरह की फिजूल की बातें बहुत याद रहती हैं। अगर ममता सालगिरह की तारीख़ की ताईद करती है तो उसे विश्वासपूर्वक उसके पिता के निधन की ख़बर दी जा सकती है।

ममता बच्चों के कमरे में सोई हुई थी। वे लोग गहरी नींद में थे। मैंने ममता को झकझोरते हुए पूछा, ''क्या आज दीदी लोगों की शादी की सालगिरह है?''

''कितने बजे हैं?'' ममता ने पूछा।

''छह बजने वाले हैं। यह बताओ कि क्या आज दीदी लोगों की सालगिरह है?'' मैंने पूछा।

''सुबह-सुबह तुम्हारा दिमाग़ चल निकला है, सोने दो।'' ममता ने करवट बदलकर मुँह फेर लिया।

मैंने उसे फिर झकझोरा, ''पहले मेरी बात का जवाब दो।''

''किस बात का?''

''क्या आज दीदी-भैया की शादी की सालगिरह है?''

''आज क्या तारीख़ है?'' उसने जैसे पीछा छुड़ाने की गर्ज़ से पूछा।

मैंने तारीख़ बतायी और उसने सोते-सोते ही हामी भर दी कि आज उन लोगों की सालगिरह है।

''सुनो, भैया का फ़ोन आया है। पापा की 'डेथ' हो गयी है, उठो।'' मैंने कहा।

वह हड़बड़ाकर उठ बैठी, ''अभी फ़ोन आया है?''

''रात गये आया था।'' मैंने सावधानी से शब्दों का चुनाव करते हुए कहा।

''तुमने मुझे उसी समय क्यों नहीं जगाया?''

''रात को कोई गाड़ी नहीं थी।'' मैंने झूठ का सहारा लिया। भोर में तूफ़ान जाती थी, वह निकल चुकी थी।

ममता घुटनों में सिर दबाकर सिसकियाँ भरने लगी। कालका मेल जाने में अभी समय था। वह आँसू पोंछते हुए अपनी अटैची तैयार करने लगी। मैं चाय बनाने रसोई में घुस गया।

❑ ❑ ❑

पाठकीय

'ग़ालिब छुटी शराब' के प्रकाशन के दौरान हिन्दी के पाठकों में अद्भुत उत्साह और उमंग देखने को मिली। पाठकों की सक्रिय भागीदारी ने यह मिथक भंग कर दिया कि हिन्दी में अच्छी पुस्तकों के पाठक नहीं हैं। यह पाठकों का ही दबाव था कि एक माह के भीतर 'ग़ालिब छुटी शराब' का दूसरा संस्करण प्रकाशित करना पड़ा पेपरबैक संस्करण के रूप में। जिसने भी पुस्तक हाथ में ली वह पूरी पढ़े बगैर छोड़ नहीं पाया। अपनी अपूर्व पठनीयता, गद्य के लालित्य, भाषा रवानगी और अपने को भी मुआफ़ न करने की लेखक की ऐसी जिद कि पाठकों ने अब तक प्रकाशित संस्करण हाथों-हाथ लिये। साल भर के भीतर पुस्तक का तीसरा संशोधित और परिवर्द्धित संस्करण प्रेस में है। पत्र-पत्रिकाओं की राय भी इससे भिन्न नहीं। 'ज़ी मार्निंग शो' ने पुस्तक के अँग्रेजी संस्करण की जरूरत को रेखांकित किया, 'इंडिया टुडे' ने लिखा कि 'कालिया शराब पर ही विजय प्राप्त नहीं करते, पाठकों का दिल भी जीत लेते हैं।' 'इंडिया टुडे' तथा 'तद्भव' ने ग़ालिब छुटी शराब के सन्दर्भ में उग्र की कालजयी कृति 'अपनी खबर' का स्मरण किया। कृष्णमोहन लिखते हैं कि हिन्दी में इसके जोड़ की फिलहाल एक ही किताब दिखती है—पांडेय बेचन शर्मा 'उग्र' की 'अपनी खबर'। 'कथाक्रम' के एक साक्षात्कार में कमलेश्वर इसे एक मूल्यवान कृति के रूप में रेखांकित करते हैं।

'ग़ालिब छुटी शराब' पढ़कर उससे ज्यादा मस्ती तो मुझ पर छा गयी मजा आ गया। सामने होते बाँहों में भरकर बधाई देती। **'मन्नू भंडारी, नयी दिल्ली'**। एक ऐसे समय में, जो आम आदमी के विरुद्ध जा रहा है, जब आदर्शवाद, राजनेताओं, मसीहाओं पर से विश्वास उठना शुरू हो जाय, जब चीजें बड़ी बेहूदी दिखाई पड़ने लगें, जब संवाद का शालीन सिरा ही न मिले—ऐसे समय में लेखकों ने खुद को उधेड़ना शुरू किया। पहले अपने को तो पहचान लो। देखो तुम भी तो वैसे नहीं हो। रवीन्द्र कालिया की 'ग़ालिब छुटी शराब' कितनी मूल्यवान पुस्तक है। **कमलेश्वर, नयी दिल्ली**। गालिब छुटी शराब 'पढ़कर सोच रहा था, मुलाकात होगी तो तारीफ़ करूँगा। यह रचना आप ही के लिए भारी चुनौती है, बधाई। **अमरकान्त, इलाहाबाद**। हिन्दी में इस तरह से लिखा नहीं गया। हिन्दी में लेखक आमतौर पर नैतिक भयों और प्रतिष्ठापन के आग्रहों से भरा है। हिन्दी में बड़े और दमदार लेखक भी यह नहीं कर सके। तुम बहादुर और हमारी पीढ़ी के सर्वाधिक चमकदार लेखक हो। इस किताब ने तुम्हें हम सब से ऊपर कर दिया है। हिन्दी में यह अप्रतिम उदाहरण

है। दिस बुक इज ग्रेट सक्सेस, **ज्ञानरंजन, जबलपुर**। 'ग़ालिब छुटी शराब' बहुत पसन्द आई, विशेषकर अपने गद्य के लिए। मुझे ऐसा लगता है कि अपनी पीढ़ी के सर्वश्रेष्ठ गद्यकार आप ही हैं। **डॉ. नन्द किशोर नवल, पटना।** रवि को पढ़-पढ़ कर हम दोनों खूब हँसते हैं। रवि जैसा उस्तरा और कैंची किसी नाई के पास नहीं होगी। **चित्रा मुद्गल, नयी दिल्ली**। रवीन्द्र कालिया के संस्मरणों में पाठक जो इतना रस ले रहे हैं, वह एक मर्यादित प्रच्छन्न के निर्मम उद्घाटन के कारण भी है। **डॉ. परमानन्द श्रीवास्तव, गोरखपुर**। 'ग़ालिब छुटी शराब' एक अदभुत रचना है। मैं पूरी समीक्षकीय ज़िम्मेदारी और विवेक से कहना चाहूँगा कि मैं जब जब हिन्दी गद्य की समृद्धि का ध्यान करूँगा, मुझे लगेगा कि इस एक पुस्तक ने उसे एक लम्बी छलाँग दे दी है। **डॉ. पुष्पपाल सिंह, पटियाला**। संस्मरण लेखन में रवीन्द्र कालिया का कोई सानी नहीं। **डॉ. कन्हैयालाल नन्दन, नयी दिल्ली**। 'ग़ालिब छुटी शराब' बेजोड़ संस्मरण लगा। जिस विधा को हम उर्दू की जागीर समझते चले आ रहे हैं। उसको रवीन्द्र कालिया ने वहम सिद्ध कर दिया है। पेचीदा और महीन स्थितियों को जिस बेलौस ढंग से सामने रखा है, वह हमारी पीढ़ी में इनके बूते की ही बात है। **से. रा. यात्री, गाज़ियाबाद**। कालिया के संस्मरणों में एक अभिव्यक्ति उसकी लेखकीय या व्यावसायिक ज़िन्दगी का दर्दनाक आँकड़ा पेश करती है **मुद्राराक्षस, हिन्दुस्तान**। आपके जीवन का जो संसार खुला-न केवल भयानक संघर्षपूर्ण था बल्कि ज़िन्दादिल मस्ती लिये हुए भी। इस नशे में आकंठ डूबा हूँ। आपके गद्य की ताकत को तो हम एक अर्से से महसूस कर रहे थे, लेकिन खुलकर बात कहने का साहस हममें नहीं था। **भारत भारद्वाज, नयी दिल्ली**। जिस बेबाक तरीके से लिख रहे हो—यह बात सब में नहीं होती। अपने को छोड़ और के मज़े हर आदमी लेता है और कालिया है कि अपने को कहीं नहीं बख़्शता। **नईम, देवास।** इंटरनेट पर उपलब्ध होने वाली पहली किताब है, 'ग़ालिब छुटी शराब', आज ही '**भास्कर**' में पढ़ा। आपके संस्मरण पढ़ता रहा हूँ और उनका प्रेमी-प्रशंसक भी हूँ। अधिसंख्य लोग बहुत ठस और ठोस लिखते हैं, आपने इस ठसता, ठोसता को तोड़ा है। पूरी पुस्तक पढ़ जाने के बाद बड़ी हैरत हुई पर चर्चा को परनिन्दा में कहीं कभी भी फिसलने नहीं दिया है और अद्भुत कलात्मक संयम से न किसी की निन्दा की है, न किसी को अपमानित किया है। एक तनी हुई रस्सी पर रोचकता की छतरी लेकर आद्यान्त सफलतापूर्वक चलने का यह कौशल आपका अपना है। **डॉ. कान्ति कुमार जैन, सागर**। हिन्दी में संस्मरण और भी लिखे गये हैं, लेकिन ऐसी साफ़गाई अन्यत्र नहीं मिलती। **सुशीला गुप्ता, मुम्बई**। आपकी लेखन और जीवन शैली मुझे मोह गयी। **सूर्यबाला, ठाणे**। शराब छोड़ने का इससे बेहतर और कोई रचनात्मक इस्तेमाल हो ही नहीं सकता था। **इंडिया टुडे, नयी दिल्ली**। अद्भुत किताब है। आपने अपने समय और अदीबों को खराद पर चढ़ा दिया है, कहन और भाषा में आपका जवाब नहीं। **हरि भटनागर, भोपाल**। यह किताब बार-बार पढ़ी जाएगी और समय के साथ इसका मूल्य पहचाना जाएगा। **कृष्णमोहन**। 'ग़ालिब छुटी शराब' पढ़कर लग रहा है, कालियाजी ने शराब छोड़ी है मगर

शराफत नहीं छोड़ी। वह जिस मर्यादा के साथ सीमाओं का अतिक्रमण करते हैं, वह काबिले तारीफ है। हिन्दी में इस तरह का शरारती गद्य कम लिखा गया है। **यश मालवीय, इलाहाबाद**। संस्मरण बेहद अच्छे हैं, इसने प्रचलित भाषा और परम्परागत शिल्प को तोड़ा है। ये संस्मरण पढ़कर महादेवी जी के संस्मरण याद आते हैं। नयी राह उद्घाटित करने के लिए बधाई। **भालचन्द्र जोशी, खरगोन**। आपने मेरी कहानी 'सिंगारदान' का भी ज़िक्र किया, आपकी उदारता ने मुझमें नयी रचनावृत्ति का संचार किया है। **शमोएल अहमद, पटना**। आपके संस्मरणों से मैंने बहुत कुछ सीखा है, कुछ बातें जीवन में भी ग्रहण की हैं। **हरिओम राजोरिया, गुना**। ये सारे संस्मरण हिन्दी साहित्य के उस सुनहरे दौर की यादें ताजा करते हैं, इसीलिए इतने लोकप्रिय हुए। उन लोगों में जो आहिस्ता-आहिस्ता अच्छे साहित्य की लज्जत भूलने लगे थे, आपने फिर याद दिला दी। **मनीषा कुलश्रेष्ठ, दिल्ली**। 'ग़ालिब छुटी शराब' बहुत दिलचस्पी से पढ़ गया। दो टूक बातें और भरपूर रवानगी। **हसन जमाल, जयपुर**। किसी के पीने पे वाइज़ क्यों मुँह बनाता है, खज़ा खराब सही, आदमी खराब नहीं। 'पीते पीते लोग' हृदयस्पर्शी लगा। **हरदर्शन सहगल, बीकानेर।** 'ग़ालिब छुटी शराब' इतने सहज और यथार्थ ढंग से लिखी गयी है कि एक तस्वीर बनती है। मुझे तो नया अनुभव हो रहा है, जैसे सिमसिम का दरवाजा खुल रहा हो। शराबी के व्यक्तित्व का अक्खड़पन, खुलापन और साथ ही भावुक मन स्पष्ट हुआ है। ये संस्मरण इतिहास का काम भी करते हैं। सच में ही मुझे ऐसा लगता है, ये संस्मरण क्लासिक बन जाएँगे। **डॉ. बिन्दु अग्रवाल, नयी दिल्ली**। पाठकों को कचरे का ढेर समझने वाले नकचढ़े रचनाकारों की बढ़ती संख्या के बीच पाठकों से जुड़े रचनाकार का यह आत्मीय अनुभव हिन्दी के लेखकों के आत्मविश्वास को बढ़ाने वाला है। **रमाकान्त श्रीवास्तव, खैरागढ़**। आपके संस्मरणों ने मुझे परसाईजी, जोशीजी व श्रीलाल शुक्ल के 'राग दरबारी' की याद दिला दी **सुरेन्द्र बडोल, श्रीनगर, (गढ़वाल)**। आपके गद्य और भाषा में जो रवानगी और निष्कलुषता है, बहुत प्रभावित करती है। ये संस्मरण कथा रस के कारण अच्छी कहानी का भी मजा दे गये। अच्छी बात यह रही कि दूसरों को खोलते समय खुद को भी नहीं बख़्शा, जो अच्छे संस्मरण के लिए ज़रूरी है। **ओमा शर्मा, अहमदाबाद**। आपके संस्मरणों में एक नयापन है, जहाँ व्यक्ति के साथ पूरा परिवेश सम्पूर्णता से उभरता है। **डॉ. नरेन्द्र प्रताप सिंह, इलाहाबाद**। एक जगह आपके पिताजी की मृत्यु का प्रसंग आया है। इसे पढ़ते हुए जरा भी एहसास नहीं था कि यही घटना मेरे साथ भी घटित होगी। आप समझ सकते हैं आपके लेखन ने मेरे हृदय को कितना स्पर्श किया होगा। **शत्रुघ्न सिंह, नयी दिल्ली**। शराब को लेखक लोग जिस तरह महिमामंडित करते आ रहे हैं, क्या वह स+हित है? आपने शराब छोड़ दी लेकिन ज़िक्र तो माला जपने की तरह है। **अनिल कुमार ठाकुर, चकला मौला नगर (कटिहार)**। 'ग़ालिब छुटी शराब' के शानदार असर पर रवीन्द्र कालिया को हिमाचल प्रदेश की एक खूबसूरत देवदाराना चोटी पर बने बँगले में तीन दिन तक रहने की सुविधा का सम्मान व सुस्वादु भोजन का

सोमरस रहित मनमुक्ता पुरस्कार प्रदान किया जाता है। **सैनी अशेष, मंडी, हिमाचल**। आपकी लेखनी की उद्‌दंडता प्रेरित करती है। बेबाक लेखनी के लिए बधाई। **विष्णु सुखार, रुड़की**। आपके संस्मरण तत्कालीन साहित्यिक समाज में कई प्रच्छन्न पक्षों को सहज रूप से उद्‌घाटित करने के लिए याद रखे जाएँगे। **केदार कानन, सुपौल (बिहार)**। 'वेब' पर आपकी किताब मिली। उर्दू त्रैमासिक 'तुलु' में अनुवाद देना चाहता हूँ। **शहाब अख्तर, धनबाद**। क्या आप सचमुच रोज़मर्रा की जिन्दगी में इस तरह ही पेश आते हैं, क्योंकि मेरा अनुभव लेखकों के साथ फायदेमन्द नहीं रहा। **विश्व मोहन माथुर, भोपाल**। भारती और भैरव के बार में जो बातें आपने निडरता के साथ कही हैं, उसके लिए साधुवाद। **बुद्धिराम पाल, बंगलौर**। फैज, इलाहाबाद विश्वविद्यालय और डीपीटी, सभी के उस वक्त को जिन्दा कर दिया। विशेषकर आपके पिता का ज़िक्र। मुझे अपने पिता की याद हो आई। **प्रेमपाल शर्मा, बड़ोदरा**। आपके पीने से लगा कि ऐसा पीना भी होता है। **रवीन्द्र स्वप्निल प्रजापति, विदिशा**। आपने भावुकता का जो उदाहरण दिया, वह मुझे बड़ा अजीब लगा कि माधुरी दीक्षित को पोंछा लगाते देखकर सिनेमाहॉल में फफक कर रोने लगते हैं। हीरोइन से इतनी आत्मीयता? उसके हम-बिस्तर होते देखकर आपकी प्रतिक्रिया का अन्दाजा लगाने से आत्मा काँप उठती है। इतनी संवेदनशीलता इनसान के लिए खतरनाक हो सकती है। **प्रदीप कुमार पटेरिया, जबलपुर**। अपने अपराधों की स्पष्ट स्वीकारोक्ति मन को भा जाती है। व्यंग्यात्मक शैली ऐसी कि पढ़ते हुए हँसते-हँसते आँखें गीली हो जाती हैं। **सुरेन्द्र रघुवंशी, गुना**। संस्मरण पढ़कर लगा कि आखिर कोई अपने कबीले का है। जिस नि:संगता और प्रामाणिकता के साथ तलवार की धार पर चलकर हिन्दी के संस्मरण साहित्य को आपने विशिष्ट आत्मीयता और जीवन्तता प्रदान की है, उसका जवाब नहीं। **प्रेम शर्मा, गाज़ियाबाद**। इस संस्मरण को नहीं पढ़ता तो प्रेरित नहीं होता, 18 जनवरी से तय कर लिया है कि अब शराब नहीं पिऊँगा, आज भी नहीं पी, परीक्षा का आठवाँ दिन है। जबकि दुनियाभर (मेरी अपनी) के सभी साथियों, रिश्तेदारों, कुटुम्बियों ने खूब समझाने की कुचेष्टाएँ तीस बरस तक कीं। असफल। **प्रमोद उपाध्याय, देवास**। आपके प्रेम सम्बन्धों की कोई अनुगूँज सुनायी नहीं पड़ती, शराबी के इस पक्ष ने निराश किया। छिपाना तो आपकी फितरत में नहीं है, फिर घपला कहाँ हुआ। आप इतने मासूम तो नहीं लगते। **हीरालाल हरिया, आजमगढ़**। रवीन्द्र कालिया का मैं अक्सर 'हम' में बदल जाता है, वह हमेशा हयात और कायनात के साथ-साथ जमाने के भी साथ हेकर चलते रहे। कालिया हों, राजेन्द्र यादव हों या कमलेश्वर सबके पास जीवन्त भाषा है और जिये हुए को फिर से जीने का हुनर भी। रवीन्द्र कालिया के संस्मरण पढ़ते हुए यह विचार ज़रूर उत्पन्न होता है कि फक्कड़पन, ज़िन्दादिली, संघर्षशील जीवन और कबीराना ठाठ कहीं-न-कहीं रचनात्मकता की ज़मीन को भी जर्खेज़ कर रहे होते हैं। वह अपने कद के मुताबिक किसी को छोटा नहीं होने देते, बल्कि अपनी दुर्बलताओं और ज़िदों का जी खोलकर उल्लेख करते हैं। **राष्ट्रीय सहारा, नयी दिल्ली**।